中国金融四十人论坛
CHINA FINANCE 40 FORUM

致力于夯实中国金融学术基础,探究金融领域前沿课题,引领金融理念突破与创新,推动中国金融改革与发展。

深层次改革

尹艳林 著

中信出版集团｜北京

图书在版编目（CIP）数据

深层次改革 / 尹艳林著. -- 北京：中信出版社，
2025.7. -- ISBN 978-7-5217-7672-0
Ⅰ.D61
中国国家版本馆 CIP 数据核字第 20257G705K 号

深层次改革
著者： 尹艳林
出版发行：中信出版集团股份有限公司
（北京市朝阳区东三环北路 27 号嘉铭中心　邮编　100020）
承印者：　北京通州皇家印刷厂

开本：787mm×1092mm 1/16　　印张：39.5　　字数：458 千字
版次：2025 年 7 月第 1 版　　印次：2025 年 7 月第 1 次印刷
书号：ISBN 978–7–5217–7672–0
定价：98.00 元

版权所有·侵权必究
如有印刷、装订问题，本公司负责调换。
服务热线：400-600-8099
投稿邮箱：author@citicpub.com

"中国金融四十人论坛书系"专注于宏观经济和金融领域，着力金融政策研究，力图引领金融理念突破与创新，打造高端、权威、兼具学术品质与政策价值的智库书系品牌。

中国金融四十人论坛是一家非营利性金融专业智库平台，专注于经济金融领域的政策研究与交流。论坛正式成员由40位40岁左右的金融精锐组成。论坛致力于以前瞻视野和探索精神，夯实中国金融学术基础，研究金融领域前沿课题，推动中国金融业改革与发展。

自2009年以来，"中国金融四十人论坛书系"及旗下"新金融书系""浦山书系"已出版190余部专著。凭借深入、严谨、前沿的研究成果，该书系已经在金融业内积累了良好口碑，并形成了广泛的影响力。

目 录

引 言 7

第一篇　什么是深层次改革

第一章　深层次改革的含义
第一节　改革要义 006

第二节　深层次改革 010

第三节　改革面临的挑战和使命 017

第二章　深层次改革与供给侧结构性改革
第一节　结构性改革 027

第二节　供给侧结构性改革 035

第三节　深层次改革都是结构性的、供给侧的 043

第三章 深层次改革与全面深化改革

第一节 全面深化改革 053

第二节 发挥经济体制改革牵引作用 061

第三节 深层次改革：经济体制改革的重中之重 067

第二篇 为什么要推进深层次改革

第四章 国际经济大背景

第一节 深入发展的科技革命和产业变革 079

第二节 深度调整的全球经济格局 084

第三节 中国发展的机遇和挑战 090

第五章 有效需求不足

第一节 正确理解有效需求 099

第二节 有效需求不足的表现 108

第三节 有效需求不足的原因 112

第六章 部分行业产能过剩

第一节 全面认识产能过剩 123

第二节 产能过剩的表现 131

第三节 产能过剩的原因 143

第七章 房地产市场风险

第一节 房地产市场风险的表现 155

第二节 房地产市场风险带来的影响　167

第三节 引发房地产市场风险的原因　177

第八章　财政金融存在风险隐患

第一节 财政金融风险隐患的表现　191

第二节 财政金融风险隐患的影响　198

第三节 财政金融风险隐患的原因　206

第九章　部分中小企业经营困难

第一节 中小企业困难的表现　217

第二节 中小企业困难带来的影响　227

第三节 中小企业困难的原因　235

第十章　科技创新能力不强

第一节 创新能力不强的表现　247

第二节 创新能力不强的后果　255

第三节 创新能力不强的原因　265

第三篇　怎样推进深层次改革

第十一章　健全扩大内需的有效机制

第一节 加快建立扩大消费的长效机制　283

第二节 建立有效投资体制机制　293

第十二章　加快建设全国统一大市场

第一节　破除地方保护　307

第二节　规范地方竞争　315

第三节　推进区域经济一体化和经济数字化　323

第十三章　完善微观基础制度

第一节　深化国有企业改革　333

第二节　做强做优做大民营企业　348

第十四章　构建房地产发展新模式

第一节　新模式的内涵和框架　361

第二节　商品房市场　369

第三节　租赁住房市场　376

第四节　保障房市场　383

第十五章　深化科技体制改革

第一节　优化重大科技创新组织机制　391

第二节　推进科研院所改革　397

第三节　发展新型研发机构　403

第四节　深化科技人才体制改革　406

第五节　构建同科技创新相适应的科技金融体制　411

第十六章　推进垄断行业改革

第一节　我国垄断行业现状　417

第二节　推进自然垄断环节独立运营　423

第三节　推进竞争性环节市场化改革　433

第十七章　深化金融体制改革

第一节　加快完善中央银行制度　439

第二节　完善金融机构定位和治理　446

第三节　建立增强资本市场内在稳定性长效机制　456

第十八章　推进财税体制改革

第一节　健全预算制度　469

第二节　健全税收制度　476

第三节　完善中央和地方财政关系　483

第十九章　构建城乡融合发展新格局

第一节　加快农业转移人口市民化　495

第二节　深化农村土地制度改革　503

第三节　建立健全社会资本下乡的长效机制　512

第二十章　健全绿色低碳发展体制机制

第一节　健全绿色低碳发展基础体制　519

第二节　健全生态要素市场化配置机制　527

第三节　健全绿色金融发展体系　536

第二十一章　扩大高水平对外开放

第一节　对标国际高标准经贸规则　545

第二节　扩大服务业领域开放　552

第三节　推进开放压力梯次测试　561

第四篇　如何保障深层次改革

第二十二章　保持宏观经济稳定

第一节　实现经济稳定增长　575

第二节　保持金融市场稳定　582

第三节　促进就业稳定　587

第二十三章　健全改革推进机制

第一节　加强党中央集中统一领导　597

第二节　充分发挥基层首创精神　603

第三节　充分调动各方面改革积极性　609

后　记　615

引 言

改革开放是实现中华民族伟大复兴的关键一招。习近平总书记早在 2012 年就鲜明地指出:"我国过去三十多年的快速发展靠的是改革开放,我国未来发展也必须坚定不移依靠改革开放。"①

1978 年,党的十一届三中全会开启了改革开放伟大进程。40 多年来,我国成功实现从高度集中的计划经济体制到充满活力的社会主义市场经济体制、从封闭半封闭到全方位开放的历史性转折,生产力得到极大的解放,综合国力显著增强,经济总量稳居世界第二,人民生活明显改善,历史性地解决了绝对贫困问题,实现了小康这个中华民族的千年梦想,国际影响力大幅提升,迈上了民富国强的新征程。特别是党的十八大以来,以习近平同志为核心的党中央高举改革开放伟大旗帜,以巨大的政治勇气和智慧,锚定完善和发展中国特色社会主义制度、推进国家治理

---

① 中共中央文献研究室,《习近平关于全面深化改革论述摘编》,北京:中央文献出版社,2014 年,第 1 页。

体系和治理能力现代化这一改革总目标，砥砺前行、攻坚克难，解决了许多长期想解决而没有解决的难题，办成了许多过去想办而没有办成的大事，取得了历史性、革命性、开创性的成就。十多年来，我国经济体制改革紧紧围绕处理好政府和市场关系这个核心问题纵深推进，加快完善社会主义市场经济体制，坚持和落实"两个毫不动摇"，市场在资源配置中的决定性作用更加显著，政府作用更好发挥，社会主义基本经济制度不断完善，经济发展的活力和创新力大为增强。截至2024年底，全国登记在册经营主体1.89亿户，其中民营企业突破5700万户，分别比2012年增长了近2.4倍和4倍多。全社会研究与试验发展（R&D）经费投入从2012年的1.03万亿元增长到2024年的3.61万亿元，占国内生产总值的比重达到2.68%，超过欧盟国家平均水平，进入创新型国家行列，我国综合国力、科技实力迈上新的台阶。2024年，国内生产总值超过134万亿元，增速居世界主要经济体前列，对世界经济增长的贡献率保持在30%左右。

2024年，党的二十届三中全会通过《中共中央关于进一步全面深化改革 推进中国式现代化的决定》（以下简称《决定》），为下一步全面深化改革指明了方向。《决定》强调，"坚持稳中求进工作总基调，坚持解放思想、实事求是、与时俱进、求真务实，进一步解放和发展社会生产力、激发和增强社会活力"[①]，《决定》要求："以经济体制改革为牵引，以促进社会公平正义、增进人民福祉为出发点和落脚点，更加注重系统集成，更加注重

---

① 《中国共产党第二十届中央委员会第三次全体会议文件汇编》，北京：人民出版社，2024年，第3页。

突出重点，更加注重改革实效，推动生产关系和生产力、上层建筑和经济基础、国家治理和社会发展更好相适应，为中国式现代化提供强大动力和制度保障。"①《决定》从十四个方面对进一步全面深化改革做出系统部署，并将构建高水平社会主义市场经济体制作为第一项改革任务，强调高水平社会主义市场经济体制是中国式现代化的重要保障，高质量发展是全面建设社会主义现代化国家的首要任务，必须以新发展理念引领改革，立足新发展阶段，深化供给侧结构性改革，完善推动高质量发展激励约束机制，塑造发展新动能新优势，健全因地制宜发展新质生产力体制机制。

本书以党的二十大和二十届三中全会精神为根本遵循，坚持问题导向，聚焦我国经济运行中的突出矛盾和问题，系统分析深层次原因，从"是什么、为什么、怎么做、如何保障"四个方面来探讨"深层次改革"这一主题，将经济社会现实情况和政策目标考量联系在一起，详细阐述了我国经济领域相关体制改革的方向和路径。第一篇"什么是深层次改革"，深入阐述了深层次改革的含义，及其与供给侧结构性改革和全面深化改革之间的关系。第二篇"为什么要推进深层次改革"，从当前我国经济发展面临的国际经济大背景、有效需求不足、房地产市场风险、科技创新能力不强等现实问题出发，拨开迷雾、抽丝剥茧，分析问题背后深层次的体制机制原因，找寻深层次改革的着力点。第三篇"怎样推进深层次改革"，根据党的二十届三中全会提出的改革要

---

① 《中国共产党第二十届中央委员会第三次全体会议文件汇编》，北京：人民出版社，2024年，第4页。

求，就扩大内需、全国统一大市场、微观基础、房地产发展新模式、科技、垄断行业、金融、财税、城乡融合、绿色低碳发展、高水平对外开放等领域体制，提出了下一步的改革方向和具体建议。第四篇"如何保障深层次改革"，特别强调保持宏观经济稳定和健全改革推进机制对保障改革顺利推进的重要意义，并就此提出了具体建议。

发展无止境，改革永远在路上。本书仅就现阶段经济体制相关改革提出一些初浅思考，期望对读者了解和研究我国的经济体制改革有所帮助。

第一篇
什么是深层次改革

第一章
深层次改革的含义

深层次改革，顾名思义，就是深层次体制机制变革。习近平总书记指出，新时代改革开放具有许多新的内涵和特点，其中很重要的一点就是制度建设分量更重，改革更多面对的是深层次体制机制问题，对改革顶层设计的要求更高，对改革的系统性、整体性、协同性要求更强，相应地建章立制、构建体系的任务更重。① 党的二十大报告强调，深入推进改革创新，坚定不移扩大开放，着力破解深层次体制机制障碍，不断彰显中国特色社会主义制度优势，不断增强社会主义现代化建设的动力和活力，把我国制度优势更好转化为国家治理效能。党的二十届三中全会通过的《中共中央关于进一步全面深化改革 推进中国式现代化的决定》（以下简称《决定》）指出，进一步全面深化改革，要坚持以制度建设为主线，加强顶层设计、总体谋划，破立并举、先立后破，筑牢根本制度，完善基本制度，创新重要制度。

---

① 《习近平谈治国理政（第三卷）》，北京：外文出版社，2020年，第112页。

第一节　改革要义

改革是指对旧制度、旧事物的改变。公元前307年赵武灵王下令作战时改传统长裙长袖服装为胡人紧凑短衣长裤（"胡服骑射"），因为胡人服饰多为动物毛发皮革所制，故而有"改革"一词。所以，改革一般指对政治、社会、文化、经济、宗教组织等做出的改良革新，相较于革命以极端的方式推翻原有政权以达到改变现状的目的，改革是指在现有政治体制之内实行的变革。社会上有"改革"与"革命"赛跑一说，指的就是"改革"一词与"革命"在性质上的差别。邓小平同志也曾说，"我们把改革当作一种革命"。① 我的理解是，邓小平同志在这里是强调改革的彻底性和艰巨性，是强调要自我革命，而不是指真正意义上的"革命"。

一、我国历史上进行过许多著名的改革

公元前594年鲁国进行税制改革（初税亩），承认了私田的合法性。春秋时期，鲁国在宣公十五年（公元前594年）实行按亩征税的田赋制度，"初税亩"从字面上解释：初，为开始的意思；税亩是按土地亩数对土地征税。具体方法是："公田之法，十足其一；今又履其余亩，复十取一。"原来的"井田制"，是九百亩中取一百亩，而"初税亩"之后，公田之外再收1/10的

---

① 《邓小平文选（第三卷）》，北京：人民出版社，1993年，第82页。

税，也就变成了2/10。

春秋时期，由于牛耕及铁制农具的应用和普及，农业生产力水平提高，大量的荒地被开垦后，隐藏在私人手中，成为私有财产；同时贵族之间通过转让、互相劫夺、赏赐等途径转化的私有土地急剧增加。在实行"初税亩"田赋制度之前，鲁国施行按井田征收田赋的制度，私田不向国家纳税，因此国家财政收入占全部农业产值的比重不断下降。鲁国实行初税亩，即履亩而税，按田亩征税，不分公田、私田，凡占有土地者均按土地面积纳税，税率为产值的10%。初税亩的实行增加了财政收入。鲁国实施初税亩等于承认了土地的私有。初税亩从律法的角度肯定了土地的私有制，使我国历史从奴隶社会向封建社会发展迈出了关键的一步。初税亩是土地私有制前提下平等赋税制度最初的形式，是符合经济发展一般规律的。它在激发劳动者生产积极性方面起到了积极作用，是当时的社会条件下比较科学的选择。初税亩的实施也使社会分配方式发生了显著改变，按实际田亩产量1/10纳税的具体方式，使劳动者切实体会到了努力带来的收益，从而促使劳动者不断提高劳动效率。初税亩改革之所以能够成功，是因为这一制度顺应了历史发展的潮流和方向，是在先进生产力要求下，对生产关系的一次合理调整，在某种程度上体现了劳动者的利益要求，是经济规律作用的结果。

明朝张居正推行"一条鞭法"。"一条鞭法"是明代嘉靖时期确立的赋税及徭役制度，由桂萼在嘉靖九年（1530年）提出，之后张居正于万历九年（1581年）推广到全国。新法规定：把各州县的田赋、徭役以及其他杂征总为一条，合并征收银两，按亩折算缴纳。这样大大简化了税制，方便征收税款。

二、世界历史上也有过许多著名的改革

日本明治维新，这是19世纪60年代日本在西方资本主义工业文明的冲击下，由上而下所进行的全面西化与现代化改革运动。这次改革始于1868年明治天皇建立新政府。改革的成功，使日本一跃成为亚洲第一个走上工业化道路的国家，逐渐跻身世界强国之列，这是日本近代化的开端。

19世纪中叶，日本仍处于小农经济的封建社会，德川幕府在日本推行"闭关锁国"政策，社会生产力低下，人民生活困苦。随着欧美侵略者的相继入侵，日本陷入深重的民族危机。以明治天皇为首的新政府，于1868年4月6日发布具有政治纲领性的《五条誓文》并颁布一系列改革措施。比如，强制实行"奉还版籍""废藩置县"政策，将日本划分为3府72县；引进西方近代工业技术，设立工部省管理工商业；改革土地制度，废除原有土地政策，许可土地买卖；废除各藩设立的关卡；统一货币，设立日本银行（中央银行）；撤销工商业界的行会制度和垄断组织。设立文部省，颁布教育改革法令——《学制》，发展近代义务教育。改革军队编制，陆军参考德国训练，海军参考英国海军编制，并于1872年颁布征兵令。仿效西方制度，于1882年订立法式刑法，于1898年订立法、德混合式民事法，于1899年订立美式商法。明治维新推动了日本社会进步，使之摆脱了民族危机，是日本历史的重要转折点。明治维新后，日本经过20多年的发展，国力日渐强盛，先后废除了幕府时代与西方各国签订的一系列不平等条约，重新夺回了国家主权，最终开启了近代化进程。日本从此走上了独立发展的道路，并迅速成长为亚洲强国，乃至世界强国。

当下，阿根廷米莱政府推行一系列改革。2023年12月，米莱就任阿根廷总统。在米莱上台之前，阿根廷经济状况极差，通货膨胀率攀升，面临庞大的国际债务危机，这让阿根廷民众苦不堪言。米莱上台后实行了激进的"休克疗法"改革路线，进行大刀阔斧的改革，先后推出了300多项改革措施，以期减少财政赤字和控制通胀，包括裁减数千名政府公职人员，取消本币，改用美元，大幅削减公共支出等。米莱改革的重心在缩减政府开支、减少财政支出，并将"枪口"首先对准了以自己为代表的政府官员。2024年8月，阿根廷国家统计局发布的数据显示，阿根廷的环比通货膨胀率在7月再次下降至4%，这是自2022年1月以来的最低水平。根据阿根廷政府国会预算办公室的数据，7月阿根廷再次实现了初级财政和总体财政的双重盈余，这标志着阿根廷已经连续7个月实现盈余。据中国新闻网2024年12月30日转载的阿根廷华人网文章报道，阿根廷总统米莱将会推进一项"深度电锯"计划，2025年的核心是深化劳工改革和养老金改革，并取消90%的税收。有关专家认为，米莱政府有意进行一场系统性、激进式的改革，但相关改革举措面临各种政治制衡，其改革前景存在不确定性。

这些改革虽然内容各不相同，但有一个共同点，即不再沿袭旧有体制和制度。改革就是要改变一些旧有体制和不合理的制度安排，从而达到提高社会生产力的目的。习近平总书记2018年12月18日在庆祝改革开放40周年大会上的讲话强调："中国人民具有伟大梦想精神，中华民族充满变革和开放精神。几千年前，中华民族的先民们就秉持'周虽旧邦，其命维新'的精神，开启了缔造中华文明的伟大实践。自古以来，中国大地上发生了无数变法变革图强运动,留下了'治世不一道,便国不法古'等豪迈宣言。自古以来,中华民族就以'天下大同'、'协和万邦'的宽广胸怀,自信而又大度地开展同域外民族交往和文化交流,曾经谱写了万里驼铃万里波的浩浩丝路长歌,也曾经创造了万国衣冠会长安的盛唐气象。正是这种'天行健,君子以自强不息'、'地势坤,君子以厚德载物'的变革和开放精神,使中华文明成为人类历史上唯一一个绵延5 000多年至今未曾中断的灿烂文明。以数千年大历史观之,变革和开放总体上是中国的历史常态。中华民族以改革开放的姿态继续走向未来,有着深远的历史渊源、深厚的文化根基。"①

第二节　深层次改革

改革是时代潮流,中国赶上了这个潮流。1978年,在党和国家面临何去何从的重大历史关头,党的十一届三中全会召开了,从此中国掀开了改革开放的新篇章。正如习近平总书记2018年12月18日在庆祝改革开放40周年大会上的讲话中所指出的,"四十年来,我们解放思想、实事求是,大胆地试、勇敢地改,干出了一片新天地"②。

党的十八大以来,以习近平同志为核心的党中央坚持统筹

---

① 习近平,《全面深化改革开放,为中国式现代化持续注入强劲动力》,《求是》,2024年第10期。
② 《十九大以来重要文献选编(上)》,北京:中央文献出版社,2019年,第723页。

国内国际两个大局，坚定不移推进全面深化改革，坚决破除各方面体制机制弊端，先后共推出近3 000个改革方案，涉及经济社会发展各领域，党的十八届三中全会部署的改革任务总体完成，党的十九大以后部署的新的改革任务接续推进，一些重点领域和关键环节取得突破性进展，各领域基础性制度框架基本建立。经济体制改革围绕处理好政府和市场的关系，全方位展开、系统性推进，社会主义市场经济体制更加系统完备、更加成熟定型，推进国家治理体系和治理能力现代化水平不断提升。过去40多年，我国进行了史无前例的改革开放，从传统的计划经济体制到前无古人的社会主义市场经济体制，再到使市场在资源配置中起决定性作用和更好发挥政府作用；从以经济体制改革为主到全面深化经济、政治、文化、社会、生态文明体制和党的建设制度改革，极大地解放和发展了生产力，创造出无愧于中华民族几千年辉煌历史的发展成就。我国是世界第二大经济体、制造业第一大国、货物贸易第一大国，我国外汇储备连续多年位居世界第一，中国人民在富起来、强起来的征程上迈出了决定性的步伐。

党的二十届三中全会《决定》指出[①]，"当前和今后一个时期是以中国式现代化全面推进强国建设、民族复兴伟业的关键时期"，"全党必须自觉把改革摆在更加突出位置，紧紧围绕推进中国式现代化进一步全面深化改革"，"更加注重系统集成，更加注重突出重点，更加注重改革实效，推动生产关系和生产力、上层

[①] 《〈中共中央关于进一步全面深化改革 推进中国式现代化的决定〉辅导读本》，北京：人民出版社，2024年，第14–16页。

建筑和经济基础、国家治理和社会发展更好相适应，为中国式现代化提供强大动力和制度保障"。习近平总书记2020年9月1日在主持召开中央全面深化改革委员会第十五次会议并发表重要讲话时强调："要继续用足用好改革这个关键一招，保持勇往直前、风雨无阻的战略定力，围绕坚持和完善中国特色社会主义制度、推进国家治理体系和治理能力现代化，推动更深层次改革，实行更高水平开放，为构建新发展格局提供强大动力。"当前，面对纷繁复杂的国际国内形势，面对新一轮科技革命和产业变革，面对人民群众的新期待，必须把改革向更深层次推进。

一、深层次改革是进入"深水区"的改革

国家主席习近平2014年2月7日接受俄罗斯电视台专访在答问时曾强调："在中国这样一个拥有13亿多人口的国家深化改革，绝非易事。中国改革经过30多年，已进入深水区，可以说，容易的、皆大欢喜的改革已经完成了，好吃的肉都吃掉了，剩下的都是难啃的硬骨头。这就要求我们胆子要大、步子要稳。胆子要大，就是改革再难也要向前推进，敢于担当，敢于啃硬骨头，敢于涉险滩。步子要稳，就是方向一定要准，行驶一定要稳，尤其是不能犯颠覆性错误。"①

党的十八届三中全会以来，我们在深水区做了不少探索，混合所有制改革在各地不断推进，一些经营不善的国有企业勇闯

---

① 习近平，《全面深化改革开放，为中国式现代化持续注入强劲动力》，《求是》，2024年第10期。

深水区,打破旧饭碗,率先"试水",取得成功。比如,始建于1954年的北方重工曾是国家特大型装备制造企业。受传统老国企思想观念、体制机制、管理方式等问题影响,北方重工陷入严重亏损境地,大批员工面临失业风险。2019年4月,民营企业辽宁方大集团成为北方重工的新股东。混合所有制的引入,让这个老国企焕然一新。过去员工工作主要由领导分配,人均月工资只有两三千元,员工"慵懒散"问题突出;如今,公司实施了"创造分享,干到给到"的收入分配机制,工人每天的铆焊加工量都上墙公示,每人挣多少钱一目了然。"多劳多得,收入差距拉开了,工人工作你追我赶了。"

当前,改革进入深水区的特征更加明显,改革的艰巨性、复杂性前所未有,没有现成的路可走。不少人有一种感觉,人们多年来对改革形成的共识正在边际递减。有人认为,中国的市场经济已经初步建立起来了,所以转轨也就初步完成了,改革好像改完了。还有的人认为"改不动了",能改的都改得差不多了,进入深水区了,再改可能要碰到"坚硬的石头"。改革关乎国家的命运、民族的前途,"再深的水我们也得蹚"。顺利蹚过"深水区"无疑需要更大的勇气、更多的智慧、更强的韧性。

要树立"深水区"不是"红线区"的理念。习近平总书记2018年12月18日在庆祝改革开放40周年大会上的讲话中强调:"改什么、怎么改必须以是否符合完善和发展中国特色社会主义制度、推进国家治理体系和治理能力现代化的总目标为根本尺度,该改的、能改的我们坚决改,不该改的、不能改的坚决不改。我们要坚持党的基本路线,把以经济建设为中心同坚持四项基本原则、坚持改革开放这两个基本点统一于新时代中国特色社会主义伟大实践，长期坚持，决不动摇。"①这一重要讲话要求，明确了改革的红线，要按照这一要求划出改革的"红线区"。除此之外，则要按照"必须坚持以人民为中心，不断实现人民对美好生活的向往"的要求，坚持把人民拥护不拥护、赞成不赞成、高兴不高兴、答应不答应作为制定政策的依据，顺应民心、尊重民意、关注民情、致力民生，"深水区"不能成为改革止步不前的理由，改革发展的形势逼迫人们去蹚"深水区"，要把需要攻坚克难的硬骨头找出来，把需要闯的难关、需要涉的险滩标出来，加大改革力度，一鼓作气、势如破竹地把改革难点攻克。既通过提出并贯彻正确的理论和路线方针政策带领人民前进，又从人民实践创造和发展要求中获得前进动力，让人民共享改革开放成果，激励人民更加自觉地投身改革开放和社会主义现代化建设事业。

二、深层次改革是触动利益的改革

2012年12月7日至11日，习近平总书记在广东考察工作时强调："改革开放是决定当代中国命运的关键一招，也是决定实现'两个一百年'奋斗目标、实现中华民族伟大复兴的关键一招。我们现在的关键一招还是改革开放。实践发展永无止境，解放思想永无止境，改革开放也永无止境，停顿和倒退没有出路。现在，推进改革矛盾多、难度大，但不改不行。我们要拿出勇气，坚持改革开放正确方向，敢于啃硬骨头，敢于涉险滩，既勇

---

① 《十九大以来重要文献选编（上）》，北京：中央文献出版社，2019年，第732页。

于冲破思想观念的障碍、又勇于突破利益固化的藩篱，做到改革不停顿、开放不止步。"①

深层次改革有三个显著特点。

一是改革从增量改革进入了存量改革阶段。从党的十一届三中全会到现在，实现了从高度集中的计划经济体制到充满活力的社会主义市场经济体制的伟大转折，无论是工人、农民还是知识分子，不管是普通群众还是政府管理者，无不从中受益。在改革起步阶段，由于改革带有"普惠式"，各方普遍受益，改革的深层次问题往往不会凸显出来，改革阻力较小，改革共识较容易达成。新一轮改革已经越过了这一"帕累托改进"阶段，各方普遍受益和广为接受的改革措施越来越少，达成改革共识的难度进一步加大。更为重要的是，改革越来越多地触及深层利益关系，越来越要求对既有利益进行重大而深刻的调整。随着改革进入深水区，增量改革的空间越来越小，可能不得不对存量做出调整。

二是改革获益者面临改革冲击。在多年改革发展中，收入分配、资源利用等各个领域均或多或少形成了某种新的既得利益群体。伴随着改革的纵深推进，各种利益主体之间的矛盾开始凸显，要推动改革，就必定付出代价。进一步的改革要触动各方利益，这时，部分利益群体很可能由改革的支持者变为改革的反对者，由改革动力转变为改革阻力。改革引发的社会利益分化、社会多元化主体正在形成，改革力量相对在缩小，改革认识在分化，共识减少，以至难以形成。

---

① 习近平,《全面深化改革开放，为中国式现代化持续注入强劲动力》,《求是》,2024 年第 10 期。

三是原有既得利益者更加顽固。新一轮改革已经越过了"帕累托改进"阶段，当时那些绕过去的和放在一边的矛盾与问题并不会因此而消失，相反可能随着改革的推进而成为绕不过去的"拦路虎"。今天，这些累积的矛盾和问题已经摆在我们面前，躲不开也绕不过。一些矛盾积重难返，改革往往要动既得利益者的"奶酪"。特别是，这些固化的既得利益往往与政府部门自身的利益相关联，渗透到经济社会生活的多个方面。比如，能源、铁路、电信、水利、公用事业等行业自然垄断环节独立运营和竞争性环节市场化改革，各级政府部门行政审批权改革等，都涉及必须大幅度放弃自身的权力和利益，削手中的权、去部门的利，这种"自我革命"的难度可想而知。如果没有壮士断腕的政治勇气，改革就很难进一步推进。

三、深层次改革是攻坚战的改革

习近平总书记鲜明提出："改革是由问题倒逼而产生，又在不断解决问题中而深化。"[①]党的二十届三中全会《决定》明确要求，突出问题导向。进一步全面深化改革，要抓住推进中国式现代化需要解决的重大体制机制问题、深层次矛盾和问题。改革越往纵深发展，发展中的问题和发展后的问题越交织叠加、错综复杂，在一定程度上反映了我国改革的确已经处于不进则退、背水一战的攻坚阶段。要敢于啃硬骨头，敢于涉险滩，敢于向积存多年的

---

① 中共中央文献研究室，《习近平关于全面深化改革论述摘编》，北京：中央文献出版社，2014年，第13页。

顽瘴痼疾开刀，坚决破除各方面体制机制弊端。当前，我国主要领域"四梁八柱"性质的改革主体框架已经基本确立，但市场化导向的改革并没有真正完成，很多地方还不到位。政府部门对微观经济活动的过度干预仍然较多，行政性审批方式在资源配置方面还占重要地位，法治型政府和服务型政府还没有真正建立起来。国有资产管理体制改革、财税金融体制改革、收入分配体制改革等重要环节与预期的改革目标依然有较远的距离。打赢这场攻坚战，务必拿出壮士断腕的决心，真刀真枪地改，较真碰硬地改，直面问题地改，破旧立新地改，解决一批过去一直想解决而没有解决好的历史遗留问题。改革推进到今天，比认识更重要的是决心，比方法更关键的是担当。越是任务艰巨繁重，越要强化改革攻坚、破难而进，不改革就没有出路，不触及深层次矛盾就难见成效。

社会各界对进一步全面深化改革满怀殷切期待。当前市场化改革难度增大、阻力增大，共识减弱，严重阻碍着市场化改革进程的推进。要坚持市场化改革方向不动摇，以更大的勇气和智慧打破思想障碍、利益壁垒，坚定信心，鼓足勇气，把市场化改革进行到底。

第三节 改革面临的挑战和使命

一、当前经济体制改革面临的挑战

第一，改革进入深水区，面对利益调整的阻碍，如何有效推进改革、使改革真正能够深化面临着现实挑战。

改革越深，阻力越大，随着改革向深推进，触及利益核心，一些深层次体制机制弊端和既得利益障碍就会越发凸显，各种矛盾交织叠加的状况也就更为复杂。从目前改革的实际情况看，政府与市场关系的处理，关键在于部门利益以及权责关系的妥善处理。改革既要突破部门利益的掣肘，又要依靠部门来推动。如何让部门站在全局角度来制订改革方案，推动改革落地，这是改革方案制订时与改革方案落实中一个非常现实的问题。现在面对的情况是：一些部门各自为政，缺乏主动性，存在利益驱动倾向——凡是能够扩权增利的，积极性就高，一旦自己的"奶酪"被动，就固步不前；有的将改革工作标签化，以一般性部署、常规性工作代替改革，有实质性突破的、真正触及体制机制改革的内容相对较少，存在着做表面文章的倾向。在这样的情况下，如何推进改革，考验着改革者的智慧和勇气。比如，在简政放权方面，有的部门仍"迷恋审批"，不仅放权力度有限，"雷声大，雨点小"，对核心权力也仍想抱着不放，有的虚放实不放，有的明放暗不放，有的前放后不放，有的上放下不放，不仅如此，有的部门还试图把改革作为新的审批事项。

第二，改革进入整体推进阶段，在相关的基础和配套条件不完善的情况下，如何选择恰当的改革路径，使一些重点改革取得实质性进展，也面临着考验。

比如，在户籍制度改革方面，中央对户籍制度改革做了系列部署。应该说，各地区、各部门积极推进，取得了良好成效，但在贯彻落实中也存在一些突出的问题，如各地的工作开展不平衡，中西部出台政策比较快，东部和大城市比较慢；有的地方改革的路线图、时间表尚不明确，有的地方存在观望心态，下面最关心的核心政策、配套措施没有出台，主要是"两挂钩、一脱钩"。"两挂钩"是指与农业转移人口落户挂钩的转移支付政策，以及与农业转移人口落户挂钩的建设用地政策。"一脱钩"就是落户本身要与农村的"三权"脱钩，消除进城务工人员特别是年轻人进城的后顾之忧。核心的问题是，户籍制度改革是涉及城乡发展一体化体制机制改革的一项重要改革，户籍制度改革要取得实质性进展，必须有许多配套的政策措施和基础条件，包括财税改革和社保体制改革，没有财税体制的改革，流动人口的异地落户就会遇到一般性转移支付的障碍，财政困难的地方希望人多多转出去，富裕的地方不愿放松落户条件，在一般性转移支付基本公共服务均等化条件尚不具备的前提下，要实现落户自由，真正破除户籍制度改革的障碍还存在一定的困难。同样，没有社会保障体系的健全，各地之间社保制度的差距也不利于户籍制度改革政策的落实。进城落户农业转移人口要与现有城镇居民享有同等的教育、医疗、养老等待遇，如果没有相应的配套，改革是很困难的。在一定程度上，简单地进行城乡户口统一登记，取消城乡户口差别，但相关利益没有解决，是很难有实际效果的。正是上述因素导致当前推进户籍制度改革面临着一些问题：一些体制机制方面的难题开始显现，城镇居民对平等接纳农业转移人口有顾虑。要推进户籍制度改革，必须进一步消除城乡在社会保险、社会福利、住房保障等方面的政策差距，尽快落实财政转移支付同农业转移人口相挂钩的机制，加紧清理、剥离、修改与户籍相关的法律、法规和政策，加快完善促进基本公共服务均等化的政策。

第三，改革正处于顶层设计和试点经验互动期，如何使试点的方向符合顶层设计的要求而不出现偏离，也是一个需要面对的问题。

从目前来看，党的十八届三中全会通过的《中共中央关于全面深化改革若干重大问题的决定》所确定的336项改革中，有些改革在面上很难一下推开，需要进行试点探索，这是必要的。从近年来的改革实践看，有的工作存在着试点过多的问题，凡是改革都想搞试点，但不清楚为什么试，目的性也不是很明确；有的试点没有期限；认为试点就是改革，以试点来代替改革的情况仍然存在。如何防止以试点来代替改革、冲淡改革、拖延改革、肢解改革、一项改革举措分解为多个试点，使得改革的整体性、顶层性、系统性都受到影响？有的试点搞成"盆景"式，没有转化为可复制、可推广的经验；有些试点确实存在部门间争权争利的问题；试点的泛化、形式化、长期化、利益化都将降低改革的效果，拖延改革的进展，这是当前改革面临的一个现实挑战。

第四，出台的改革方案越来越多，狠抓落实，避免出现地方改革空转的任务日益加重。

随着大量改革方案的出台，改革落实的任务越来越重，督察落实的任务越来越重。中央改革办前些年专门成立了督察局，专司改革方案督察之责，对重点改革任务落实情况进行检查，推动已经出台的改革方案尽快落地，推动改革取得预期成效。但一个时期，改革"空转"问题引起了社会广泛关注。我们经常讲，"一分部署，九分落实"，在顶层设计文件频频出台之后，地方究竟能落实几分？一些地方只是将上级文件中的主语更换成"本地""我市"，以文件落实文件的情况时有发生。在改革进程中，对改革所面临的不确定性、落实难度的预估不足，而且对背后深层次矛盾研究不透，很多文件讲了要改什么、改成什么，但对于怎么改、关键矛盾如何解决却避而不谈，这些都是导致改革常常成为一纸"空头支票"的重要因素。类似的问题在财税改革、国企改革、金融改革等领域屡见不鲜。长期以来，融资难、融资贵一直是中小企业发展的痛点，但银行往往出于对资金流转的安全性以及成本、回报等方面的考量，更愿意放款给大型企业，对中小企业普遍"惜贷"。国家频频出台政策和意见解决中小企业融资难问题，但效果并不理想。

二、深层次改革的使命

当前国内外发展环境发生重大变化，全面建设社会主义现代化国家开启新征程，改革开放站在新起点、进入新阶段，改革开放面临新形势、新使命。

第一，加快完善有利于推动高质量发展的体制机制。

高质量发展是全面建设社会主义现代化国家的首要任务。经过40多年的发展，我国改革红利已有效释放，投资、出口等传统增长动力源逐步减弱，传统发展模式难以持续，国内循环还存在不少堵点卡点，国际循环质量有待提高。在我国经济由高速增长阶段转向高质量发展阶段后，创新体制机制、充分发挥市场机制的作用、形成与高质量发展相适应的制度环境尤为迫切。未来一个时期，我们面临的局面可能是，不深化改革就不可能实现可持续的经济增长，不深化改革就难以推动高质量发展、构建新发展格局，不深化改革就难以保持社会长期繁荣稳定。无论是高质量发展，还是推进现代化经济体系建设，都必须通过改革来实现。所以，必须向深化改革要动力，突破各种利益藩篱，破解深层次体制机制障碍，提高各种资源市场化配置效率，提升全要素生产率，畅通国内经济循环；必须向扩大开放要压力，以开放倒逼改革、促发展、促创新，为推动高质量发展提供制度支撑。

第二，加快完善扩大内需的体制机制。

扩大内需是构建新发展格局、掌握发展主动权的必然选择。当前，我国扩大内需还面临不少体制机制堵点、障碍，民间投资预期不稳、活力不足，在市场准入、招投标等方面面临不平等对待和隐性制度壁垒，城乡区域发展和收入差距较大，民生保障不足，制约居民消费能力，一些行政性管制措施限制多样化、多层次消费需求。必须加快培育完整的内需体系，健全扩大内需的长效制度安排，有效释放我国超大规模市场优势，为实施扩大内需战略、畅通国民经济循环、加快构建新发展格局提供制度支撑。

第三，加快形成重点领域风险防范的体制机制。

近年来，我国金融风险频发，根本原因就是我国的金融结构、市场体系、微观治理等不适应性问题突出，大中小金融机构合理分工的金融机构体系还不健全，金融机构内部有效激励约束体制机制没有建立起来。所以要进一步深化金融改革，标本兼治，有效防范金融风险，更好服务实体经济。与此同时，社会领域风险隐患不容忽视，特别是我国收入分配差距仍然较大，收入分配秩序不规范。与西方发达国家贫富分化不同，我国收入差距扩大主要还是市场化改革不到位、初次分配不合理导致的，同时与再分配机制不健全、法制建设不完善也密切相关。经济社会运行中所蕴含的这些风险，伴随着经济下行就会"水落石出"。可以说，这些风险必须通过深化相关改革，从体制机制上化解，为守住不发生系统性风险的底线提供制度保障。

第四，加快构建科技创新发展的体制机制。

创新是经济持续增长的不竭动力。习近平总书记指出："发展新质生产力是推动高质量发展的内在要求和重要着力点，必须继续做好创新这篇大文章，推动新质生产力加快发展。"[①] 目前，我国创新能力特别是原始创新能力不足，关键核心技术受制于人，科技和经济"两张皮"，成为制约高质量发展的关键因素。面对大国竞争加剧的局面，我们唯有集中精力办好自己的事，把外部压力转化为全面深化改革、扩大开放的强大动力，健全各方面灵活高效、充满活力的体制机制，增强核心竞争力和综合国力，才能在大国竞争中掌握主动权，立于不败之地。必须坚持科技是第一生产力、人才是第一资源、创新是第一动力，深入实施科教兴国战略、人才强国战略、创新驱动发展战略，针对制约科技创新的体制机制问题，深化教育体制、科技体制和人才发展体制改革，为推进高水平科技自立自强、建设科技强国提供制度支撑。

---

① 新华社，《习近平在中共中央政治局第十一次集体学习时强调：加快发展新质生产力 扎实推进高质量发展》，中国政府网，2024年2月1日。

第二章
深层次改革与供给侧结构性改革

供给侧结构性改革仍是进行时。党的二十大报告指出，我们要坚持以推动高质量发展为主题，把实施扩大内需战略同深化供给侧结构性改革有机结合起来。习近平总书记在2023年中央经济工作会议上发表重要讲话时强调，必须坚持深化供给侧结构性改革和着力扩大有效需求协同发力，并要求"统筹扩大内需和深化供给侧结构性改革"[①]。深层次改革与供给侧结构性改革关系密切，推进深层次改革，离不开供给侧结构性改革。

第一节　结构性改革

习近平总书记在省部级主要领导干部学习贯彻党的十八届五中全会精神专题研讨班上的讲话中强调："我们提的供给侧改革，完整地说是'供给侧结构性改革'，我在中央经济工作会议

---

① 《人民日报》，《中央经济工作会议在北京举行》，2023年12月13日第1版。

上就是这样说的。'结构性'3个字十分重要,简称'供给侧改革'也可以,但不能忘了'结构性'3个字。"[①] "结构性"3个字,恰恰强调了市场运行背后的各种结构和比例及其相互关系。可见,在供给侧结构性改革中"结构性"是多么重要。如果离了"结构性"的实质,谈供给侧结构性改革就没有意义。要理解这一点,还得从什么是结构性改革说起。

一、何为结构性改革

结构性矛盾与结构性改革,是对象与手段的关系。通常所说的结构性矛盾,是相对事物整体来说的,是指某一事物内部存在的矛盾,不涉及事物整体。而结构性改革则是解决造成这种结构性矛盾的体制问题所进行改革的统称。

结构性改革一词来源于西方,是指针对要素市场存在的结构性体制问题而提出的一种改革主张。结构性改革这个词,我们原来很少用,西方人特别是欧洲人喜欢用这个词,到底是什么意思呢?结构性改革的英文即"structural reforms",按照IMF(国际货币基金组织)文献和英国《经济学人》杂志的解释,其实就是体制改革,特别强调的是政府和社会的关系、政府和市场的关系、政府和企业的关系的调整改变,实质上就意味着政府工作方式的转变。这可能就是结构性改革的原意。

结构性改革必将带来政府与市场关系的变化。二战之后,欧洲各国普遍建立了以现收现付为主要融资方式的公共养老金制

[①]《习近平谈治国理政(第二卷)》,北京:外文出版社,2017年,第252页。

度。从 20 世纪 70 年代中后期起，在日益严峻的人口老龄化趋势下，各国的养老金制度普遍遭遇财政危机，收不抵支，赤字巨大。从 20 世纪 90 年代前后起，为确保养老金制度在财政层面可持续，各国陆续启动改革，改革在断断续续中持续至今。改革的总方向是控制支出、减少赤字，各国的做法大致相同，即综合运用参数改革和结构性改革两种方式，一方面开源节流，减轻公共养老金的财政压力；另一方面增建职业/企业年金、个人养老保险/储蓄等基金制的支柱，将养老责任向市场转移。改革后，公共养老金的保障水平趋于下降，政府的责任降低，企业和个人的责任增加。

二、结构性改革是一个世界性命题

国际金融危机后，各国为实现经济可持续增长，普遍认识到推动结构转型、改革原有经济运行模式势在必行。学界普遍认为，欧债危机至少暴露出欧洲存在一些重大结构性体制问题，亟待进行结构性改革。比如，欧洲缺少有效的财政约束。过去有《稳定与增长公约》，它对欧元区成员国的借贷行为有所限制。但该公约一度被放弃，而且没有替代公约填补空白。所以部分成员国毫无节制地借债，并假定欧洲央行或者德国最终会以某种方式救助它们。再如，财政与货币的协调问题。欧元区债务问题严重的国家包括希腊、西班牙和葡萄牙，它们必须解决财政赤字问题，但无法通过货币贬值来缓解。欧洲成立了一个三年期的稳定基金，让无法在市场上借贷的政府可以获得资金。而单一货币和各国相互不同的经济形势与政策需求的冲突，是欧元区面临的深刻挑战，各国经济政策的相对独立性，会让货币政策的传导效果大打折扣。所以，欧债危机揭示的高负债国在财政结构和经济结构上的诸多缺陷，使结构性改革成为必然选择。早在2010年6月的一次国际论坛上，专家就指出结构性改革才是欧洲的出路。伦敦政治经济学院院长霍华德·戴维斯认为，欧洲需要建立财政约束机制和永久性的货币基金。事实上，欧洲经济需要更广泛的结构性改革，尤其是劳动力市场和福利制度的改革（包括削减公共开支、减税、鼓励市场竞争等），从根本上增强创造就业、提高生产率和确保公共债务可持续的能力；改革劳动力市场和养老金体系，让税收和福利体系更有利于就业增长；简化监管环境，支持和鼓励企业发展。

  欧洲的政治家对此形成了广泛共识。2013年冬季达沃斯世界经济论坛的主题，即"为持久发展注入活力"。时任德国总理默克尔在专题演讲中表示，德国必须开始结构性改革，不能等到明天。默克尔说，根据经验，政治结构改革通常都需要压力。有了压力才能进行结构性改革，在德国也是这样的。比如，德国的失业率非常高，只有在这种情况下，人们才准备好进行改革。2016年3月17日，时任欧洲央行行长德拉吉敦促欧盟实施结构性改革，他说，仅靠货币政策难以振兴欧洲经济，欧盟各国要充分利用政策空间来推动结构性改革以扭转经济的疲软局面。过去一些年，货币政策成了推动经济复苏的唯一政策，但它无法弥补欧元区经济中一些根本的结构性缺陷。欧盟国家需要实施结构性改革来提振需求、增加公共投资和减税。德拉吉还说，欧洲央行的超宽松政策不应成为欧盟各国在改革上不作为的理由。2024年1月19日，时任德国财政部长克里斯蒂安·林德纳在达沃斯论坛的一个小组会议上表示："德国不是欧洲病夫，经过最近几年的危机，德国有些'疲惫'，现在需要的是'一杯好咖啡'，这意味着需要结构性改革，然后我们将继续在经济上取得成功。"此前，德国经济研究所主席弗拉茨舍尔表示，德国目前还不是欧洲病夫，但如果不进行经济现代化所需的结构性改革，德国可能会成为欧洲病夫。其实，早在20世纪90年代末，德国就一度被贴上"欧洲病夫"这一标签。彼时的德国政府推出"2010议程"和"哈茨改革"等一系列大刀阔斧的结构性改革，增加了700万个就业岗位，在经济危机中创造了"就业奇迹"，保障了经济的稳健发展，从而撕下了"欧洲病夫"的标签。2024年2月22日，中国欧盟商会前主席伍德克在接受凤凰卫视采访时说，"如果你回顾20多年前的《经济学人》杂志的封面，你会看到德国被称为'欧洲病夫'。我记得之后的三四年德国被称为'欧洲的明星'，是欧洲表现最好的国家。而现在，德国又成了'欧洲病夫'。有时候这种情况是周期性的，但现在感觉更像是结构性的问题，德国真的需要在能源、去监管等方面采取行动"。

其实，不仅欧洲需要结构性改革，西方发达国家也都面临同样的需要。早在2013年2月15日，经济合作与发展组织（OECD）就敦促二十国集团推行结构性改革，要求二十国集团对劳动力市场进行干预，并实施福利改革。《经济参考报》2015年2月11日报道，经济合作与发展组织9日发布题为《2015走向增长》的年度报告，呼吁发展中国家和发达国家应共同实施全面的经济结构改革计划，以恢复健康的经济增长，从而应对全球经济放缓的挑战。十年后，时任美国财政部长耶伦于当地时间2024年6月13日在纽约发表讲话说，为提高竞争力和促进经济增长，美国必须应对长期存在的结构性挑战。耶伦在出席纽约经济俱乐部主办的活动时表示，几十年来，美国经济增长放缓，收入不平等现象根深蒂固，去工业化现象严重，全美许多地方的社区变得空心化。没有大学学历的黄金年龄段人群劳动力参与率下降。太多美国工人和美国企业未能充分发挥潜力。耶伦表示，传统的供给侧经济模式过于依赖减税来刺激投资，未能使足够多的工人受益。美国必须运用现代供给侧经济学来增强三个关键领域：基础设施，人力资本和劳动力参与率，研发和战略产业投资。20年来，美国劳动力参与率，尤其是男性劳动力参与率一直在下降。人们获得好工作的难度变大，尤其是对于大多数25岁以上没有大学学历的美国人来说。与此同时，企业表示很难找到合适的人才。

三、结构性改革推行举步维艰

国际货币基金组织曾多次呼吁，各国务必落实结构性改革，以提高国家的长久竞争力和风险抵抗能力。但面对这项牵一发而动全身的改革，慎思者众，笃行者寡。

之所以这样，舆论和专家普遍认为，首先是结构性改革需要长期酝酿方能见效。然而各界期待的是快速见效，因此改革或面临政治风险。更为复杂的是结构性改革总是痛苦的，会带来一些群体利益的牺牲，即使是方向正确的结构性改革，也可能因为影响部分人的利益而无法得到认可。结构性改革阻力不小，对于欧洲的结构性改革而言，最大的是政治风险；法国国内支持结构性改革的官员并不占明显优势，因此一旦有人改变立场，就会危及改革进行。法国、意大利和德国一直回避有助于经济增长的结构性改革。新冠疫情更使结构性改革无法推行。国际货币基金组织在最新一期《世界经济展望报告》中呼吁各国推进结构性改革以促进经济长期增长并加快绿色转型。①

四、中国的结构性改革

中国的结构性改革既与西方有不同点，也有相同点。不同点在于结构性矛盾更加突出，产品市场调整的难度更大，供给体制僵化。这些矛盾的出现，具有特殊的体制性原因，主要是企业制度、政府与市场的关系，面临的宏观经济周期存在差异。相同点在于要素市场的僵化性也在增加，比如福利要求、地方债务等。中国的结构性改革任务更加紧迫、压力更大。

当前，我国经济发展中的结构性问题突出，比如一些行业和产业产能严重过剩。这种问题的出现，有着特殊的体制性原因，导致重复建设问题、产能过剩问题周而复始地上演。我们在上政治经济学课的时候，学过资本主义企业倒牛奶的例子。它说的是农场主生产牛奶，有一天发现，市场上牛奶多了，不好卖了。这时，农场主有三种选择：第一种选择是，降价销售，能降多少降多少，只要保本就行；第二种选择是，当牛奶价格降得不能再降，也就是价格太低，卖还不划算，加上销售成本，越卖越亏得多时，他就不卖了，但又不能把奶牛杀了，万一市场好了怎么

---

① 《人民日报》,《国际货币基金组织呼吁：推进结构性改革 促进经济长期增长》, 2024 年 11 月 4 日第 15 版。

办，而牛奶又不好存放，所以只好倒到河里，就像前些年某些地区的果农宁愿苹果烂在地里也不卖一样；第三种选择是，当农场主发现牛奶市场回升无望或者整天倒牛奶也支撑不下去时，只好忍痛割爱，卖掉或杀掉奶牛，甚至干脆关闭农场另谋生路，原本过剩的奶牛生产能力下降了，市场上的牛奶供求逐渐恢复平衡，就像有的地方果农砍掉果树或几年一次的"猪周期"一样。这是市场机制作用的必然结果，倒牛奶或关门走人是一种市场现象或经济人的理性选择。关闭工厂或砍树原本是在市场竞争中常出现的情形，是一种企业优胜劣汰的市场调节机制。正是由于这种机制存在，农场主事先就要考虑是否搞奶牛场，从而形成一种自我约束，即价格不行时，自行压缩生产能力，早调节早主动。同时，这也是促进经济技术发展的一种机制，没有部分工厂的倒闭，何来其他工厂的新生？可是，在我国，市场的出清、淘汰机制失效了。它既不用倒牛奶，也不用关门倒闭。于是我们看到，即便张三的牛奶供给大于需求，还能继续生产，还可以不降价、不处理，为什么？

因为政府与企业特别是国有企业的关系还没有根本扭转过来。企业缺钱，银行贷款；企业亏损，财政补贴。投资扩产的时候，更多考虑政绩激励。只要企业足够大，以至于影响到一地的GDP（国内生产总值）、财政收入、就业稳定，那么当地政府都不会坐视不管，导致出现过剩的东西照样生产，早就该关门的企业还没关门，甚至已经不生产的企业还照样存在等现象。供给侧原本不是问题，现在之所以出现问题，是因为供给侧有只"有形之手"。这就是中国特殊的结构性体制问题。我国经济为什么会出现产能过剩？答案是跟企业与市场、政府与企业的关系密切相关。中国的结构性改革就是要理顺这些关系，让它回到原本的位置，让市场真正起到资源配置的决定性作用。

第二节　供给侧结构性改革

结构性改革本意就是在供给侧进行。供给和需求是市场经济内在关系的两个基本方面，是既对立又统一的辩证关系，二者你离不开我、我离不开你，相互依存、互为条件。没有需求，供给就无从实现，新的需求可以催生新的供给；没有供给，需求就无法满足，新的供给可以创造新的需求。作为体制改革，核心是要解决生产要素的供给配置问题，即由谁生产、生产什么、如何生产的基本经济学问题。所以，有供给侧改革，而并没有需求侧改革，结构性改革指的就是供给侧的改革。

一、结构性改革的着力点在供给侧

供给的重要性可追溯到19世纪初法国经济学家提出的"萨伊定律"，根据这一定律，供给自动创造出等量的需求。萨伊定律的逻辑是：设想经济中只有一家企业，满负荷运转可生产价值200万元的产品，如果所有产品在市场上都能销售出去，企业的收入为200万元，分别用于支付设备、原材料、人工成本和企业家的报酬，那么设备厂商、原材料供应商、工人和企业家所得到的收入加起来也是200万元。200万元的收入产生200万元的需求，正好对应200万元的产品，萨伊定律因此被不太严格地简化为供给决定需求，或者供给创造需求。

　　供给侧因素，有的学者分为人口或劳动力、资本、土地、创新、制度等。但这五种因素并非同一层面，劳动力、资本和土地是有形的可物化的要素，创新和制度是无形的、影响全要素生产率的软因素。有学者认为，生产要素投入量的增加与生产要素质的提升不同，劳动力、资本、土地等要素是通过投入量的增加来实现经济增长，而技术进步、人力资本提升、知识增长等是通过提高生产率来实现经济增长。除了要素升级，制度变革、结构优化也是通过提高生产率来实现经济增长的。其中，制度变革尤为重要，供给侧改革的重中之重是制度创新。制度经济学代表人物之一、美国著名经济学家舒尔茨说过，"任何制度都是对实际生活中已经存在的需求的响应"[①]。随着中国经济进入转型升级的新阶段，一些制度体系已严重滞后，进而提出了制度创新和制度供给的迫切需求。所有这些需求加起来可以概括为一句话：充分发挥市场在资源配置中的决定性作用，更好发挥政府作用。这主要是因为，虽然我国实行社会主义市场经济体制已有30多年了，但在影响经济增长至关重要的土地、劳动力、资本、创新等要素方面，还存在着十分明显的供给约束。现在的生产结构不能满足庞大的中等收入家庭的各类新需求，不利于各类消费潜力的释放，原因就在于供给制度滞后，跟不上变化了的市场需求。正因为如此，党的十八届五中全会提出"释放新需求，创造新供给"。所以，从"供给侧"想办法，无疑是破解中国经济缺乏新增长点的

---

① 西奥多·舒尔茨著，曹延亭译，《教育的经济价值》，长春：吉林人民出版社，1982年。

不二之选。

显然,供给侧结构性改革不是原来意义上的供给管理,而恰恰是要改革原来的供给管理方式和手段,特别是过去计划的、行政的手段,要通过改革促进全要素生产率的提升,包括简政放权、放松管制、金融改革、国企改革、土地改革、提高创新能力等,引导资本和劳动力在不同部门间的重新配置。供给侧结构性改革的任务,就是要创新体制机制,将资源要素从产能过剩的、增长空间有限的产业中释放出来,为提供中高端消费服务的"朝阳产业"输送更多的劳动力、资金和技术。过剩产能、低效无效要素要出去,有竞争力的、创新的要素要进来,通过生产要素的进一步解放、流动和优化配置,填补经济生活中仍然随处可见的低效率洼地,形成全面提高要素生产率的新格局。

二、供给侧结构性改革不等于供给学派的主张

"供给侧改革"出现后,一时间中国"抛弃凯恩斯主义,拥抱供给主义"的言论甚为流行。其实这是一种望文生义的误解。正如习近平总书记所指出的,"我们讲的供给侧结构性改革,同西方经济学的供给学派不是一回事,不能把供给侧结构性改革看成是西方供给学派的翻版,更要防止有些人用他们的解释来宣扬'新自由主义',借机制造负面舆论"。[①]

供给学派是20世纪70年代在美国兴起的一个经济学流派。供给学派认为,生产的增长取决于劳动力和资本等生产要素的供

---

① 《习近平谈治国理政(第二卷)》,北京:外文出版社,2017年,第251页。

给和有效利用。个人和企业提供生产要素与从事经营活动是为了谋取报酬，对报酬的刺激能够影响人们的经济行为。自由市场会自动调节生产要素的供给和利用，应当消除阻碍市场调节的因素。供给学派认为政府不应当刺激需求，而应当刺激供给。供给学派强调的重点是减税，过分突出税率的作用，并且思想方法比较绝对，只注重供给而忽视需求，只注重市场功能而忽视政府作用。我国正在推进的供给侧结构性改革，虽然包括通过降低税费来减轻企业负担的措施，但不仅改革的性质与供给学派有根本的不同，而且改革的范围和内涵要远远超过供给学派的主张，我们是要通过供给侧生产关系的调整来适应生产力发展的需要，从而满足人们日益增长的需求。

有人把"供给侧改革"与20世纪80年代盛行的里根经济学、撒切尔主义混同，诋毁供给侧结构性改革。20世纪80年代，美国里根政府和英国撒切尔政府从减税方面入手，通过一系列政策大刀阔斧地进行结构性调整，带领国家走出了滞胀泥潭。

1981年1月，年近七十的里根就任美国第49届总统，他所接手的美国正遭受自大萧条以来最严重的经济危机。里根用极通俗的话，并富有感情地将复杂的经济学理论传达给美国大众，即减少税收、刺激经济、创造就业，通过经济和财富的增量反而能在低税率的前提下增加国家税收，同时增加大众的财富。里根曾有一句名言："在目前的危机中，政府并不是问题的解答，而是问题本身。"[1]1981年2月，里根向国会提出的经济复兴计划集

---

[1] 武军、武巍、杨玉莉编译，《美国总统就职演说全编》，北京：中国文史出版社，2009年，第330页。

中体现了里根经济学的主要内容。要点有：（1）削减财政开支（不包括军费），特别是社会福利开支，减少财政赤字，至1984年实现预算收支平衡；（2）大规模减税，三年内个人所得税减少30%，对企业实施加快成本回收制度等，给企业以税收优惠；（3）放松政府对企业规章制度的限制，减少国家对企业的干预；（4）严格控制货币供应量的增长，实行稳定的货币政策以抑制通货膨胀。

里根的减税计划实际上是把政府财政收入的一部分转移给企业和个人，因此在实施中不得不因为巨额财政赤字的增加而大打折扣，个人所得税的最高税率从70%降到50%，减税的幅度小于原计划三年内减税30%的幅度。后来，美国联邦个人所得税的最高税率从过去的50%降到28%，企业所得税的最高税率从过去的46%降到34%，美国依然是西方工业国家中税率最低的国家。大规模减税虽然促进了美国经济增长，但政府税收却下降了，造成了里根时代的巨额财政赤字。

撒切尔主义指的是英国首相撒切尔夫人执政时期的一整套政治、社会及经济政策。1979年之前，英国在工党的领导下，国家经济大面积国有化，工会力量不断扩大，严重阻碍了市场效益的充分发挥，导致经济的全面衰退。

撒切尔夫人上台后，首先就是控制通胀。当时英国的通胀率已超过两位数，并迅速攀升，一度高达21%。撒切尔夫人将通胀视为头号大敌，认为它干扰了经济活动，影响了企业的理性规划，从而不利于投资与经济增长。于是，她遵循货币主义原则，通过货币的紧缩政策［先是直接控制M3（最广义的货币供应量），然后是提高利率］来控制通胀。这实际上是一种紧缩性的需求管理，带来的直接后果是失业率从10%上升到大概12%。撒切尔主义应对通胀的原则就是，治理通胀要不惜以牺牲就业为代价。其次，撒切尔夫人还采取了一系列供给方面的举措（如私有化、减税、放松管制）以鼓励竞争。她强势地对亏损的国有企业开刀，用相对较低的价格，把国有企业上市，包括捷豹汽车、英国航空公司、英国石油公司、英国电信公司、英国罗孚公司等，后来还扩大到如国家电网、配电公司、水务公司、铁路公司、公共汽车公司、银行、保险公司、房地产抵押公司等。在高峰时，有人甚至也想把医院、学校、邮政等国有部门私有化。不过，在这些部门被私有化之前，对于其他产业部门的私有化已经有很强的反对声音了。尤其是水、电、电话、交通等的私有化，出现了私有垄断替代国有垄断的问题。从纯利润的角度考虑，私有化解决了国有企业亏损问题。这些公司在上市时，故意将股价定得偏低，并面向所有人销售。1979年，英国居民持股比例占7%，但是到了1987年，这一比例上升到20%。这些举措在促使企业回归市场、提高效率的同时，还为政府提供了资金，创造了减税的条件。与此同时，撒切尔夫人大力减税以刺激经济活动。她将高收入的边际税率从80%降到50%，还将低收入的税率从33%降到了30%。到1982年初，英国经济衰退开始触底，通胀率也降到了8%左右。英国的经济随后进入一个久违的良好发展期：GDP增速达到5%左右，通胀率则进一步降到了4%左右。这一趋势一直延续到撒切尔夫人下台前夕。另一大举措就是削弱工会的力量。当时，劳资矛盾严重阻碍了生产力进步。为了打破僵局，撒切尔夫人不顾一切反对力量，对工会开刀，建立了一个具有竞争性、灵活性的劳动力市场，大大降低了企业的劳工成本和劳资双方的摩擦成本，为经济的全面复苏创造了条件。

中国正在推进的供给侧结构性改革，不是税收和税率问题，更不是国有企业"私有化"问题，庞大的国有企业也绝不能"一卖了之"，而是要按照党的十八届三中全会以来的要求推进系统的改革。今天中国经济面临的情况显然与20世纪80年代的英美经济不同，拿中国的供给侧改革类比在理论上和实践上都充满争议的"里根经济学""撒切尔主义"显然都是不合适的，那样做就是有意混淆甚至否定我们的改革路径。

三、中国的供给侧结构性改革基于中国的经济现实

供给侧结构性改革，就是要用改革的办法推进结构调整，减少无效和低端供给，扩大有效和中高端供给，增强供给结构对需求变化的适应性和灵活性，提高全要素生产率，使供给体系更好地适应需求结构变化。

供给侧结构性改革的核心，是要大力推进市场取向的改革，更加重视"供给侧"调整，加快淘汰僵尸企业，有效化解过剩产能，提升产业核心竞争力，不断提高全要素生产率。要把增强企业活力放在突出位置，坚持和完善基本经济制度，引导好社会心理预期，重视产权保护，完善法律制度，切实发挥企业家作用，着力营造扶商、安商、惠商的良好市场环境。在产业层面，淘汰僵尸企业，化解过剩产能，激发企业活力，将是"供给侧改革"的重点领域。推进供给侧结构性改革，要从生产端入手，重点是有效化解产能过剩，促进产业优化重组，降低企业成本，发展战略性新兴产业和现代服务业，增加公共产品和服务供给，提高供

给结构对需求变化的适应性和灵活性。全面深化改革的具体内容非常多,但问题都是体制性的。无论是处置"僵尸企业"、降低企业成本、化解房地产库存、提升有效供给,还是防范和化解金融风险,解决的根本办法都是依靠改革创新。比如,要降低企业制度性交易成本、减轻税费负担、降低资金成本,必须减少行政审批,改革财税、金融、投融资体制,解决"钱从哪里来,投到哪里去"的问题。

在这样一场关系重大的改革进程中,必须坚持深化供给侧结构性改革和着力扩大有效需求协同发力。习近平总书记指出:"要统筹推进扩大内需和优化供给,打通两者结合的断点堵点卡点,发挥超大规模市场和强大生产能力的优势。"[①]深入实施供给侧结构性改革,持续提高全要素生产率,是实现高质量发展的治本之策,也是破解各种深层次问题的关键。推进供给侧结构性改革并不意味着放弃需求管理。需求管理重在短期调控,重在引导市场预期。经济发展是一个供给创造需求、需求引领供给不断循环进步的过程。当前,有效解决供求失衡问题是实现我国经济高质量发展的关键所在。我国供需不平衡、循环不畅问题仍比较突出,一方面,部分行业产能过剩,一些领域对外依赖度高,关键核心技术"卡脖子",可能存在断供断链风险;另一方面,有效需求不足、社会预期偏弱,居民消费和企业投资的意愿不够强,消费潜力得不到有效释放。要进一步强调供求两端的协调一致,同向发力,充分发挥超大规模市场和强大生产能力的优势,切实

---

① 新华社,《新华述评:必须坚持深化供给侧结构性改革和着力扩大有效需求协同发力——深化新时代做好经济工作的规律性认识述评之二》,中国政府网,2023年12月19日。

打通生产、分配、流通、消费各环节，畅通国民经济循环，使国内大循环建立在内需主动力的基础上，不断提升国际循环质量和水平，加快构建新发展格局。

第三节　深层次改革都是结构性的、供给侧的

中国经济的深层次矛盾是结构性问题，推进深层次改革要不断深化供给侧结构性改革。

一、政府和市场之间资源配置的结构性矛盾

党的十八届三中全会指出，经济体制改革是全面深化改革的重点，核心问题是处理好政府和市场的关系，使市场在资源配置中起决定性作用和更好发挥政府作用。党的二十大报告和二十届三中全会《决定》都强调，充分发挥市场在资源配置中的决定性作用，更好发挥政府作用。所谓"决定性作用"，是指市场在所有社会生产领域的资源配置中处于主体地位，对于生产、流通、消费等各环节的商品价格拥有直接决定权。实践证明，迄今为止，在市场经济条件下，尚未发现任何力量比市场的作用更广泛、更有效率、更可持续。这里政府与市场的关系，不是政府多一点还是市场多一点的问题，而是谁是决定力量、谁是辅助力量的问题，是该谁决定的问题。政府决定多，市场就小，就发展不起来。只要实行市场经济体制，就必须尊重市场在资源配置中的主体地位和决定性作用，其他任何力量都不能代替市场的

作用。

从计划经济体制转向市场经济体制,这是最大的结构性改革,也是最重要的深层次改革。从传统计划经济向市场经济转轨,根本的是政府要从经济的前台计划者退向幕后,成为市场秩序的建设者和维护者,这就是政府和市场关系的结构性调整。市场在资源配置中起决定性作用,更好发挥政府作用,并不是让不让市场起作用的问题,也不是市场多一点、政府少一点的问题,而是市场能不能起决定性作用的问题。目前,在资源配置方面,在错误认识的影响下,不仅在不少领域以"公益性"之名排斥市场起作用,而且片面强调市场失灵,主张政府主导、市场补充。其实,政府能做,市场也可以做的,应当让市场来做,市场能做的尽量交给市场。那政府做什么呢?政府去做市场做不好的事情,比如公共产品的提供,像国防、司法、治安、义务教育,解决中低收入人群住房困难,等等。市场可以做的事情,应当做到"非禁即可",即只要不是禁止的都可以做,公布负面清单,在负面清单中列明市场不能做的项目。问题是,这个负面清单不能想当然地列、随便列。比如,前些年就有专家认为,市场在土地领域不能起决定性作用。目前的问题是,政府、市场的边界不够清晰。对政府而言,哪些该管,哪些不该管,该管多少,都是需要研究的重要课题。如果不能顺应经济社会发展形势的需要进行调整,经济资源将得不到合理配置。市场决定资源配置是市场经济的一般规律,健全社会主义市场经济体制必须遵循这条规律。

改革开放40多年来,我国经济领域的市场化改革已经取得了历史性进展。其中最主要的标志是,目前中国的绝大多数实物产品都已成为可以在市场上充分流通的商品,它们的价格基本上由市场供需形成。但必须看到，这些年来的改革表明，当前改革的难点还是在于妥善处理政府和市场的关系，实现计划经济向市场经济的真正转轨，问题还是在于供给侧生产要素方面计划因素过多、政府管理过多、市场化不够。而这主要是因为传统体制的惯性还很强，以"管"为主要特征的行政手段用起来更顺手，以各种"计划"为载体的管理方式更简便，以"行政审批"为抓手的工作方法更易行，从而使得传统的做法、计划经济的思维变着花样、借着"产业政策""宏观调控""制度优势""中国特色"而存在，对资源的配置、供给的干预这种计划经济体制的弊端还未根本消除，特别是在一些重要领域还根深蒂固。如金融上的利率管制，一些行业存在的行政垄断，特别是服务业长期限制民营资本进入，住房建设中长期实行"容积率控制"，土地供给的政府单一垄断，等等。这些领域的管制，既严重阻碍了有效供给的增加，同时也会产生巨大的寻租空间，滋生严重的腐败问题。也就是说，我国的结构性矛盾主要发生在供给侧，许多需求侧的问题也是源于供给体制的不合理、不完善，包括国企改革、户籍制度改革、土地制度改革、金融体制改革等都是这方面的集中体现。也可以说，我国结构性改革的主要目的就是从根本上改革残余的计划经济体制，处理好政府和市场的关系。要充分发挥市场在资源配置中的决定性作用，就必须大幅度减少政府对资源的直接配置，推动资源配置依据市场规则、市场价格、市场竞争实现效益最大化和效率最优化。而更好发挥政府作用，则要求政府当好市场规则的制定者、市场运行的"裁判员"、基本公共服务的提供者、公平正义的维护者，把该放的坚决放开，推行权力清单制度，做到"法无授权不可为"。

二、国有与民营之间市场主体结构性矛盾

党的十八届三中全会强调,公有制为主体、多种所有制经济共同发展的基本经济制度,是中国特色社会主义制度的重要支柱,也是社会主义市场经济体制的根基。公有制经济和非公有制经济都是社会主义市场经济的重要组成部分,都是我国经济社会发展的重要基础。国有资本、集体资本、非公有资本等交叉持股、相互融合的混合所有制经济,是基本经济制度的重要实现形式。党的二十届三中全会《决定》指出,高水平社会主义市场经济体制是中国式现代化的重要保障,并强调坚持和落实"两个毫不动摇"。毫不动摇巩固和发展公有制经济,毫不动摇鼓励、支持、引导非公有制经济发展,保证各种所有制经济依法平等使用生产要素、公平参与市场竞争、同等受到法律保护,促进各种所有制经济优势互补、共同发展。

国有企业属于全民所有,是推进国家现代化、保障人民共同利益的重要力量,是我们党和国家事业发展的重要物质基础和政治基础。改革开放以来,国有企业改革发展不断取得重大进展,总体上已经同市场经济相融合,运行质量和效益明显提升,在国际国内市场竞争中涌现出一批具有核心竞争力的骨干企业,为推动经济社会发展、保障和改善民生、开拓国际市场、增强我国综合实力做出了重大贡献。中国国有企业仍然占据着国民经济的重要地位。截至 2023 年末,全国国有企业(不含金融企业,下同)资产总额 371.9 万亿元,负债总额 241.0 万亿元、国有资本权益总额 102.0 万亿元。其中,中央企业资产总额 116.5 万亿元、负

债总额78.6万亿元、国有资本权益总额23.0万亿元。①中央企业在能源、交通、通信、军工等领域具有垄断或者优势地位，对国家安全和经济社会发展具有重要作用。在石油、天然气、电力等能源要素市场，少数国有企业仍占据垄断地位。国有资本在电信服务、交通运输等服务业的固定资产投资占比超过80%。但也要看到，国有企业仍然存在一些亟待解决的突出矛盾和问题，一些企业市场主体地位尚未真正确立，现代企业制度还不健全，国有资产监管体制有待完善，国有资本运行效率需进一步提高；一些企业管理混乱，内部人控制、利益输送、国有资产流失等问题突出。

2018年11月1日，习近平总书记在主持召开民营企业座谈会时发表重要讲话指出，"四十年来，我国民营经济从小到大、从弱到强，不断发展壮大……概括起来说，民营经济具有'五六七八九'的特征，即贡献了百分之五十以上的税收，百分之六十以上的国内生产总值，百分之七十以上的技术创新成果，百分之八十以上的城镇劳动就业，百分之九十以上的企业数量"②。这是对民营经济地位和作用做出的最高权威评价。有关部门数据显示，2020年，民营企业法人单位占全国企业法人单位的98%，从业人员占城镇就业的83%，企业资产占全国非金融类企业资产的50%，投资占全国投资的57%，营业收入占全国规模（限

---

① 《国务院关于2023年度国有资产管理情况的综合报告——2024年11月5日在第十四届全国人民代表大会常务委员会第十二次会议上》，中国人大网，2024年11月6日。

② 《十九大以来重要文献选编（上）》，北京：中央文献出版社，2019年，第673页。

额）以上企业营业收入的 60%，税收占全国税收的 55% 以上。

　　国有企业和民营企业是现实经济中两种最基本的微观组织形式。如何看待国有企业和民营企业，如何处理国有企业和民营企业的关系，如何做到一视同仁，已成为我国经济发展中最为重要的结构性问题，也是最深层次的改革议题。应该说，改革开放 40 多年，国有企业获得了很大的发展，民营企业也获得了很大的发展。这是一个不争的事实。国有企业和民营企业的共同发展，有力支持了我们国家的经济建设，两者都是我们国家经济的重要力量，是不可分割的，更不是对立的。在实践中，国有企业离不开民营企业，民营企业承担了大量国有企业的外包服务；民营企业也离不开国有企业，民营企业的大量服务，如稳定安全的电力供应，绝大多数来源于国有企业。

三、城市和乡村之间的二元结构性矛盾

　　城乡融合发展是中国式现代化的必然要求。党的二十届三中全会《决定》指出，必须统筹新型工业化、新型城镇化和乡村全面振兴，全面提高城乡规划、建设、治理融合水平，促进城乡要素平等交换、双向流动，缩小城乡差别，促进城乡共同繁荣发展。

　　城乡二元结构体制是中国经济和社会发展中存在的一个严重障碍，主要表现为城乡之间的户籍壁垒、两种不同资源配置制度，以及在城乡户籍壁垒基础上产生的其他问题。1958 年 1 月 9 日全国人民代表大会常务委员会第九十一次会议讨论通过《中华人民共和国户口登记条例》，标志着中国以严格限制农村人口向城市流动为核心的户籍管理制度的形成，导致了城乡两种不同的

资源配置制度和城乡居民两种不同的社会身份，进而促成了城乡结构的二元性和刚性化。城乡二元经济结构和社会结构，是我国农村社会经济问题的主要症结所在，也是我国农村现代化的最大障碍。这种结构体制导致了城市和农村在经济发展、社会福利、公共服务等方面的巨大差异，形成了城乡之间的不平等和分割。城乡二元结构体制的存在，不仅阻碍了城乡之间的要素自由流动和优化配置，也制约了城乡一体化的进程。

中国改革是从农村发端的。改革开放40多年，农村劳动力、资本、土地三大要素源源不断地流向城市，结果城市繁荣了，农村活力减弱了。改革开放以来，城乡发展差距拉大的根本原因是城乡两个市场发育不均衡，城市的要素基本市场化了，农村的要素还是半市场化状态。按照经济规律，商品总是向能够获得更高交换价格的地方流动，资本的趋利性决定了哪里价格高资本就往哪里去。改革开放40多年，农村的要素源源不断流向城市。一是劳动力。2.8亿精壮劳动力从农村流入城市。城市的产业工人队伍80%都是进城务工人员，尤其是建筑业90%以上都是进城务工人员。进城务工人员为城市建设做出了贡献，但他们却享受不到城市户籍人口可以享受到的公共服务。二是资本。由于农村缺少投资机会，因此在农村设立的金融机构能够广泛吸收农村的储蓄，集中投向城市、沿海地区，投向国有企业和国家重点项目等。

如果农村改革迈不开步子，乡村振兴战略就很难落到实处。要缩小城乡发展差距，就必须完善城乡一体化的市场体系，发挥市场在资源配置中的决定性作用，使农村的各类要素市场化。要建立城乡之间各种要素双向自由流动的市场体系，引导城市资本下乡。"发挥市场在资源配置中的决定性作用"不仅适用于城市，同样适用于农村。已故著名经济学家孙冶方在20世纪60年代就指出，千规律、万规律，价值规律是第一条。搞经济工作，如果不利用好价值规律，就是"抬牛腿"，抓住了价值规律就抓住了"牛鼻子"。需要逐步实施系统的制度创新和政策调整，打破传统的城乡二元结构格局，深化城乡一体化改革，推进城乡要素平等交换和公共资源均衡配置，加快新型城镇化进程，为推进我国农村现代化创造制度条件。

第三章
深层次改革与全面深化改革

为贯彻落实党的二十大做出的战略部署，2024年7月18日，党的二十届三中全会通过了《中共中央关于进一步全面深化改革推进中国式现代化的决定》，就进一步全面深化改革、推进中国式现代化问题做出了一系列决定。推进深层次改革是进一步全面深化改革的题中应有之义和重要任务。

第一节　全面深化改革

一、"划时代"抉择

全面深化改革是党的十八届三中全会提出的重要命题。党的十八大报告明确提出"两个全面"的目标，即全面建成小康社会、全面深化改革开放。为贯彻落实党的十八大关于全面深化改革的战略部署，2013年11月12日十八届三中全会研究了全面深化改革的若干重大问题，通过了《中共中央关于全面深化改革若干重大问题的决定》，从而使改革开放事业进入新阶段，具有划时代意义。

在我国改革开放40多年的历程中,党的十一届三中全会和十八届三中全会是两次具有划时代意义的会议。党的十一届三中全会,是在中国社会主义事业发展的一个关键时刻召开的一次关键性会议。当时,世界经济快速发展,科技进步日新月异,而我国经济濒临崩溃边缘,国家发展百业待兴。邓小平同志指出:"如果现在再不实行改革,我们的现代化事业和社会主义事业就会被葬送。"[①] 在邓小平同志的领导下和老一辈革命家的支持下,党的十一届三中全会冲破长期"左"的错误的严重束缚,果断结束"以阶级斗争为纲"。从此,我国改革开放拉开了大幕。改革开放40多年,是中国经济社会发展取得辉煌成就的40多年,是中国社会发生前所未有的根本性变化的40多年。回顾这40多年走过的历程,追根溯源,我们就能够清楚地认识到党的十一届三中全会的划时代意义。它在中华人民共和国的发展史上,在中国社会主义事业的发展史上,乃至在中华民族的发展史上,在整个社会主义运动史上,开创了一个新的时代。

党的十八届三中全会也是在改革开放的关键时刻召开的一次关键性会议。党的十八大前,我们面对的形势是,改革开放和社会主义现代化建设取得巨大成就,党的建设新的伟大工程取得显著成效,为我们继续前进奠定了坚实基础、创造了良好条件、提供了重要保障,同时一系列长期积累及新出现的突出矛盾和问题亟待解决。比如,经济结构性、体制性矛盾突出,发展不平衡、不协调、不可持续,传统发展模式难以为继,一些深层次体制机

[①] 《邓小平文选(第二卷)》,北京:人民出版社,1983年,第150页。

制问题和利益固化藩篱日益显现；民生保障存在不少薄弱环节；资源环境约束趋紧、环境污染等问题突出，等等。特别是在改革开放进程不断加快、国内外环境发生重大变化的情况下，这些问题所带来的各种负面效应也日益凸显，而且影响改革开放的持续健康发展。有一些直接影响经济发展，如市场规范、经济结构和经济增长方式；有一些直接影响人民生活水平提高，如环境污染、道德滑坡、贫富严重分化；有一些直接造成群众的不满等。于是社会上出现了一些议论，把这些问题归罪于改革开放。中国的改革开放再一次到了十分关键的时候。如果这些现实问题得不到有效解决，改革开放就很难持续顺利地进行下去，有些问题还可能导致更多深层次的社会矛盾爆发。正是在这种情况下，以习近平同志为核心的党中央以深刻的历史洞察力，全面分析、判断并深刻把握国内外形势，站在时代发展潮头，召开了党的十八届三中全会，做出全面深化改革的重大抉择，以前所未有的决心和力度推进全面深化改革，啃下了不少硬骨头，闯过了不少急流险滩。改革全面发力、多点突破、纵深推进，主要领域改革主体框架基本确立，有力推进了各项事业发展。

习近平总书记指出，党的十一届三中全会是划时代的，开启了改革开放和社会主义现代化建设历史新时期。党的十八届三中全会也是划时代的，开启了全面深化改革、系统整体设计推进改革的新时代，开创了我国改革开放的全新局面。[①]

[①] 《习近平谈治国理政（第三卷）》，北京：外文出版社，2020 年，第 178 页。

二、全方位改革

2013年12月3日习近平总书记在主持十八届中央政治局第十一次集体学习时讲话指出,"我们在考虑这次三中全会议题时,就提出要制定一个全面深化改革的方案,而不是只讲经济体制改革,或者只讲经济体制和社会体制改革。这样考虑,是因为要解决我们面临的突出矛盾和问题,仅仅依靠单个领域、单个层次的改革难以奏效,必须加强顶层设计、整体谋划,增强各项改革的关联性、系统性、协同性。只有既解决好生产关系中不适应的问题,又解决好上层建筑中不适应的问题,这样才能产生综合效应"[①]。

第一,从单个领域改革到所有领域改革。

小岗村的家庭联产承包责任制改革,拉开了中国改革开放的序幕。从此,承包制从农村走向城市,国企改革、价格改革、财税金融改革、外贸体制改革等一系列重大改革不断推进。与此同时,社会主义政治体制、文化体制、社会制度和生态文明制度也在进行改革。从农村到国有企业、从生产领域到金融领域、从住房制度到户籍制度、从教育领域到卫生领域等改革,都是从一个一个领域突破,但社会经济本身是一个整体,经济、政治、文化、社会乃至生态环境具有内在联系,很难截然分开。随着改革的不断深化,到了一定阶段就必然受到其他领域改革的制约。要改变这种状况,就必须对改革进行全局性的顶层设计,推进全面

---

① 习近平,《全面深化改革开放,为中国式现代化持续注入强劲动力》,《求是》,2024年第10期。

改革，党的十八届三中全会就不再仅仅是对某一个领域或者对某一个专项问题改革的要求，而是对各个领域推进改革的全面要求，是把各个领域的改革作为一个整体有机联系起来所提出的要求。这些改革要求集中到一点，就是完善和发展中国特色社会主义制度，推进国家治理体系和治理能力现代化。相比过往的改革，全面深化改革不是单个领域体制的调整和修补，而是各个方面体制与制度的深度革新，不是各个领域体制改革的单项推进，而是各领域、各层次、各环节改革的系统推进。

第二，从经济改革到社会改革。

习近平总书记指出，我们提出进行全面深化改革，就是要适应我国社会基本矛盾运动的变化来推进社会发展。社会基本矛盾总是不断发展的，所以调整生产关系、完善上层建筑需要相应地不断进行下去。[①] 改革开放只有进行时，没有完成时。全面深化改革的新形势下，经济体制、政治体制、文化体制、社会体制、生态文明体制和党的建设制度改革需要协同推进，全面展开。2024年1月31日，习近平总书记在主持二十届中央政治局第十一次集体学习时讲话强调，生产关系必须与生产力发展要求相适应。发展新质生产力，必须进一步全面深化改革，形成与之相适应的新型生产关系。[②] 2024年3月5日，习近平总书记在参加十四届全国人大二次会议江苏代表团审议时讲话指出，要深化科技体制、教育体制、人才体制等改革，着力打通束缚新质生产

---

① 习近平，《全面深化改革开放，为中国式现代化持续注入强劲动力》，《求是》，2024年第10期。
② 习近平，《全面深化改革开放，为中国式现代化持续注入强劲动力》，《求是》，2024年第10期。

力发展的堵点卡点。要加大制度型开放力度，持续建设市场化、法治化、国际化一流营商环境，塑造更高水平开放型经济新优势。①

第三，从经济基础到上层建筑的改革。

2013年12月3日，习近平总书记主持十八届中央政治局第十一次集体学习时讲话强调，坚持和发展中国特色社会主义，必须不断适应社会生产力发展调整生产关系，不断适应经济基础发展完善上层建筑。②我国经济社会发展取得了重大成就，根本原因就是我们通过不断调整生产关系激发了社会生产力发展活力，通过不断完善上层建筑适应了经济基础发展要求。进行经济体制改革，进行政治体制、文化体制、社会体制、生态文明体制和党的建设制度改革，都是出于这个目的。党的十八届三中全会以来，党中央以前所未有的决心和力度冲破思想观念的束缚，突破利益固化的藩篱，坚决破除各方面体制机制弊端，积极应对外部环境变化带来的风险挑战。党的十八届三中全会以来确定的改革任务全面推进，各领域基础性制度框架基本确立，许多领域实现历史性变革、系统性重塑、整体性重构。比如，坚持和完善党对人民军队绝对领导，全面深入贯彻落实军委主席负责制，开展了中华人民共和国成立以来最为广泛、最为深刻的国防和军队改革，重构人民军队领导指挥体制、现代军事力量体系、军事政策制度，形成军委管总、战区主战、军种主建新格局，实现了人民

---

① 习近平，《全面深化改革开放，为中国式现代化持续注入强劲动力》，《求是》，2024年第10期。
② 习近平，《全面深化改革开放，为中国式现代化持续注入强劲动力》，《求是》，2024年第10期。

军队的整体性革命性重塑。再如，2023年推进党和国家机构改革，对体制机制和机构职责进行调整和完善，组建中央金融委员会、中央金融工作委员会、中央科技委员会、中央社会工作部、中央港澳工作办公室、国家金融监督管理总局、国家数据局，重新组建科学技术部，党和国家机构职能体系不断健全。这些改革为推动形成系统完备、科学规范、运行有效的制度体系，使各方面制度更加成熟、更加定型奠定了坚实基础。

三、锚定总目标

2013年11月12日，习近平总书记在党的十八届三中全会第二次全体会议上讲话强调，坚持把完善和发展中国特色社会主义制度，推进国家治理体系和治理能力现代化作为全面深化改革的总目标。[①] 1992年，邓小平同志在南方谈话中说："恐怕再有三十年的时间，我们才会在各方面形成一整套更加成熟、更加定型的制度。"[②] 党的十八届三中全会在邓小平同志战略思想的基础上，提出要推进国家治理体系和治理能力现代化。这是完善和发展中国特色社会主义制度的必然要求，是实现社会主义现代化的应有之义。党的十八届三中全会研究全面深化改革问题，不是推进一个领域改革，也不是推进几个领域改革，而是推进所有领域

[①] 习近平，《全面深化改革开放，为中国式现代化持续注入强劲动力》，《求是》，2024年第10期。

[②] 习近平，《关于〈中共中央关于坚持和完善中国特色社会主义制度 推进国家治理体系和治理能力现代化若干重大问题的决定〉的说明》，新华社新媒体，2019年11月5日。

改革，就是从国家治理体系和治理能力的总体角度考虑的。

习近平总书记指出，"全面者，就是要统筹推进各领域改革，就需要有管总的目标"[①]。全面深化改革总目标是由两句话组成的一个整体，前一句"完善和发展中国特色社会主义制度"规定了根本方向，后一句"推进国家治理体系和治理能力现代化"规定了鲜明指向，深刻回答了推进各领域改革最终是为了什么、要取得什么样的整体结果等问题。深刻理解和准确把握总目标，是贯彻落实各项改革举措的关键。

习近平总书记指出，我们推进国家治理体系和治理能力现代化，要往什么方向走呢？这是一个带有根本性的问题，必须回答好。[②] 我们要坚定不移走中国特色社会主义道路，既不走封闭僵化的老路，也不走改旗易帜的邪路。新征程上，要坚持好、实施好、完善好中国特色社会主义的根本制度、基本制度、重要制度，着力固根基、扬优势、补短板、强弱项，继续加强新的实践基础上的制度创新，抓紧制定推进国家治理体系和治理能力现代化急需的制度、满足人民对美好生活新期待必备的制度，构建系统完备、科学规范、运行有效的制度体系，切实把我国制度优势转化为治理效能，不断彰显中国特色社会主义的制度优势和强大生命力。

---

① 中共中央文献研究室，《习近平关于全面深化改革论述摘编》，北京：中央文献出版社，2014年，第26页。
② 习近平，《全面深化改革开放，为中国式现代化持续注入强劲动力》，《求是》，2024年第10期。

第二节　发挥经济体制改革牵引作用

党的二十届三中全会《决定》指出，进一步全面深化改革"以经济体制改革为牵引，以促进社会公平正义、增进人民福祉为出发点和落脚点，更加注重系统集成，更加注重突出重点，更加注重改革实效"。

一、经济体制改革是全面深化改革的重点

2013年12月3日，习近平总书记在主持十八届中央政治局第十一次集体学习时讲话指出，"我们也突出强调了要以经济建设为中心、发挥经济体制改革牵引作用"[1]。我国改革开放以来的实践充分证明，紧紧扭住解放和发展社会生产力，就能为其他各方面改革提供强大推动，影响其他各个方面改革相应推进。党的十九大报告指出，中国特色社会主义进入新时代，我国社会主要矛盾已经转化为人民日益增长的美好生活需要和不平衡不充分的发展之间的矛盾。党的二十大报告指出，高质量发展是全面建设社会主义现代化国家的首要任务。发展是党执政兴国的第一要务。进一步全面深化改革，要把握住我国现阶段社会主要矛盾的主要方面，着力解决好发展不平衡不充分问题。只有紧紧围绕发展这个第一要务、高质量发展这个新时代的硬道理来部署各方面

---

[1] 习近平，《全面深化改革开放，为中国式现代化持续注入强劲动力》，《求是》，2024年第10期。

改革，以解放和发展社会生产力为改革提供强大牵引，才能推动生产关系和生产力、上层建筑和经济基础、国家治理和社会发展更好相适应，为中国式现代化提供强大动力和制度保障。

经济体制改革是全面深化改革的重点。党的十八届三中全会《中共中央关于全面深化改革若干重大问题的决定》对经济、政治、文化、社会、生态文明、党的建设等六方面的体制改革提出了明确要求。这就是六个"紧紧围绕"，即紧紧围绕使市场在资源配置中起决定性作用深化经济体制改革；紧紧围绕坚持党的领导、人民当家作主、依法治国有机统一深化政治体制改革；紧紧围绕建设社会主义核心价值体系、社会主义文化强国深化文化体制改革；紧紧围绕更好保障和改善民生、促进社会公平正义深化社会体制改革；紧紧围绕建设美丽中国深化生态文明体制改革；紧紧围绕提高科学执政、民主执政、依法执政水平深化党的建设制度改革。在涉及六大领域的全面深化改革中，经济体制改革是重点。改革的目标要求是坚持和完善基本经济制度，加快完善现代市场体系、宏观调控体系、开放型经济体系，加快转变经济发展方式，加快建设创新型国家，推动经济更有效率、更加公平、更可持续发展。

把经济体制改革作为全面深化改革的重点，符合马克思主义基本原理。马克思指出："物质生活的生产方式制约着整个社会生活、政治生活和精神生活的过程。"[1] 改革开放以来，我们从农村经济体制改革起步，到城市经济体制改革，从国有企业改革到

---

[1] 马克思，《〈政治经济学批判〉序言》，《马克思恩格斯文集》第二卷，北京：人民出版社，2009年，第591页。

非公有制经济的发展，从对内搞活到对外开放，从经济领域到政治、文化、社会、生态文明等其他领域，改革的领域不断扩大，但始终没有偏离经济体制改革这个重点，并依据经济体制改革的客观需要逐步推进其他领域的改革。这是改革开放取得成功的重要原因之一。改革开放各方面所取得的辉煌成就，特别是社会主义政治文明、精神文明的不断发展，无不得益于社会主义物质文明巨大进步的强力支撑。适应社会发展要求的经济体制和相关制度的不断改革，最终目的在于实现资源配置效率最优化和效益最大化。

我国仍处于并将长期处于社会主义初级阶段，发展仍是解决中国所有问题的关键。现阶段的主要任务依然是解放和发展社会生产力，进一步把"蛋糕"做大，让老百姓得到实实在在的利益。只有经济发展好了，才能为解决其他方面的问题奠定坚实的物质基础，其他各方面的改革才能有更加有利的社会条件。我们坚持从实际出发，摸着石头过河，先从人民最关心、最现实、最直接的利益问题入手，先易后难，在确保经济发展的前提下逐步深化其他领域的改革。实践证明这个路子是正确的。经过不懈努力，我国经济体制发生了深刻变化，实现了从计划经济体制向社会主义市场经济体制的历史性转变，初步建立起社会主义市场经济体制。但是也要看到，在经济领域还有许多深层次问题没有解决，许多重大关系没有理顺，影响和制约高质量发展的体制机制障碍主要还集中在经济领域。我们必须进一步加大经济体制改革的力度，努力在重点领域和关键环节改革上取得新的突破，为其他领域改革提供强大动力，创造更好条件。

二、经济体制改革具有牵一发而动全身的作用

习近平总书记指出:"经济基础决定上层建筑。经济体制的改革对其他方面改革具有重要影响和传导作用,重大经济体制改革的进度决定着其他方面很多体制改革的进度,具有牵一发而动全身的作用。"[①] 解放生产力、发展生产力是坚持和发展中国特色社会主义的根本任务;在推进经济建设的进程中持续不断地推进和完善经济体制改革,并发挥经济体制改革的牵引作用,大力改革不适应生产力发展和经济基础的生产关系与上层建筑,推进和完善政治体制改革、文化体制改革、社会体制改革和生态体制改革,进而实现经济体制改革、政治体制改革、文化体制改革、社会体制改革、生态体制改革协同推进局面。邓小平同志在改革开放之初就主张"解放生产力,发展生产力",后又在南方谈话中提出了"三个有利于"的改革标准。进入新时代,习近平总书记强调,"必须更加注重改革的系统性、整体性、协同性"[②],并深刻阐述了"要以经济建设为中心、发挥经济体制改革牵引作用"[③]。党的十八届三中全会《中共中央关于全面深化改革若干重大问题的决定》明确提出,全面深化改革"以经济建设为中心,发挥经济体制改革牵引作用,推动生产关系同生产力、上层建筑

---

① 中共中央文献研究室,《习近平总书记重要讲话文章选编》,北京:中央文献出版社、党建读物出版社,2016年,第94页。
② 中共中央文献研究室,《习近平关于全面深化改革论述摘编》,北京:中央文献出版社,2014年,第30页。
③ 中共中央文献研究室,《习近平关于全面深化改革论述摘编》,北京:中央文献出版社,2014年,第47–48页。

同经济基础相适应,推动经济社会持续健康发展"。①

建立完善的社会主义市场经济体制,涉及经济、政治、文化、社会、生态文明等各领域的改革,除了要求继续深化经济体制改革,也要求其他各领域改革的方向、目标、任务、举措等必须围绕着完善社会主义市场经济体制这一战略目标来谋划和推进。这就要求我们在设计和推进全面深化改革时必须坚持以经济体制改革为主轴,突出经济体制改革这个重点,以此牵引和带动其他领域的改革,使各方面改革协同推进、形成合力。

"发挥经济体制改革牵引作用",体现了我国长期处于社会主义初级阶段这个最大实际,也契合发展仍是解决我国所有问题的关键这个重大战略判断。在国际比较中,按照联合国目前的划分标准,中国已处于中等偏上收入国家的水平,接近高收入国家门槛,但人均收入水平还比较低,追赶发达国家还有很长的路要走。从国内形势看,扩大就业、增加居民收入要靠发展,消除贫困要靠发展,推进社会建设要靠发展,缩小城乡区域发展差距也要靠发展。这就客观地要求坚持以经济建设为中心,收入分配、垄断行业、民间投资、政府职能、公共财政等方面的改革亟待深入推进。

全面深化改革是关系党和国家事业发展全局的重大战略部署,不是某个领域某个方面的单项改革。改革首先要在经济领域取得突破,对其他领域的体制改革产生"倒逼机制",从而带动系统性改革。这些年,我国在行政审批制度改革、利率市场化、营改增、小微企业免税、铁路政企分开、自由贸易试验区等

---

① 《中共中央关于全面深化改革若干重大问题的决定(辅导读本)》,北京:人民出版社,2013年,第5页。

方面，特别是在一些长期制约经济发展的领域推进改革，促使政治、社会等领域配套改革跟进，改革由此由浅入深、由点及面。同时，经济改革使经济快速发展，我国成为世界第二大经济体，我国综合实力和人民生活水平都达到前所未有的高度，这就为全面改革提供了较为雄厚的物质基础。党的十八大以来，经济领域一些重点改革坚定地向前推进，发挥探路和示范作用，不仅为全面推进社会主义经济建设、政治建设、文化建设、社会建设、生态文明建设积累了经验，也必将为加强社会主义民主政治制度建设，推进法治中国建设，强化权力运行制约和监督体系，推进文化体制机制创新，推进社会事业改革创新，创新社会治理体制，加快生态文明制度建设等发挥牵引和拉动作用。

三、坚持依靠改革开放增强发展内生动力

改革开放是决定当代中国命运的关键一招，也是决定中国式现代化成败的关键一招。历史和实践反复证明，开放带来进步，封闭必然落后。"对外开放，对内搞活"，这是改革开放政策的精髓，这一点没有过时。我们党以伟大的历史主动精神不断变革生产关系和生产力之间、上层建筑和经济基础之间不相适应的方面，不断推进各领域体制改革，形成和发展符合当代中国国情、充满生机活力的体制机制，让一切劳动、知识、技术、管理和资本的活力竞相迸发，让一切创造社会财富的源泉充分涌流。当前，我国经济回升仍处在关键阶段，有效需求不足、社会预期偏弱，国内大循环存在堵点，外部环境的复杂性、严峻性、不确定性上升。破解前进道路上的艰难险阻，开创发展新局面，唯有向

改革要动力、向开放要活力。要统筹推进深层次改革和高水平开放，以深化改革开放的有力举措、扎实成效，不断解放和发展社会生产力、激发和增强社会活力，为推动高质量发展、推进中国式现代化持续注入强大动力。

第三节　深层次改革：经济体制改革的重中之重

2022年10月23日，习近平总书记在党的二十届一中全会上发表讲话指出，要用好改革这个关键一招，坚持社会主义市场经济改革方向，加强改革系统集成、协同高效，巩固和深化解决体制性障碍、机制性梗阻、创新性政策方面的改革成果，在重要领域和关键环节取得新突破。[①]

一、经济体制改革基本框架

根据党的十八届三中全会《中共中央关于全面深化改革若干重大问题的决定》、十八届五中全会《中共中央关于制定国民经济和社会发展第十三个五年规划的建议》和二十届三中全会《决定》的精神，构建高水平社会主义经济体制，主要包括微观主体、市场体系、市场管理和对外开放四个方面。

第一，微观主体。坚持和落实"两个毫不动摇"。毫不动摇

---

① 习近平，《全面深化改革开放，为中国式现代化持续注入强劲动力》，《求是》，2024年第10期。

巩固和发展公有制经济，毫不动摇鼓励、支持、引导非公有制经济发展，保证各种所有制经济依法平等使用生产要素、公平参与市场竞争、同等受到法律保护，促进各种所有制经济优势互补、共同发展。完善中国特色现代企业制度，弘扬企业家精神，支持和引导各类企业提高资源要素利用效率和经营管理水平、履行社会责任，加快建设更多世界一流企业。巩固和完善农村基本经营制度。深化承包地所有权、承包权、经营权分置改革，发展农业适度规模经营。完善农业经营体系，促进农民合作经营。培养新型职业农民。

第二，市场体系。构建全国统一大市场。推动市场基础制度规则统一、市场监管公平统一、市场设施高标准联通。完善要素市场制度和规则，推动生产要素畅通流动、各类资源高效配置、市场潜力充分释放。构建城乡统一的建设用地市场。完善促进资本市场规范发展基础制度。培育全国一体化技术和数据市场。完善主要由市场供求关系决定要素价格的机制，防止政府对价格形成的不当干预。健全劳动、资本、土地、知识、技术、管理、数据等生产要素由市场评价贡献、按贡献决定报酬的机制。推进水、能源、交通等领域价格改革，优化居民阶梯水价、电价、气价制度，完善成品油定价机制。深化能源管理体制改革，建设全国统一电力市场。深化投资审批制度改革。完善市场经济基础制度。完善产权制度，依法平等长久保护各种所有制经济产权。完善市场准入制度，优化新业态、新领域市场准入环境。深化教育综合改革。深化科技体制改革。深化人才发展体制机制改革。加快金融体制改革。完善城乡融合发展体制机制，促进城乡要素平等交换、双向流动。

第三，市场管理。核心问题是处理好政府和市场的关系，充分发挥市场在资源配置中的决定性作用,更好发挥政府作用。必须更好发挥市场机制作用,创造更加公平、更有活力的市场环境,实现资源配置效率最优化和效益最大化,既"放得活"又"管得住",更好维护市场秩序、弥补市场失灵,畅通国民经济循环,激发全社会内生动力和创新活力。着力解决市场体系不完善、政府干预过多和监管不到位问题,进一步简政放权,深化行政审批制度改革,最大限度减少中央政府对微观事务、对市场机制能有效调节的经济活动的干预。健全宏观经济治理体系,健全有利于高质量发展、社会公平、市场统一的税收制度,优化税制结构。建立权责清晰、财力协调、区域均衡的中央和地方财政关系。完善金融监管体系,依法将所有金融活动纳入监管,强化监管责任和问责制度,加强中央和地方监管协同。

第四,对外开放。完善高水平对外开放体制机制,稳步扩大制度型开放,主动对接国际高标准经贸规则,深化外贸体制改革,完善出口管制体系。营造市场化、法治化、国际化一流营商环境,依法保护外商投资权益。深化外商投资促进体制机制改革,完善准入前国民待遇加负面清单管理模式,支持符合条件的外资机构参与金融业务试点。完善促进和保障对外投资体制机制。完善推进高质量共建"一带一路"机制。稳慎拓展金融市场互联互通,优化合格境外投资者制度。强化开放条件下金融安全机制。建立统一的全口径外债监管体系。积极参与国际金融治理。

二、处理好整体推进与重点突破的关系

深层次改革不是全面性的改革,而是重要领域关键环节的改

革。全面深化改革不是某个领域某个方面的单项改革，而是一个涉及经济社会发展各领域的复杂系统工程。要坚持整体推进，统筹谋划深化改革各个方面、各个层次、各个要素，注重推动各项改革相互促进、良性互动、协同配合，注重改革措施整体效果，防止畸轻畸重、单兵突进、顾此失彼。但整体推进又不是平均用力、齐头并进，而是要注重抓主要矛盾和矛盾的主要方面，注重抓重要领域和关键环节。重要领域"牵一发而动全身"，关系到改革大局，是改革的重中之重；关键环节"一子落而满盘活"，关系到改革成效，是改革的有力支点。以这些重要领域和关键环节为突破口，可以对全面改革起到牵引和推动作用。

深层次改革，主要是针对结构性问题以及体制缺陷而进行相应的体制机制改革。比如，针对经济发展的重大结构问题而采取相应的制度创新，力求通过制度创新从根本上解决结构问题；再如，针对财政、金融体制存在重大的制度缺陷，通过加强规制、完善监管来弥补原有制度漏洞。另一个很重要的方面是，深层次改革不是对原有制度的推倒重来，而是对一些导致严重结构性问题的关键性制度缺陷依时依势做重大修补和优化。显然，深层次改革不是全面的改革，而是重要领域和关键环节的改革，是牵一发而动全身的重大改革，是那些如果不改，我国经济发展就很难持续，甚至有可能埋下重大隐患，带来很大风险的改革。国际金融危机后，我国经济发展的环境和条件发生了一系列变化，原有的发展优势消失，新的发展动能尚未形成，新旧动力转换处于关键时期，改革的紧迫性凸显。不改革，新的动力无法形成；改革，则面临经济下行的考验。在这种形势下如何推进经济改革，事实上面临着艰难的选择。首先是要考虑改革在哪里发力的问题，是四面出击，还是重点突破；是绕着难点走，还是就要啃硬骨头，供给侧结构性改革为我们做出了选择。所以可以说，深层次改革就是全面推进经济体制改革做出的重点选择。

三、深层次改革是推进改革的着力点

深层次改革不是外围性的改革，而是解难点、啃硬骨头的改革。提出建立社会主义市场经济体制的改革目标，是我们党在建设中国特色社会主义进程中的重大理论和实践创新。在社会主义国家搞市场经济，这是前无古人的探索；从计划经济体制向市场经济体制转轨，这也没有成功的先例。党的十八届三中全会强调，坚持社会主义市场经济改革方向。虽然我国社会主义市场经济体制已经初步建立，但市场体系还不健全，市场发育还不充分，特别是政府和市场的关系还没有理顺，市场在资源配置中的作用有效发挥受到诸多制约，必须继续朝着加快完善社会主义市场经济体制的目标努力，着力健全使市场在资源配置中起决定性作用、更好发挥政府作用的制度体系。坚持社会主义市场经济改革方向，不仅是经济体制改革的基本遵循，也是全面深化改革的重要依托。要使各方面体制改革朝着这一方向协同推进，同时也使各方面自身相关环节更好适应社会主义市场经济发展提出的新要求。

经济体制改革的核心问题是处理好政府和市场的关系。习近平总书记指出："进一步处理好政府和市场关系，实际上就是要处理好在资源配置中市场起决定性作用还是政府起决定性作用这个问题。经济发展就是要提高资源尤其是稀缺资源的配置效率，以尽可能少的资源投入生产尽可能多的产品、获得尽可能大的效益。理论和实践都证明,市场配置资源是最有效率的形式。市场决定资源配置是市场经济的一般规律,市场经济本质上就是市场决定资源配置的经济。"①构建高水平社会主义市场经济体制必须遵循这条规律,着力解决市场体系不完善、政府干预过多和监管不到位问题。当然,市场在资源配置中起决定性作用,并不是起全部作用。发展社会主义市场经济,既要发挥市场作用,也要发挥政府作用,但市场作用和政府作用的职能是不同的。更好而不是更多发挥政府作用,就是要搞好科学的宏观调控,有效的政府治理,主要是保持宏观经济稳定,加强和优化公共服务,保障公平竞争,加强市场监管,维护市场秩序,推动可持续发展,促进共同富裕,弥补市场失灵。

新形势下,改革的出发点和落脚点不同以往。我们要牢牢坚持问题导向,使改革更好地服务于稳增长、调结构、转方式、惠民生、防风险。要把有效解决经济社会发展面临的突出问题作为检验经济体制改革成效的重要标准,以提高经济发展质量和效益为中心,针对发展中深层次矛盾凸显、新老问题叠加、风险隐患增多、经济下行压力加大等困难和问题,通过改革提振社会信心、激发市场活力、释放发展潜力、化解潜在风险,促进经济提质增效升级,培育和催生发展新动力。

2019年10月28日,习近平总书记在做《关于〈中共中央关于坚持和完善中国特色社会主义制度、推进国家治理体系和治

---

① 习近平,《关于〈中共中央关于全面深化改革若干重大问题的决定〉的说明》(2013年11月9日),《十八大以来重要文献选编(上)》,北京:中央文献出版社,2014年,第499页。

理能力现代化若干重大问题的决定〉的说明》时指出，新时代谋划全面深化改革，必须以坚持和完善中国特色社会主义制度、推进国家治理体系和治理能力现代化为主轴，深刻把握我国发展要求和时代潮流，把制度建设和治理能力建设摆到更加突出的位置，继续深化各领域各方面体制机制改革，推动各方面制度更加成熟更加定型，推进国家治理体系和治理能力现代化。①

---

① 《中共中央关于坚持和完善中国特色社会主义制度、推进国家治理体系和治理能力现代化若干重大问题的决定（辅导读本）》，北京：人民出版社，2019年，第49页。

第二篇

为什么要推进深层次改革

第四章
国际经济大背景

当前，世界百年未有之大变局加速演进，新一轮科技革命和产业变革深入发展，国际力量对比深刻调整，我国发展面临新的战略机遇。同时，世界进入新的动荡变革期，特别是国际循环存在干扰，我国构建新发展格局面临前所未有的挑战。

第一节　深入发展的科技革命和产业变革

科技是百年变局的动力。要准确把握科技革命和产业变革的方向，抢抓发展机遇。世界经济史表明，科技进步造就的新产业和新产品，是历次重大危机后世界经济走出困境、实现复苏的根本动因。上一轮科技革命带来的发展红利已充分释放，全球范围基础科技没有突破性进展，制约了劳动生产率的提高。国际金融危机后，互联网+、共享经济、3D打印、智能制造等新业态不断涌现。近年来，新一轮科技革命和产业变革深入发展，一些新趋势正在涌现，其中最具时代特征的可能就是"三化"。

一、智能化

智能化是现代人类文明发展的趋势。随着信息技术的飞速发展，社会各个领域正在加速迈入智能化的新时代。智能化是指在计算机网络、大数据、物联网和人工智能（AI）等技术支持下，机器能够完成人类需要完成的复杂工作。比如，无人驾驶汽车就是一种智能化的工具，它将传感器物联网、移动互联网、大数据分析等技术融为一体，从而能动地满足人们的出行需求。信息技术的广泛应用，尤其是 AI、大数据、物联网等前沿技术的创新与融合，正在从根本上改变人们的生产和生活方式，从事常规性、程序性工作的劳动力可用工业机器人替代，智能化系统可全天候工作，智能化将劳动力从繁重的工作中解放出来，全面智能化时代已然来临。

今天，AI 正走近我们。AI 是智能化的基石。通过模仿和学习人类的认知行为，AI 不仅能够处理复杂的任务，还能在各类场景中提供自适应和优化的解决方案。如今，AI 技术已经应用于多个领域，包括语音识别、图像处理、自动驾驶等，逐步渗透到各个行业。AI 的应用不限于自动化任务的执行，它还能提供高级分析和预测，比如金融领域的风险评估、医疗领域的疾病诊断。随着智能技术的不断应用，通过引入自动化设备、机器人、AI 和大数据，传统机器设备向智能化转变，制造业企业可以实现生产线的全自动化和智能化管理，智能化设备能够进行自感知、自分析、自决策等智能活动，有利于提高企业生产效率。

近年来，以 AI 大模型为代表的智能化技术取得重大突破。2022 年 11 月 30 日，ChatGPT 上线，AI 大模型迎来大爆发，全球开启了AI大模型竞赛。马斯克旗下xAI团队发布过一款新型AI聊天机器人Grok，它的独特之处在于能以一种诙谐、幽默和人性化的方式回答问题，有时候甚至会开玩笑，仿佛是一个有幽默感且高智商的人。马斯克还宣称将Grok与特斯拉无缝连接，让其取代特斯拉语音助手，打造真正意义上的AI汽车。同时Grok还将适配其他科技产品，这将极大加速科技产品的升级迭代。大模型的发展开启了AI新时代，有专家研判，通用人工智能有望在5~10年初步实现，拥有接近人类的认知能力，将成为人类有史以来最具革命性的技术之一。随着新一代AI与实体经济深度融合，将产生更加丰富的颠覆性应用场景，驱动产业优化升级和生产力快速跃升。

二、绿色化

绿色技术是人类应对气候变化、实现可持续发展的重要支撑。绿色技术包括能源技术、材料技术、生物技术、污染治理技术、资源回收技术以及环境监测技术和从源头、过程加以控制的清洁生产技术。通过绿色技术的应用，可以降低碳排放，减缓全球气候变化的速度，提高资源利用效率，减少环境污染。世界经济正在经历一场以绿色技术为保障的绿色化产业变革，从产品的设计观念、生产开发过程、产品的绿色包装到产品的循环利用，实现整个产业全链条的"绿色化"。

当前，以清洁能源为代表的绿色技术有望取得突破。在中国，新能源汽车经过长期积累，在技术上终于取得长足进步，在几乎没有补贴的情况下，开始与传统汽车竞争，目前新能源汽车的渗透率已超过50%。在欧盟，风能和太阳能在电力结构中的份额为30%，而化石能源发电的份额已降至27%。据报道，无论是实验室效率还是产业化进度，钙钛矿太阳能电池（PSC）都在快速刷新纪录。过去10年，钙钛矿太阳能电池的功率转换效率（PCE）从最初的3.8%提高到目前的25.7%；新式钙钛矿太阳能电池的单层理论效率可达31%，钙钛矿叠层电池，包括晶硅/钙钛矿的双节叠层转换效率可达35%，钙钛矿三节叠层电池理论效率在45%以上。有关预测称，未来20年内太阳能将取代化石燃料成为家庭用电的主要来源。从国际能源署发布的年度报告等资料来看，2023年全球太阳能光伏新增装机容量约为375吉瓦，总装机容量同比增长31.8%。2023年全球光伏发电装机容量已经超过水电，未来10年光伏产业仍将保持较高增速。德勤预计，2020—2050年，太阳能电池板的安装成本将下降45%，陆上风机的安装成本将下降18%。此外，未来"绿氢"可能成为全球最具竞争力的能源之一。据预测，到2044年，光伏发电量将占全球发电量的一半以上。另据分析预测，清洁能源技术步入产业时代意味着太阳能电池板、风力涡轮机、电动汽车电池、氢电解器、热泵等领域将产生数百万个新增就业岗位。到2030年，重要清洁能源技术规模化生产在全球市场的规模将是目前的三倍多，与绿色能源生产相关的就业岗位将增加一倍以上。

三、数字化

当今世界已进入数字化时代。数字化技术广泛应用取得突破性进展。数字化是利用数字技术改变商业模式，实现数据价值化，驱动企业转型。数字化转型促使新一代人工智能、大数据、物联网等信息技术广泛应用，使企业内部流程运转、员工交流、对外客户及供应商管理效率整体提升。数字化转型就是让传统企业走进电子互联网时代，跟上时代的步伐。数字化不再是简单的业务线上化，而是在信息化的基础上，使数字技术与业务深度融合，让数据从汇聚、集成、分析到服务，在业务中发挥价值，有效支撑精细化管理和科学化决策。数字化成果的落地，将带来业务流程的全面优化和管理模式的深刻转变，实现数字赋能。

数字经济正在成为新一轮国际竞争的重要领域，产业数字化、数字产业化将改变经济形态。产业数字化可能是新型工业化一个很重要的特征。"新型工业化"新在哪里？新在产业数字化，是一种同旧的工业化不同的工业化形式。旧的工业化是生产规模化，而数字时代的工业化是生产定制化、柔性化；旧的工业化强调设计的一致性和生产的标准化，而在数字时代的工业化中，设计恰恰是不一致的、非标准的——个性化消费、个性化生产、个性化的工业设计和工业生产线、个性化工厂。比如，汽车制造企业可以实现柔性化生产，同一条生产线可以生产组装多个规格、式样甚至不同品牌的汽车，客户下什么订单，工厂就生产什么汽车。同过去的工业化完全不同，产业数字化是新型工业化很重要的特征。数字化的重点方向是互联网、大数据与产业深度融合，通过数字化实现生产制造的柔性化、个性化和平台化，结合消费端大数据对需求进行更精准的分析，从而更好地满足消费者需求。利用数字化新技术对传统产业进行全方位、全链条的改造，将加速推动制造业、农业、服务业数字化、网络化转型。比如，优化先进自动化技术、物联网和大数据分析，实时监控和优化生产线，从而进一步提高企业生产效率。可以利用机器视觉等技术进行在线监测，提高产品质量与安全生产水平。此外，智能工厂采用的柔性制造系统能够增强企业的定制化生产能力，为应对小批量、多品种的生产需求提供支持。数字产业化，是指将数字技术转化为可规模化生产、可市场化交易的产品和服务的过程，是数字经济发展的根基和动力源泉。5G、人工智能、大数据、云计算等前沿技术的不断突破和应用，为数字产业化注入了新的活力。

以智能化、绿色化、数字化为特征的新技术、新产业革命将对世界经济产生重大影响，新一代信息技术、互联网、新材料、新能源等技术的创新应用，将推动世界产业结构发生深刻变革。未来产业发展将利用合成生物、再生医学、基因技术、脑机接口、类脑智能等技术，促进未来健康产业发展；运用量子计算、量子通信、智能计算、通用人工智能、6G、VR/AR（虚拟现实/增强现实）、数字孪生、视觉触觉听觉融合产品等技术，促进未来智能发展；运用高端膜材料、高性能复合材料、第三代半导体材料、3D打印材料等，促进未来材料发展；运用氢能、先进核能、可控核聚变、新型储能等技术，促进未来能源发展；运用深海探采、深地探索、空天探索等技术，促进未来时空产业发展。未来产业尚处于孕育期，有较大的不确定性，技术路径往往也不是特别确定，但未来产业代表着科技和产业的发展方向。

第二节　深度调整的全球经济格局

经济是百年变局的基础。要把握国际经济格局演变趋势，努力营造有利于发展的国际环境。当今世界处于动荡变革期，不稳定性、不确定性突出。世界发展不平衡现象日益严重，大国博弈加剧，随着七国集团国家世界产出占比发生变化，其经济主导地位已明显下降，美国的全球影响力正在减弱，国际政治经济格局发生显著变化，全球经济格局面临深度调整。

第一，经济全球化遭遇逆流。

当今世界仍存在与历史发展潮流相悖的思想、观念和做法，如贸易保护主义、逆全球化、去风险等，世界充满了不确定性。许多国家社会不满情绪明显，传统工业地区衰落，造成大量工人失业，加剧了社会两极分化，成为极端思想产生的温床。美国的政治极化现象、欧洲右翼力量的崛起，民族主义、民粹主义的发展等，均与此相关。近年来，逆全球化思潮抬头，单边主义、保护主义明显上升。有媒体称，2017年1月23日是世界贸易的转折点，当天，时任美国总统特朗普让美国退出《跨太平洋伙伴关系协定》，国际自由贸易已失去最重要的倡导者。这是国际上逆全球化思潮加剧的结果和明显例证。同时，国际投资贸易壁垒增多。美国实施《基础设施投资法案》《通胀削减法案》《芯片与科学法案》等，在涉华投资领域设限，建立对华投资审查机制，重点审查对华半导体、量子计算和人工智能等领域投资。2023年8月，拜登签署行政令，对美国对华投资进行审查和限制。纪源资本、红杉资本等美资股权投资机构为规避地缘政治风险，不得不剥离中美投资团队和资产组合。与此同时，近年来全球范围内新旧贸易壁垒持续增多，世界贸易组织报告显示，2022年以来二十国集团成员常规贸易限制措施一直维持在高位，月均新增近10项。全球"绿色壁垒"增强，目前与气候变化相关的非关税措施达2 366项，覆盖全球贸易的26.4%，欧盟已开始试运行碳边境调节机制。2023年10月，欧盟对中国电动汽车搞反补贴调查。历经近8个月的反补贴调查，2024年6月12日，欧盟委员会宣布拟对中国进口电动车加征17.4%至38.1%不等的临时性反补贴关税。2024年7月4日，欧盟委员会宣布，自7月5日起正式对进口中国纯电动汽车征收临时反补贴税，临时关税最长期限为四个月，其间欧盟成员将投票决定是否将其转为为期五年的正式关税。具体为：对上汽集团加征37.6%的关税，对比亚迪加征17.4%的关税，对吉利汽车加征19.9%的关税，其他合作但未被抽样的中国生产商将被征收20.8%的关税，未合作的公司税率为37.6%。当地时间9月13日，美国贸易代表办公室称，自9月27日起，对中国制造电动汽车的关税税率上调至100%，太阳能电池的关税税率上调至50%，电动汽车电池、关键矿产、钢铁、铝、口罩和岸边集装箱起重机的关税税率将上调至25%，而包括半导体芯片在内的其他产品的关税上调也将在未来两年内生效。特朗普政府的关税政策将扰乱全球经贸秩序，并可能引发新的贸易摩擦。

第二，全球产业链、供应链面临重构。

供应链是全球化最有力的连接，但三年疫情加剧了全球产业链、供应链深度调整。美西方对华发动贸易战和科技战，推行"脱钩断链"和"友岸外包"，加强出口管制，搞"去风险"和全面投资限制，俄乌冲突促使欧洲摆脱对俄能源依赖，世界贸易碎片化，产业链供应链区域化、本地化趋势加剧。在多重合力作用下，越南、墨西哥和印度等国正在形成新的平行供应链。过去，供应链转移有两种动因：一个是成本驱动，另一个是打破贸易壁垒。近年出现了第三种情况，就是跨国企业为了避险而要求供应商进行强制迁移。这使得供应链迁移不再是简单的溢出问题，而是被迫迁移。2020年初新冠疫情暴发，打乱了全球制造业的节奏，全球供应链呈现出脆弱性。2022年底疫情影响已逐渐消散，但对供应链的长远影响却愈加明显。美国接连出台了与产业相关的法案，对中国企业施加更加严厉的制裁、脱钩、围堵等手段。这导致既有的供应链布局受到打击，廉价且自由流动的全球化开始受到质疑，供应链安全问题占据主导位置。过去供应链的专业化、集中度和高效率思路面临国家力量深度介入的阻力。美国大搞"退大群、建小群"。欧盟也在寻求减少对他国的依赖，加强本土制造的完整性。越南、印度、墨西哥等国家明显加大了对制造业的投入，在全球产业布局中发挥作用。日本则投入更多的补贴，大力鼓励日企回归本土制造。安全因素逐渐取代成本与效率因素，成为供应链的首要考量。因此，特朗普的关税政策将重塑全球供应链，迫使企业重新评估其采购策略，可能导致企业将生产活动转移回国内或邻近国家，而且可能会加速近岸生产或回岸生产的趋势，从而对全球贸易格局产生深远影响。

第三，国际货币体系面临重构。

2024年1月，美国国会参议院外交关系委员会曾以多数票赞成通过了一项提案，授权美国总统将国内冻结的数十亿美元俄罗斯国有资产没收并用于援助乌克兰。如果该提案付诸实施，将创下在非常时期冻结并没收国外资产的先例，可能会使美元资产吸引力下降，将鼓励越来越多的国家寻找替代货币。在俄乌冲突爆发后，西方国家将俄罗斯踢出SWIFT（环球银行金融电信协会）国际结算系统，导致卢布汇率暴跌，俄罗斯经济一度陷入困境。作为对抗手段，俄罗斯开始推动建立其独立结算网络SPFS（俄罗斯央行金融信息传输系统），也就是俄罗斯版的SWIFT。2023年7月，印度总理莫迪访问阿联酋后，两国同意建立本币跨境贸易框架，开发替代SWIFT的本币结算系统。2024年8月，俄罗斯联邦委员会主席马特维延科说，金砖国家正在筹划一个独立的支付系统。长期以来，全球贸易一直被美元主导的SWIFT垄断。而金砖国家此举，无疑是要向这一霸权发起挑战。多年来，美元的霸权地位使许多国家饱受其苦。比如，当美国对某个国家实施制裁时，被制裁国往往会发现自己突然无法进行国际贸易结算。这虽然发挥了美元霸权的制裁效能，但对其随意使用也严重消耗了其国际信用，导致美元的统治地位出现缓慢衰落的迹象。截至2022年底，美债的海外持有比例降至三成，远低于10年前的五成。美国财政部报告显示，2023年10月至2024年4月，中国净减持美债数额高达997亿美元，在过去10年，中国持有的美国国债仓位减少了约43%，与2013年的1.32万亿美元的峰值相比净抛售清仓了5380亿美元的美债。值得注意的是，澳大利亚、越南、菲律宾、泰国、科威特、意大利、波兰、伊朗、伊拉克和阿联酋均跌出美国财政部的主要美债持有者名单，持仓量已经小于80亿美元。美国亚利桑那州议员马乔里·桑托斯在2024年1月20日再次向国会提交了一份呼吁美元应尽快回归金本位，使黄金再次成为锚定物，以取代美债，退出石油美元载体的提案（HR4369）。全球最大对冲基金公司创始人达利欧在2024年1月20日发布的报告中表示，美国过度印钞，已经把美元拖入危机之中，而与通胀或由黄金挂钩的数字货币可能是更好的选择。这表明，全球市场利用黄金和数字货币来打破以石油美元为基础的美债本位制的举措正在发酵，特别是自2023年以来，美债抛售潮更是由美国的经济盟友如日本、比利时、卢森堡、德国、法国、以色列和沙特等国引领的。2024年金砖国家领导人峰会于10月22日至24日在俄罗斯喀山举行，其间讨论了建立一套在金砖国家内部以本国货币进行贸易结算的支付系统，这一议题受到了广泛关注。金砖国家支付系统的核心目标，在于减少对美元主导的支付体系的依赖，增强金砖国家在国际贸易中的自主性和话语权。目前日益增长的数字货币发展趋势，结合黄金的货币属性，锚定黄金的数字货币可以将越来越多的全球央行直接联系起来，并有可能发展成为全球新的储备货币。这可能标志着后布雷顿森林体系的诞生。

尽管如此，我们必须看到，全球化逆流无法阻止经济全球化的脚步，科技进步正在使世界变成"地球村"，促进贸易深入发展，跨境电商就是很好的例证，各国经济相互依赖程度加深，人与人之间、国与国之间的联系将日趋紧密，人类成为休戚与共的命运共同体。气候变化、粮食危机、环境污染等，对各国都产生重要影响，要求各国加强合作。联合国、二十国集团、金砖国家、上海合作组织等，都在为全球性问题的解决发挥作用，促使世界树立人类命运共同体意识。2023年12月召开的中央外事工作会议强调，"人类发展进步的大方向不会改变，世界历史曲折前进的大逻辑不会改变，国际社会命运与共的大趋势不会改变"，这"三个不会改变"体现了我们党对历史规律的科学把握和对未来的充分自信，对于我们科学认识当今世界大变局具有重要指导意义。

第三节　中国发展的机遇和挑战

新一轮科技革命和产业变革，为我国高质量发展提供了重要机遇。截至目前，中国初步构建了较为全面的人工智能产业体系，相关企业超过4 500家，核心产业规模已接近6 000亿元人民币，产业链覆盖芯片、算法、数据、平台、应用等上下游关键环节。目前，我国10亿参数规模以上的大模型已发布近80个，排名世界第二，仅次于美国，深度求索（DeepSeek）大模型突破性创新全球瞩目。中国在全球能源转型所需的尖端技术制造方面明显处于领先地位，包括电池、电动汽车、光伏、风力涡轮机、第四代核电站。中国在航天技术、生物技术、纳米技术等方面的快速进步，同样令人印象深刻。支撑中国创新和低成本生产能力的是巨大的研发投入以及众多且不断壮大的科学家和工程师队伍。截至2022年底，我国太阳能光伏累计装机量达到392.6吉瓦，连续多年新增装机量、累计装机量位居世界第一。2023年光伏新增装机容量达到216.88吉瓦，同比增长148%，创下历史新高。

但必须看到，国际金融危机暴露出的深层次矛盾至今还没有从根本上解决。国际金融危机严重损害了世界经济原有的增长格局和增长机制，新的增长动力没有形成，经济复苏仍主要依赖政策刺激。发达经济体债务去杠杆等问题没有完全解决，政策刺激又产生和积累了新风险。新兴经济体受自身结构性问题和发达国家政策外溢的影响，风险增多，处境艰难。各国竞争加剧，宏观政策取向分化。最突出的表现是通胀形势分化，发达经济体从

2021年开始出现高通胀，目前通胀率仍远高于2%的通胀目标，中国等发展中经济体CPI（消费价格指数）接近零。与此相对应，各国央行的货币政策出现分化，全球宏观经济政策协调难度空前。国际金融危机期间，各国扩张性的财政政策为应对危机发挥了积极作用，但也使各国政府积累了大量债务。随着我国国际地位发生变化，一些国家对我国遏制和施压等不利因素可能增加，我国发展面临的外部安全形势更趋复杂。正如党的二十大报告所指出的，我国发展进入战略机遇和风险挑战并存、不确定难预料因素增多的时期。从构建新发展格局来说，我国国际循环面临以下"四大陷阱"。

第一，中等技术陷阱。改革开放以来，我国实行"引进、消化、吸收再创新"的技术路线，凭借低劳动力成本优势承接发达国家成熟产业转移，大踏步地赶上了国际技术进步和产业变革的步伐，同时自主创新能力也得到大幅度跃升。但发展到今天，一方面，跨国公司出于竞争需要，一般只将成熟技术转移，而将核心技术、前沿技术留在本国不转让，技术代差始终存在。据统计，制约我国产业发展的"卡脖子"技术有700多项，核心技术、重要零部件、高端设备严重依赖国外。另一方面，我国技术进步在不少领域已实现与世界先进水平同步，前面没有追赶目标，追到了无人区，技术源头越来越少，前进的步伐自然会慢下来。目前我国原始创新能力与西方仍有差距，前1%的原创性、引领性、突破性技术仍以欧美为主。如不尽快实现高水平科技自立自强，与西方的科技和产业代差将难以消除。特别是目前美国对我国搞"小院高墙"，进行技术封锁甚至打压。拜登政府禁止美国企业在人工智能领域对华投资或技术转移，禁止我国科技人员加入核心研究项目,这些都可能使我国遭遇技术障碍。2023年10月17日美国新的芯片出口管制条款出炉,进一步加紧对华出口限制,压制中国芯片产业升级,中美科技交流也更加困难。

  第二,供应链安全陷阱。近年来,经济安全、国家安全问题引发了普遍的国际安全焦虑,国际政治经济关系中的敌意明显增加,绝对安全反过来引致更加不安全,经济全球化明显受阻,产业链供应链区域化、本地化趋势明显。美西方国家不仅搞"制造业回流",还搞起了"友岸外包",并针对中国搞"去风险"。当下,全球化的基础、经济发展的底层逻辑已经发生变化。自2018年中美贸易摩擦发生以来,中美围绕贸易问题风波不断,美国等西方国家推进供应链"去中国化",企业把产能转移出中国的态势加速,我国外贸外资稳增长面临较大压力。以纺织、服装、家具、玩具、鞋类等为代表的劳动密集型产业订单转移加快,一些企业为了降低成本、规避关税、践行美欧"中国+1"供应链多元化战略,把部分产业加速转移至东南亚、南美洲、拉丁美洲、非洲等地区。劳动密集型与技术密集型产品出口"两头挤压"风险进一步加大,七大类劳动密集型商品出口龙头地位正被越南、墨西哥等国取代,这种现象正从劳动密集型产业向技术密集型产业蔓延。据美方统计,中国跌出美国前三大贸易伙伴行列,美国进口对中国的依赖度大幅下降。美国从中国进口的占比从2017年的21.6%下降到2022年的16.5%,2023年进一步降到14%以下。墨西哥已经取代中国成为对美国出口第一大经济体。这两年,美联储连续加息,增大了中国资本外流和货币贬值压力。我国实际使用外资增速下滑趋势明显,制造业实际使用外资出现少有的负增长。

第三，传统安全干扰陷阱。2023年以来最为突出的一个干扰因素就是巴以冲突影响外溢，红海局势升级，导致国际贸易成本和风险增加，对全球贸易的恢复和增长形成制约。从曼德海峡到红海，再到苏伊士运河航线是世界上最繁忙的海运航线之一，我国对欧出口货物60%需要经此航线。自2023年11月19日也门胡塞武装首次袭击途经红海海域的商船以来，时至今日危机仍未结束，航运公司纷纷选择改道绕行非洲好望角，导致航行里程大幅增加，交货时间延长。以新加坡至荷兰鹿特丹为例，一个往返航次平均增加6 800海里[①]，航期平均增加14天。红海危机对全球航运市场造成扰动，导致多条航线运价上涨。执行到岸价格合同的企业，需要承担运输费用，成本上涨明显。执行离岸价格合同的企业被客户要求分摊上涨的运费。受运费增加、运时增长、运输风险上升等因素影响，欧洲客户下单更加谨慎，有的订单完成但被要求暂缓发货。客户存在暂缓下单或转移订单的情况。有的反映欧洲客户因运费上涨，转向本地或其他区域采购。我国对欧出口商品运输成本大幅上升，每辆汽车运输成本上升约100美元，光伏产品运价由0.035元/瓦上涨至0.108元/瓦。

第四，外部需求萎缩陷阱。我国致力于加快构建新发展格局，虽然要以内循环为主体，但目前外部循环仍很重要，特别是外部需求必不可少，这两年出口增长还是重要的亮点。所以，世界经济和贸易的增长仍是重要外部影响。但国际金融危机后，全球的基本格局是低增长、低通胀、低利率、高债务。疫情后的全球基本格局正在朝着更低的增长、较高的通胀、较高的利率、更

---

① 1海里≈1.852千米。

高的债务趋势转变。而人工智能未来能否带动全要素生产率的提高，对冲人口老龄化、劳动参与率下降、人力资本投资下降、资本扩张受到制约、利率提高等负面因素，都是不确定的。当前全球通胀总体有所缓和，但也很难回到过去的低通胀时代。疫情以后的通胀抬升，很重要的一个原因就是"全球化在倒退"。这种变化带来的最大挑战就是更高的债务，疫情后全球债务水平大幅提升，主要经济体的债务规模迅速扩张。由于通胀的黏性，未来利率依然会维持在比较高的水平，债务的成本会大幅提升，而要降低利率又受通胀约束，所以债务风险会大幅度上升。未来财政和货币政策将面临两难，解决这个问题的政策空间也在收窄。此外，为抗击通胀，主要经济体已收缩资产负债表，但是利率又不可能大幅调降，这不仅会影响流动性，还会拖累全球增长。2024年9月19日美联储宣布，将联邦基金利率目标区间下调50个基点，降至4.75%~5.00%的水平。这是自2020年3月以来的首次降息，标志着货币政策由紧缩周期转向宽松周期。2024年11月8日，美联储再次降息25个基点，使基准利率降至4.50%~4.75%。有分析认为，即使降息，企业和家庭的借贷意愿可能也依然低迷，因为当前利率高于几年前的固定贷款利率。如果借款人不愿意申请新贷款，降息对经济的刺激作用将非常有限。

　　未来全球经济金融运行中，通胀、债务、利率等基本变量相互交织，债务的风险会持续攀升，如不能有效应对，会影响金融市场的稳定，拖慢全球经济的复苏进程。国际金融危机以来，世界各国分别采取了一些财政货币措施，一定程度上起到了稳定市场和扭转颓势的作用。但一个基本判断是，国际金融危机深层次影响在相当长时期依然存在。世界经济论坛在其发布的《2024年全球风险报告》中警示，世界很难从持续的冲击中复苏。全球贸易发展进入低迷期，是当前和今后一个时期世界经济发展的基本态势。据统计，过去几十年，全球贸易增速一直保持快于经济增速的态势。2008年金融危机之前，全球贸易在10多年里一直以两倍于全球产出的增速扩张。自2011年以来，全球贸易增长大幅减速，乃至连续数年低于全球经济增速。经济合作与发展组织分析认为，在过去的50年里，只有5年全球贸易增速慢于全球经济增速，且随后都发生了经济衰退，由此推断，当前世界经济贸易环境不容乐观。2024年9月25日，经济合作与发展组织发布中期经济展望报告，预测2024年和2025年全球经济增速都将稳定在3.2%。报告预测，2024年和2025年美国经济预计分别增长2.6%和1.6%，增速逐步放缓。全球贸易复苏速度虽然快于预期，但航运成本仍居高不下，出口订单近期有所放缓。在许多国家，居民购买力仍低于新冠疫情前水平，全球经济依然存在严重下行风险，特别是地缘政治局势和贸易关系持续紧张可能对投资产生越来越大的负面影响，并推动进口价格上涨，低增长、高通胀、高利率仍可能是近期世界经济的基本格局。

第五章
有效需求不足

党的二十大报告强调，加快构建以国内大循环为主体、国内国际双循环相互促进的新发展格局。习近平总书记指出："总需求不足是当前经济运行面临的突出矛盾。必须大力实施扩大内需战略，采取更加有力的措施，使社会再生产实现良性循环。"[①]当前，虽然国际循环存在干扰，外部需求明显放缓，部分行业产能过剩，但毫无疑问，主要矛盾仍然是国内需求不足，这也是国内大循环存在的最大堵点。

第一节　正确理解有效需求

一、有支付能力的需求

这是有效需求的本质内涵。从经济学理论上讲，有效需求是指预期可给企业带来最大利润量的社会总需求，是总供给与总需

---

① 习近平，《当前经济工作的几个重大问题》，《求是》，2023 年第 4 期。

求相等，从而处于均衡状态下的社会总需求。在社会主义市场经济条件下，有效需求是指有支付能力的需求，其核心含义是人们愿意买，并且有能力买。

第一，要区分需求与需要。需求不是需要，需求是市场化需要，需要只是生理性和心理上的欲望。需求不仅仅是指对商品和劳务需要的欲望，更注重对商品和劳务的支付能力。人们的欲望是多种多样的，需求不只是一种欲望，更是一种支付能力。有效需求就是市场规模。有人就有潜在需求，但有人并不等于有需求，人多并不等于需求多。一般来说，经济学中所指的需求，是欲望和能力的结合，既要有购买的欲望，又要有购买的能力。当两者都满足的时候，需求就是有效的，也就是我们常说的"有效需求"。如果只满足其中一个，比如有购买的欲望，但没有购买的能力，那么这种需求是无效的，不能真正地转化为市场需求。这种需求，顶多称为潜在需求。比如，你想买一台电脑，但是没钱买，这是潜在需求。你花了5 000元买了一台电脑，这是有效需求。一般而言，市场容量＝有效需求＝人的需求＋相应的钱。所以，人多并不等于有效需求多。虽然美国只有3亿人，中国有14亿人，但美国市场的购买力更强，所以美国的市场更大。据瑞银等机构的统计，2023年，美国消费市场规模达18.6万亿美元，位居全球第一。中国消费市场规模为6.9万亿美元，排名全球第二，其余依次为日本、德国和印度，消费市场规模分别为2.3万亿美元、2.3万亿美元和2.1万亿美元。2023年，中国、日本、德国和印度消费市场规模的总和为13.6万亿美元，约为美国的73%。

第二，要区分有效需求与货币购买力。有效需求是有"需要"欲望、有支付能力的需求,既要有货币支付能力,又要有消费或投资的欲望。简单来说,有效需求=货币购买力×欲望,有欲望,没有购买力,等于零;有购买力,没有购买欲望,也等于零。所以,对有效需求来说,只有购买力还不够,还需要有购买的欲望、想法。钱多也不等于需求多。消费是收入的函数,消费来自收入,但也不只来自收入。宏观经济增长才是增加收入、促进消费的前提和基础。近来一些人因果倒置,主张"直升机撒钱",通过直接增加收入来促进消费。但在经济低迷、投资方向不明的情况下,增加收入也只是空谈。特别是收入增加而消费欲望没有的情况下,增加收入只是增加储蓄而不是增加消费需求。另外,没钱也不等于没有需求,有欲望,没钱也可以借钱,过去在熟人社会里面,还可能赊账,现代市场经济社会可以通过信贷支付,只要信用体系健全,抵押贷款、信用贷款等都可以,"花呗""白条"等都是用来满足临时借钱购物需求的。总之,购买欲望是影响需求的一个重要因素,没有欲望,有钱也不花,而是存起来;有了欲望,没钱借钱也要买。还有习惯问题。中国人习惯存钱买东西,外国人习惯先买东西再还钱。有一个耳熟能详的段子讲的是,一个美国老妇人临去世时说,自己终于把房贷还清了,而一个中国老妇人说,自己终于把买房子的钱挣够了。当然,这只是一个段子,但也很形象地说明了中外人们之间的消费理念差异,这对我们分析和理解有效需求问题也很有帮助。

二、"三驾马车"

有效需求分为国内需求和国外需求,国内需求包括消费需求和投资需求,国外需求即净出口需求(出口－进口),所以,总需求等于消费、投资和净出口,即俗称的"三驾马车"。

从统计学角度看,社会总需求＝社会总供给＝按支出法计算的国内(地区)生产总值＝最终消费支出＋资本形成总额＋货物和服务净出口(见图5-1)。

国内(地区)生产总值 ＝ 最终消费支出(居民消费支出、政府消费支出) ＋ 资本形成总额(固定资本形成总额、存货变动) ＋ 货物和服务净出口(货物净出口、服务净出口)

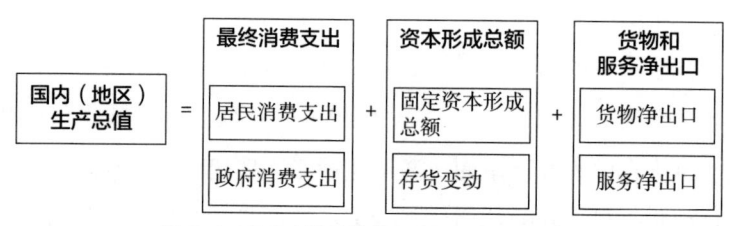

图5-1 按支出法计算国内(地区)生产总值

最终消费支出,指常住居民或单位为满足物质、文化和精神生活的需要,从本国经济领土①及国外购买的货物和服务的支出,由居民消费支出和政府消费支出构成。相关统计指标有：社会消费品零售总额,指企业(单位、个体户)通过交易直接售给个人、社会集团非生产、非经营用的实物商品金额,以及提供餐饮服务所取得的收入金额。

资本形成总额,包括固定资本形成总额和存货变动两部分。固定资本形成总额包括住宅、其他建筑和构筑物、机器和设备、

---

① 经济领土是由一国(或地区)政府控制或管理,其公民及货物和资本可在其中自由流动的地理领土。

培育性生物资源、知识产权产品（研发支出、矿藏的勘探、计算机软件）的价值获得减去处置。存货包括生产单位购进的原材料、燃料和储备物资等存货，以及生产单位生产的产成品、在制品和半成品等存货。相关统计指标有：全社会固定资产投资，是以货币形式表现的在一定时期内全社会建造和购置固定资产的工作量以及与此有关费用的总称；固定资产投资（不含农户），指城镇和农村的企业、事业、行政单位及城镇个体户进行的计划总投资500万元及以上的建设项目投资和房地产开发投资。其中，固定资产投资按构成分，包括建筑工程、安装工程、设备工器具购置和其他费用。

货物和服务净出口，指货物和服务出口与货物和服务进口的差额。相关统计指标有：货物进出口总额，指实际进出我国关境的货物总金额，包括对外贸易实际进出口货物、来料加工装配进出口货物、进料加工进出口货物、边境地方贸易及边境地区小额贸易进出口货物、从保税仓库提取我国境内销售的进口货物，以及其他进出口货物；服务进出口，指常住单位与非常住单位之间相互提供的服务，包括运输服务，旅游服务，建筑服务，保险服务，金融服务，电信、计算机和信息服务，知识产权使用费，个人、文化和娱乐服务，维护和维修服务，加工服务，其他商业服务，政府服务。

三、货币化总需求

在社会主义市场经济条件下，有效需求均为有支付能力的需求，亦即有货币购买力的需求。所以，有效需求，必定表现为货币化需求。金融统计中，我国现阶段也是将货币供应量划分为三个层次。M0：流通中现金，即在银行体系以外流通的现金；M1：狭义货币供应量，即M0+企事业单位活期存款；M2：广义货币供应量，即M1+企事业单位定期存款+准货币。在这三个层次中，M0与消费变动密切相关，是最活跃的货币；M1反映居民和企业资金松紧变化，是经济周期波动的先行指标，流动性仅次于M0；[①] M2流动性偏弱，但反映的是社会总需求的变化和未来通货膨胀的压力状况，通常所说的货币供应量，主要指M2。

M2 = M1（流通中现金 + 企事业单位活期存款）+ 企事业单位定期存款 + 准货币（居民储蓄存款 + 其他存款 + 证券公司客户保证金）（见图5-2）。

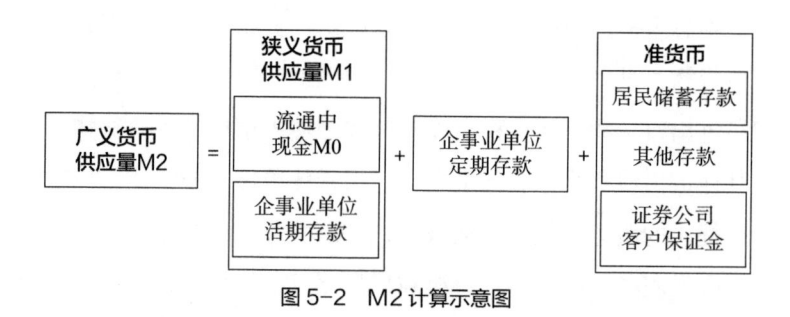

图 5-2 M2计算示意图

M2是流通于银行体系之外的现金加上企事业单位定期存款、居民储蓄存款以及其他存款，包括一切可能成为现实购买力

---

① 2024年12月2日，中国人民银行公告，自统计2025年1月数据起，启用新修订的狭义货币（M1）统计口径，修订后的M1包括：流通中货币（M0）、单位活期存款、个人活期存款、非银行支付机构客户备付金。

的货币形式。M2 是反映货币供应量的重要指标之一，具体反映经济中的现实购买力和潜在购买力。M2 增速较快，则投资和中间市场活跃。由于各种定期存款一般可以提前支取转化为现实购买力，把它算作货币，可以更全面地反映货币流通状况。以此类推，储蓄存款、可转让定期存单、易转手的短期债券等作为具有通货性质的准货币，也可按其流动性状况囊括进来，通常用 M2、M3 等作代号进行分类统计，依次递增的准货币在流动性上依次递减。

社会融资规模于 2010 年被提出来，这是一个中国独有的指标。所谓社会融资规模，即一定时期内（月度、季度和年度）实体经济从金融体系所获得的资金总额，既有存量概念，又有流量内涵。社会融资规模与 M2 类似于一张表的两端，即资产和负债，一个表示资产的运用（社会融资规模），一个表示资金的来源（M2）。通俗来讲，货币当局发行货币（以广义货币供应量 M2 来表示），金融机构用拿到的货币来满足实体经济的融资需求，货币则通过银行金融机构（本外币贷款）、非银行金融机构（委托贷款、信托贷款以及未贴现票据）、资本市场（股票市场和债券市场）以及其他渠道进入实体经济。简言之，社会融资规模可理解为金融体系的资产、实体经济的负债；M2 则可理解为金融体系的负债、央行的资产（央行对国家的负债）。

改革开放 40 多年来，特别是国际金融危机以来，党中央、国务院深入实施扩大内需战略，增强内需特别是消费需求拉动力，内需与外需、投资与消费失衡状况显著改善，内需贡献不断提升，消费日益成为经济增长的主动力。改革开放初期，我国经济总量小，需求结构很不稳定，三大需求贡献波动幅度很大。随着对外开放拓展延伸，我国经济对外依存度不断上升，外贸依存度一度超过60%。同时，投资率偏高，消费率偏低。我国资本形成率由1978年的38.3%上升到2010年的46.5%，最终消费率则由62%下降到49.9%。面对这种情况，国家坚持扩大内需，尤其是把扩大消费作为主要着力点，努力实现消费、投资、出口协调拉动经济增长。2020年，最终消费率达到55.4%，比资本形成率高13.1个百分点，比2010年上升5.5个百分点；资本形成率为42.3%，比2010年下降4.2个百分点（见表5-1）。2024年，我国GDP约为134.9万亿元，比上年增长5.0%，最终消费支出、资本形成总额、货物和服务净出口分别拉动经济增长2.2、1.3、1.5个百分点，对经济增长的贡献率分别是44.5%、25.2%、30.3%。总的来看，我国经济增长已经逐步由主要依靠投资、出口拉动，转向依靠消费、投资、出口协调拉动（见图5-3）。

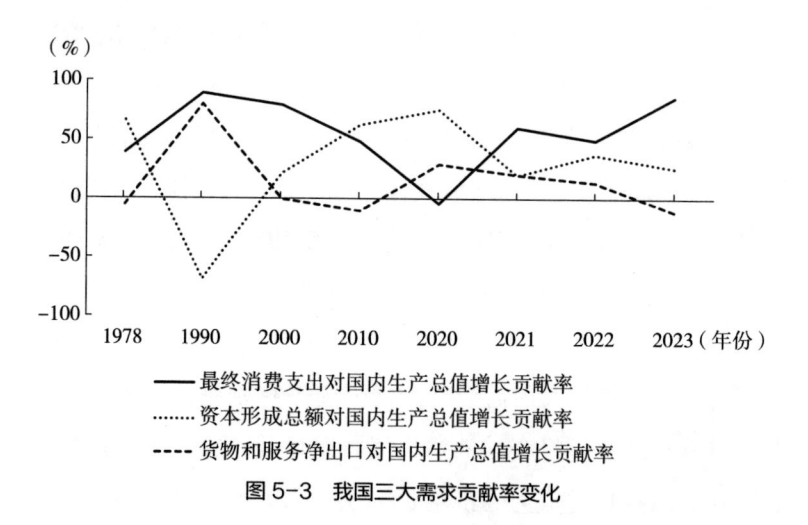

图5-3 我国三大需求贡献率变化

表 5-1 1978—2023 年支出法国内生产总值及其结构变化

指标	1978 年	1990 年	2000 年	2010 年	2020 年	2021 年	2022 年	2023 年
支出法生产总值（亿元）	3 611.7	19 006.0	101 024.6	415 625.1	1 042 244.9	1 173 109.7	1 233 412.8	1 294 271.7
最终消费（亿元）	2 239.7	12 049.1	64 568.8	207 282.4	577 169.4	642 376.7	671 803.9	734 594.8
居民消费（亿元）	1 759.1	9 435.0	47 363.1	145 074.5	394 993.4	450 442.5	466 181.2	512 120.6
城镇居民消费（亿元）	666.7	4 194.2	31 751.2	112 547.4	311 053.3	356 069.8	367 595.8	405 863.3
农村居民消费（亿元）	1 092.4	5 240.9	15 611.8	32 527.1	83 940.1	94 372.7	98 585.4	106 257.3
政府消费（亿元）	480.6	2 614.1	17 205.7	62 207.9	182 176.0	191 934.2	205 622.6	222 474.2
资本形成总额（亿元）	1 383.3	6 446.6	34 072.8	193 285.6	440 567.7	501 014.2	522 678.5	532 330.2
固定资本形成总额（亿元）	1 079.3	4 527.4	33 074.4	182 459.8	433 086.0	485 400.7	508 826.5	523 590.3
存货变动（亿元）	304.0	1 919.2	998.4	10 825.8	7 481.7	15 613.5	13 852.0	8 740.0
货物和服务净出口（亿元）	-11.4	510.3	2 383.0	15 057.1	24 507.9	29 718.8	38 930.5	27 346.7
最终消费率（%）	62.0	63.4	63.9	49.9	55.4	54.8	54.5	56.8
资本形成率（%）	38.3	33.9	33.7	46.5	42.3	42.7	42.4	41.1
货物和服务净出口占比（%）	-0.3	2.7	2.4	3.6	2.3	2.5	3.1	2.1

数据来源：国家统计局年度数据。

第二节　有效需求不足的表现

一、消费需求增长整体偏弱

改革开放以来，随着经济发展水平不断提高，居民收入持续增加，人民生活明显改善，从解决温饱到总体小康，再到实现全面小康，我国正向基本实现现代化迈进。居民消费从1978年的1 759.1亿元增加到2023年的493 247.2亿元，居民消费水平由184元增加到34 964元，按不变价格计算，实际约增长了24.9倍[①]。居民耐用消费品不断升级——从20世纪80年代的自行车、缝纫机、手表"老三件"，到90年代的彩电、冰箱、洗衣机"新三件"，再到21世纪的移动电话、计算机和汽车成为消费新宠，持续推动消费长时间保持两位数快速增长。特别是近年来，我国居民消费升级步伐加快，消费形态从基本生活型转向发展享受型，消费品质从中低端转向中高端，服务消费比重不断提高。

但必须看到，近十年来，我国消费增速已从两位数降到一位数，2019年仅增长8%。受疫情影响，2020—2022年消费大体平均年增长2.8%。2023年疫情防控转段后，消费实现较快的恢复性增长，达到7.2%，远高于疫情三年的平均水平，接近疫情前2019年的增速，仅相差0.8个百分点。但我们看到，这种恢复，不仅增速上有差距，而且从绝对消费水平看，与疫情前相

[①] 国家统计局，《中国统计摘要（2024）》，北京：中国统计出版社，2024年，第36页。

比，仅比 2019 年增长 15.6%，四年算下来每年仅增长 3.9%。有两点值得关注。一是重点城市和重点人群的消费走弱。京东大数据显示，2023 年 12 月北上广深消费同比降幅均超过 10%，其中具有较高消费能力群体（即近 1 年购买数量、购买总价和购买平均价在前 10%~30% 的群体）消费下降超过 60%。二是居住类消费低迷或下降。在 2024 年全年限额以上单位商品零售额中，文化办公用品类下降 0.3%，家具类增长 3.6%，建筑及装潢材料类下降 2.0%。与此同时，受手机等电子产品创新速度放缓等影响，换机周期明显拉长。

二、投资需求明显不足

消费是发展的目的，投资是发展的手段。不论是技术创新还是产业升级，都必须以投资为载体。没有投资，就不会有技术创新和产业升级。因此投资依然十分重要，高投资是支撑我国经济高增长的重要因素。改革开放以来，投资不仅在支撑经济社会发展中发挥了关键性作用，而且对产业升级产生了重要影响。固定资本形成总额从 1978 年的 1 079.3 亿元增加到 2023 年的 521 112.3 亿元，现价增长了 480 多倍；全社会固定资产投资总额由 1981 年的 961 亿元增加到 2023 年的 509 707.9 亿元，年均增长 17.8%。

但近十年来，我国投资增速出现了明显下滑。"十三五"时期的 2016—2020 年年均增速已由"十二五"时期的 2011—2015 年年均增速 11.6% 降至 6.0%。疫情前的 2017 年、2018 年、2019 年投资增速已分别降至 6.2%、5.9%、5.1%。三年疫情期间，投资受到影响，2020 年投资增速降至 2.6%，2021 年投资增速回升至 4.8%，2022 年为 4.9%，2023 年投资增速又回落至 2.8%。但无论从哪个角度看，当前投资增速都有点偏低。特别是民间投资失速，2023 年、2024 年民间投资分别下降 0.4% 和 0.1%，这是较为罕见的。一些学者认为民间投资增长的转折点在 2012 年已经开始出现，2012 年民间固定资产投资增速为 24.8%，领先全社会投资 4.2 个百分点；到 2015 年，两者间的差距缩减到只有 0.1 个百分点。进入 2016 年以后，民间投资骤然失速，2022 年民间固定资产投资增长 0.9%。除前面讲到的原因外，主要是民企信心不足，对投资发展多持谨慎态度。房地产投资下降拖累也是重要因素。在房地产开发投资方面，民间投资占 80% 左右，2022 年下降了 9.6%，对民间投资下拉的作用非常明显。扣除房地产民间开发投资，2023 年、2024 年民间项目投资分别增长 9.2% 和 6.0%。

总的来看，当前国内需求不足与房地产市场走势关系很大。这表明经济实际运行情况并不是某些"专家"所说的"房价高，挤占了消费"。现实是，房价降了，消费也没有涨上去，不仅没有涨，反而由于房地产上下游链条长、涉及面广、影响大，房价一旦下跌，相关方面都受影响，不仅消费没有上去，而且相关的产业投资、各领域投资也受影响，最终成为内需不足的重要拖累。我国粗钢产量的 40%、水泥产量的 70% 用于满足房地产建设需要。其中的问题在于，有些人把微观当作宏观，把个体当作整体。从微观看，某些人为了买房会压缩消费，而宏观情况恰恰相反，是增加消费；从个体来看，房价上涨买房压力增大，但从整体看，房价不涨压力更大，内需上不去，收入减少，买房压力更大。这就是所谓的"合成谬误"，即个人节约是美德，但大家都节约、只存钱不消费就是问题。我们确实不能简单地把朴素的群体诉求当作经济要求，还是要从宏观经济视角看问题，否则就没有国民财富的创造了，发展经济还是要尊重经济规律。

三、物价水平低迷

物价是供求关系的综合反映。宏观上，有效需求不足主要表现为总需求小于总供给，从而形成就业不充分下的"通货紧缩缺口"，出现一种与通货膨胀相反的经济现象，导致物价水平过低。我国从1985年开始统计全国的消费价格指数（CPI，1985年及以前为职工生活费用价格指数），从1985—2019年的数据来看，CPI最高涨幅出现在1994年，年度涨幅为24.1%。2000—2019年的CPI年度走势，除了2002年、2009年CPI分别比上年下降0.8%和0.7%，其他年份CPI涨幅在0.4%~5.9%。三年疫情期间，CPI分别为：2020年2.5%，2021年0.9%，2022年2%。CPI自2023年10月开始同比持续负增长，2023年CPI上涨0.2%，核心CPI连续四年低于1%，2024年全年CPI上涨0.2%。生产价格指数（PPI）更是持续下降较长时间，2023年全年PPI比上年下降3%，2024年全年PPI比上年下降2.2%。

物价水平低迷是国内需求不足的综合反映。市场上确实存在对通货紧缩的担忧，学界对此有不同看法。也有观点认为，现在是"流动性陷阱"。但这既不是通缩，也不是"流动性陷阱"，而是需求不足的表现，是阶段性现象，未来市场物价将会回归合理水平。通货紧缩是指货币数量的减少，导致需求不足、价格下降。而我国货币增长速度并不低，2023年末，广义货币供应量

M2余额和社会融资规模存量分别增长9.7%和9.5%，全年人民币贷款增加22.75万亿元，比上年多增1.31万亿元。[①] 在GDP增速只有5.2%的背景下，货币增发这么多，而价格仅上涨0.2%，这不叫通货紧缩，也不叫流动性陷阱。首先，中国尚不具备出现"流动性陷阱"的体制条件和市场条件。所谓"流动性陷阱"，指的是在零利率甚至负利率条件下依旧没有有效信贷需求的现象。但我国面临的实际问题是中小企业贷款难、贷款贵，因此物价下行并非流动性陷阱。其次，物价并未出现恶性循环。尽管国内PPI连续同比下跌，但CPI仍然保持1%以内的上涨，经济尚未达到通缩状态，只是反映出国内需求不足，值得高度重视。我国20世纪90年代出现过一次较长时间的物价下降情况，生产资料价格从1996年4月开始进入负增长，到1999年12月连续45个月同比下降，CPI自1997年10月进入负增长，到1999年12月连续27个月同比下降，那次价格下跌前后持续了3年多。

第三节　有效需求不足的原因

一、消费倾向遇到瓶颈

消费倾向，即消费支出占收入的比例，这个指标的高低，反映出消费意愿的强烈程度。消费随收入的增加而增加，但不如收

---

① 2024年末M2余额比上年末增长7.3%；年末社会融资规模存量比上年末增长8.0%，人民币各项贷款增加18.1万亿元，比上年少增4.65万亿元。这种情况，可能表明通缩压力在增加。

入增加得多，即边际消费倾向是递减的，收入增加得越多，收入与消费之间的差距越大。在连续多年的消费快速增长、基本消费需求得到满足之后，我国消费倾向可能遇到了意想不到的瓶颈，即消费倾向出现边际下降，反映出居民消费意愿不强。这是有效消费需求不足的重要原因之一。

近年来，住户储蓄存款增加较多。据《中国统计摘要（2024）》，截至2019年底，我国金融机构本外币住户存款为82.13万亿元，2020—2023年，住户存款分别增加11.31万亿元、9.87万亿元、17.90万亿元、16.67万亿元，四年累计增加存款55.75万亿元，2023年末境内住户居民存款137.8765万亿元，比上年增长13.8%。居民储蓄增长远远快于居民收入增速，居民消费倾向未完全恢复，2023年全国居民平均消费倾向为68.3%，与2021年基本持平，仍低于2019年70.1%的水平。之所以出现这种情况，一是消费倾向边际递减规律在起作用。随着我国居民收入水平的不断提高，居民收入直接用于消费的份额自然下降，特别是居民消费从温饱转向全面小康，全国居民恩格尔系数从1978年的63.9%下降到2023年的29.8%，下降了34.1个百分点。二是基本生活消费趋于饱和，2023年末，全国居民每百户拥有的移动电话、空调、彩色电视、电冰箱、洗衣机、计算机、家用汽车分别达到251.9部、145.9台、107.8台、103.4台、98.2台、44.5台、49.7辆。三是中等收入群体规模扩大。高收入人群一般更多将收入用于投资理财，而不是用于当期消费，消费倾向相对较低。中等收入群体规模扩大，目前中等收入群体规模已超过4亿人，这部分群体在消费结构中所占比重上升，而消费倾向相对较高的群体所占比重下降，导致总体消费倾向出现下降趋势。

二、居民收入增长预期下降

消费需求是居民有支付能力的需求。所以,消费增加的前提是支付能力的增长,而支付能力不仅取决于收入,也取决于信贷;不仅取决于当期收入,而且取决于预期收入,即取决于持久收入。所以,收入增长预期在这里具有重要影响。近年来,有三个效应影响了居民收入增长预期。

一是"疤痕效应"。这是指疫情对居民心理和实际收入的冲击。此外,疫情冲击影响了预期和信心,虽然疫情已过去,但滞后影响仍未消失,特别是疫情期间因经营活动受到冲击而没能挺过来的部分个体工商户和业主或企业,不仅收入锐减,还可能背上大量债务,导致投资和消费能力下降,收入预期下降。

二是"预期效应"。目前市场预期仍未完全恢复,甚至预期问题还在加重。受到疫情、房地产等因素影响,近年来资金从居民部门向企业部门的流动不畅,2022年最为突出。2022年新增居民存款占全部新增存款的比重为68.4%,较2021年高出17.8个百分点。居民将原来支出形成企业收入的钱,用于偿还债务或者增加存款,导致企业部门尤其是民营企业、中小企业缺了一块"收入",形成"居民减少支出—企业订单不足—投资扩产意愿下降—居民收入下降—进一步减少支出"的恶性循环,消费性活动、投资性活动、生产性活动都在减少。调研反映,互联网等行业降薪裁员现象多发,一些领域中高层管理人员面临奖金停发或收入"断崖式下跌"。职场流动性下降,岗位竞争压力上升。跳槽的薪资溢价正在减少,接受平薪乃至降薪跳槽的求职者越来越多。

三是"财富效应"。消费来自收入，但也不仅来自收入。宏观经济增长才是增加收入、促进消费的前提和基础。当前很多人因果倒置，主张通过增加收入来促进消费。但在经济低迷、投资方向不明的情况下，增加收入也只是空谈。当前很重要的问题在于财富效应的消失，特别是股市和楼市的财富效应消失，导致有钱人无法投资。目前居民 70% 左右的财富体现在房产上，房价持续下跌，居民财富面临缩水。房价自 2021 年下半年起进入下行通道，截至 2024 年 12 月，绝大多数大中城市的新建商品住宅销售价格指数和二手住宅销售价格指数同比连续下降已超过 30 个月。受股票、房地产市场表现不佳影响，居民财产性收入出现缩水，2024 年居民人均财产净收入增长 2.2%，较居民可支配收入增速低 3.1 个百分点。这对高收入家庭消费能力造成不小影响，也印证了前面讲到的重点城市、重点人群消费大幅度下降的情况。

在这三个效应的作用下，居民不仅当前收入增长放缓，支付能力下降，而且对未来收入增长缺乏信心，借贷意愿降低，避险情绪增加，居民当期消费和对未来的投资更加谨慎，甚至主动去杠杆，提前还贷，收缩资产负债表。

三、资本投资收益下降

投资是收益的函数。投资需求也是有支付能力的需求，首先要有投资意愿，而且投资意愿特别是民间投资意愿取决于投资收益，没有收益，要有投资是很困难的。当前，投资增长放缓，资本收益减少或下降以及投资意愿不强是重要原因。

一是企业信心不足。部分企业尤其是部分民营企业和小微企业，观望情绪较重，投资扩产都较为谨慎，"看不准""不敢投"。一些企业对新盖建筑物、新建工程项目意愿下降，更倾向于购置设备工器具、开展技术改造或在原有生产能力基础上增建扩建，2023年首次出现建筑安装工程投资增速（2.1%）低于设备工器具购置投资增速（6.6%）。在"两新"（设备更新、消费品以旧换新）政策刺激下，2024年这种增速差进一步拉大。[①]不少产能过剩的传统制造业领域面临着市场出清。民营企业大多规模小，集中在传统行业，企业自主研发和创新能力不强，缺乏转型升级方面的技术和资金储备，加上信息不对称，一时很难找到新的投资领域。这些因素交织叠加，容易导致民间资本投资热情不高、意愿不强。

二是制造业面临转型，投资进入下行通道。统计显示，我国制造业投资2000—2010年连续保持年均增长25%以上，2012年以来，制造业投资增速连年下降，年均增长仅8.5%，2019年仅增长3.1%，2020年受疫情影响，投资出现绝对额下降2.2%。2023年制造业投资增长回升到6.5%。分析来看，2013—2021年，装备制造业投资年均增长7.3%，高技术制造业投资年均增长15.7%，工业技改投资年均增长8.6%。这些年虽然受多种因素影响，新兴产业本身投资增长有所放缓，但总的来看，由于传统产业占比仍很大，新兴产业投资增长赶不上传统产业投资减少的速度，所以整体投资表现为持续下降的趋势。我国制造业投资进入

[①] 2024年固定资产投资（不含农户）中，建筑安装工程投资增长3.5%，设备工器具购置投资增长15.7%。

下行通道，主要是传统产业产能扩张性投资增长受阻的结果。这一方面是制造业成本优势逐步减弱，部分行业产能过剩，导致无法扩张。另一方面，近年来，国内制造业企业对外转移现象增多，给国内制造业的投资需求带来负面影响。

三是房地产市场面临下行调整。房地产投资约占全部投资的20%。2000年以来，我国城市化进程加快，房地产行业快速发展，房地产开发投资对拉动投资增长发挥了重要作用。2001—2012年，我国房地产开发投资保持每年15%以上的快速增长，2010年末以来，国家出台住宅限购等调控政策，房地产开发投资增速开始回落。2015年仅增长0.99%。2016—2019年，增速逐步回升。2020—2021年，受新冠疫情及房地产行业调控等影响，增速有所回调，2021年增长4.35%。自2021年下半年起，房地产各项指标增速开始下滑，2022年房地产开发投资出现大幅负增长，2023年延续负增长态势，全年下降9.6%，2024年继续下降10.6%。此外，以政府投资为主的基建投资高峰已过。必须看到，我国基础设施整体规模已位居世界前列，截至2023年底，高速铁路对50万人口以上城市覆盖率达95%，高速公路对20万人口以上城市覆盖率超过98%。民用机场覆盖92%左右的地级市。城市供水普及率、燃气普及率、污水处理率等接近100%。农村具备条件的建制村实现通硬化路，农村自来水普及率达到90%。在一定意义上，传统基建投资的高峰已过，新基建的替代作用还不够。更为关键的是，地方政府基础设施投资能力不足，地方政府面临财政收支平衡压力，民生保障和"三保"任务加重，部分重点省份还面临较大偿债压力。

四、市场主体风险偏好下降

流动性偏好，即人们用货币形式保持自己的收入和财富的愿望强度。这种流动性偏好可以出于交易动机（应付日常支出）、谨慎动机（应付意外支出）和投机动机（捕捉投资机会），并决定对货币的需求量，同时影响利率。目前我国居民家庭金融资产配置偏好于短期资产，从风险偏好来看，持有理财产品的个人投资者数量最多的仍是风险偏好为二级（稳健型）的投资者，占比达 33.82%。风险等级为二级（中低）及以下的理财产品存续规模占比达 94.07%。这说明我国投资者风险承担能力不高，风险偏好较低，有避险情绪。同时，居民存款定期化倾向明显。央行数据显示，2024 年末，在约 309 万亿元的各项存款中，住户存款、非金融企业存款、机关团体及其他存款各占 49.2%、26.3%、24.5%，分别较疫情前的 2019 年上升 7.3 个、下降 4.9 个、下降 2.4 个百分点。贷款主要投向了企业，通过各类支出会体现为居民收入，但由于居民消费有待恢复，这些收入主要转化为存款留存在居民部门，没有进一步通过居民部门支出转化为企业营收和存款。同时，由于风险偏好下降，企业和居民资产配置上也更倾向于收益更稳定的存款尤其是定期存款，企业和居民的存款定期化趋势加剧。定期和活期存款比重已由 2017 年的"六四开"升至目前的"七三开"。经济循环中的"活钱"变少、循环不畅，这也解释了老百姓和企业微观感受上都缺钱，而金融体系货币总量还在增加的矛盾。

社会预期偏弱，意味着投资者对未来的市场看好度不高，导致他们减少了对未来的投资。国家有关部门对全国 4.4 万家中小微企业和 175 家银行分支机构开展的问卷调查显示，2023 年第四季度末开展投资的企业占比达 91%，有融资需求的企业环比减少 6 个百分点，降至 27%，同比减少 19 个百分点。这种情况通常出现在经济不景气或者市场不确定性增加时，投资者可能会更加谨慎，选择减少或避免投资项目，以规避潜在的风险。预期转弱既是需求收缩的原因，又是需求收缩的结果，存在"预期转弱—需求收缩—经济下行风险和不确定性增加—预期转弱"的恶性循环。

五、投融资体制改革滞后

国家允许的投资领域广泛，但实际投资领域却相对狭窄。在一些垄断和半垄断行业，如电力、公路、通信和市政设施等方面，民营企业难以进入。有些行业即使允许民间投资进入，投资比例、投资形式也受到许多限制。某新能源+增量配电网行业的企业反映，国家多部委对增量配电网试点项目出台了相关政策文件，但在实际实施过程中，仍出现部分省份无支持性配套文件、电网公司层层加码收费等问题，如部分电网对增量配电网加收力调电费及高可靠性供电费、政府性基金及附加、交叉补贴费等各类费用。①

---

① 力调电费，指供电公司根据客户一段时间内（如一个月或一年）所使用的有功和无功电量来计算其平均功率因数，并据此收取的相关电费。高可靠性电价是一种考虑可靠性因素而制定的电价，是现行的单一制电价、两部制电价、峰谷分时电价和季节电价以外的一种电价。系统要提高可靠性，减少停电损失，必须增加系统的备用容量和备用线路。

在"融资贵"问题逐步缓解的同时，中小微企业"贷款难"问题依然较为突出，小微企业融资的供需缺口仍然较大。调研中企业普遍认为，民间投资在融资方式、融资机构选择等方面受到歧视，民营企业在投资过程中得不到平等的融资机会。民营企业受经营年限、抵押能力和信用水平参差不齐的影响，绝大多数难以满足贷款条件。规模以上民营企业的融资主要渠道还是银行贷款，银行给予这类企业贷款的条件很严格，审批程序复杂，耗时长，还经常以规避风险为由不给贷或者降低额度。贷前调查、贷时审查和贷后检查的"三查"制度对小微企业和大中型企业的要求并无区别。如果按照"三查"标准，比如，贷前逐户上门检查，放款后上门首检，季度上门贷后检查等，人力、精力有限，几乎不可能实现，"等于说要做小微业务就容易违规"。从大数据看，小微企业违规概率不到千分之一，但当前"贷后资金管控不到位"有成为监管处罚重灾区的苗头，几乎"逢查必有、逢查必罚"的态势严重打击了基层银行"愿贷敢贷"的积极性。

与此同时，银行利差制约，利率调整缺乏弹性，价格持续低迷，影响企业利润和市场预期，并导致实际利率偏高，制约企业融资和居民借贷。虽然2024年末新发放企业贷款（本外币）加权平均利率约为3.43%，持续创有统计以来新低，但如果考虑PPI下降因素，粗略计算，部分工业企业融资的实际利率仍高达6.41%，真实利率水平并没有降低多少，这在很大程度上抑制了投资和消费需求。

第六章
部分行业产能过剩

产能过剩是我国经济发展中常见的现象。2023年中央经济工作会议明确指出,进一步推动经济回升向好需要克服一些困难和挑战。排在第一位的困难和挑战是有效需求不足,排在第二位的就是部分行业产能过剩。可见,正确认识部分行业产能过剩问题,特别是科学分析其背后隐含的深刻体制和经济社会原因,对于深入推进深层次改革、畅通国民经济循环,具有重要意义。

第一节　全面认识产能过剩

产能不是产品,而是产品的供给能力。产能过剩是一个普遍的市场经济现象。在现实市场中,供给和需求往往难以达到完全的平衡。适度超前的产能建设是产业发展中的常态,尤其对于新兴产业更是如此。随着世界经济复苏乏力、全球需求不振,我国部分行业出现产能过剩的现象并不意外。对此,要多角度、多维度全面认识。

一、产能过剩是市场经济的必然产物

产能过剩是一个经济学概念,是指特定行业的生产能力超过了市场需求,造成供大于求的不平衡现象。产能是指生产产品的能力,产能过剩是指生产能力过剩,即企业的生产能力没有得到充分利用,存在一定的闲置现象。产能过剩并不是指产品生产多了卖不掉,而是没有与产能相对应的产出,是指生产能力没有得到充分利用的状态。在市场经济条件下,产能过剩是正常现象。欧美等国家一般用产能利用率或设备利用率作为产能是否过剩的评价指标,设备利用率的正常值在79%~83%,超过90%则说明产能不够,有超设备能力发挥现象;若设备利用率低于79%,则说明可能存在产能过剩现象。

在市场经济条件下,产能的多与少是动态的、相对的,不存在供求绝对平衡的持久静止状态。正所谓"稀缺带来垄断,过剩形成竞争",适当的供大于求有利于优胜劣汰。供需平衡是相对的,不平衡往往是常态。这种不平衡在任何实行市场经济体制的经济体中都可能发生,在美国等西方国家的历史上就曾多次出现。历史上,老牌资本主义国家是产能过剩的发源地。在工业化国家,工业发展的整个流程一般都是先从纺织业开始,通过纺织业的大量生产销售,经过漫长的发展之后完成资本积累,再进入组装业、矿业和一些零部件加工业,之后会有钢铁业和油气业,然后是化工、汽车等工业,最后才到达高端工业,如人工智能、生物制造、航空航天、半导体和其他高新技术产业。而每一次工业向上游发展的过程中,都会因为生产的惯性,出现产能过剩的问题,因为当一个产业链形成之后,大量的人口都绑定在这个产业链周围，特别是处在上下游的供应商和工人数量巨大，在上下游的牵动下，不断的生产扩张必不可少，而这需要大量的销售来支撑，生产和销售绑在一起，一旦产业链任何一个环节出现问题，特别是一旦市场扩张受限，整个行业的衰退就会接踵而至。所以，产能过剩似乎是在特定时期不可避免的。

英国、美国和日本这些工业化国家都遇到过产能过剩问题。英国是世界上第一个工业化国家，也是历史上第一个遇到产能过剩问题的国家，特别是在纺织业快速发展的过程中，英国纺织品和其他工业品都遇到了销售问题。19世纪，英国为了化解工业革命带来的巨大产能过剩，不断向外殖民扩张以获取原料产地和倾销市场。美国的生产过剩来得稍微晚一些，美国在第二次工业革命之后，迅速完成工业化，工业和金融业齐头并进，很快超越了英国，成为世界第一工业大国。但20世纪70年代，在日本、德国等新兴钢铁大国冲击下，美国钢铁产业发生严重的产能过剩问题，以致出现"铁锈地带"。日本产能过剩则发生得比较晚，大致从20世纪50年代开始，通过出口消化国内产能，在汽车、钢铁、家电、造船等行业完成了一次又一次技术革新，至今仍是世界最强的工业大国之一。

二、产能过剩要区分总量过剩与结构性过剩

产能过剩是相对的，有总量过剩与结构性过剩之分。从宏观上看，产能总量过剩与总需求不足是一枚硬币的两面，总需求不足就意味着总供给过剩，产能总量过剩只是一个"镜像"，这是一种经济周期性现象。经济下行时，总需求不足，产能过剩问题

突出；经济上行时，总需求过热，产能不足问题显现。所以，经济下行时，总需求不足是突出矛盾，虽然有产能过剩问题，但不是主要矛盾，一般也不叫"产能总量过剩"；经济上行时，总需求过热是主要矛盾，产能不足也不成为宏观问题。如果产能过剩作为宏观问题，那就是指出现市场经济的经济危机，即生产过剩危机，大部分行业生产停滞，经济处于萧条状态。

一般来讲，产能过剩主要还是指结构性过剩。产能过剩最重要的判断指标是产能利用率。产能利用率通常定义为实际产出与潜在产能的比例。当一个行业的整体产能利用率处于较低水平时，就意味着存在大量的闲置产能，该行业就处于整体产能过剩的状态。结构性过剩也有周期性和非周期性之分。周期性产能过剩是指随着经济的衰退，部分行业由于总需求萎缩而表现出产能的相对过剩，但随着经济的复苏，需求量逐渐回升到正常水平，产能过剩就相对减轻。非周期性产能过剩是指受经济周期以外其他因素影响的产能过剩，其中又可分为供给结构与需求结构不匹配时造成的结构性产能过剩和受体制及政策影响扭曲市场供求关系时的体制性产能过剩，特别是跟产业（生命）周期相关的结构性产能过剩。产业发展规律表明，产能过剩的形成，跟行业的属性有着极大的关系。一些行业因为所处的产业链条较长、产能爬坡慢等，会呈现出周期性波动的特征，比如生猪养殖、钢铁等行业就是典型的周期性行业，受其上游或下游供需影响明显。周期性行业出现产能过剩，是因为在经济衰退时，部分行业会在需求端出现需求萎缩，而由于产业链条较长或者时间传导较慢，此时供给端的产能还在增加，由此就会阶段性地出现产能过剩。不过这种周期性的行业也会在之后随着经济的复苏，社会需求量逐渐增加，从而再出现产能相对偏少的情况。这种周期性行业最大的问题就是价格波动大。比如2019年，猪肉价格涨到和牛羊肉一样的水平，很多饭店甚至取消了跟猪肉有关的菜品。那段时间正处于猪肉周期的上行阶段。为了缓解周期性行业的波动，在金融市场推出期货，生产商和经销商可以在期货市场提前卖出相关商品，平抑现货市场的价格波动。

还有一种行业发展的生命周期现象，主要包括四个发展阶段：幼稚期、成长期、成熟期、衰退期。行业生命周期可以将成熟期划分为成熟前期和成熟后期。在成熟前期，几乎所有行业都具有类似S形的生长曲线[①]（见图6-1）。在幼稚期，刚开始生产某种产品，市场规模刚出现；在成长期，产品已较完善，市场迅速扩大，企业的销售额和利润迅速增长，后续有不少企业参与进来，竞争日趋激烈；在成熟期，市场已趋于饱和，销售额难以增长，行业由分散走向集中，产能过剩问题突出，许多小企业退出，往往只留下少量大企业，行业内部竞争异常激烈，企业间的合并、兼并现象大量出现；在衰退期，产品、产能严重过剩，有些竞争者先于产品退出市场，只有到后期，多数企业退出后，价格才有望上扬。

---

① S形生长曲线，指的是当种群在有限资源里生长，其生长符合逻辑斯蒂微分方程，随时间变化的生长曲线就呈S形状。生长曲线模型在现代商业、生产行业、生物科学等方面有着非常广泛的应用。技术和经济的发展过程类似于生物的发展过程，经历发生、发展、成熟三个阶段，每个阶段的发展速度是不一样的。一般而言，在发生阶段变化速度较为缓慢，在发展阶段变化速度加快，到成熟阶段变化速度又趋于缓慢。

图 6-1　S 形的生长曲线

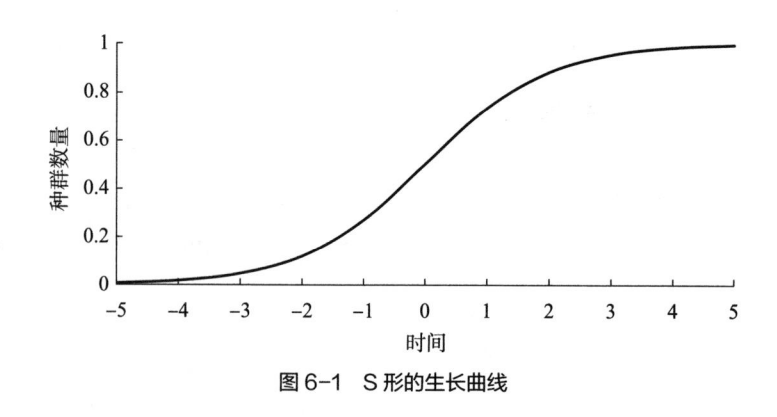

三、产能过剩要区分国际过剩与国内过剩

在全球化背景下，判断产能是否过剩，要从全球市场需求和未来发展潜力看。从市场经济原理看，供给和需求是市场经济内在关系的两个基本方面。在经济全球化的现实背景下，供需问题要从全球看，不能只看一国。当今世界经济早已你中有我、我中有你，成为不可分割的一个整体，生产和消费都是全球性的，需要在全球视野下进行供需匹配和调节。不能因为一国的产能超过本国需求，就贴上"过剩"标签。所以，产能过剩要区分国际过剩和国内过剩。

从国际贸易实践看，国际贸易的产生和发展就是各国基于比较优势，进行国际分工合作，从而有效提升全球经济效率和增加人类福祉。美国、德国、日本等发达国家长期向世界出口大量商品。美国所生产的芯片约有 80% 用于出口，德国、日本生产的汽车分别约有 80%、50% 用于出口，波音、空客生产的客机也是大量用于出口；而 2024 年中国新能源汽车出口 201 万辆，占其总产量的 15.3%，中国的新能源产品远远没有到过剩的程度。从全球市场供需角度来看，如果市场规模持续扩大，需求潜力得到充分激活，过剩将不复存在，甚至可能转为供给不足。如果产能超过本国需求就是"产能过剩"，那就相当于将产品出口跟产能过剩画上等号，这不符合经济逻辑。当前，从全球范围来看，根据国际能源署测算，2030年全球新能源汽车需求量将达4500万辆，是2022年的4倍多；全球光伏新增装机需求将达到820吉瓦，约是2022年的4倍。全球新能源产业仍处于起步发展、快速成长的阶段，相关产能非但没有过剩，反而是相对不足的。

中国出口欧洲的电动汽车价格，低于欧洲本土同类车型，但仍比国内售价高一到两倍，利润可观，根本不存在倾销行为。中国电动汽车出口增加的同时，价格也在上涨，中国领先的电动汽车在欧洲的平均售价大约是中国国内的两倍。一个国家在全球形成优势产业，取决于成本、效率、可持续性等要素，说到底是经济规律发挥作用的必然结果。有国际竞争力的产品，自然存在国际市场的需求。美国电动汽车的价格较高。车载电池成本较高，导致美国电动汽车价格竞争力降低。有数据显示，2024年1月，美国一辆电动汽车的平均价格为60 544美元，比燃油车高出约13 000美元。有媒体统计，在美国，40 000美元以下的电动汽车仅为在售车型的1/10。中国已占据全球电动汽车约2/3的市场份额，逐步构建了产业链最完备、竞争最充分和市场化程度最高的电动汽车产业链。根据比较优势理论，如果一国能够以更低成本生产某种产品，那么其他国家不应设置关税壁垒，而是应该进口这一产品，同时出口自己具有比较优势的产品。中国以光伏、锂离子电池、新能源汽车为代表的产品在全球市场确实形成了一定竞争优势。2024年4月8日，美国财政部长珍妮特·耶伦在北京的新闻发布会上说，中国现在的经济规模太大了，以至于世界其他国家难以吸收这一巨大产能。她认为出口产品多了就是产能过剩。这里面存在一个谬误：把产品出口跟"产能过剩"画等号，这不符合经济常识，也违背了全球化发展趋势。在全球高度分工的经济体系里，产出和需求不能限定在某个国家或地区。从各国实践来看，某个行业的产能大于国内需求是普遍现象，因而出口很正常。像美国生产的芯片、德国生产的汽车80%都用于出口，波音、空客生产的客机也大量出口。瑞士的《新苏黎世报》发出同样的疑问："西方向亚洲出口属于产能过剩吗？假如一个国家只为自己的市场进行生产，那么贸易从何谈起？"比如，2023年中国新能源汽车总销售量为949.5万辆，本土销量占87.3%，出口量仅占12.7%，其中外商独资企业特斯拉还要占到30%左右；与此同时，德国、日本和美国汽车出口率分别高达80%、50%和25%。中国电动汽车在欧洲平均售价超过3.1万欧元，是国内价格水平的两倍。

当然，我们也必须看到，我国制造业规模已接近"增长极限"。早在2010年，我国就超越美国成为全球制造业第一大国。到目前为止，在世界500多种主要工业品中，中国有220多种产品产量居世界第一。如果把全球作为一个大市场来看，那么我国进一步扩大世界市场空间的余地十分有限。国内外需求增长出现实质性变化，呈结构性放缓。从国际来看，2008年国际金融危机以来，全球经济进入低速增长阶段，我国企业国际市场需求明显减弱。受此影响，加上市场相对饱和，我国外贸出口增速已由过去的20%以上降至个位数，甚至出现负增长。过去依靠开拓外部市场来消化产能的空间越来越受到挤压。从国内来看，当前部分行业的市场需求已经达到或者接近峰值。早在2012年，我国第三产业比重达到46.4%，明显超过第二产业（44.7%），此后一直持续至今。有专家认为，这标志着我国已基本走完工业化中期，进入了工业化后期阶段。工业化初期阶段的纺织服装、家电等轻工业主导产业，以及工业化中期阶段的钢铁、建材、石化等重化工业主导产业的发展已进入收缩期，不少重化工产品的需求规模已经达到了峰值或进入峰值区间，产能过剩已不是周期性的而是带有绝对过剩性质。与此相呼应，我国居民消费结构出现重大变化，以食品、衣着等必需品为主要内容的生存型消费，以及以家电、汽车、住房等大件耐用品为主要内容的发展型消费趋于饱和，而以医疗、文化、娱乐等服务消费为主要内容的享受型消费正在向我们走来。正如2014年中央经济工作会议所强调的那样，过去那种排浪式消费将被个性化、差异化的消费需求所取代。这就意味着家电、汽车、房地产的消费需求扩张必然放缓，相应重化工业的下游需求也将收缩。最近，有专家强调，我国要从做大制造业转向做强做优制造业，因为我国制造业规模占世界的30%，而经济总量规模仅占世界的18%左右，有30%以上的制造业产品需要靠国际市场来消纳，这也正是新发展阶段需要加快构建新发展格局的原因所在。

第二节　产能过剩的表现

2023年底中央经济工作会议和2024年《政府工作报告》都提及了"产能过剩"。2023年12月，有关部门负责人在解读中央经济工作会议时称，"部分新兴行业存在重复布局和内卷式竞争，一些行业产能过剩"。虽然过去10年，中国的产能利用率总体相当稳定，目前为76%左右，与美国的78%相差无几，但不可否认的事实是,改革开放以来,我国曾出现多轮"产能过剩",都对中国经济产生深远影响。

一、历史上的产能过剩

第一,20世纪80年代的产能过剩。早在20世纪80年代,我国就出现过重复投资、盲目建设的现象。据徐景安(1983)统计,当时全国大约有50%的手表厂和电视机厂、75%的自行车厂、80%的洗衣机厂和电冰箱厂达不到起码的生产批量。20世纪80年代到90年代中期,纺织行业迎来大发展,出现严重产能过剩,很多企业停产、半停产。

第二,20世纪90年代的产能过剩。20世纪90年代中后期,产能过剩问题主要集中在纺织等轻工产业。南方谈话后,持续数年的高投资所积累的产能在1997年碰上了亚洲金融危机,产能过剩现象开始显现。1996—1999年产能过剩集中在消费品和轻工产业,以纺织、家电、塑料制品等为代表。根据1995年第三次工业普查结果,在900多种主要工业产品中,全国有半数产品的生产能力利用率在60%以下,如:照相胶卷的产能利用率为13.3%,电影胶片为25.5%,电话单机为51.4%,彩色电视机为46.1%,家用洗衣机为43.4%,自行车为54.5%。1996年末,全国28种主要工业品中有40%生产能力处于闲置状态。1997年下半年,统计的消费品中有1/3供过于求。1998年,在900多种主要工业产品中,多数工业产品生产能力利用率在60%以下,最低的仅有10%。1997年,亚洲金融危机爆发。1998年,全国实施纺织砸锭,关闭了半数以上的煤矿,反复部署和推进淘汰落后和过剩产能工作。当时，产能过剩行业有20多个，既包括钢铁、水泥、玻璃、电解铝、电力、煤炭、焦炭、造纸、制革、纺织、印染等传统行业，也涉及风电、多晶硅等新兴行业。1999年成立四大资产管理公司，向四大行收购不良资产。据张占斌（2016）统计，1999—2005年剥离不良资产总额高达2.58万亿元；1996—1998年，国有企业从11.38万家下降至6.5万家，降幅超过42%；1998—1999年，国有企业就业人数减少约2 200万。这次产能过剩应该是比较严重的。主要因为叠加1997年亚洲金融危机影响，国内市场压力增大。当时国内居民生活大多处于温饱水平，内需消费能力并不强，产能因而出现过剩，一些行业开工率降至35%~45%，大量企业出现经营亏损，产品积压严重，后来经过一次大整合，工业才稳住了阵脚。

第三，21世纪初的产能过剩。2001年中国加入WTO（世界贸易组织），工业生产能力快速扩张，尤其是基础工业和重化工业领域迎来了高速发展期。2008年全球金融危机爆发，我国为应对危机，实施大规模刺激性政策，进一步加剧了部分行业的产能过剩。国际金融危机后，我国传统产业面临全面过剩。自2008年起，我国制造业企业设备利用率在2011年开始持续下降。尤其是2012—2014年，设备利用率低于75%，即产能严重过剩的制造业企业占比超过半数。据调查，2015年，认为设备利用率在"75%及以下"的企业经营者占43.8%，"75%~90%"的占36.9%，"90%以上"的占19.3%，企业总体平均设备利用率为75.3%（见图6-2），其中制造业企业平均设备利用率估计为74.5%。然而，若考虑工业产业整体的产能利用率情况，过剩问题则更为严重。

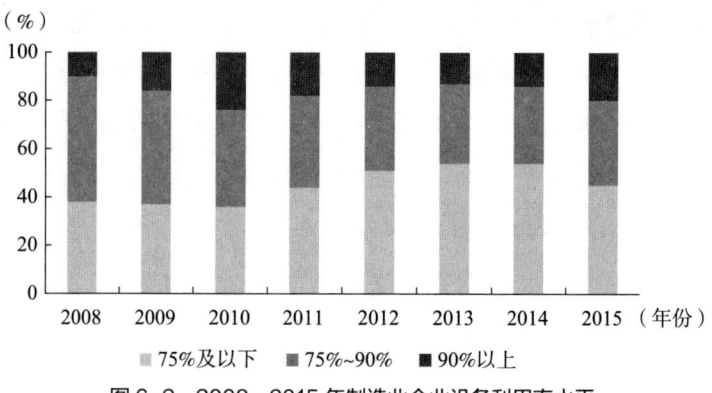

图 6-2　2008—2015 年制造业企业设备利用率水平

如图 6-3 所示，根据国家统计局数据，过去十多年，我国工业产能利用率长期处于低位，除 2017 年、2021 年等少数几个年份外，多数时间是在 76% 上下徘徊，低于美国 78% 的产能利用率，与正常水平有明显差距。特别是，2016 年全年低于 74%，1 至 4 季度分别为 72.90%、73.10%、73.20%、73.80%；2020 年第一季度为 67.3%，主要受新冠疫情影响；2024 年第一季度又出现了低于 74% 的情况，为 73.6%。所以总体上，我国工业特别是传统制造业产能利用率不高，一些行业存在过剩的状况，有的行业甚至已属于绝对过剩。

有关统计显示，我国有 19 个制造业行业产能利用率在 79% 以下，有 7 个行业的产能利用率在 70% 以下，属于严重过剩状态。包括钢铁、水泥、电力、铁合金、焦炭、电石、电解铝、汽车、家电、纺织等在内的传统产业产能普遍过剩，水泥、钢铁、电解铝等高消耗、高排放行业尤为突出。2015 年末，供给侧改革启动后，产能过剩治理的成效较快显现。2015 年 11 月 10 日，中央财经领导小组（现中央财经委员会）召开第十一次会议，

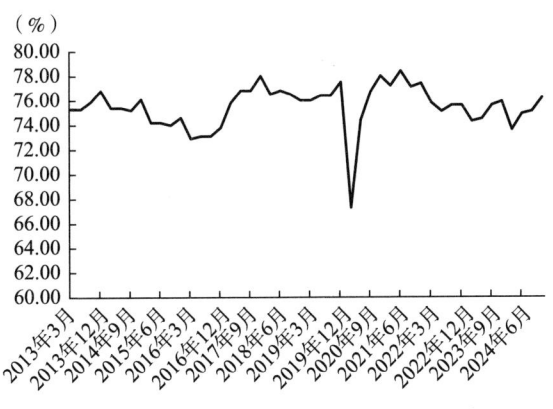

图 6-3　2013—2024 年季度工业产能利用率

首提"供给侧结构性改革"。2015 年 12 月，中央经济工作会议提出，要抓好"去产能、去库存、去杠杆、降成本、补短板"（即"三去一降一补"）五大任务。其中"去产能"为五大任务之首，重点是继续推动钢铁、煤炭等行业治理过剩产能。同时，国务院国有资产监督管理委员会于 2016 年启动"处僵治困"工作，对中央企业所属子企业做了摸底，确定了 2 041 户"僵尸企业"和"特困企业"，计划用三年时间完成这些企业的"处僵治困"。2016 年至 2019 年年中，我国累计压减粗钢产能 1.5 亿吨以上，退出煤炭落后产能 8.1 亿吨，淘汰关停落后煤电机组 2 000 万千瓦以上，均提前两年完成"十三五"去产能目标任务（见图 6-4）。2020 年，国家发展和改革委员会部署全面巩固去产能成果，进一步完善钢铁产能置换办法，严防"地条钢"死灰复燃和已化解过剩产能复产。过去几年，不少地方一窝蜂上马新能源汽车、集成电路等项目，短时间内风光无限，但没过多久就出现大量项目破产甚至烂尾的情况。

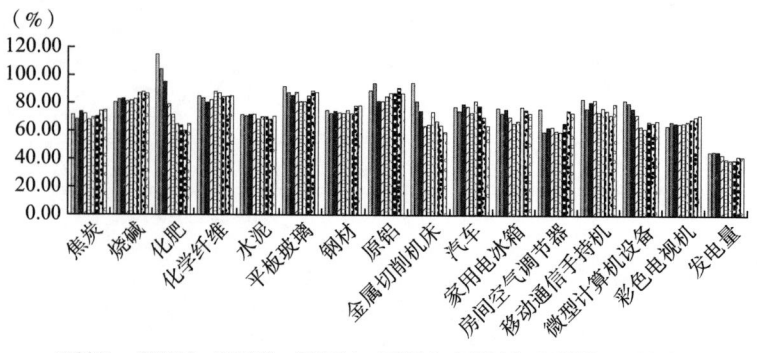

图 6-4 工业主要产品生产能力利用率

综观 30 年，我国产能过剩与治理一直是经济政策的重要内容，不同时期的主导行业和新兴行业都会出现产能过剩问题，调控范围从起初的个别行业逐步扩大到 20 多个行业。

二、新一轮产能过剩

当前，中国制造业又面临结构性产能过剩。2023 年中央经济工作会议再次提到"部分行业产能过剩"。上一次中央经济工作会议提到产能过剩问题是 2018 年 12 月。时隔五年，中央重新关注产能过剩问题。从实际情况看，2022 年以来，全国工业产能利用率有所回落，目前我国经济已处于新一轮产能过剩状态。2023 年，产能利用率已经处于历史低位水平，全年产能利用率为 75.1%。2024 年四季度，全国规模以上工业产能利用率为 76.2%，比上年同期上升 0.3 个百分点，比三季度上升 1.1 个百分点。但一季度的 73.6% 为 2013 年以来的第三低［前两次低点分别出现在 2020 年一季度（67.3%）和 2016 年一季度（72.9%）］，与 2015 年供给侧结构性改革提出时 74.6% 的产能利用率相当（见图 6-5）。

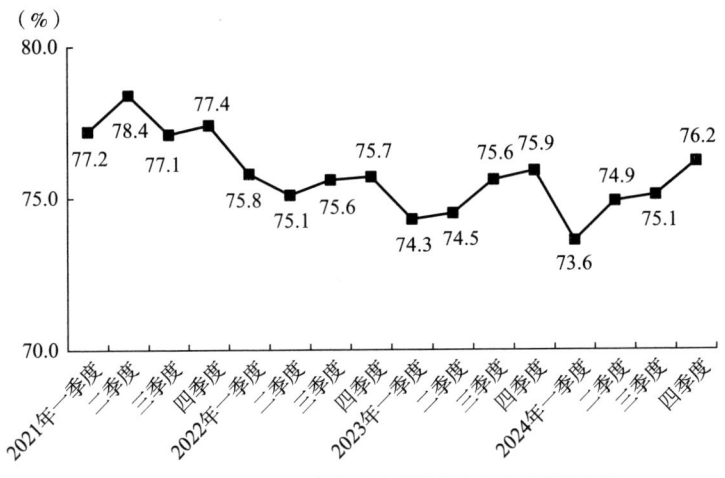

图 6-5 2021—2024 年分季度规模以上工业产能利用率

从 2024 年全年工业产能利用率来看，新一轮产能过剩比较突出的行业有电力、热力、燃气及水生产和供应业（73.0%），煤炭开采和洗选业（72.8%），食品制造业（69.8%），医药制造业（75.3%），非金属矿物制品业（62.2%），汽车制造业（72.2%），电气机械和器材制造业（75.1%）。不同于此前，本轮产能过剩不仅出现在传统行业，也波及了部分高技术、高附加值的行业（见表 6-1）。

表 6-1 2024 年四季度规模以上工业产能利用率

行业	四季度		全年	
	产能利用率（%）	比上年同期增减（百分点）	产能利用率（%）	比上年增减（百分点）
规模以上工业	76.2	0.3	75.0	−0.1

续表

行业	四季度 产能利用率（%）	四季度 比上年同期增减（百分点）	全年 产能利用率（%）	全年 比上年增减（百分点）
其中：采矿业	75.6	−1.5	75.3	−0.3
制造业	76.4	0.4	75.2	−0.1
电力、热力、燃气及水生产和供应业	74.8	0.4	73.0	0.0
其中：煤炭开采和洗选业	73.9	−1.7	72.8	−1.6
石油和天然气开采业	91.8	−0.3	91.4	0.0
食品制造业	70.7	−0.6	69.8	−0.5
纺织业	78.8	2.6	78.5	2.1
化学原料和化学制品制造业	76.4	−0.3	76.3	1.0
医药制造业	75.9	0.5	75.3	0.4
化学纤维制造业	85.6	−0.1	85.4	1.1
非金属矿物制品业	61.1	−3.6	62.2	−2.5
黑色金属冶炼和压延加工业	78.1	1.7	78.1	−0.1
有色金属冶炼和压延加工业	79.3	−0.3	78.8	−0.7
通用设备制造业	79.6	0.4	79.0	−0.2
专用设备制造业	76.7	−0.8	76.5	−1.0
汽车制造业	77.2	0.3	72.2	−2.4
电气机械和器材制造业	76.8	−0.3	75.1	−1.9
计算机、通信和其他电子设备制造业	79.4	1.8	77.2	1.5

第一，原材料行业。产能过剩压力自2022年下半年开始累积，以水泥为代表的非金属矿物制品行业产能过剩矛盾最为突出。国家统计局数据显示，2023年非金属矿物制品行业产能利用率的均值仅为64.7%，较2016年末低5.4个百分点。2019—

2022年，水泥行业产能连续四年扩张，2022年产能为35.8亿吨，比2018年低点高9.3%。2021—2023年，水泥产量已连续三年回落，跌幅分别是1.2%、10.8%、1.1%。2024年规模以上企业水泥产量为18.3亿吨，比上年下降9.5%。产能扩张、需求回落导致水泥行业产能过剩进一步加剧。据测算，2022年规模以上企业水泥产能利用率为59.6%，创历史新低，产能过剩程度创历史最高。

第二，化工医药行业压力突出。化工行业经历大规模扩产。2020年下半年以来，海外先后受疫情蔓延、能源危机影响，部分化工行业产能难以正常运行，国内化工品出口强劲，行业景气上行、利润积累，刺激投资扩产。民营龙头企业加速布局炼化一体，发挥规模化、集群化优势；德国化工巨头巴斯夫在华也有布局，广东省湛江市的新一体化基地首套装置于2022年9月开始投产，到2030年计划总投资达到100亿欧元，将成为全球第三大巴斯夫基地。然而，2023年以来，全球需求趋于回落，对前期产能的消化能力不足，基础化工原料产能过剩风险逐渐显现。《国务院关于印发2030年前碳达峰行动方案的通知》明确要求，到2025年，国内原油一次加工能力控制在10亿吨以内，主要产品产能利用率提升至80%以上。2024年规模以上工业企业乙烯产量为3 493.4万吨，比上年仅增长0.7%。

第三，半导体竞争白热化。2023年，半导体及电子产业链产能利用率处于偏低水平。总部位于加拿大渥太华的权威研究机构TechInsights估算，2023年全球半导体行业的平均产能利用率约为73.3%，低于80%以上的合理水平；美国计算机和电子产品制造业产能利用率仅为69.9%，较2005年以来的均值低 3.7 个百分点。国家统计局公布的中国计算机、通信和其他电子设备制造业 2023 年产能利用率均值为 75.6%，处于历史低点，2024 年虽然上升到 77.2%，但仍低于 80%。2023 年四季度，国内最大的两家晶圆巨头中芯国际与华虹产能利用率分别为 76.8% 和 84.1%，低于历史中枢。SEMI（国际半导体产业协会）于当地时间 2024 年 6 月 18 日公布世界晶圆厂预测季度报告，认为全球半导体晶圆厂产能将在 2024 年和 2025 年分别实现 6% 和 7% 的同比增长，在 2025 年创下每月 3 370 万片 8 英寸晶圆当量的历史新高。中国将成为近两年全球产能提升的主要推动力，2024 年整体产能将同比增长 14%，达每月 885 万片晶圆当量，2025 年将增长 15%，达每月 1 010 万片晶圆当量，约占行业整体的 1/3。[①] 据国家统计局数据，2024 年我国集成电路产量达到 4 514.2 亿块，比上年增长 22.2%。

第四，燃油车产能严重过剩。乘联会数据显示，2022 年国内汽车生产企业广义乘用车产量 2 337 万辆，同比增长 11.6%。截至 2022 年底，全国乘用车产能合计 4 289 万辆，产能利用率为 54.5%，比 2021 年的 52.5% 提高了 2 个百分点，但对比 2017 年 66.5% 的产能利用率，还是处于产能利用率偏低、产能过剩的区间。2022 年，有销量的企业有 84 家（共有 122 家），这些企业合计产能约为 3 884 万辆，相应的总体产能利用率为 60.2%。同时，在乘用车总产能中，38 家企业约 405 万辆产能完全闲置。已经具备生产资质的企业还有 1 046 万辆在建产能正在陆续建成

---

① 工厂之家，《SEMI：全球半导体晶圆厂产能今明两年将分别增长 6%、7%》，2024 年 6 月 19 日。

投产。随着新能源汽车的崛起，燃油车的市场份额持续下降，产能过剩将进一步加剧。据国家统计局数据，2024年规模以上工业汽车产量3 155.9万辆，比上年增长4.8%；其中新能源汽车产量1 316.8万辆，比上年增长38.7%。另据乘联会公布的数据，2024年，国内乘用车累计零售量为2 289万辆，同比增长5.5%。其中，新能源汽车1 089.9万辆，净增316.3万辆，增长40.7%；燃油车1 199.1万辆，净减197.2万辆，下降约14.1%。2024年全年国内新能源汽车零售的渗透率达到47.6%，同比增加12.0个百分点，大大超过"十四五"预定的20%的目标。总体上，新能源汽车对传统燃油车取代之势已经形成，原来制定的2035年新能源汽车超过50%的目标，据估计有可能最晚在2026年实现。未来，新能源汽车产销量将继续快速提升，燃油车产销量将进一步萎缩。

第五，新能源产业结构性过剩。在近年行业需求爆发、盈利高增以及新技术迭代等因素推动下，光伏产业链经历扩产潮，供给过剩压力剧增。2018—2023年硅行业产能利用率为44%~54%。当前，主要是硅料、P型电池组件落后产能的结构性过剩。行业机构普遍预测，到2025年，中国新能源汽车市场需要的动力电池产能在1 000~1 200吉瓦·时。近几年，锂电产业链大幅扩产，截至2022年12月，电池厂、整车厂与其他跨界企业对外公布的产能规划已超过4 800吉瓦·时，大部分产能计划于2025年或之前落地。新增产能从2023年开始集中释放，产能大概率会过剩，但同时能真正满足客户或市场需求的产能始终不足。2020年以来，我国储能电池行业开始呈现爆发式增长。据高工产业研究院统计，仅2022年储能电池相关扩产项目就达26

个，投资总额超过3 000亿元，产能高达820吉瓦·时。据国家能源局统计，2023年新型储能装机规模迅速增长，新增装机规模约2 260万千瓦，容量超过三峡水电站，较2022年底增长超过260%。当前国内储能电池产能已超过200吉瓦·时，整体产能利用率从2022年的87%下降到2023年上半年的不足50%，其中户储电池产能利用率不到3成。整体来看，储能电池行业是结构性产能过剩，中低端产品产能过多，而高端产品产能仍然不足。高工产业研究院数据显示，动力电池领域平均利用率由2022年的超过75%下降到2023年的不足65%；储能电池产能利用率也从2022年的超过85%跌至2023年的不足55%。据行业协会测算，2023年全国多晶硅、硅片、电池、组件产量再创新高，多晶硅环节产量超过143万吨，同比增长66.9%。硅片环节产量超过622吉瓦，同比增长67.5%。晶硅电池产量超过545吉瓦，同比增长64.9%。晶硅组件产量超过499吉瓦，同比增长69.3%。2023年，全年主要光伏产品价格出现明显下降，多晶硅、组件产品价格降幅均超过50%。据国家统计局数据，2024年规模以上工业太阳能工业用超白玻璃产量287 884.5万平方米，比上年增长53.5%。国家有关部委对光伏、锂电池、储能等产能过剩问题高度关注。

总体上看，这些行业产能严重过剩带来的直接影响就是竞争加剧，产品价格下降，企业经营效益持续恶化、亏损增多，甚至出现全行业亏损。同时，企业不当举债也将推高金融稳定风险。

第三节　产能过剩的原因

理解产能过剩是理解中国经济的一个重要窗口。产能过剩本来更多是周期性的，在周期谷底时呈现产能利用率偏低，而产能利用率应该能够随着经济的波动而自我调节。但我国当前产能过剩现象并不单纯是经济周期现象。几十年来，治理的政策出了一轮又一轮，但产能过剩问题反复出现，显著不同于发达国家的情况。显然，我国产能过剩问题具有普遍性和反复性，比一般市场经济国家周期调节要复杂得多，其根本原因在于市场机制不健全和政府对经济干预过多。

一、宏观管理体制改革滞后

我国经济长期依靠以投资为主的粗放型增长方式，这是造成部分行业产能过剩的突出的根本体制原因。产能过剩行业都是资金密集型产业，投资量大，产值高，GDP拉动明显。地方政府干预投资和经济增长的能力过强，地区间形成恶性投资竞争，使产能扩张难以抑制。地方保护主义的存在及体制改革的滞后，使得许多跨部门、跨行业、跨所有制的兼并重组难以实现，结果是行业投资增长过度问题难以得到市场机制的自我校正。这种各自扩张的体制特征，就决定了各地对解决"产能过剩"问题的意愿不强，其中，"我这里不过多、不过剩"的说法，就是这种体制的真实写照。

所以，每当产能过剩苗头出现时，政府很多时候都不是积极去应对，引导市场出清，而是采取进一步刺激需求的办法，希望把这些多出来的"供给"消化掉。这种饮鸩止渴的办法，往往会陷入"水多加面，面多加水"的恶性循环，导致一次又一次的"产能过剩"。这里实际上隐含了政府与市场、政府与企业关系等供给结构方面的深层次矛盾，特别是行政管控的方式落后、效果不佳。市场机制下的产能过剩，其他市场经济国家也经历过，如美国也经历过钢铁产能过剩导致的"铁锈时代"。我国的产能过剩，不仅仅是市场机制下的产能过剩，更主要的是行政管控下的产能过剩。

在这种情况下，即使想管控也显得无能为力。当你认为过剩时，市场需求却在不断增加。行政手段最终敌不过市场吸引力。比如，2010年严控钢铁产能时，我国钢铁产能大约只有3亿吨，江苏铁本钢铁有限公司当初未经国家有关部门审批开建800万吨炼钢项目，而后被关闭。目前，我国钢铁产能超过13亿吨，翻了几倍。回过头来从宏观层面看，虽然项目不合规，但是符合市场需求。而当我们认为可以按流程批建时，却没有市场了。比如，2012年5月同时获得国家批准的宝钢湛江项目和武钢防城港项目，尽管这两个项目早就提出了申请，但一直拖到钢铁产能大幅过剩的时候才获批。从表面看是为了应对经济下行而采取的投资拉动举措，实质上却是在逆市场而动。

从几年前开始，国家就一直在鼓励钢铁行业淘汰落后产能，于是各大钢厂争先恐后地新建大高炉。这种行为的后果，就是过度地淘汰产能，使得像螺纹钢这样需求量大但相对低端的产品反而产量不足。更糟的是破坏了市场机制，本应由企业自行根据市场情况和市场预期进行判断决定的产能升级，变成了由政府硬性指标要求的计划，而且大家"齐步走"，一起改造升级扩能，加剧了产能过剩。

二、地方政府行为失范

政府职能转变不到位，主要是管了很多不该管的事，市场机制作用发挥不够。本来搞什么产业、生产什么产品、用什么技术生产这样的产品，应该是企业的事，政府应专注于维护良好的市场秩序，打击假冒伪劣，保护知识产权，破除地方保护和行业垄断，建立统一市场规则。而一些地方政府部门从上到下，花很多精力去研究搞什么产业好、给什么优惠政策，有的是直接去招商，抢那些大家都想要的产业、企业。很多时候，政府有关部门还要组织专家直接去确定技术攻关的内容，甚至确定技术路线，热衷于给自己确定的产业、技术搞企业补贴，形成各种形式的"跑部钱进"，为辨别真伪，又不得不投入大量人力、财力搞评审，忙得不可开交，以政府支持代替市场竞争，到头来可能事与愿违。在国外，也存在地方政府拉投资项目的情况，但是对市场的扭曲影响相对小一些。在中国，一些地方政府在积极拉产业项目，还时常保护本地企业，严重扭曲了市场机制和产能新陈代谢。在扩内需过程中，存在"一手硬、一手软"的情况，上基建、上产业项目的政策力度大，促进居民增收和消费的政策力度小，因此形成了产能持续扩张和最终需求乏力的局面，反而加剧了产能过剩。

多年来，我们都提把转变增长方式作为经济工作的主线，但是这方面的进展一直很慢，原因就在于改革推进不到位。政府习惯于遇到经济问题就想办法从需求侧解决，靠投资拉动，而且即使注意到供给侧往往也采取计划经济的办法，由政府直接出手来改变供给结构，比如在国际金融危机发生后，发展战略性新兴产业用的办法在相当程度上就是行政办法，而不是用市场的方法，政府出手直接配置资源，比如给予企业大量补贴来发展光伏产业等，结果光伏产业很快就成为一个过剩产业。当下的产能过剩，本质上是非市场化资源配置导致的。在推动新兴产业产能增加的过程中，地方政府扮演了重要的角色。比如，有的地方政府通过提供各种税收优惠、设立引导基金等方式吸引新兴产业和企业投资；有的地方政府追逐少数时髦的"高技术"产业，全国 2 800 多个县级行政区都想发展生物制药、新能源等。原因在于中央与地方经济角色定位出了问题，中央政府、地方政府在责、权、利等方面不统一，加上政绩考核机制，导致地方政府不当干预，特别是偏好引进大的工业项目人为降低企业生产建设成本，出现过度进入和盲目投资建设现象。企业的投资冲动和地方政府的政绩冲动叠加，使得部分领域投资行为不理性，进而引发产能过剩。本轮产能过剩行业中有部分曾受益于产业政策的大力支持。例如，电气机械、医药制造行业都属于高技术行业、战略性新兴产业，近年来较多享受各地产业政策的补贴和支持。这些情况表明，推进深层次改革，从体制机制上改善供给体系已非常紧迫。

三、企业微观机制不健全

在市场经济条件下，一定程度的产能过剩本来是正常现象，供给和需求总是在动态过程中，由价格等进行调节，最终达到平衡。那么，现在的"产能过剩"这么严重，市场调节为什么不起作用呢？在产能过剩的行业中，企业面临的首先是所谓的"囚徒困境"，尽管明知争相扩建产能必然导致双输格局，但无论对手新建产能与否，自己新建产能始终是最优策略，导致企业在对未来行业产能过剩已有充分共识的情况下仍然争相新建产能。

目前，我国产能过剩行业普遍存在市场退出障碍，重资产行业退出成本高、投资大、债务重、坏账多、职工多，无论是兼并还是破产都面临着巨大障碍。由于国内外经济形势变化，比如钢铁、煤炭价格大幅下降，国有企业、民营企业可能出现不同的选择。民营钢铁、煤炭企业纷纷减产、转型甚至破产倒闭，而国有钢铁、煤炭企业则出现"价格越下滑，生产越扩大"的"以量抵价"行为。市场价格的调节机制可以说对国有企业不起作用，对市场信号完全处于"脱敏"状态。这种行为具有典型性，也是这两个行业陷入困境的重要微观基础。首先是没有健全的市场退出机制。优胜劣汰本来是市场机制作用的应有之义，也是市场经济发展的根本动力。而产品没有竞争力、财务不可持续、资不抵债的"僵尸企业"以及落后的产能不能被市场淘汰，显然是市场失灵的表现，是对社会资源的浪费，也是市场信号扭曲的反映，终将积累金融经济风险。

市场出清机制不起作用，特别是"僵尸企业"可以不被淘汰，主要是由于我国特殊的体制。尽管现在说"不以 GDP 论英雄"，但是 GDP 增长排名对地方政府来说仍是一种无形的压力。维持一些"僵尸企业"的生存，有利于保住地方 GDP 数字的增长；但要真正淘汰"僵尸企业"，会面临职工下岗问题。产能过剩的都是大项目，大项目就业人数多、占当地经济比重大，政绩激励决定了不能让其倒闭。出于以上考虑，地方政府总是会采取措施，从资金上给予"僵尸企业"支持。其次是现行企业破产制度不健全。地方政府、银行、法院对"僵尸企业"依法破产或依法重整都缺乏积极性，有恐惧心理，宁愿花钱养着，也不走破产之路。企业破产，特别是国有企业破产还远未形成一种常规制度性现象。有财政的补贴，有银行的输血，又不破产，这就为"僵尸企业"能够"僵而不死"创造了制度环境和条件。同时，前些年中央企业也有这个问题，2016年以来，国务院国资委把"处僵治困"作为工作的重中之重来抓，对2 041户困难子企业进行处置治理，明确用3年时间基本完成"僵尸企业"和特困企业的处置治理任务。截至2019年末，基本完成主体工作任务，近700户"僵困企业"实现市场出清，累计分流安置富余人员超过80万人，近七成富余人员实现内部退养或转岗，富余人员安置工作平稳有序。

四、金融机构顺周期行为

金融机构不合理的业绩考核和责任追究机制也是重要原因。在我国现行银行体制下，银行有利润考核要求，不良贷款的核销会直接影响当期利润，而在贷款责任方面还要终身问责。在这样的机制下，银行想做的就是让"大而不能倒"的企业能维持多久就维持多久，只要不影响当期利润和个人利益就行，于是银行就不断给这些过剩行业企业输血。近几年货币政策较松，经济增长又明显减速，出现了"资产荒"，银行信贷和资本市场都紧盯新兴产业，一些新兴行业企业非常容易从市场融资，在强大的资本加持下纷纷扩张产能。2020年2月，为增强金融服务实体经济能力，证监会公布《关于修改〈上市公司证券发行管理办法〉的决定》，放宽再融资条件。对于非公开发行股票的定价和锁定机制，新规则将发行价格由不低于定价基准日前20个交易日公司股票均价的9折改为8折，将锁定期缩短一半，且不适用减持规则的相关限制。更低的融资发行价和更短的锁定期，使得参与上市公司再融资的安全性和流动性都大幅增加，加速了相关企业的融资扩张。有的上市公司即便自有资金充沛，仍然从资本市场融资去扩张，主要原因就是融资太容易。据中国光伏行业协会统计，2019—2022年，光伏企业通过资本市场使用IPO（首次公开募股）、定增、可转债等方式的募资规模逐年扩张，依次为362.7亿元、714.14亿元、1 058.33亿元、1 661.87亿元，4年翻了近4倍。据市场机构统计，[①] 2023年上半年光伏行业有60家企业发起了近2 000亿元再融资。其中，45家上市公司通过增发融资1 157.69亿元，11家公司发布可转债融资530.68亿元，3只新股上市融资46.59亿元。[②]

五、房地产市场调整影响

导致本轮产能过剩的原因比以往要复杂一些，主要是房地产

[①] 曾燕，《2023年上半年光伏企业融资情况分析 2023年前三季度光伏企业净利润数据分析》，中研网，2023年11月13日。

[②] 2023年8月27日出台《证监会统筹一二级市场平衡 优化IPO、再融资监管安排》，提出阶段性收紧IPO节奏。

市场急剧收缩而造成的广泛影响加剧了产能过剩。图6-6是我国工业主要的产业链结构图。煤炭、电解铝都属于上游能源和原材料，而钢铁、水泥、平板玻璃则是中游加工制造产品。整条产业链的传导作用自下而上，即下游需求影响中游产品，进而影响对于上游原料的需求。在这个链条中，对上中游产能过剩行业影响最大的莫过于房地产业。

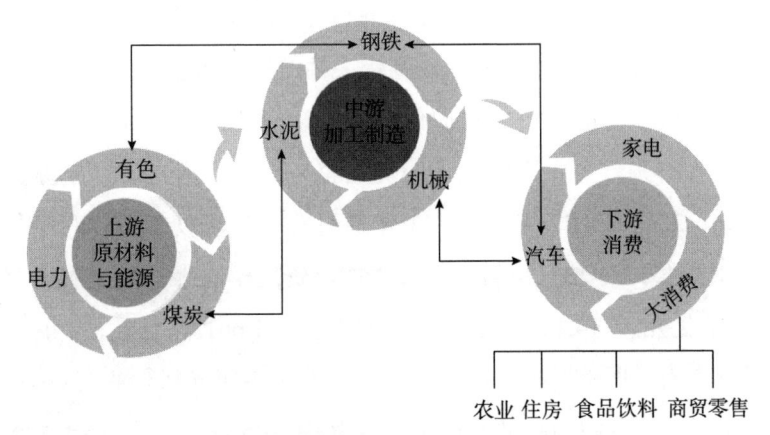

图6-6 我国工业主要的产业链结构图

众所周知，近年来我国房地产市场处于低迷期，导致钢铁、水泥、平板玻璃、铝合金等产品需求增速下滑甚至减少，行业产能过剩的矛盾凸显，这种结构性变化可能是更为长久的影响因素。房地产行业转折进入调整通道，房地产开发投资规模明显下降，钢铁、水泥等相关传统行业的需求形势发生重大变化，催生了产能过剩。2024年《政府工作报告》强调部分行业存在产能过剩，多部委围绕产能去化和节能降碳，陆续出台相关文件，本轮产能出清的重点行业可能仍然聚焦在传统产业，尤其是钢铁、硅、有色、化工等高耗能行业。比如，《2024—2025年节能降碳行动方案》提出，2024年继续实施粗钢产量调控，这是自2021年以来再次提出年度尺度的限产行为。据国家统计局数据，2024年规模以上工业粗钢产量100 509.1万吨，比上年下降1.7%，减产1 700多万吨。

第七章
房地产市场风险

房地产市场健康发展，事关人民群众切身利益，事关经济社会发展大局。1998年城镇住房制度改革以来，随着我国城镇化进程加快，城乡居民收入水平提高，住房需求快速增长。经过近20年的快速发展，城乡居民住房条件大为改善。当前，我国房地产市场供求关系发生新变化，突出特征是由市场"过热"风险转变为市场"过冷"风险，成为影响经济运行和金融稳定的重要因素。

第一节 房地产市场风险的表现

改革开放以来，我国房地产市场几经波折，但总体呈繁荣发展态势，房地产企业突破10万家，全国房地产开发投资达到10万亿元级，商品房销售面积多年维持在每年10亿平方米以上，最高曾达近18亿平方米，商品房已成为城乡居民购买的最大大宗商品，房产已占城镇居民家庭财产的近七成。但2021年下半年以来住房市场形势逆转，商品房销售面积增速逐月下滑，房地产市场供求关系发生重大格局性变化，进入深度调整期。

一、商品房销售面积持续下滑

房地产是房产和地产的总称。房产是指建筑在土地上的各种房屋，包括住宅、厂房、仓库和商业、服务、文化、教育、卫生、体育以及办公用房等。地产是指土地及其上下一定的空间，包括地下的各种基础设施、地面道路等。房地产由于其位置的固定性和不可移动性，又被称为不动产[①]。

房地产业包括土地的购置、开发、出让，房屋的建筑、装修、销售，以及住房的转让交易等经济活动。实际上，房地产开发企业的经营活动，从环节来说，主要包括购地、建房、卖房等；从所涉及的市场类型来说，主要涉及地产市场、建筑市场和房产市场；从活动的统计反映来看，主要是房地产开发投资和房屋销售金额。在我国现行统计中，反映房地产业整个经营活动的统计指标主要有：房地产开发企业土地购置面积、房地产开发投资（包括住宅投资）、房屋施工面积、房屋新开工面积（包括住宅新开工面积）、房屋竣工面积、商品房销售面积（包括住宅销售面积）、商品房待售面积（包括住宅待售面积）等（见表7-1）。

---

① 不动产除房地产外，还包括除房屋外的其他建筑物、林木等，这里主要指房地产。

表 7-1　房地产开发企业经营活动统计反映

经营活动	统计反映		市场类型
购地	房地产开发投资	土地购置面积	地产市场
建房		房屋施工面积	建筑市场
		房屋新开工面积	
		房屋竣工面积	
卖房	房屋销售	商品房销售面积	房产市场
		商品房待售面积	

从最终消费角度来看，最直接反映房地产业发展情况的是房产市场的状况，也就是住房作为一种特殊商品的供求关系状态，住房价格变化情况、商品房销售情况是这种关系的最直接反映。

当前，房地产市场的风险主要表现在房产市场上。据国家统计局数据，全国新建商品房销售面积从 2000 年的 1.8 亿平方米一路上升到 2007 年的 7.7 亿平方米；2008 年下降到 6.6 亿平方米，2009 年后又继续上升到 2013 年的 12.8 亿平方米，2014 年小幅度下滑至 11.8 亿平方米，2015 年又继续增加到 12.5 亿平方米，此后一路上升到 2021 年的 16.1 亿平方米，直到 2022 年陡降至 12.2 亿平方米，2023 年继续下滑到 11.2 亿平方米，相当于 2012 年的水平（11 亿平方米），与 2021 年的高点相比，下降了 30% 多（见图 7-1）。2024 年，新建商品房销售面积持续下降，全年跌破 10 亿平方米，降至 9.7 亿平方米，比上年下降 12.9%。由此可见，这一次市场调整的深度将大大超过此前的任何一次市场调整。

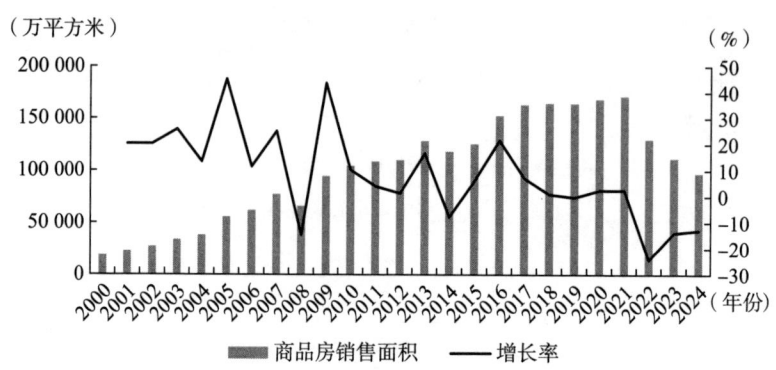

图 7-1　2000—2024 年商品房销售面积及增长率变化

从商品房销售额来看，调整的幅度更大，已由 2021 年高点的 170 158.7 亿元，下降到 2023 年的 116 622.2 亿元，约下降了 31.5%（见图 7-2）。2024 年新建商品房销售额持续下降，全年降至 96 750 亿元，下降 17.1%，仅相当于 2021 年的 56.9%（见图 7-3）。

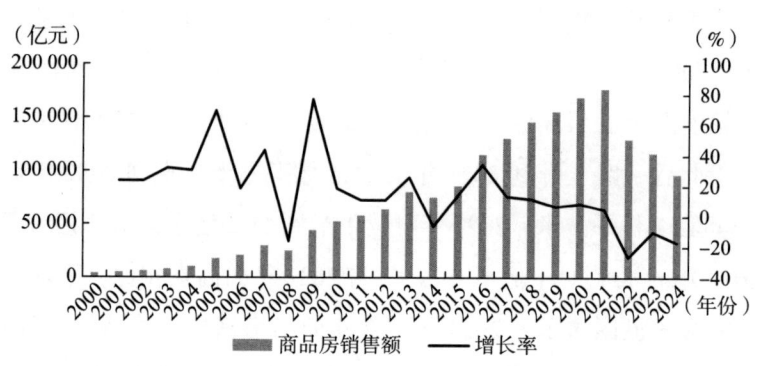

图 7-2　2000—2024 年商品房销售额和增长率变化

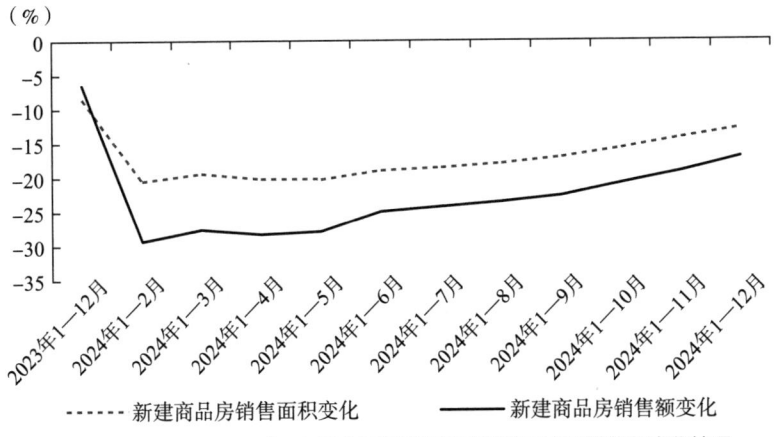

图 7-3　2023—2024 年 12 月全国新建商品房销售面积和销售额变化情况

二、商品房待售面积大幅度增加

在商品房销售不畅的情况下，房地产开发投资的调整有一定的滞后期，房屋竣工面积还在持续增加，导致商品房库存明显增多。房屋竣工面积方面，从 2000 年竣工 2.5 亿平方米一路上行至 2013 年超过 10 亿平方米，此后稳定在 10 亿多平方米，直到 2018 年下降为 9.4 亿平方米，2019—2020 年维持在 9 亿多平方米，2021 年又回升到 10 亿多平方米，2022 年陡降至 8.5 亿多平方米，2023 年再回升到近 10 亿平方米，2024 年再次跌至约 7.4 亿平方米（见图 7-4）。由此可见，房屋竣工面积的变化要慢且缓于商品房销售面积的变化，结果就是商品房待售面积增加。

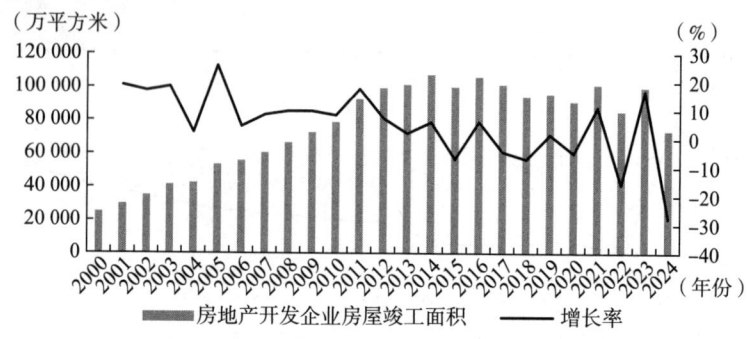

图 7-4　2000—2024 年房地产开发企业房屋竣工面积及增长率变化情况

目前，商品房库存总量处于历史峰值。商品房待售面积在 2015 年达到 7.185 3 亿平方米，2016 年开始下降，2020 年下降到 4.985 0 亿平方米，2023 年达到 6.729 5 亿平方米，同比增长 19.0%，回到 2016 年末的 7 亿平方米水平。2024 年加大了消化存量商品房的政策力度，但 2024 年末，商品房待售面积 7.532 7 亿平方米，比上年增长 10.6%，仍创新高（见图 7-5）。据市场机构监测数据，截至 2025 年 1 月末，全国重点 50 城中不少一、二线城市去化周期仍超 20 个月，三、四线城市去化周期更长。

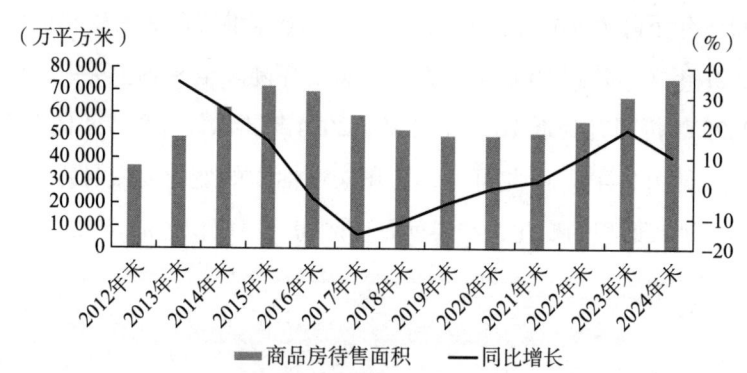

图 7-5　2012—2024 年末全国商品房待售面积及增长率变化情况

房地产市场区域性、结构性很强。同时我国房地产库存问题也具有一定的结构分布特性。房地产库存大的问题存在着明显的地区结构不平衡。统计显示，二线城市的库存压力明显大于一线城市，而且二线城市存销比的波动更大。更为严峻的是，三、四线城市房地产库存大的问题更加突出。一方面，这些地区的库存与需求已经严重不协调，库存与需求的差距大，短时间内根本没有能力消化；另一方面，这些地区还有许多待开发的土地，仍有可能不断地增加库存。

三、商品房价格持续下跌

房地产市场风险集中表现在房价持续下跌上。房价的下跌是房地产市场供求关系发生变化的反映，也是居民购房预期变化的体现。据国家统计局计算，商品房平均价格（全国商品房销售额÷全国商品房销售面积）从2000年每平方米2 112元一路上涨，到2010年每平方米超过5 000元，2020年每平方米超过10 000元，2021年继续上涨至每平方米10 322.67元。2022年略下降了3.2%至9 992元，2023年商品房平均销售价格继续回升到10 437元，2024年为9 935元，比上年下降4.8%（见图7-6）。

但这只是一个综合性的房价指标，由于销售住房结构关系，掩盖了具体的差异情况。事实上，一个时期以来，全国多数城市房价持续下跌。国家统计局数据显示，2024年10月，70个大中城市中，一线城市新建商品住宅销售价格环比下降0.2%，降幅比上月收窄0.3个百分点，至当年11月价格环比由降转持平，已连续17个月下跌。其中，10月北京和广州均下降0.7%，上海

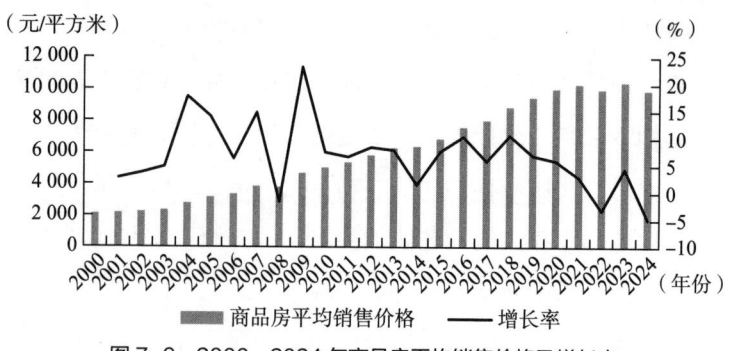

图 7-6 2000—2024 年商品房平均销售价格及增长率

和深圳分别上涨 0.3% 和 0.1%。二、三线城市新建商品住宅销售价格环比均下降 0.5%，降幅均比上月收窄 0.2 个百分点。10月，一线城市二手住宅销售价格环比由上月下降 1.2% 转为上涨 0.4%，为近 13 个月以来首次转涨，其中北京、上海和深圳分别上涨 1.0%、0.2% 和 0.7%，广州下降 0.4%。二、三线城市二手住宅销售价格环比分别下降 0.4% 和 0.6%，降幅比上月分别收窄 0.5 个和 0.3 个百分点。10月，一线城市新建商品住宅销售价格同比下降 4.6%，降幅比上月收窄 0.1 个百分点。其中，北京、广州和深圳分别下降 4.9%、10.4% 和 8.1%，上海上涨 5.0%。二、三线城市新建商品住宅销售价格同比分别下降 6.0% 和 6.6%，降幅比上月分别扩大 0.3 个百分点和持平。10月，一线城市二手住宅销售价格同比下降 9.6%，降幅比上月收窄 1.1 个百分点，其中北京、上海、广州和深圳分别下降 8.4%、6.7%、12.5% 和 10.9%。二、三线城市二手住宅销售价格同比分别下降 8.8% 和 9.0%，降幅均比上月收窄 0.1 个百分点和持平。总体看，"5·17"

新政①发布后,一线及重点二线城市楼市有所好转,在一系列政策措施作用下,一些指标呈现边际改善。但全国房地产市场整体未见明显起色,特别是7月和8月下行态势明显,房价下跌势头仍在持续。有分析认为,这一轮房价下跌是全国普跌,至今已跌三年,部分城市下跌时间更长;全国总体跌幅已超过三成,其中部分城市跌幅超过四成。

"9·26"政治局会议后②,房价走势边际改善更加明显。2024年11月,70个大中城市中,商品住宅销售价格环比上涨城市个数增加,一线城市商品住宅销售价格环比总体上涨,二、三线城市环比降幅均收窄;各线城市同比降幅2024年以来首次均收窄。一线城市新建商品住宅销售价格环比由上月下降0.2%转为持平。其中,上海和深圳分别上涨0.6%和0.3%,北京和广州分别下降0.5%和0.3%。二线城市新建商品住宅销售价格环比下降0.1%,降幅比上月收窄0.4个百分点;三线城市新建商品住宅销售价格环比下降0.3%,降幅收窄0.2个百分点。70个大中城市中,新建商品住宅销售价格环比上涨城市有17个,比上月增加10个。一线城市新建商品住宅销售价格同比下降4.3%,降幅比上月收窄0.3个百分点。其中,北京、广州和深圳分别下降5.3%、9.9%和7.1%,上海上涨5.0%。二线城市新建商品住宅销售价格同比下降5.8%,降幅比上月收窄0.2个百分点;三线城市新建商品住宅销售价格

---

① 2024年5月17日,中国人民银行发布多项通知,明确取消全国层面房贷利率下限、下调房贷首付比例和公积金贷款利率,推出保障性住房再贷款。
② 2024年9月26日,中共中央政治局召开会议,研究提出一揽子增量政策。

同比下降 6.5%，降幅收窄 0.1 个百分点（见表 7-2）。

2024 年 11 月，一线城市二手住宅销售价格环比上涨 0.4%，涨幅与上月相同。其中，北京、上海和深圳分别上涨 0.9%、0.4% 和 0.5%，广州下降 0.4%。二线城市二手住宅销售价格环比下降 0.2%，降幅收窄 0.2 个百分点。三线城市二手住宅销售价格环比下降 0.5%，降幅收窄 0.1 个百分点。二手住宅销售价格环比上涨城市有 10 个，比上月增加 2 个。一线城市二手住宅销售价格同比下降 8.0%，降幅收窄 1.6 个百分点，其中北京、上海、广州和深圳分别下降 6.2%、4.9%、11.9% 和 9.0%。二线城市二手住宅销售价格同比下降 8.4%，降幅收窄 0.4 个百分点。三线城市二手住宅销售价格同比下降 8.8%，降幅收窄 0.2 个百分点（见表 7-3）。

表 7-2　2024 年 11 月 70 个大中城市新建商品住宅销售价格指数

城市	环比 上月 = 100	同比 上年同月 =100	1—11 月平均 上年同期 = 100	城市	环比 上月 = 100	同比 上年同月 =100	1—11 月平均 上年同期 = 100
北京	99.5	94.7	97.9	唐山	99.3	92.1	94.3
天津	100.3	97.1	99.2	秦皇岛	99.4	92.8	94.6
石家庄	99.9	97.3	98.4	包头	99.6	93.1	94.5
太原	100.1	100.5	99.8	丹东	99.5	94.0	95.6
呼和浩特	99.3	94.6	96.6	锦州	100.3	95.0	96.8
沈阳	99.9	95.6	96.3	吉林	99.7	94.7	97.1
大连	99.2	93.6	94.8	牡丹江	99.5	92.8	94.4
长春	100.2	96.8	97.0	无锡	99.2	95.7	96.7
哈尔滨	99.6	93.3	95.2	徐州	99.5	92.3	92.7
上海	100.6	105.0	104.5	扬州	99.6	93.7	94.4
南京	100.1	92.4	92.3	温州	99.9	89.4	92.9
杭州	100.9	97.4	99.2	金华	99.4	88.5	91.2
宁波	100.2	91.2	94.1	蚌埠	99.5	92.9	95.2
合肥	99.4	93.7	96.4	安庆	99.8	93.2	94.1
福州	99.7	91.0	93.8	泉州	98.7	91.6	96.4

续表

城市	环比 上月=100	同比 上年同月=100	1—11月平均 上年同期=100	城市	环比 上月=100	同比 上年同月=100	1—11月平均 上年同期=100
厦门	100.5	90.0	91.7	九江	99.0	91.8	93.3
南昌	99.9	93.2	94.4	赣州	100.0	93.8	94.6
济南	99.8	93.5	97.0	烟台	99.7	93.9	95.3
青岛	99.8	93.1	95.1	济宁	99.9	93.9	94.8
郑州	99.7	93.1	94.1	洛阳	99.8	93.5	95.3
武汉	100.4	90.6	93.5	平顶山	100.1	97.8	97.4
长沙	99.4	93.3	97.6	宜昌	100.3	94.9	95.6
广州	99.7	90.1	92.0	襄阳	99.5	92.6	94.7
深圳	100.3	92.9	93.1	岳阳	99.8	93.3	94.8
南宁	100.0	92.3	93.7	常德	99.3	90.9	93.5
海口	99.8	94.7	97.8	韶关	99.5	94.1	94.3
重庆	100.3	94.2	97.0	湛江	100.9	91.8	92.4
成都	100.5	95.5	99.3	惠州	99.4	92.8	93.2
贵阳	100.0	94.9	96.9	桂林	99.8	96.2	96.1
昆明	99.7	91.8	94.8	北海	99.5	94.6	97.3
西安	99.8	100.3	103.2	三亚	99.6	95.5	98.8
兰州	99.9	91.5	94.2	泸州	99.8	91.7	93.8
西宁	99.5	93.4	94.2	南充	100.3	96.7	97.3
银川	99.8	94.7	96.1	遵义	99.5	96.0	97.2
乌鲁木齐	100.0	96.4	97.2	大理	99.6	93.9	96.2

表7-3 2024年11月70个大中城市二手住宅销售价格指数

城市	环比 上月=100	同比 上年同月=100	1—11月平均 上年同期=100	城市	环比 上月=100	同比 上年同月=100	1—11月平均 上年同期=100
北京	100.9	93.8	92.7	唐山	99.0	88.2	91.1
天津	100.2	93.3	94.4	秦皇岛	99.1	88.4	91.6
石家庄	99.8	92.7	95.2	包头	99.2	88.6	91.8
太原	99.7	95.3	95.8	丹东	98.7	88.9	91.7
呼和浩特	98.9	89.1	92.0	锦州	99.1	92.1	93.4
沈阳	99.8	92.5	92.8	吉林	99.5	93.7	93.2

续表

城市	环比 上月=100	同比 上年同月=100	1—11月平均 上年同期=100	城市	环比 上月=100	同比 上年同月=100	1—11月平均 上年同期=100
大连	99.6	90.2	91.8	牡丹江	99.3	91.7	92.5
长春	99.8	93.8	93.7	无锡	99.7	91.5	92.4
哈尔滨	99.1	91.9	93.0	徐州	100.2	90.6	88.8
上海	100.4	95.1	93.7	扬州	99.1	91.1	91.8
南京	100.0	92.6	90.9	温州	98.7	87.8	89.9
杭州	100.8	93.9	94.2	金华	99.5	87.4	90.3
宁波	100.1	90.6	91.1	蚌埠	99.7	91.9	93.1
合肥	99.6	90.5	92.1	安庆	99.6	90.5	92.2
福州	99.6	89.8	91.1	泉州	99.1	88.4	91.3
厦门	100.4	86.9	88.1	九江	99.6	89.9	91.5
南昌	99.6	88.5	91.4	赣州	99.9	93.5	95.2
济南	99.3	89.9	92.7	烟台	99.6	90.9	91.2
青岛	99.6	91.2	91.9	济宁	99.8	93.2	92.7
郑州	99.5	91.5	91.7	洛阳	99.5	91.2	92.6
武汉	99.8	88.1	89.0	平顶山	99.8	93.0	93.7
长沙	99.6	90.6	93.2	宜昌	99.7	92.3	93.4
广州	99.6	88.1	89.3	襄阳	99.4	89.2	90.7
深圳	100.5	91.0	91.1	岳阳	99.6	93.7	94.9
南宁	99.5	90.6	91.5	常德	99.6	90.1	92.4
海口	100.0	90.9	91.6	韶关	99.4	93.1	94.0
重庆	100.4	92.9	92.1	湛江	99.7	91.6	92.8
成都	100.7	92.4	93.5	惠州	99.6	89.0	92.1
贵阳	99.7	93.6	93.8	桂林	99.7	93.8	93.8
昆明	99.5	94.0	95.2	北海	99.6	94.2	94.8
西安	99.7	92.5	94.5	三亚	99.4	93.0	96.0
兰州	99.7	90.3	91.8	泸州	99.5	92.1	94.6
西宁	99.2	92.3	94.2	南充	99.7	92.2	94.2
银川	99.6	94.2	94.7	遵义	99.6	94.5	95.4
乌鲁木齐	99.6	94.2	95.2	大理	99.7	91.9	93.8

第二节　房地产市场风险带来的影响

房地产产业链条长、涉及面广，商品房销售不畅、库存增加、价格下跌，不仅对房地产开发企业经营造成直接影响，也给居民消费、固定资产投资、相关产业发展以及财政金融等领域带来负面影响，甚至影响经济发展全局。

一、房地产企业经营困难

据国家统计局数据，10年多来，房地产开发企业经营状况出现了一些明显变化，主营业务收入增长放慢，由2013年的7万多亿元增加到2016年的超过9万亿元，2018年达到11万亿元，2021年达到13万亿元，2022年下降到12万多亿元。房地产企业开发经营利润，在2018年达到1.8万亿元以后一路下滑，2022年跌到9 260多亿元，与高峰相比减少了一半，由此可见房地产开发企业近几年的经营困难状况。

2023年中国前30家上市房企营业收入总计约为3.5万亿元，较上年增长约0.5%，平均毛利率约为15.0%，较上年下降约3.7个百分点。除大悦城、北京城建的毛利率较上年分别上升2.4个、6.7个百分点外，其他28家上市房企的毛利率均呈现下滑趋势。2023年中国前30家上市房企平均净利率约为-3.8%，较上年下降约5.7个百分点，前30家上市房企中有25家净利率较上年有所下降。总体来说，前30家上市房企净利率均受到不同程度的影响而呈现下降状态。2024年上半年行业典型上市房企整体营业收入增速自 2022 年迎来了首次下滑，2023 年曾回升至正增长 3%，但 2024 年上半年再次出现下滑态势，同比下降 13%；从毛利润来看，自 2021 年起就呈下滑趋势，2024 年上半年典型上市房企实现毛利润 1 615 亿元，同比下滑 34%。从企业各项利润率指标来看，2024 年上半年行业典型上市房企整体的毛利率为 11.1%，同比下降 3.5 个百分点，较 2023 年下降约 1.2 个百分点；净利率为 -2.6%，呈亏损状态；归母净利率为 -3.3%。值得注意的是，典型上市房企以前 100 强房企为主，整体经营状况在行业中相对较好，如果从整个行业来看，房企的利润率可能下滑得更多。2013—2023 年房企经营变化情况如图 7-7 所示。

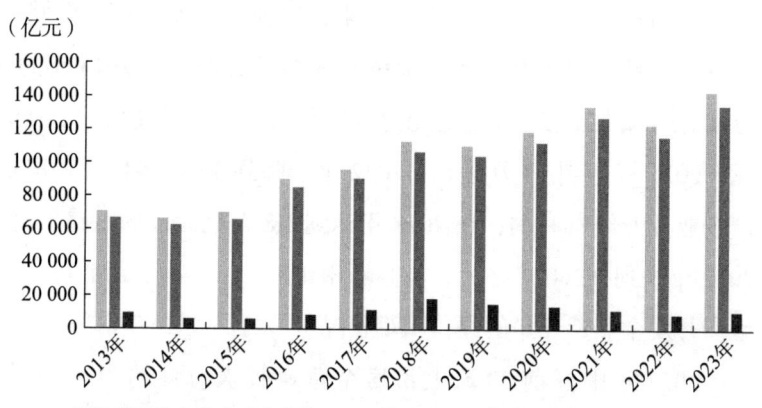

图 7-7　2013—2023 年房企经营变化情况

与此同时，房地产开发企业的杠杆率和债务率也在急速扩大，风险越积越高。房地产开发企业整体负债由 2000 年的 1.2 万多亿元增加到 2021 年的 91 万亿元，后略有下降，2022 年和 2023 年降到 89 万亿元、87 万亿元，资产负债率由 2008 年的

72.3%一路上升至2020年的80.7%，2021年、2022年和2023年逐步下降至80.3%、79.1%和78%（见图7-8）。

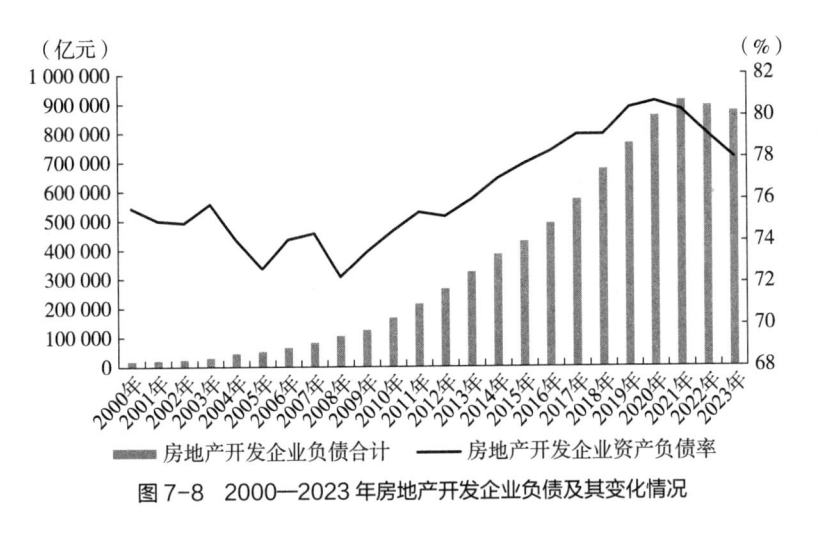

图7-8 2000—2023年房地产开发企业负债及其变化情况

2021年以来，标普、穆迪、惠誉三大评级机构纷纷下调中国房企评级，据统计，国内50强房企中，维持在"投资级别"以上的不超过10家。2021年，以恒大、华夏幸福、富力地产为代表的大型民营房企率先"爆雷"，随后房地产风险蔓延到更多的中小型民营房企，比如旭辉、建业等。2022年之后，富力、融创、世贸、绿地等企业纷纷出现债务违约。2023年，万科也是危机频发。以万科、金地为代表的老字号房企，目前正在积极自救。万科2024年上半年货币与现金短债比依旧承压，一年到期有息负债高达1 019亿元，而持有货币资金只有924亿元；整个现金短债比从2023年末的1.6倍迅速降低到2024年中期的0.91倍，已跌破"1倍"安全线。房地产市场系统风险正在向央国企扩散蔓延，保利发展2024年上半年归母净利润同比大降39.3%，这是保利近11年来首次负增长。目前，百强房企已经有46家"爆雷"，民营中小型房地产企业破产倒闭的不在少数。房地产开发企业数量2021年为105 434家，2022年下降为102 852家，减少了2 582家，2023年继续下降为100 111家，减少2 741家（见图7-9）。据统计，2024年前两个季度，有260家房企提交破产申请，数量超过过去三年总和。最高人民法院发布的司法大数据显示，2024年房地产企业破产案件同比增长218%，增速创下近十年新高。房企破产案件的资产规模也呈现明显上升趋势，平均单案涉及资产从2022年的3.86亿元攀升至2024年的9.27亿元，增长约1.4倍。国家企业信用信息公示系统数据显示，截至2025年2月底，全国范围内处于破产清算或重整程序中的房地产企业达到427家，其中82%为中小型开发商，18%为区域性或全国性大型房企。2024年中国房地产百强企业排行榜上，已有12家企业陷入破产重整或清算程序。

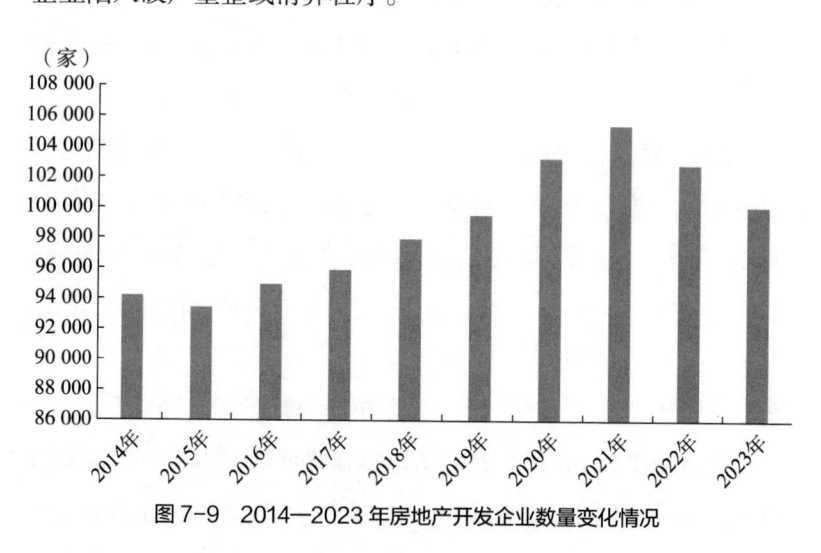

图7-9 2014—2023年房地产开发企业数量变化情况

二、引发实体经济风险

房地产市场库存处于高位,严重影响企业投资意愿,同时部分中小型房企在激烈的竞争下被迫退出市场,降低了房地产市场整体投资水平。房地产开发投资增速已由2000—2013年的20%以上回落到2014—2020年的10%及以下,近几年已出现大幅负增长,2022年负增长9.96%,2023年负增长9.6%,2024年继续下降10.6%(见图7-10)。自2022年3月开始至2025年4月房地产开发投资已连续下降38个月(见图7-11)。这是自改革开放我国建立房地产市场20多年来所没有出现过的情况。

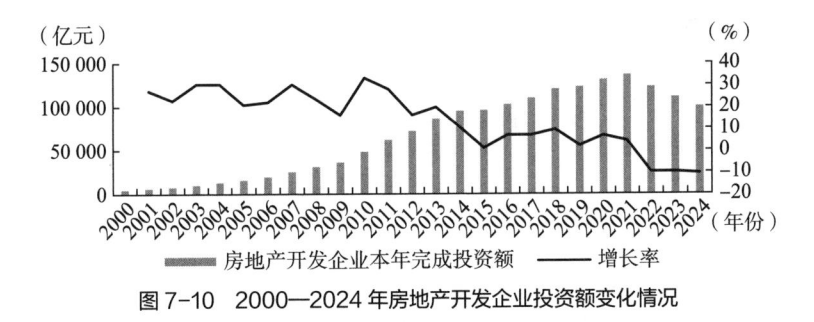

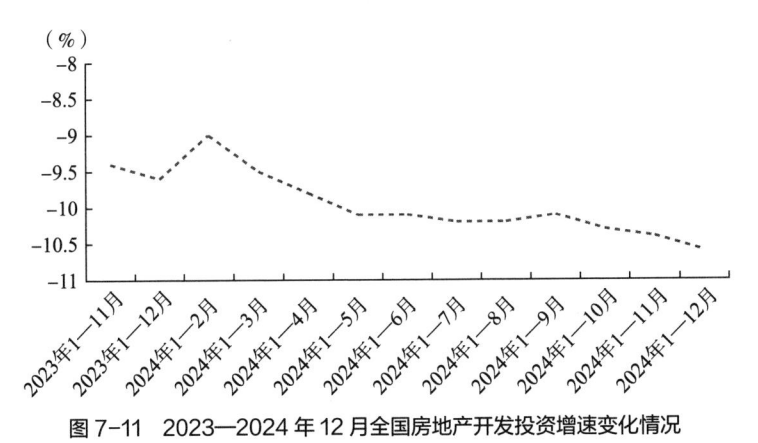

图7-10 2000—2024年房地产开发企业投资额变化情况

图7-11 2023—2024年12月全国房地产开发投资增速变化情况

在我国，房地产开发投资占全部固定资产投资的 20% 多，其持续负增长对投资需求的下拉影响可想而知，特别是对民间投资的影响更大，民间投资中有半数以上是房地产投资，直接将民间投资带入从未有过的负增长局面。房地产开发投资下滑，相应的建筑市场相关行业直接受到影响。住房建设上下游需求减少，不可避免地加剧了相关产业的产能过剩。房地产业与国民经济的许多行业都有着密切的关系，具有很强的产业关联性，除了带动上游的水泥、机械、钢铁、木材、玻璃等行业，还带动了塑料、汽车、家电等派生需求。与房地产业相关的行业超过 60 个。房地产业与相关产业的关系如图 7-12 所示。

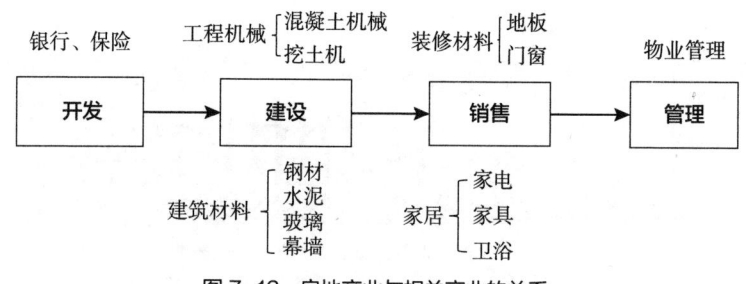

图 7-12 房地产业与相关产业的关系

测算估计，每年我国钢材的 25%、水泥的 70%、玻璃的 70% 用于房地产开发建设。在房地产开发建设中，仅住宅建设需要的建筑材料和零部件就在 2 000 种以上。每增加 1 亿元的住宅投资，其他 23 个相关产业就相应增加投入 1.479 亿元；住宅消费的提高能带动建材、化工、家电、装饰及家具等生活资料和生活消费资料的相应增长，其比例大约是 1∶6。房地产开发投资下滑导致上游产业钢材、水泥、玻璃等产能过剩问题进一步凸显，下游产业需求不振、市场低迷。

三、引发财政金融风险

目前,我国实行分税制财政体制,地方国有土地出让收入成为地方预算外收入的重要来源,即"土地财政"。这是我国的一种特殊现象。

其实,"土地财政"不是一个规范的政策用语,而是社会媒体对于我国地方特别是城市政府在一级市场上出让土地并由此带来大量政府收入现象的俗称。在我国特殊的土地制度下,随着工业化、城镇化快速推进,地方政府凭借对土地一级市场的行政垄断,通过行政手段征收农村集体土地进行简单开发后在市场上出让,获取土地出让收入,成为地方政府可用财力的重要来源。从一定意义上讲,所谓"土地财政",就是指地方政府特别是城市政府以"地"生"财"的一种发展模式。土地是重要的国家资源。在社会主义市场经济条件下,把土地资源掌握在国家手里,是推进城市化、工业化的重要支撑。随着城镇化的发展,城市范围不断向周边扩展,城市周边的农村逐渐被纳入城市范围。在现行政策下,农村集体土地不能直接用于城市建设和其他建设,必须通过土地征收。地方县级政府或城市政府是土地征用的唯一主体。地方政府成立土地储备中心或国有土地开发平台公司征收农村集体土地,使其变性为国有土地,这时土地资源变为土地资产,取得国有土地使用权证,可以到银行抵押并上市交易,通过土地整理,有的是"七通一平"[①],再按照规划,作为工

---

① "七通一平"是指基本建设中前期工作的道路通、给水通、电通、排水通、热力通、电信通、燃气通及土地平整等的基础建设。

业用地或商业用地，工业用地多数是划拨或低价出让，商业用地包括房地产用地则主要通过挂牌拍卖出售。出让后获得国有土地使用权出让收入，进入政府性基金预算收入，如果扣除土地征收和整理成本等政府性基金支出，就可获得土地出让净收益，用于各项政府预算支出，包括城市基础设施建设、工业园区开发等。在这个过程中，地方政府的财政收入不仅包括高额的土地出让金，还包括房地产开发与建筑企业的增值税和企业所得税，以及招商引资成功后企业经营活动带来的税收。土地出让收入是地方政府特别是城市政府的重要收入来源。这些年，地方政府的很多经济活动是围绕"土地"来进行的，所以被称为"土地财政"。

土地出让收入直接取决于地产市场变化、房地产开发企业的购地行为，房地产开发企业购地行为活跃，土地购置面积增加较快，土地出让就多，价格也高，地方土地出让收入就会增加得快且多。近年来，房地产市场疲软，地方政府特别是城市政府土地出让收入大幅减少，从而带来一系列地方财政风险问题。这两年，土地出让收入的减少，是造成地方财政困难的重要因素。如图7-13所示，房地产开发企业土地购置面积已从高峰期2011年的44 327.44万平方米，下降到2022年的10 041.73万平方米，减少77.3%，比2018年的29 320.65万平方米下降约66%，主要是2022年降得多，购置面积从2亿多平方米降至1亿平方米，比2021年下降53.5%。2023年购置面积持续下降，房地产开发企业土地购置费用为39 058亿元，比2022年下降5.5%，但全年全国房地产开发企业土地购置面积、土地成交价款的统计数据至今没有公布。不过，2023年全国地方国有土地使用权出让收入下降13.2%。2024年全国地方国有土地使用权出让收入48 699亿元，比上年下降16%。根据市场机构监测数据，2024年全国重点65城成交经营性土地9 039宗，总规划建筑面积65 495.7万平方米，成交规模同比下降19%。

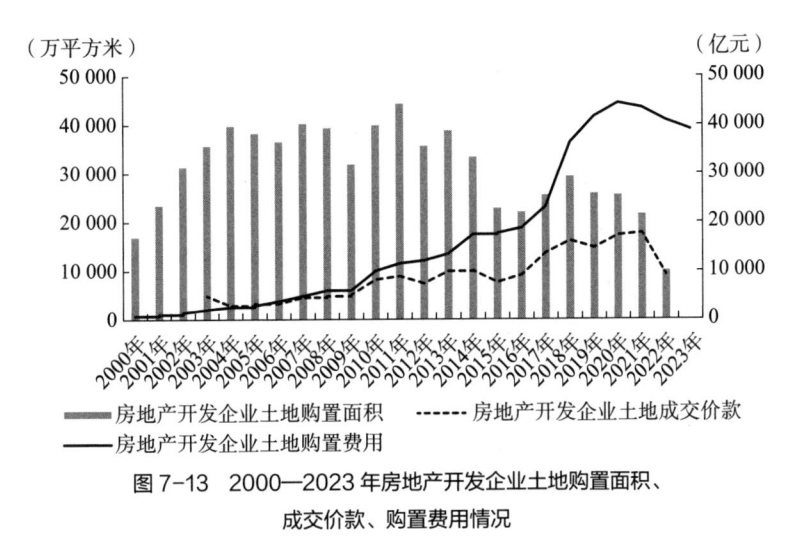

图7-13　2000—2023年房地产开发企业土地购置面积、成交价款、购置费用情况

地方政府土地性收入减少，财政压力加大。在许多地方，土地出让金收入已占地方财政收入的1/3左右，个别地方的土地出让金收入最高时可以占到总财政收入的六成。土地出让金缩水，对一些土地财政占比较高的地方政府来说，地方财政压力陡增。土地出让收入减少还给各级地方政府保民生支出及债务偿还带来较大压力。一方面，财政收入减少，民生支出则呈增加趋势，加大了财政供需矛盾，留下了"保民生"隐患；另一方面，不少地方政府靠土地收入增长来偿还银行贷款，土地收入下降直接降低了债务偿还能力。特别是一些三、四线城市和县城，土地卖不动，土地收入上不来，这种情况下，地方财政趋紧。事实上，有

的地方"保工资""保运转"压力开始增大,在查税力度加大、非税收入增长加快方面就有一定反映。很多地区都表示要严格查税,甚至成立了新部门——警税联合作战中心,确保税收收入应收尽收。这些都反映了房地产市场对地方财政的影响。

"土地财政"助推了房地产市场发展,也催生了"房地产金融"。所谓"房地产金融",是指以"地"或"房"作为抵押物而形成的一种金融借贷活动。国有土地开发平台公司将征收的土地做抵押从商业银行取得贷款,进行土地开发。房地产公司用竞拍购得的土地抵押向商业银行取得贷款,用于建房。同时,当房地产公司取得预售许可后,可以将在建商品房出售,购房者按照政策规定用首付和银行按揭贷款购买商品房,个人按揭贷款成为商业银行发放贷款的重要渠道。

商业银行的信贷几乎介入了房地产业运行的全过程,房地产企业的经营状况变化,特别是偿债能力的下降则可能会影响到与房地产行业关系密切的金融业,特别是银行业的健康稳定运行。目前,涉及房地产金融的存量较大,其中包括按揭贷款、开发贷款、住房公积金贷款、债务融资和土地收储整理中心的贷款等。根据央行数据,2024年末,人民币房地产开发贷款余额13.56万亿元,同比增长3.2%,增速比上年末高1.27个百分点。个人住房贷款余额37.68万亿元,同比下降1.3%,增速比上年末高0.3个百分点。2024年末,人民币房地产贷款余额52.8万亿元,同比下降0.2%,增速比上年末高0.8个百分点,房地产贷款余额占各项贷款的20.65%,如果加上以房地产为抵押的贷款,占比将超过30%。

抵押物贬值是房地产市场风险在银行房地产贷款上的直接反

映。当房价开始下降时，房贷资产就会缩水。考虑到银行普遍采用抵押贷款，而实体经济的抵押物通常和地产密切相关，因此商品房价格的下跌往往波及实体企业的贷款质量。考虑到房地产在建面积庞大，因此持续的价格下跌可能会带来存货减值，甚至在建烂尾的情况，作为抵押物的房地产就会贬值甚至大幅缩水，给银行带来损失。一些房地产开发企业资金链条日趋紧张，一旦资金链条断裂，风险就会暴露。房地产市场状况恶化，房地产企业贷款和个人按揭贷款的不良率都有可能上升，将会把风险向银行传导。

第三节 引发房地产市场风险的原因

我国正处于城镇化过程中，目前房地产市场风险的成因是多方面的，既有体制性的，也有政策性、市场周期性的，更有长期的深层次结构性变化方面的因素。

一、房地产市场调控方式转变不到位

我国的房地产市场，可以说是经受宏观调控最多、最频繁的市场之一。自从有房地产市场以来，我国进行了几次调控，房价涨，政府也就随之调控，可以说是"涨价不止，调控不断"，文件发了很多，会议开了无数，管了又放，放了又管，直至"五限"[①]出台，市场参与各方无所适从，最后没有"市场"。原因在

---

① 房地产"五限"指的是限购、限贷、限售、限价、限商。

于政府调控过多,所以在房地产市场,行政调控效果有限。

本轮调控是从 2018 年就开始的,各地调控政策不断加码,各类举措密集出台。2019 年,一些城市陆续宣布推进"一城一策"试点,以防范高地价、高房价、高杠杆风险,在这样的高压政策下,房地产市场开始降温。但随着 2020 年疫情暴发,货币政策重回宽松,资金再次流入房地产领域。在这种背景下,央行于 2021 年 1 月正式启用"三条红线",同时启用了对银行的"两道红线"。

所谓"三条红线":一是剔除预收账款的资产负债率小于等于 70%;二是净负债率小于等于 100%;三是现金短债比大于等于 1 倍。将房地产企业分为四档,违反三条红线,禁止增加有息负债,为红档;违反两条红线,有息负债年增长率小于等于 5%,为橙档;违反一条红线,有息负债年增长率小于等于 10%,为黄档;全部合格,有息负债年增长率小于等于 15%,为绿档。这些"红线",每一条都很狠。即使一条红线也不踩,房企有息负债年增长率也不能超过 15%。这就掐断了银行资金进入房地产企业的血脉。银行的"两道红线",一是房地产贷款占比上限最高为 40%,最低为 12.5%;二是个人住房贷款占比上限最高为 32.5%,最低为 7.5%。对银行的"两道红线",更是有着釜底抽薪般的效果,直接将房地产市场需求给卡死了。至此,房地产开发企业赖以生存的"高杠杆、高负债、高周转"的"三高"模式难以为继。通过数据可以看到,2021 年之后,房地产开发企业信贷增速呈断崖式下跌,并在随后的几年里持续走低(见图 7–14)。

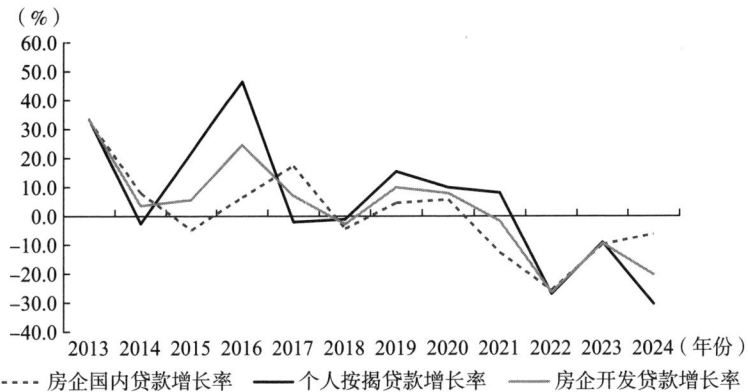

(%)
60.0
50.0
40.0
30.0
20.0
10.0
0.0
-10.0
-20.0
-30.0
-40.0
　　　2013 2014 2015 2016 2017 2018 2019 2020 2021 2022 2023 2024（年份）
---- 房企国内贷款增长率　—— 个人按揭贷款增长率　—— 房企开发贷款增长率

图 7-14　2013—2024 年房地产开发企业信贷增速情况

没有了银行信贷支持，部分房地产企业挪用购房预付款的问题很快就暴露出来，部分房企在集团和项目层面同时爆发流动性风险，建筑施工无法继续进行，导致楼盘烂尾，已售商品房无法按期交付，涉房群体事件出现，逼迫政府出面"保交楼"。此轮严控政策调整，正是从"保交楼"开始的。其实在此之前，房地产市场已经出现变化，商品房销售已明显不畅，但政策层面并没有多少反映，而"保交楼"成为热词后，随着房地产企业"爆雷"压力剧增，烂尾事件增多，购房预期发生突变，担心买到"烂尾"，加上房价下跌，新房市场形势发生实质性变化。从图 7-15 中可以看到，这种变化是从 2021 年陡然开始的，直到 2022 年出现大幅度的市场萎缩、负增长，政府才不得不对相关政策进行优化调整。可以看出，这种调整是被动的、"挤牙膏"式的。

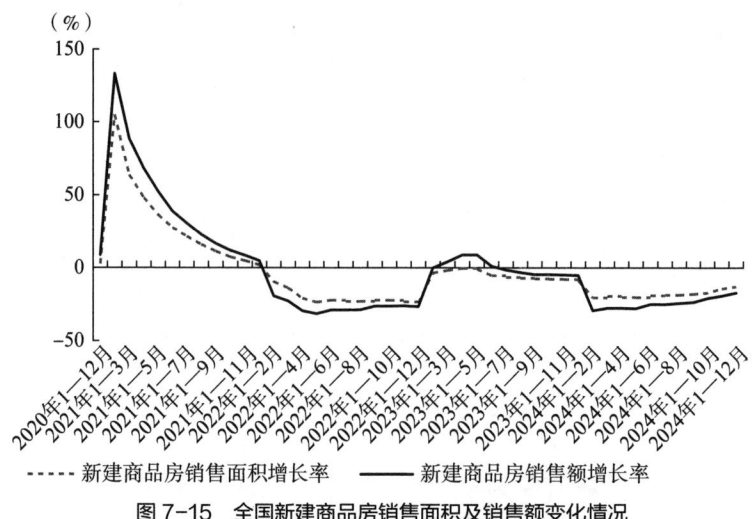

图 7-15　全国新建商品房销售面积及销售额变化情况

　　这次调控的出发点是保障购房人利益，维护社会稳定，重点是保障已售商品房近期建成交付，这意味着是保项目不保房企，保交楼不保市场，在一定意义上是认为市场没有问题，只是少数不良房地产商挪用预付款出现流动风险，所以政策多在银行信贷上出招。比如，2022 年 11 月，央行、银保监会（现国家金融监督管理总局）发布"金融 16 条"，全面支持房地产企业融资借贷。此举标志着房地产救市政策的重启。此后，转到市场需求端，放松限购政策。2023 年以来，各地房地产政策不断优化调整，包括降低房贷利率，解除部分限购。2024 年 5 月 17 日出台了堪称史上最强的救市举措，被称为"5·17"新政。但目前来看，收效甚微。原因主要是市场预期发生重大改变。2016 年中央经济工作会议提出"房子是用来住的，不是用来炒的"（即所谓"房住不炒"）政策以来，去除住房的投资品属性、强化居住属性，去除住房的金融属性、增强商品属性的政策定位进一步明确。党的二十大报告进一步强调，坚持"房子是用来住的，不是用来炒的"定位，加快建立多主体供应、多渠道保障、租购并举的住房制度。与之相适应，住房保障、土地、交易、金融、税收等制度发生了一系列变化。在此政策前提下，房地产市场参与各方对住房市场走势预期与之前大不相同，不仅"炒房团"深陷被套困境，投资客也纷纷离场，刚性需求也在观望，加上人口形势出现根本性变化，出生人口大幅减少，总人口净减少，房价长期看跌预期被放大、被固化，尽管主管部门和统计部门多次强调住房市场长期需求没有改变，但居民购房意愿并没有变化和好转，提前还贷情况增多，住房信贷减少，购房需求仍很低迷。

"5·17"新政重点在需求侧，目的是通过降低利率、降低首付的方式，刺激居民继续加杠杆购房，但这种刺激性政策作用有限。而且普通民众自古以来就有"买涨不买跌"的心理，越是价格便宜，越是不买；越是价格上涨，越是抢着要买。这是由人性的弱点决定的，很难改变。事实上，在房价下跌趋势没有发生实质性改变之前，市场预期不会有任何改变，即使是刚性需求，居民也不一定出手。如果住房政策调整与居民改善住房条件和满足资产保值的投资需求相脱节，那么民众的心理预期可能难以根本改善。

二、新型城镇化推进速度放缓

当前我国房地产市场之所以陷入风险境地，销售不畅、价格下跌，房地产库存增加只是表面现象，深层原因则是新型城镇化推进速度放缓，土地城镇化与人口城镇化严重脱节。

房子是用来住的，没有人来，房子自然就不好卖，出现空置。所以，城市人口变动是住房需求变化的重要因素。从静态来看，在人口总量既定的情况下，城镇住房需求由城市无住房人口与进城务工人口的住房需求构成。大体来说，在城市住房自有率较高的情况下，城市住房的增量需求将主要取决于进城务工人员的增量。从动态来看，城镇住房需求的增量，不仅取决于进城务工人员的增量，还取决于人口的增量。当人口的增量减少或停止增长时，新增人口的住房需求也就停止增长了，住房的需求也就完全取决于进城务工人员的市民化和城市居民的改善需求。

首先，从全部人口增长来看，新增人口已开始减少。人口自然增长率已从20世纪60年代的20%，下降到80年代的15%左右，再下降到90年代的10%左右，一路下滑到21世纪初的7%左右，在21世纪第一个10年已降到5%，前几年已低于5%。而根据第六次人口普查数据，"80后"人口总数约为2.28亿，"90后"约1.4亿，"00后"约7390万，人口减少的幅度明显扩大。2022年出生人口降至956万，2023年出生人口已降至900万，这种变化对住房新增需求不可能不产生影响。我国总人口已发生历史性转折变化，2022年末人口为141 175万，比2021年减少85万；2023年末人口为140 967万，比2022年减少208万；2024年末全国人口为140 828万，比2023年减少139万。改革开放以来我国人口出生率、死亡率和自然增长率情况见图7-16。

其次，从整体人口结构看，购房适龄人口（25~49岁）已达到峰值。如图 7-17 所示，随着我国刚性住房需求的不断满足，未来市场发展将逐步转向改善型需求。根据 2010 年全国人口普查数据，我国购房适龄人口（25~49 岁）到 2015 年达到 5.68 亿人口峰值，并从 2018 年开始加速下滑，到 2020 年下降到约 5.43 亿人，预计 2025 年将下降到约 5 亿人。因此，我国房地产市场风险问题出现的一个重要原因是人口增长率的下降，即住房的直接物体需求增长减少，而且这一情况在短期内很难改善，将会进一步增大房地产市场压力，而这种压力是长期性的。

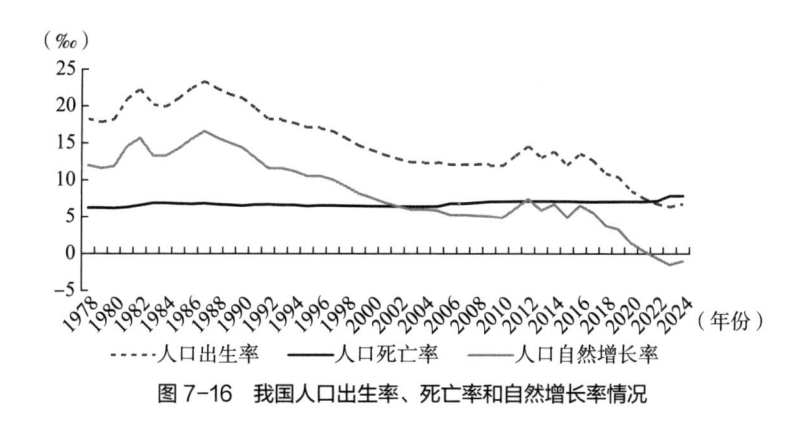

图 7-16 我国人口出生率、死亡率和自然增长率情况

另外，户籍制度改革严重滞后，直接影响农业转移人口市民化。2024 年 5 月 27 日，公安部新闻发布会信息称，目前，东部地区除个别超特大城市、中西部地区除个别省会（首府）城市外，全面放宽放开了落户限制。2019 年以来，5 000 万农业转移人口进城落户，2023 年底全国户籍人口城镇化率达到 48.3%，但这比常住人口城镇化率要低近 18 个百分点，还有 2.5 亿多人在常住地城市没有落户。

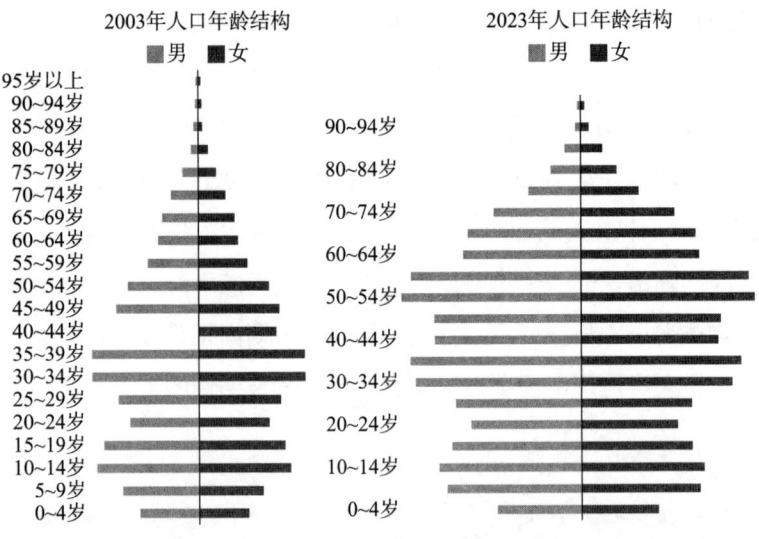

图 7-17　国家统计局人口抽样调查（1‰人口变动调查样本）人口结构变化

为实现缩小户籍人口城镇化率与常住人口城镇化率差距的目标，我国采取了一系列放宽放开城市落户条件等政策措施。2016年，出台《国务院关于深入推进新型城镇化建设的若干意见》和《国务院办公厅关于印发推动1亿非户籍人口在城市落户方案的通知》，要求"十三五"期间，我国户籍人口城镇化率年均提高1个百分点以上，年均转户1 300万人以上。然而，与政策要求相反，户籍人口城镇化率与常住人口城镇化率差距非但没有缩小，反而扩大了，2020年（18.49%）相对于2015年（16.2%）扩大了2.29个百分点。《"十四五"新型城镇化实施方案》再次提出要明显缩小户籍人口城镇化率与常住人口城镇化率差距。但目前的现实情况是，由于农村土地制度改革滞后，农民不愿意放弃土地权益，农民在城镇落户动力降低，越来越多的人可能会进入"城镇生活圈"，但不落城镇户，未来可能还会出现户籍人口城镇化率与常住人口城镇化率差距扩大的现象。近年来，常住人口城镇化率提高速度也已明显放慢。1978—2000 年从 17.9% 上升到 36.2%，平均每年提高 0.83 个百分点；2000—2010 年从 36.2% 提高到 49.9%，平均每年提高 1.37 个百分点；2010—2020 年从 49.9% 上升到 63.9%，平均每年提高 1.4 个百分点；2020—2023 年从 63.9% 上升到 66.2%，平均每年提高约 0.77 个百分点，比 10 年前降低了近一半（见图 7-18）。

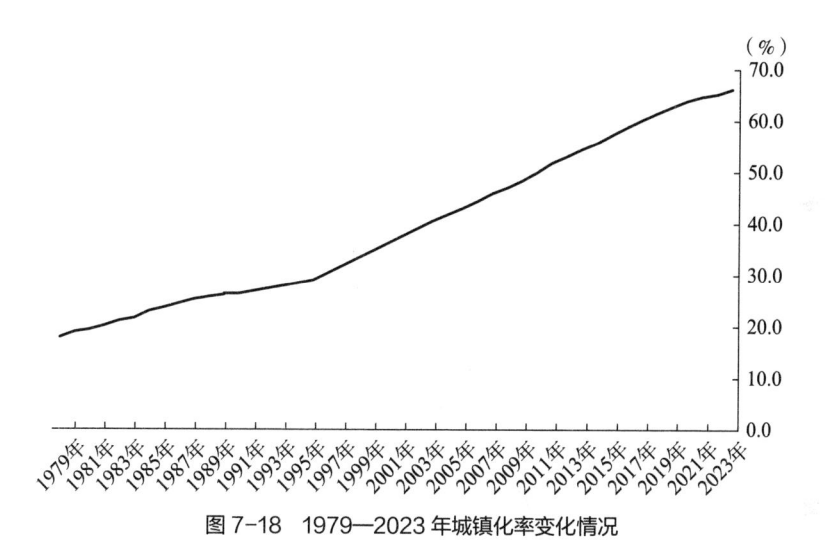

图 7-18 1979—2023 年城镇化率变化情况

这说明，我国的城镇化到了一个关键时期。现在，我国常住人口城镇化率虽然已经达到 66%，但真实的城镇化水平首先要看 48% 的户籍人口城镇化率。这个指标表明，一大半中国人还没有取得市民身份，在城市工作、生活和居住的农民及其家属还有 25 180 万人，他们可能已经在城市里居住和工作生活了十几年、二十几年甚至三十几年，但没有城市户口，这种情况在北上广深最为典型。

应当说，城镇化的进程，不仅仅是城区面积的扩大，更是人的城镇化，是农村居民生产生活方式由农村转向城市的一种实质性变化。1990—2010年，我国城镇建成区面积从12 252.9平方千米扩大到40 533.8平方千米，大致相当于每10年扩大一倍。但与之相比，人口城镇化速度却相去甚远。"土地"城镇化与"人"的城镇化差异日益扩大，城镇化率明显虚高。全国有2亿多农业转移人口没有市民化，这就是所谓的"半城市化"（也称"半拉子城镇化"），如图7-19所示。

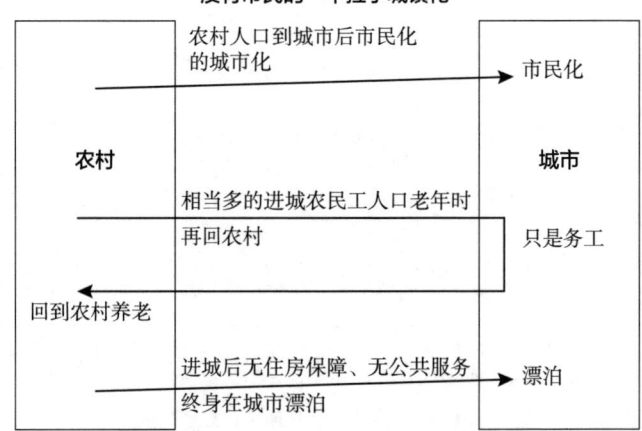

没有市民的"半拉子城镇化"

```
                农村人口到城市后市民化
                的城市化
    ←─────────────────────────────────→ 市民化

  农村                                城市

                相当多的进城农民工人口老年时
                再回农村                  只是务工
  ←─────────────────────────────────
  回到农村养老

                进城后无住房保障、无公共服务
                终身在城市漂泊            漂泊
```

最上面的线是指理想的城镇化，中间的线是青年进城老年再回农村的人口流动，最下面的线是进城后人口没有市民化的城镇化

图7-19 进城务工人员市民化过程

资料来源：中央党校国际关系研究院原副院长周天勇教授讲课材料。

在这种"半城市化"中，大量进城务工人员由于没有归属感，常年漂泊在城市与农村之间，没有户口也就居无定所，无长远打算。进城务工人员大多居住在城市边缘地区的"城中村"、简易房或地下室等，居住环境简陋。近年来，多数城市的落户准入条件逐步放宽,非农业户籍人口城市间迁移环境大为改善。但这种"半城市化"现象并没有消除,直接影响很大一部分农业转移人口的置业需求,影响到房地产市场需求的持续扩大。

第八章
财政金融存在风险隐患

党的十八大以来，党中央、国务院高度重视防范化解重大风险，把打好防范化解重大风险攻坚战作为三大攻坚战之首，持续用力，稳妥处理地方政府债务风险，治理金融乱象，推进中小金融机构改革化险，取得明显成效。但部分地方政府隐性债务隐患犹存，金融领域风险错综复杂，持续有效防范化解财政金融领域风险，仍然是守住不发生系统性风险底线的重点。

第一节　财政金融风险隐患的表现

当前，财政金融风险隐患主要表现为地方债务特别是部分地方隐性债务问题突出，中小金融机构特别是中小银行风险隐患仍较明显，需要持续引起重视。

一、地方债务风险

我国地方政府债务发端于 20 世纪 70 年代末，经过了漫长的发展历程。从类型来看，地方债务主要包括法定一般债务、地方专项债务、地方融资平台公司债务、隐性债务和地方政府拖欠企业账款等五类。据财政部统计，截至2024年末，全国地方政府债务余额475 370.55亿元（含用于转换存量隐性债务的地方政府债务），包括一般债务余额167 012.77亿元，专项债务余额308 357.78亿元，控制在全国人大批准的地方政府债务限额527 874.3亿元以内，但相对于2016年末15.32万亿元的债务规模以远超GDP增速的两倍增长。

地方政府债务率是地方政府债务余额和综合财力之比，是衡量地方政府财政健康程度的重要指标。国际上，通常将政府债务率的警戒线定在100%~120%。截至2023年末，在只考虑显性债务（即一般债和专项债）的情况下，我国地方政府负债率和债务率分别为32.3%和141.8%。全国31省（自治区、直辖市）中，有14个省份的政府债务率超过300%（统计未涉及港澳台数据），其中，青海的债务率高达739%，是全国债务率最高的省份，此外还有4个省份的债务率超过500%，分别是黑龙江、吉林、甘肃、云南。从各省份债务率"红橙黄绿"分档情况来看，显性债务口径下，全国各省份债务风险整体可控，债务率分档基本位于黄、绿两档，其中黄档省份占比超过六成。2023年各省份负债率情况见图8-1。

我国地方债风险除显性债务外，主要还集中在隐性债务。所谓隐性债务，是指地方政府在法定债务预算之外，直接或间接以财政资金偿还，以及违规提供担保等方式举借的债务。我国地方政府隐性债务数量较多，且由于隐性债务具有隐蔽性特点，信息披露不透明，规模难以估算。我国高度重视隐性债务化解工作，

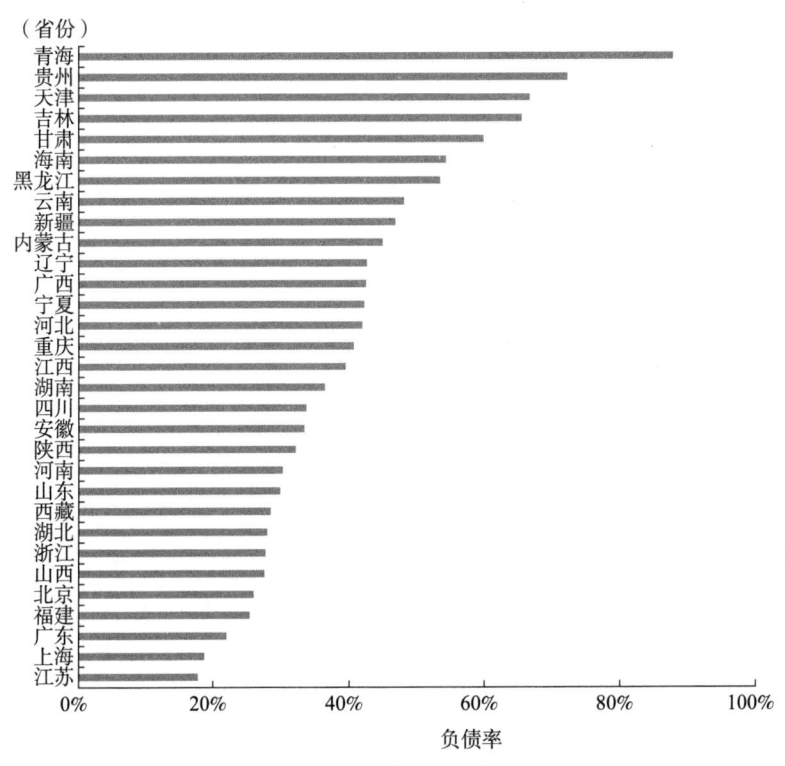

图 8-1　2023 年各省份负债率情况

2015—2018年、2019—2021年曾提出两轮债务置换，将部分隐性债务显性化，国办函〔2019〕40号文①提出，"目标是10年内隐性债务化解为零"，虽取得了阶段性成果，但总体上进度偏慢，至2022年地方隐性债务仅减少1/3。中央审计报告指出，2022年又有49个地区仍存在违规新增隐性债务。这表明两轮化债并未从根本上扭转隐性债务扩张趋势。在考虑隐性债务后，各

---

① 《关于防范化解融资平台公司到期存量地方政府隐性债务风险的意见》（国办函〔2019〕40号），指导金融机构和融资平台公司对隐性债务进行置换。

地广义债务风险较为突出，一些地方的城投债兑付事件引起市场广泛关注。2023年7月，中央政治局会议提出"制定实施一揽子化债方案"，据媒体报道，出台了《关于金融支持融资平台债务风险化解的指导意见》（国办发〔2023〕35号）、《重点省份分类加强政府投资项目管理办法（试行）》（国办发〔2023〕47号），而后者将天津、内蒙古、辽宁、吉林、黑龙江、广西、重庆、贵州、云南、甘肃、青海、宁夏等12地列为重点，要求"砸锅卖铁"全力化解地方债务风险，同时严控新建政府投资项目。这12地2023年负债率排名均处于全国前15，青海、贵州、天津、吉林和甘肃均已超过60%的警戒线。自一揽子化债政策出台以来，地方政府在债务化解方面取得了积极进展，特别是2023年10月以来，各地累计发行特殊再融资债券14 972.8亿元，用以置换存量债务，地方融资平台的融资成本显著下行，债务增速明显降低，债务结构有所优化，有效缓解了地方政府的短期偿债压力，其中贵州、天津、云南、湖南、内蒙古、辽宁获得的支持力度较大，发行金额均超过千亿元，付息压力得以缓解。但对很多中西部地方政府来说，完全依靠自身力量来化解迄今为止积累的存量债务并不现实，地方政府债务化解压力仍较大。2024年7月30日，中央政治局会议提出，要完善和落实地方一揽子化债方案，创造条件加快化解地方融资平台债务风险。2024年11月8日，第十四届全国人民代表大会常务委员会第十二次会议表决通过《全国人民代表大会常务委员会关于批准〈国务院关于提请审议增加地方政府债务限额置换存量隐性债务的议案〉的决议》，增加6万亿元地方政府债务限额置换存量隐性债务。此次一揽子5年合计12万亿元化债新政，2024—2028年地方需消化的隐性债务总额从 14.3 万亿元降至 2.3 万亿元，平均每年消化额从 2.86 万亿元减为 4 600 亿元，化债压力大大减轻。①

二、中小银行风险

中小金融机构是整个金融体系的重要组成部分。自 20 世纪 90 年代后期推进市场化改革以来，我国中小金融机构快速发展，但近年来中小金融机构积聚的风险成为影响金融业安全的重要因素，并主要表现为中小银行风险。据国家金融监督管理总局统计，截至 2023 年末，全国共有中小银行 3 912 家，主要是城市商业银行、农村信用社和村镇银行，总资产 110 万亿元，占银行业整体总资产的 28%。中小银行在促进和推动地方或区域经济发展，服务基层居民、小微企业等方面发挥着不可或缺的作用。

近年来，部分中小银行在经营发展过程中积聚了较多风险，2019 年起，个别城市商业银行、部分地区的村镇银行陆续"爆雷"。如包商银行出现资不抵债，无法偿还到期债务，流动资金严重不足，仅能靠高息揽储维持经营，2019 年 5 月被央行、银保监会接管，经过清算，虽然其小额客户的权益得到了赔偿，但大额客户平均损失约 10%。再如河南等地的村镇银行出现"取款难"问题，涉及各大互联网平台的存续互联网存款规模上百亿元、客户近百万人。这些中小银行风险事件并非个例，中小银行

---

① 新增债务限额每年安排化债限额 2 万亿元。从 2024 年开始，连续 5 年每年从新增地方政府专项债券中安排 8 000 亿元，专门用于化债，累计可置换隐性债务 4 万亿元。2029 年及以后年度到期的棚户区改造隐性债务 2 万亿元，仍按原合同偿还。

盈利能力普遍较弱，抗风险能力较低，高风险机构聚集。根据央行公布的2022年四季度金融机构评级结果，在346家高风险银行中，城市商业银行、农合机构（包括农村商业银行、农村合作银行、农村信用社）和村镇银行的数量分别为16家、202家和112家，占比高达95.4%。城市商业银行、农村商业银行的不良贷款率分别为1.90%和3.25%，高于商业银行的平均水平（1.62%）。根据中国人民银行发布的《中国金融稳定报告（2023）》，在中小银行中，农合机构和村镇银行的高风险银行数量分别为191家和132家。高风险银行主要集中在城市商业银行、农合机构和村镇银行这类中小银行中。近年来，金融管理部门持续推进中小银行改革化险，"一省一策"加快推进农村信用社改革，稳步推动城市商业银行、村镇银行改革重组和风险化解。同时，鼓励多渠道补充中小银行资本，三年来累计支持20省（自治区）发行5 500亿元地方政府专项债，为600余家中小银行补充资本。经过近几年的改革化险，高风险中小银行数量较峰值下降了一半。

三、区域性风险

地方债务风险和中小银行风险有时不是孤立的，而是恰好在一些地方叠加在一起，从而引发区域性风险。比如，近年来东北地区发生的典型区域性风险。

中华人民共和国成立后，东北地区一直是经济建设的主战场和工业经济重镇。但改革开放后，东北经济发展放缓与人口外流相叠加，部分资源枯竭城市陷入困境，转型发展艰难，财政金融风险凸显。特别是老龄化率偏高、国企历史负担重等因素导致了东北财政支出责任较重、刚性支出较多，三个省的财政自给率均低于50%。辽宁、吉林、黑龙江三省均在12个重点化债省份之列。在财政吃紧的背景下，地方政府对金融的行政干预增多，银行机构特别是地方中小银行就成为地方政府的钱袋子，时常对金融机构提出资金要求，有的甚至要求用银行贷款缴纳养老保险费、发工资等。同时，东北有的地方出现了严重的企业逃废银行债务现象，导致东北地区银行不良贷款率居高不下，成为中小银行风险的重灾区。本地银行，诸如辽沈银行、哈尔滨银行和盛京银行，以4.53%、2.87%和2.68%的不良率位列2023年全国城市银行不良率前五位。国家六大行的东北地区不良贷款率都高于其他地区，其中交通银行东北地区不良贷款率最高，2023年达到4.23%，大约是其长三角地区的4.6倍、珠三角地区的3.65倍、环渤海地区的3.3倍、西部地区的4.23倍。特别是近年来，辽宁地区银行化险压力较大。2023年10月，辽宁省政府协助盛京银行置换资产。同年，辽沈银行由于吸收合并的两家银行（营口沿海银行、辽阳银行）存在息差倒挂严重、不良率高企的历史包袱，合并后的辽沈银行营收为负数，净利润也为负数，无法成为一家"正常的银行"。2024年6月20日，辽宁农村商业银行获批吸收合并辽宁新民农村商业银行等36家农村中小银行机构。虽然在特殊再融资债券政策支持下，辽宁省债务风险有所降低，但地方"三保"、债务还本付息等刚性支出压力较大，基层财政运行处于"紧平衡"状态，金融等关联风险向财政传导的问题不容忽视，风险防范化解任重道远。

第二节　财政金融风险隐患的影响

财政金融领域存在的风险隐患，对经济社会发展带来的影响是明显的，特别是当经济发展速度慢于债务规模增长速度时，地方财政将面临还本付息的压力，一旦地方财政流动性紧张，引发违约事件，债务风险将迅速蔓延至金融系统，抬升借贷成本，进一步对地方财政造成压力，形成恶性循环。过去几年，中国经济经历了疫情、贸易摩擦、房地产低迷等一系列冲击，地方债务问题带来的风险逐渐开始显现，负债率偏高的区域明显增多。

一、中小银行重组增多

中小金融机构改革化险之所以受到特别关注，是因为金融机构风险尤其是银行机构风险具有显著的外溢和传染效应，可能对整个金融系统甚至国家经济造成重大损害。其中，中小银行由于其市场份额较小、风险控制能力较弱，相较于大型商业银行而言更容易爆发风险。国外的硅谷银行、签名银行等中小银行的风险案例，都是对中小银行风险不容忽视的警示。2023年中央一号文件《中共中央 国务院关于做好2023年全面推进乡村振兴重点工作的意见》提出，要"加快农村信用社改革化险，推动村镇银行结构性重组"，此后，中小银行改革重组速度明显加快。

2023年末，我国银行业金融机构法人为4 490家。与2022年的4 567家和2021年的4 602家相比，银行业金融机构法人已连续两年缩减，2023年减少了77家，其中仅2023年下半年就减少了71家。而在此前的五年间，银行数量变化不大。2024年以来，已有83家（含拟定）中小银行进行合并重组，其中村镇银行32家、农商行35家、农信社15家、城商行1家，速度已超过上年同期。此轮合并重组在形式上以"村改支""村改分"为主流模式，即吸收合并后改制成为主发起行的分支机构。其中"村改支"，比如6月24日，河北银行收购平山西柏坡冀银村镇银行，并设立河北银行平山支行、河北银行平山冶河西路支行；6月14日，民生银行收购梅河口民生村镇银行股份有限公司，并设立中国民生银行股份有限公司梅河口支行。而"村改分"是指村镇银行被主发起行吸收合并后，设立为母行独立的分行或子公司。比如4月2日，广东南粤银行收购中山古镇南粤村镇银行，并设立广东南粤银行中山分行；6月20日，东莞农村商业银行股份有限公司吸收合并东莞大朗东盈村镇银行股份有限公司、惠州仲恺东盈村镇银行股份有限公司并改建为分行等。与此同时，村镇银行也在被加速兼并重组。比如1月2日，兴福村镇银行收购文昌大众村镇银行和琼海大众村镇银行，分别持有文昌大众村镇银行和琼海大众村镇银行6 000万股股权，占比均为88.89%；6月20日，辽宁农村商业银行股份有限公司获批吸收合并辽宁新民农村商业银行股份有限公司等36家农村中小银行机构。此外，多家上市银行也发布了拟吸收合并旗下村镇银行的公告。比如5月14日，成都银行发布《关于拟收购本行控股子公司四川名山锦程村镇银行其他股东股份将其改建为雅安分行的议案》；5月17日，山西银行官网发布《关于收购阳曲县汇民村镇银行有限责任公司等4家村镇银行合并设立分支机构的议案》。据中国银行业协会发布的《全国农村中小银行机构行业发展报告2024》显示，截至2024年9月末，已有超过 260 家中小银行进行合并重组，其中村镇银行 83 家。

二、地方"三保"压力增大

基层"三保"，即保基本民生、保工资、保运转，是推动政府履职和各项政策实施的基础条件，直接关系经济运行秩序、社会大局稳定以及人民群众切身利益。近些年，从中央到地方通过一系列举措兜牢"三保"底线，但是必须看到，受多重因素影响，基层"三保"压力仍在不断加大。

在目前财政自给率较低的情况下，许多地方"三保"资金来自上级转移支付，一有债务偿还或利息支出压力，收支缺口就明显扩大。随着债务存量不断上升，地方政府债务利息负担明显上升。据有关测算，2023 年地方债务的利息支出达到 3.7 万亿元，相比 2020 年的 2.8 万亿元高出近 1 万亿元。一些地方政府债务风险较高，尤其是隐性债务还本付息压力较大。在地方财政收入下降、刚性支出和利息支出上升等多种因素影响下，城投违约事件明显增多。而地方债务付息刚性，地方债务风险被动上升。2024 年 1—12 月，地方政府债券支付利息 13 542 亿元，同比增加 10.1%；地方政府债券付息占地方一般公共预算支出和政府性基金支出之和的 4.9%，高于上年同期的 3.6%。

地方"三保"受到债务负担影响的现象并非个例，2023 年许多地区被曝出由于财政困难，公职人员数月无法领取工资。一些省份公开了 2023 年当地预算执行和其他财政收支审计工作报告（下称"审计报告"），发现一些地方"三保"兜底不扎实，支出压力大。湖南省审计报告指出，当地"三保"支出压力逐年加大。2023年，湖南省财政对35个县累计调拨应急资金55.27亿元，应急调度的县市数量和资金金额较上年分别增加45.83%、110.95%。内蒙古自治区审计报告称，9个盟市本级和13个旗县（市、区）未及时下拨"三保"资金35.44亿元；4个旗县（市、区）"三保"支出低于国家最低标准。辽宁省审计报告称，8个市的20个乡镇拖欠基层运转经费等"三保"支出4677.45万元；6个县"三保"及刚性支出保障不到位，涉及8.68亿元。审计发现，一些地方违规挪用其他专项资金用于"三保"支出。比如，辽宁省审计报告称，2个市5个县区挪用9个专项债券资金1.87亿元用于"三保"等非债券项目支出。2024年6月，国家审计署公开的审计报告显示，重点审计159个县的农村义务教育学生营养改善计划专项资金发现，66个县将19.51亿元用于偿还政府债务、基层"三保"等支出。基层财政库款保障水平是观察基层财政运行情况的一个窗口。从库款管理要求看，0.3是一个临界值，这意味着库款可保障辖区内9天（30天×0.3=9天）的支出需求。若低于0.3的临界值，则会触发库款保障预警。湖南省审计报告称，2023年，有30个县连续3个月以上库款保障水平低于0.3。四川省审计报告称，19个市县国库库款保障水平全年半数以上月份处于预警状态。从2023年全国整体情况来看，"三保"支出得到保障，中央财政建立了专门的"三保"预算管理工作机制，建立完善"中央到省、省到市县"的监控机制，对各县"三保"预算重新梳理审核，确保"三保"预算足额安排。2023年中央财政最大限度下沉财力，全年中央对地方转移支付首次突破10万亿元（达到10.29万亿元），重点向欠发达、基层地区倾斜。一些地方"三保"支出压力加大，反映出地方财政困难。2023

年底召开的中央经济工作会议提出，要兜牢基层"三保"底线。2024年2月1日《经济日报》发表的"金观平"[①]署名文章《切实兜牢基层"三保"底线》指出，当前，财政运行特别是基层财政收支总体上呈现"紧平衡"状态，一些地方"三保"压力较大，必须引起高度重视。2024年，中央加强了基本民生保障，完善"三保"制度机制，推动各地财力下沉，取得较好效果。但目前，一些地方财政收支矛盾较为突出，兜牢基层"三保"底线的任务仍然艰巨。

三、财政面临不可持续压力

财政是经济的反映，财政可持续也是经济可持续的保障。目前，财政金融领域的风险带来的影响集中反映在财政可持续性面临的压力上，主要表现为"三个失衡"。

一是财政收支总量失衡。我国财政收支缺口近年来呈扩大趋势，形成一个明显的剪刀差（见图8-2）。2024年一般公共财政收支缺口达6.49万亿元，较上年扩大0.708 3万亿元。从收入端看，2024年全年全国一般公共预算收入21.97万亿元；从支出端看，2024年全国一般公共预算支出28.46万亿元，全国财政支出中70%以上用于民生，刚性支出占比越来越高。对地方转移支付达100 397.16亿元，占全国一般公共预算收入的45.7%，加上债务付息支出21 115.15亿元（含地方13 542亿元），占比55.3%。财政支出长期依赖基数法，支出项目没有下降空间，只

---

① 金观平，是"经济日报观点评论"的谐音缩写。

能被动刚性增长。债务付息支出攀升较快，2024年全国债务付息支出占全国一般公共预算收入的比例已升至9.56%。

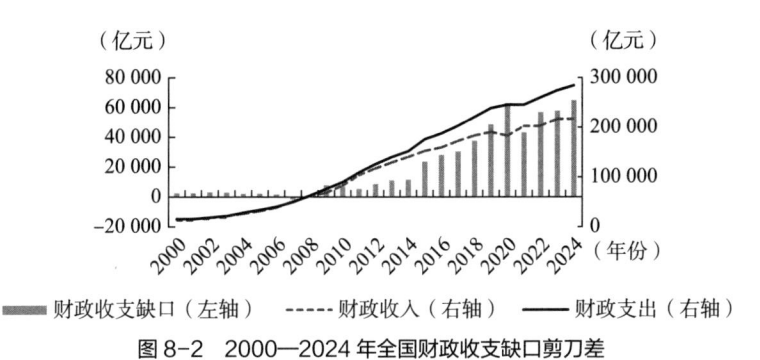

图8-2 2000—2024年全国财政收支缺口剪刀差

二是区域结构失衡。财政自给率是一般公共预算收入和一般公共预算支出之比。全国各省份的财政自给率总体呈现阶梯式分布。东部沿海地区自给程度相对较高，上海、北京、广东三个地区一般公共财政自给率大于70%，西北、东北和西南省份自给程度较低，西藏、青海、吉林、甘肃、黑龙江等自给率低于30%（见图8-3）。多地进入长期财政紧平衡状态，一半地区财政自给率低于疫情前水平。据国家金融与发展实验室统计，2024年上半年，31个省市区财政自给率都较2015年出现一定程度的下降，近一半地区财政自给率降幅超过10%。其中，有一半地区财政自给率低于疫情前水平，有约1/3地区财政自给率低于上年。报告指出，由于财政支出增速持续高于财政收入增速，地方财政收入可支撑的支出范围越来越小，2024年上半年仅上海市实现收支盈余，有17个地区的财政自给率不足50%，以东北和中西部地区为主。2024年上半年各省份财政自给率1年、5年、10年变动情况见图8-4。省级行政单位（省、自治区、直辖市）

中，财政尚能自给自足的只剩下上海（见图 8-5）。

三是收入结构失衡。从税收收入看，2023 年全国税收收入 18.11 万亿元，同比增长 8.7%，主要是受 2022 年实施大规模增值税留抵退税拉低了基数的因素影响，主要税种收入都是下降的。非税收入 3.57 万亿元，下降 3.7%。2024 年上半年，在已公布税收数据的 22 个省份中，16 个省份的税收收入出现下滑，多

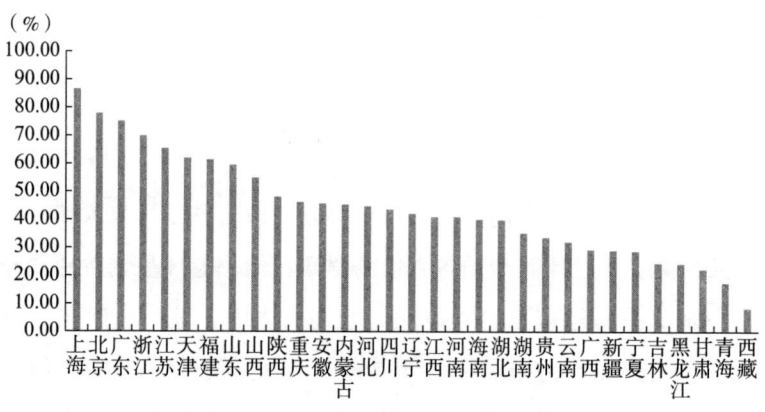

图 8-3 2023 年全国各省份财政自给率

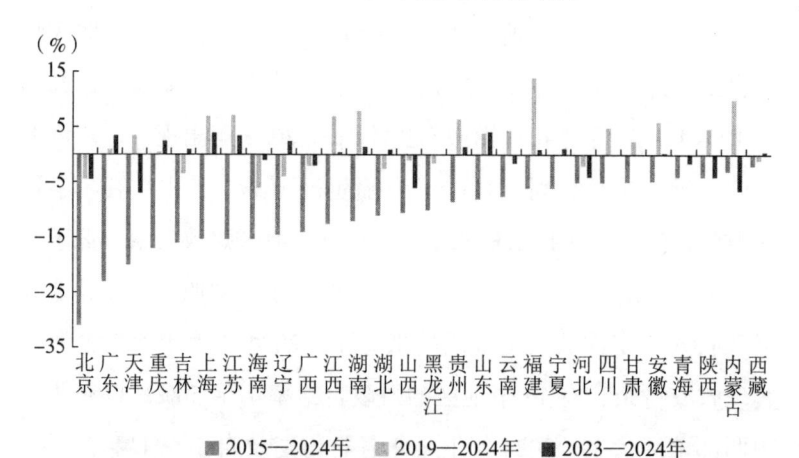

图 8-4 2024 年上半年各省份财政自给率 1 年、5 年、10 年变动情况

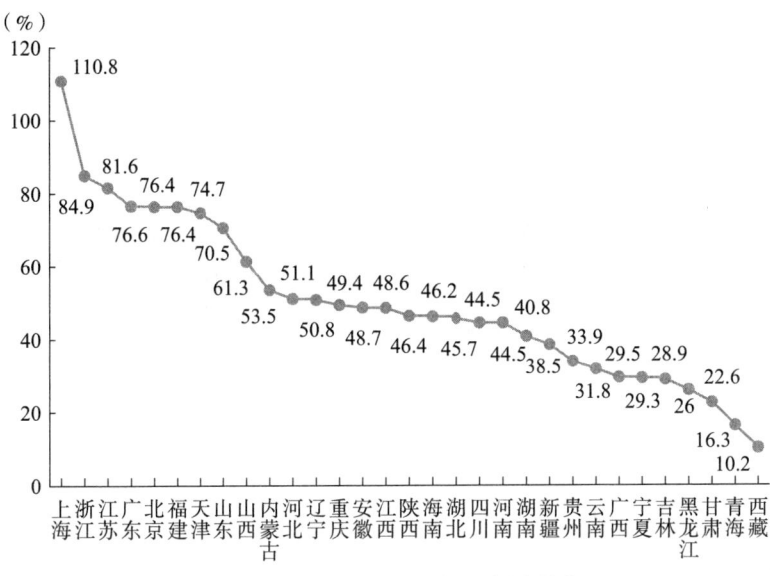

图8-5 2024年上半年各省份财政自给率

表现为增值税及企业利润下降导致企业所得税下降。从非税收入来看，在已公布相关数据的22个省份中，除广西、云南、陕西外，其余19个省份的非税收入上半年都实现正增长，且增速均远高于税收收入。非税收入的增长主要源于各地加大资源资产处置力度、罚没收入等，但非税收入的持续增长会损害当地营商环境，而且资产存量空间有限，这显然是不可持续的。疫情后地方政府的非税收入尤其是罚没收入呈现不断增长的趋势，2023年，近80%的地区非税收入在财政收入中的占比较疫情前有所上升（见图8-6）。可以看出，大部分地区对于转移支付和土地财政的依赖度较高。2024年，全国税收收入17.5万亿元，比上年下降3.4%，主要是受工业生产者出厂价格持续下降等因素的影响，部分税种收入下降较多；非税收入4.47万亿元，增长25.4%，主要是一次性安排中央单位上缴专项收益以及地方依法依规加大国有资源资产盘活力度，国有资本经营收入和国有资源（资产）有偿使用收入增加较多。

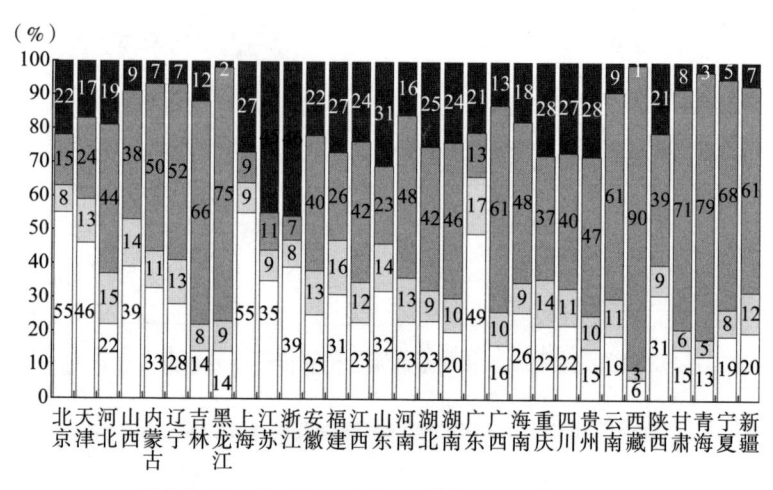

图 8-6　2023 年各省份财政收入结构特征

第三节　财政金融风险隐患的原因

近年来，坚持打好防范化解重大风险攻坚战，稳妥有序处置了一批具有紧迫性、全局性的突出金融风险点，开展清理拖欠企业账款专项行动，金融风险上升势头得到有效遏制，守住了不发生系统性风险的底线。但必须看到，重点领域风险隐患并没有根本消除，原因是错综复杂的、深层次的。所以，2023 年中央经济工作会议强调，持续有效防范化解重点领域风险，要统筹化解房地产、地方债务、中小金融机构等风险。2024 年中央经济工作会议对此再次做出部署。

一、房地产市场波动连锁反应

这一轮的财政金融风险与房地产市场的波动密切相关。房地产行业是我国现阶段不可缺失的支柱产业之一，房地产对经济的影响绝不可忽视。2021年下半年以来，房地产市场的低迷，不仅制约了上下游产业市场的回升，也使货币流动性失去流向实体经济的渠道，还加剧了地方债务问题，一些地方城投债"爆雷"，进而带来中小银行坏账增多等问题，难免会引发区域性甚至系统性金融风险。

同时，房地产行业在我国财政金融体系中拥有特殊地位，被称为"土地财政"。除了一般公共预算收入，以卖地收入为主的政府性基金收入也是地方财政收入的重要来源。地方政府利用土地出让金，吸引银行信贷以及其他资金，拉动了地产、基建甚至产业，形成了"土地财政"的模式。在土地开发和基建投资过程中，需要专业公司来完成融资和项目建设的全过程，这就使得地方城投平台应运而生。发展至今，土地财政已成为地方财政不可或缺的一部分。房地产的直接税收及土地出让收入贡献了超过1/3的财政收入，2015—2021年土地出让收入和房地产专项税合计占地方财政收入的比重从26.0%持续攀升至36.7%。2022年地方财政与房地产相关收入总额8.61万亿元，其中国有土地出让金收入6.69万亿元，五个房地产特有税种税收合计1.92万亿元。房地产市场持续低迷，导致当地国有土地使用权出让收入大减，地方财政收入锐减，城投债风险加速暴露，地方债务负担加重，地方新增举债的能力也受到限制，导致债务风险的快速累积。土地出让收入下行对地方可用财力产生压力，引发显性债务率等债务风险指标上升。2022年，全国政府性基金预算收入77 879亿元，比上年下降20.6%，其中，国有土地使用权出让收入66 854亿元，比上年下降23.3%。2024年全国政府性基金预算收入62 090.4亿元，只完成预算的87.7%，比上年下降12.2%，主要是地方国有土地使用权出让收入下降。跟多数地方相似，受卖地收入大幅下降影响，辽宁地方政府性基金收入持续下滑。根据辽宁省财政厅数据，2020年辽宁政府性基金收入达到1 351亿元高位后，连续两年下滑，2021年收入为1 184.6亿元，下降12.3%；2022年跌至524.4亿元；2023年，政府性基金收入进一步跌至448.6亿元，同比下降14.5%。

二、金融体制改革滞后

从市场结构来看，中国资本市场不够发达，股权融资规模远低于发达国家，非金融企业融资还是以间接融资为主，这就导致非金融企业的债务率较高，客观上推高了实体经济的杠杆水平。有人认为，我国的国民储蓄率过高是杠杆率高的原因。外国的储蓄率一般在20%~30%，中国的储蓄率在40%以上。储蓄率高，资金就多，流向银行信贷和债券市场的钱就多，这就导致中国的债务率高于其他一些国家。还有人说，高储蓄率就需要高投资率相对应，因而债务率相应也高。其实，这都是似是而非的说法。债务率的高低与储蓄率的高低并没有直接的关系。从储蓄到投资有不同的途径或者渠道，大体来说有间接融资和直接融资两种。

间接融资就是通过银行融资，实现储蓄从存款到贷款，再到投资的转变。而直接融资又有股权和债权两种形式，股权就是资本市场融资，债权就是债券市场融资。在这几个渠道中，股权融资不形成企业债务，只有银行贷款和债券发行才形成企业债务。同样地，从储蓄到投资的转化，当股权投资增加时，总体债务水平就会降低，显然高储蓄并不一定会形成高债务。我国债务率高主要是因为股票市场发育比较晚，资本市场总体融资比例较低，民间融资也相对薄弱，民间财富转化为股本投资的空间也就比较小，相应抬高了债务率。事实上，我国资本市场尚不完善，致使股权融资发展严重滞后，也使得我国企业融资方式单一。在这种市场结构下，企业发展只能依赖债权融资，而债权融资更偏好于国企和大型企业，这就导致大量资金流向国有企业并推高了国有企业的杠杆率。

从风险结构来看，一些领域存在软约束和刚性兑付等情况，造成风险定价与实际风险不匹配。前些年，我国普遍存在"刚性兑付"现象，包括理财产品、信托计划等资产管理产品，也包括信用债、地方政府债务融资。一直以来，信托和理财产品都保持着刚性兑付，即投资者买入高风险、高收益理财产品或信托产品时总有银行或者信托公司做最后的兜底，即投资者的损失全部由银行及信托公司承担。人们普遍存在着"刚性兑付"的预期心理，投资人几乎认为任何理财产品或企业债券都不会违约，就算发生违约，还会有政府来协助偿还，这就是一种政府隐性担保，根源于"维稳"思维模式。在刚性兑付的市场环境下，投资者在选择理财产品时几乎不考虑风险因素，只看收益高低，一旦发生风险就到银行"维权"，最后银行迫于压力只好替客户承担损失。久而久之，银行低利率的理财产品便失去优势，理财资金集中流向高风险领域，抬高了市场无风险资金定价，扭曲了市场利率，积累了金融风险。由于长期以来理财产品的预期收益率较少被打破，一些理财投资者的风险承担意愿远低于股票、外汇、基金投资人，过于追求收益，不愿自担风险，如果不能按照预期兑付，就可能拥堵机构网点，要求机构偿付资金，形成社会不稳定因素。而金融机构一旦存在第三方兜底或介入的预期，为吸引投资者，就会忽视项目的风险，优先选择收益高的项目。高收益的理财产品往往投向地方融资平台和房地产等调控领域。

从治理结构来看，商业银行改革滞后，存在大型银行对中小型银行的踩踏和挤压现象，严重破坏行业生态。从业务定位来看，村镇银行和城市中小型银行的设立初衷是填补地方金融服务空白，注册资本普遍较低，自身抗风险能力较弱，贷款客户结构以抗风险能力较弱的农户和中小微企业为主，贷款面临的信用风险本来就较高，受到人员、科技等方面的限制，业务开展主要依赖于线下，资金多通过存款和同业存单筹集，缺少低成本资金来源。相比之下，大型银行能够依赖强大的数字技术广泛触及各个区域，拓展存款来源以及通过金融市场筹集低成本资金。在经营实力对比悬殊的情况下，近年来大型银行在竞争压力下不断下沉业务，导致地方中小型银行的生存空间受到挤压。银行业近些年竞争激烈，各大行逐渐下沉业务，村镇银行只能在夹缝中求生存。大型银行利用其资金实力，"抢夺"地方优质信贷客户，使得中小型银行迫于盈利压力向高风险企业提供贷款，导致信用风险增加。经营能力较差的中小型银行不得不高息揽储，甚至采用表外工具追求高收益，如通过大量发行同业存单，资产端期限错配到同业理财、委外、非标、债券等扩大资产规模，最终形成较高的流动性风险。有的中小型银行由于风险管理不善、内部控制不力等原因出现信贷违约、资产质量下降、流动性危机等问题。

三、财政体制改革滞后

一是中央与地方财政关系不顺，刺激地方政府举债。1994年分税制改革后，地方财政收入占整个财政收入的比重下降，每年地方政府总体上都有30%的收支缺口，地方政府承担了很大的支出责任，比如民生支出和地方发展，但是地方政府的收入相对没有跟上。中央政府对地方的财政补助占地方财政收入的很大比重，除了东部少数省份地方财政来自中央财政的补助比较少，中西部的大多数省份一半的收入都是来自中央，这意味着从总体上看地方财政基本入不敷出，大部分靠中央拨款补贴。而中央如何拨款，能不能拨够，很大程度上取决于中央与地方的事权划分，"钱随事走"。但自分税制以来，地方政府一直面临财权与事权不匹配的问题，地方事权多，财权相对少，地方要办的事，中央的补贴往往不能到位，或不够用。为了弥补缺口，土地出让金就成了地方政府的重要财源。与此同时，随着民生改善保障方面支出压力的增加，地方财政用于经济建设，特别是基础设施建设方面的投入压力日益增加。为解决这个矛盾，地方一方面依赖土地财政，并用土地抵押贷款，另一方面依靠各种平台公司，依托政府信用、财政担保，从银行获得贷款，搞投资建设。不管是土地抵押贷款还是平台公司贷款，都加重了地方政府的债务负担。

二是地方政府预算约束软化，举债行为监管缺位。在中国，看待地方政府债务风险基本不会考虑破产问题，尽管我们说要打破刚性兑付，但是真有地方政府出现问题时，只能是中央政府来救援。正是由于这种博弈的存在，地方政府预算约束是软化的，造成地方资金使用的低效率。有的地方借债似乎一开始就没考虑还，只要能借，来者不拒，有的地方连年举债，有的地方抱着"虱多不痒，债多不愁"心理，有的地方新官不理旧账，旧的不还，新的照借，这就致使地方政府借债日积月累，越来越多。在预算软约束下，对地方举债的行为也缺乏监管，地方借债方式不断翻新，形式也更加隐蔽，除向银行贷款外，还通过信托贷款、发行理财产品等多种方式变相举债，助长了地方财政风险向金融体系的快速蔓延。由于受政绩考核的影响，地方政府借债冲动始终强烈。从银行方面来看，信贷倾向于地方政府，贷款保险安全。表现在整个社会融资和信贷数据上，就是信贷资源仍在向政府信用倾斜。特别是在目前有效信贷需求不足的情况下，银行机构更愿意将信贷投放到与政府有关的项目上，从而保障信贷规模的增长和银行的基本效益。这在企业的中长期贷款上反映得尤为显著。"一个要借债、不怕借债，一个愿借、更保险"，这就是目前我国银行资金以贷款的形式从银行到地方政府债务的形成机制。

四、地方债务经济发展模式

目前我国经济的高杠杆水平，从深层次看，主要是体制上对传统债务经济发展模式的路径依赖。长期以来，我国经济发展过于依靠投资，而投资过于依赖信贷。所谓"债务经济"，就是指以高投入、高负债维持高增长的经济，经济扩张以债务扩张为基础。

"债务经济"的简单模式是追求经济增长，而拉动增长最直接、最有效的手段就是新上项目、建工厂。上项目、建工厂（当然还有各种政绩形象工程），必须增加投资，投资来源主要依靠银行贷款，过去很长时间没有资本金要求，到目前很多项目也只有20%~30%的资本金要求。上项目，到国家发展改革委报批，有了批件就可以到银行贷款，这样从增长到项目再到贷款就形成了一个直线链条。各地方政府热衷上马大项目，通过给予企业研发补贴、税收减免、优惠地价和电价，甚至放松环境监管，扭曲了企业的投资行为。这种传统的增长模式必然伴随着高的信贷杠杆，而且多数项目由国有企业投资承办，杠杆就不可避免地落在了国有企业身上。国有商业银行由于治理结构和考核及政治目标等因素，也更倾向于或者乐于处于这种杠杆经济链条之中。

这种模式下，过高的负债、过多的财务成本，在过去高速增长条件下自我循环，矛盾并不突出。过去，我国经济增长速度很快，有助于解决债务问题，但也会掩盖已存在的债务问题。经济只要在运转，似乎什么问题都不会显现，但是运转趋缓之后债务与收益之间的缺口就一定会显示出来，对我国经济金融产生的多重负面影响就会逐渐暴露。

第九章
部分中小企业经营困难

中小企业是我国经济发展不可或缺的重要力量，是保障就业、增加居民收入的主渠道。只有中小企业好，中国经济才会好。党中央、国务院一直高度重视中小企业发展，出台了《关于促进中小企业健康发展的指导意见》，在政策支持、发展环境、财税支持、融资渠道等方面为中小企业发展提供了全方位支持。当前，中小企业的发展总体是好的，但相比大型企业，中小企业规模小、抗风险能力弱，部分中小企业也面临多方面的困难，需要引起重视。

第一节　中小企业困难的表现

党的十八大以来，随着国内总体营商环境的持续改善，我国中小微企业不断发展壮大，产业布局更为合理，在国民经济和社会发展中的作用日益显著。根据工业和信息化部、市场监督管理总局数据，截至2022年末，我国中小微企业数量已超过5 200万户，占全国企业总数的98.4%。另据国家税务总局纳税申报数据，截至2024年9月底，全国共有小微企业和个体工商户8 156万户，占全国经营主体总户数的96.5%。① 在2008年全球金融危机、2018年中美贸易摩擦以及2020年以来的疫情冲击中，受到影响最大的都是中小企业。2021年下半年以来，中小企业再度面临困难状况。

一、中小企业经营难

PMI②，即"采购经理指数"，反映出企业采购经理对经济运行的直观看法，在一定程度上可以通过PMI数据比较来观察经济的发展状况。制造业PMI，整体上代表了制造业的活跃度和产业链各环节的景气度。PMI以50分位作为荣枯的分水线，即PMI大于50%，说明经济活跃；PMI小于50%，说明经济不景气。

国内PMI数据有两个发布主体，分别是国家统计局和财新传媒，两者的区别在于样本选择存在差异，国家统计局样本中大型企业占比更高一些，财新传媒样本中中小企业占比更高一些。国家统计局的PMI和财新传媒的PMI数据有时有出入，如前者的数据显示好转而后者却不然，出现这种情况是由于不同规模企

---

① 据中国中小企业协会信息，截至2024年6月，我国中小微企业数量已超过5 300万家，占企业总数的90%以上。

② PMI，英文全称为Purchasing Managers' Index，是指通过对采购经理的月度调查汇总出来，再由生产、新订单、原材料库存、从业人员、供应商配送时间5个分类指数加权平均而得到的综合指数，具体的计算公式为：PMI=订单×30%+生产×25%+雇员×20%+配送×15%+存货×10%。

业的经营情况存在差异，即同一时间段，可能大型企业情况好，而中小企业情况相对更差一些。在经济发展过程中，特别是在经济下行过程中，不同类型的企业有不同的表现是很正常的现象，特别是中小企业应对外部冲击的能力相对来说是比较弱的。过去两年，我国大型企业PMI在50%以上，但是中型企业包括小型企业PMI往往在50%以下，反映了受疫情影响，房地产下行给中小企业带来的不利冲击比较大。

2025年4月30日，国家统计局服务业调查中心和中国物流与采购联合会发布了中国采购经理指数。2025年4月，制造业采购经理指数（PMI）为49.0%，比上月下降1.5个百分点；非制造业商务活动指数为50.4%，比上月下降0.4个百分点，我国经济景气水平总体有所回升但不稳定。但从企业类型来看，近一年多来，中型、小型制造业企业景气度基本处于荣枯线以下（见图9-1），制造业整体新订单指数也连续处于荣枯线以下，中小企业的订单情况更不乐观，企业经营困难状况可想而知。2025年4月底发布的中国制造业采购经理指数显示，4月，制造业PMI为49.0%，比上月下降1.5个百分点。从企业规模看，大型企业PMI为49.2%，比上月下降2.0个百分点；中型企业PMI为48.8%，比上月下降1.1个百分点；小型企业PMI为48.7%，比上月下降0.9个百分点，均低于临界点。

2024年9月30日公布的9月财新中国制造业采购经理指数为49.3%，重回荣枯线以下，较8月下降1.1个百分点，并创下2023年8月以来的最低值。从财新中国制造业采购经理指数分项数据来看，制造业供给微升，但需求收缩明显。需求未能延续8月的改善态势，9月制造业新订单指数降至荣枯线以下，为2022年

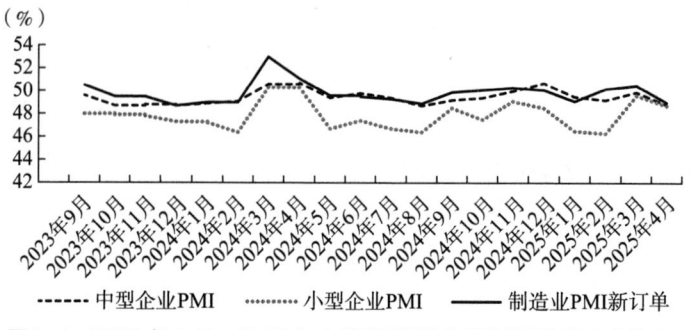

图 9-1　2023 年 9 月—2025 年 4 月我国制造业采购经理指数变化情况

10 月以来的最低值，其中投资品需求下降最为明显。企业反映，潜在需求减弱，竞争加剧，市场低迷，导致新业务量减少。外需同样收缩，新出口订单指数连续第二个月处于收缩区间，且刷新 13 个月以来的低点。从企业类型看，9 月大型企业采购经理指数为 50.6%，较上月提高 0.2 个百分点，继续位于扩张区间；中型、小型企业采购经理指数为 49.2%、48.5%，分别比上月提高 0.5 个、2.1 个百分点（见图 9-2），但均连续五个月处于 50% 以下收缩区间。与国家统计局发布的 PMI 相比，财新 PMI 反映的中小企业经营状况相对更差一些，2023 年以来中小企业 PMI 基本处于荣枯线以下，而且都大大低于大型企业指数（见图 9-2）。

2025 年 1 月 2 日公布的 2024 年 12 月财新中国制造业采购经理指数（PMI）为 50.5%，较上月低 1 个百分点，表明中国制造业景气仍维持在扩张区间，但扩张速度放缓。国家统计局此前公布的 2024 年 12 月制造业 PMI 为 50.1%，较上月下降 0.2 个百分点（见图 9-3）。2024 年 12 月，财新中国制造业 PMI 的各分项指数都出现回落。其中，生产指数、新订单指数和生产经营活动预期指数均在扩张区间降至三个月最低。①

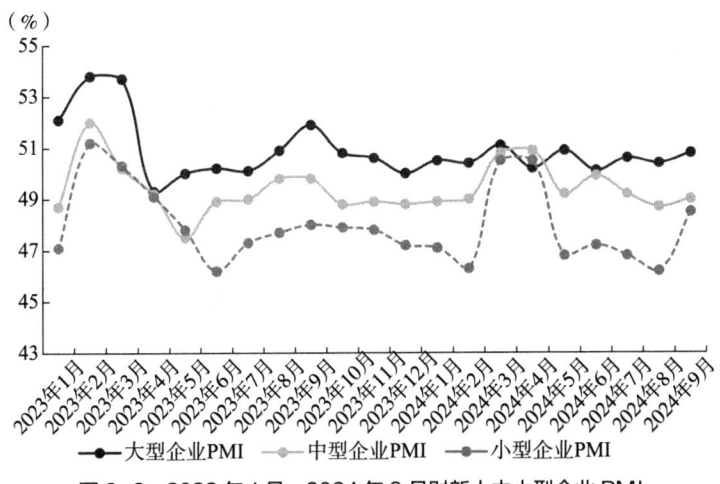

图 9-2　2023 年 1 月—2024 年 9 月财新大中小型企业 PMI

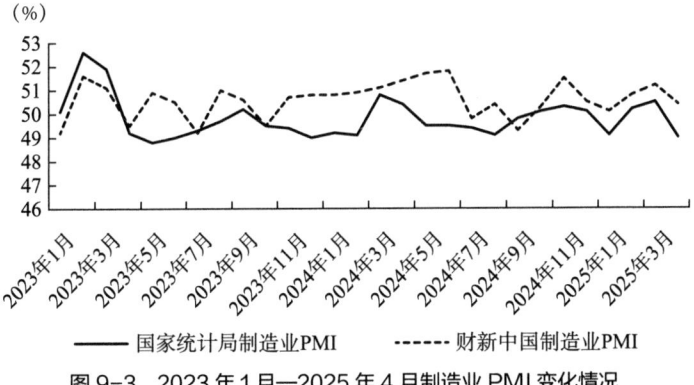

图 9-3　2023 年 1 月—2025 年 4 月制造业 PMI 变化情况

---

① 2025 年 4 月 30 日公布的 4 月财新中国制造业采购经理指数（PMI）为 50.4%，低于上月 0.8 个百分点，为 3 个月以来最低；财新中国服务业 PMI 也回落 1.2 个百分点至 50.7%，为 2024 年四季度以来最低。两大行业景气均下降，当月财新中国综合 PMI 为 51.1%，比上月下降 0.7 个百分点。

另外，2023年中小企业发展指数[①]平均值约为89.2，相比2022年（约88.4）有所提升。2024年二季度，中小企业发展指数为89.0，较一季度下降0.3点，高于2022年同期水平，与2023年同期持平；2024年四季度指数为89.0，相比三季度上升0.1点。2025年一季度，中小企业发展指数为89.5，较去年四季度上升0.5点，连续两个季度增长（见图9-4）。

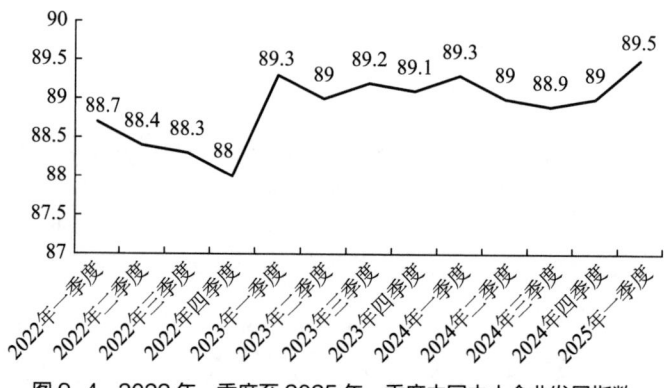

图9-4 2022年一季度至2025年一季度中国中小企业发展指数

中小企业开工率有所下降。对样本企业开工率的调查显示，2024年6月末，完全开工的企业占37.1%，比3月末下降10.4个百分点；开工率在75%~100%的占11.2%，下降0.2个百分点；开工率在50%~75%的占20.4%，上升2.7个百分点；低于50%的占21.2%，上升6.1个百分点；未开工的占10.0%，上升1.8个百分点。2024年四季度以来，市场供需状况有所回暖。2025

---

① 这是反映中小企业经济运行状况的综合指数，英文为SMEDI（Small and Medium Enterprises Development Index），由中国中小企业协会发布，是通过其对国民经济八大行业的3 000家中小企业进行调查，利用中小企业对本行业运行和企业生产经营状况的判断与预期数据编制而成的。

年一季度，中小企业发展指数中，市场指数为81.5，较上季度上升0.7点。所调查的8个行业中，5个行业市场指数上升。其中，信息传输软件业、社会服务业、批发零售业、交通运输业市场指数上升幅度较大，分别上升1.5、1.3、1.1和1.1点。

二、销售货款回收难

近年来，受国内外复杂多变的经济形势及经济下行压力等因素影响，企业账款回收期延长，部分机关、事业单位和国有企业存在着不同程度拖欠中小企业款项的问题，导致很多中小企业现金流紧张并陷入经营困境。企业普遍反映，进入2023年二季度以来，企业的经营压力增大，尤其是应收账款拖欠问题变得更为严峻。有的企业家说，"2023年企业普遍反映缺钱，账期从过去半年变成一年，是常有的事"。近年来，叠加房地产市场疲软、地方政府收入减少等因素，一些民营企业常遭遇地方政府账款拖欠、有约不履、"打官司难"等问题，特别是还得面对"新官不理旧账"、政策兑现难的尴尬和苦恼。一些长期收不回的账款，很容易成为压垮企业的"最后一根稻草"。

企业账款拖欠是个"老大难"问题，这一难题不仅久已存在，而且解决问题的努力从未停歇。党和国家对解决拖欠中小企业账款问题高度重视，2019年《政府工作报告》提出，对拖欠企业的款项年底前要清偿一半以上，决不允许增加新的拖欠。2020年，国务院常务会议明确提出，2020年底前无分歧欠款应清尽清，存在分歧的欠款也要通过调解、协商、司法等途径加快解决，决不允许增加新的拖欠。国务院及有关部门出台了《保障中小企业款项支付条例》《保障中小企业款项支付投诉处理暂行办法》。目前，账款拖欠的"连环套"集中表现为政府欠国企、国企欠民企。2023年9月，国务院常务会议审议通过《清理拖欠企业账款专项行动方案》，部署新一轮清欠企业账款专项行动，具体由工业和信息化部牵头，国家发展和改革委员会、财政部、审计署、国务院国有资产监督管理委员会、市场监督管理总局等部门参加，省级政府要对本地区清欠工作负总责，抓紧解决政府拖欠企业账款问题，解开企业之间相互拖欠的"连环套"，央企国企要带头偿还。2024年4月12日，国务院常务会议研究健全解决企业账款拖欠问题长效机制的举措，要求坚决遏制"边清边欠""清了又欠"，凡有拖欠问题的都要建立台账，对欠款"限时清零"。自2018年底启动清理拖欠民营中小企业账款工作，地方上清欠账款工作一直在进行，有的地方还设立了"清欠办"。2023年，财政部在地方政府债务限额空间内安排一定规模的再融资政府债券，支持地方特别是高风险地区化解隐性债务和清理政府拖欠企业账款等。政府拖欠企业账款清偿工作取得积极进展。2023年10月以来，内蒙古、贵州等20多个省份发行了超过1.4万亿元特殊再融资债券，用于偿还政府拖欠企业账款。2024年贵州、陕西等多个省份表态全面清理政府拖欠企业账款。

从目前来看，民营企业和中小企业"货卖出去了，钱收不回来"的现象仍然存在。普通中小企业的应收账款很难进入应收账款融资服务平台系统。有的地方近40%的企业面临账款拖欠问题，特别是民营中小企业反映被拖欠账款问题较严重。国家统计局数据显示，2023年末，规模以上工业企业应收账款平均回收期为 60.6 天，比上年增加 4.4 天。据《人民政协报》报道，2024年 3 月 28 日，全国政协第十二次重点关切问题情况通报会在京举行，主题是"清理拖欠企业账款情况"。据国家统计局数据，截至 2025 年 3 月末，规模以上工业企业应收账款为 25.59 万亿元，同比增长 9.9%；应收账款平均回收期为 70.9 天，同比增加4.0 天。

三、企业融资难

2013 年，党的十八届三中全会正式提出"发展普惠金融"；近年来，我国大力发展普惠型小微企业贷款，国家加大对普惠金融的政策支持力度，通过定向降准、对金融机构小微企业贷款利息收入免征增值税等，从体制机制上推动了商业银行敢贷、愿贷、能贷。为了帮助小微企业渡过难关，中央提出银行要合理采用续贷、贷款展期、调整还款安排等方式予以支持，避免出现抽贷、断贷。2023 年，中央金融工作会议要求，做好科技金融、绿色金融、普惠金融、养老金融、数字金融五篇大文章，发展普惠金融的重要性日益增加，普惠金融服务的可得性、覆盖面、便利性显著提升，中小企业融资问题得到了明显缓解。截至 2024 年末，普惠型小微企业贷款余额为 32.93 万亿元，同比增长 14.6%，贷款增速高于同期各项贷款平均增速，普惠小微授信户数超过 6 000 万户，已经覆盖了约 1/3 经营主体。贷款利率也明显下降，2024 年 12 月，我国新发放企业贷款利率约 3.43%，同比下降 0.36 个百分点。从 A 股股份制银行来看，2024 年半年年报数据显示，光大银行、华夏银行、民生银行、兴业银行、中信银行、平安银行、浦发银行、招商银行、浙商银行等 9 家 A 股股份制银行普惠型小微企业贷款余额合计 45 333.03 亿元（光大银行统计口径为"普惠贷款余额"），年化利率在 3.51%~4.47%。

但必须看到，在"融资贵"逐步缓解的同时，中小微企业"贷款难"问题依然较为突出。目前，银行实行的是先评级后贷款，传统的信用评级是基于财务数据，而部分中小微企业财务数据管理制度不是很完善，很难获得较高的信用评级，导致"融资难"。银行等金融机构对中小企业放贷时，往往要求进行担保，有时还需多家担保机构进行联保，这大大增加了融资成本。"续贷难"带来的倒贷成本和风险高。目前，我国商业银行给中小微企业提供的流动资金贷款期限大多在 1 年以内，企业若想到期后续贷，需把原有贷款还上之后再贷。为了还贷，企业不得不多方筹资，或者用自有资金，有时甚至要找小额贷款公司或民间机构拆借资金。从银行贷款，如果算上续贷期间支付的这种过桥资金高利息，实际的融资成本就更高了。不少企业原本经营正常，最后就倒在这种"续贷"上。

传统的抵押贷款模式也阻碍着中小企业贷款，特别是中小科技型企业缺乏可用于担保抵押的财产，中小科技型企业通过自身资产抵押获得银行贷款相当困难。腾讯研究院 2024 年 4 月发布的《2023 年中小微企业经营状况与数字化转型调研报告》反映，2023 年一至四季度阻碍样本企业获得融资支持的主要因素集中在资产负债表上。2023 年一到四季度，在存在融资缺口的样本企业中，选择"债务水平高"作为阻碍因素的企业占比始终在一半以上，是所有阻碍因素中占比最高的。另外，选择"无抵押物"的企业占比在四成左右（见图 9-5）。

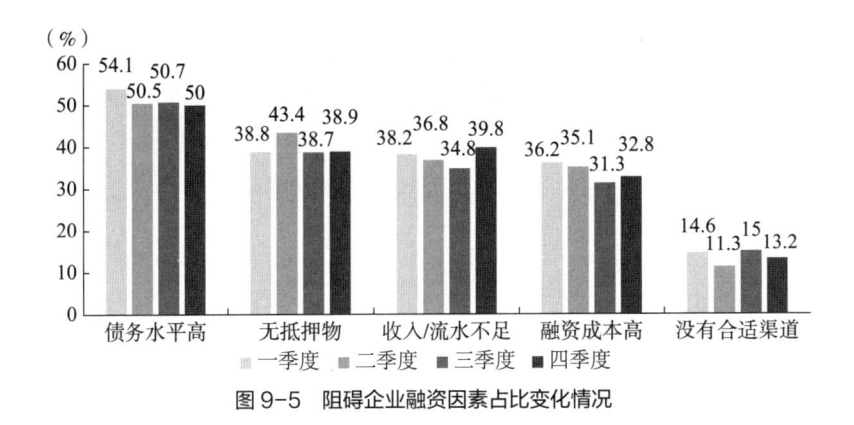

图 9-5　阻碍企业融资因素占比变化情况

第二节　中小企业困难带来的影响

一、企业投资扩产减少、转型困难

中小企业出现经营困难带来的第一个后果，就是生产经营策略转为以保生存为主，对投资发展多持谨慎态度，在一定程度上影响了企业的投资意愿和能力，企业扩大再生产的动力不足。民间投资占固定资产投资的比重在 50% 以上，是投资的主力军。企业难的直接影响就是很多人在投资上更加谨慎，甚至放弃从事实业投资。民间资本投资意愿降低，近些年民间投资明显放缓。民间投资增速大幅度低于全部投资增速，不仅没有成为投资的拉动力量，反而拖了后腿。2024 年，全国固定资产投资（不含农户）514 374 亿元，同比增长 3.2%（按可比口径计算①），其中，民间固定资产投资 257 574 亿元，同比下降 0.1%。2024 年，计划总投资亿元及以上项目投资同比增长 7.0%，增速比全部投资高 3.8 个百分点；拉动全部投资增长 3.8 个百分点。2023 年以来，重大项目建设持续发挥支撑作用，小项目增长拉动贡献一直是负的，中小企业投资从主力军变成了拖后腿的（见图 9-6 和表 9-1）。

图 9-6 2023 年 1 月—2025 年 4 月项目投资增速变化情况

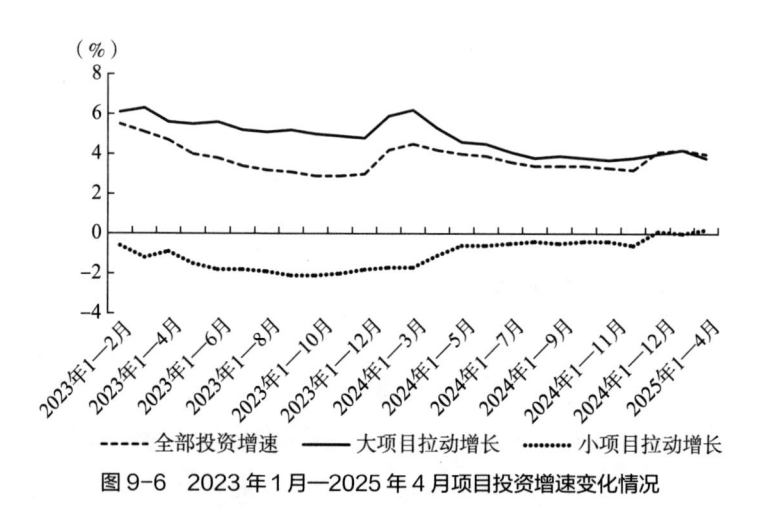

表 9-1 2023 年 1 月—2025 年 4 月项目投资增速变化情况

时间	全部投资增速（%）	大项目拉动增长（%）	小项目拉动增长（%）
2023 年 1—2 月	5.5	6.1	-0.6
2023 年 1—3 月	5.1	6.3	-1.2

---

① 固定资产投资增速按可比口径计算。报告期数据与上年已公布的同期数据之间存在不可比因素，不能直接相比计算增速。主要原因是：（一）加强在库投资项目管理，部分不符合投资统计制度规定的项目退出了调查范围。（二）加强统计执法，对统计执法检查中发现的问题数据，按照相关规定进行了改正。（三）加强数据质量管理，剔除跨地区、跨行业重复统计数据。

续表

时间	全部投资增速（%）	大项目拉动增长（%）	小项目拉动增长（%）
2023年1—4月	4.7	5.6	−0.9
2023年1—5月	4	5.5	−1.5
2023年1—6月	3.8	5.6	−1.8
2023年1—7月	3.4	5.2	−1.8
2023年1—8月	3.2	5.1	−1.9
2023年1—9月	3.1	5.2	−2.1
2023年1—10月	2.9	5	−2.1
2023年1—11月	2.9	4.9	−2
2023年1—12月	3	4.8	−1.8
2024年1—2月	4.2	5.9	−1.7
2024年1—3月	4.5	6.2	−1.7
2024年1—4月	4.2	5.3	−1.1
2024年1—5月	4	4.6	−0.6
2024年1—6月	3.9	4.5	−0.6
2024年1—7月	3.6	4.1	−0.5
2024年1—8月	3.4	3.8	−0.4
2024年1—9月	3.4	3.9	−0.5
2024年1—10月	3.4	3.8	−0.4
2024年1—11月	3.3	3.7	−0.4
2024年1—12月	3.2	3.8	−0.6
2025年1—2月	4.1	4	0.1
2025年1—3月	4.2	4.2	0.0
2025年1—4月	4	3.8	0.2

中小企业转型面临困难。中小企业是科技创新最活跃的群体。调查显示，占我国企业总数99%以上的中小企业正在遭遇生存困境，这种情况下要求中小企业更多地在科技创新方面加大

投入也面临困难。比如，虽然大部分中小企业已经意识到了数字化升级转型的重要性，但转型的程度远远低于大型企业的水平。中国电子技术标准化研究院的数据显示，2020年，我国中小企业关键工序的数字化装备应用比例为45%，生产过程信息系统覆盖占比为40%，设备联网率为35%，仅有5%的中小企业采用大数据分析技术对生产制造环节提供优化建议和决策支持。麦肯锡的一份报告指出，企业数字化转型成功率仅为20%，80%的中小企业数字化转型失败。埃森哲与国家工业信息安全发展研究中心联合发布的《2023中国企业数字化转型指数》报告显示，2018年转型成效显著的中国企业比例仅为7%，2022年提升至17%。该报告还指出，受宏观环境不确定性的影响，创新力度明显减弱，2023年业务创新活跃的领军者占比降至9%（见图9-7）。[①]国家统计局数据显示，2023年，接近50%的规模以上企业在生产经营活动中应用了云计算、物联网、人工智能、工业互联网等新一代信息技术，其中云计算应用比例最高，为37%左右，工业互联网、物联网和人工智能应用比例分别为27%、26%和16%左右，而这些企业几乎都是大型企业。

---

① 《2023中国企业数字化转型指数》构建了跨行业的评估框架，包含5个维度、18个二级指标和48个三级指标的指标体系，深度研究并评估企业的重塑进程。本次研究调研了8个行业的553家中国企业，包括高科技制造、汽车与工程机械、医疗医药、消费品、传统零售业、化工建材、自然资源、公用事业。

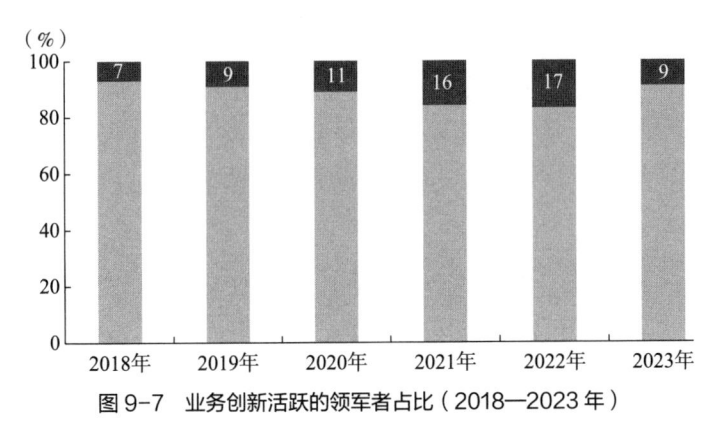

图 9-7　业务创新活跃的领军者占比（2018—2023 年）

资料来源：2023 年埃森哲中国企业数字化转型调研（N=553）。

二、吸纳就业减少，裁员增加

中小企业是吸纳就业的主阵地。根据第四次全国经济普查数据，全国法人单位从业人员为 29 469 万人，其中，中型、小型、微型单位从业人员为 23 388 万人，占总数的 79.4%。从吸纳就业规模看，中小微法人单位就业人数占全部法人单位就业人数的近八成。制造业、建筑业、批发和零售业的中小法人单位从业人员绝对规模最大，分别为 8 155.1 万人、4 321.3 万人和 3 402 万人。金融业、租赁和商务服务业、文化体育和娱乐业的中小法人单位从业人员占行业全部从业人员的比重最高，分别为 98.4%、95.9% 和 91.0%。国家统计局公布的数据显示[①]，截至 2023 年底，国有单位就业人员 5 400 万人，比上年减少 212 万人，比 2000

---

① 从 2023 年起，登记注册统计类别按《关于市场主体统计分类的划分规定》执行，城镇非私营单位包括内资单位、港澳台投资单位和外商投资单位。

年减少了2 702万人，占城镇就业总量的比重从2000年的35%降到了11.5%；城镇私营单位（私营企业和个体工商户）就业人员30 964万人，累计增加了27 560万人，占城镇就业总量的比重从14.7%上升至65.8%。不仅如此，民营经济还具有更强的就业创造能力，是岗位成本最低、效率最高的经济部门。据劳动经济学会就业促进专业委员会课题组测算，每新开设一家小微企业，将新创造3.4个就业岗位；每新创造一个就业岗位，国有企业需要投入300万~500万元，非国有大型企业需要投入50万~70万元，而小微企业仅需要投入不到5万元。过去两三年，国有企业在稳增长、稳就业方面做了大量工作，用工需求整体保持基本稳定，没有出现大规模裁员的现象。当前，经济下行压力大、就业难主要在于民营企业经营难，活力不足，岗位创造能力下降，导致就业岗位减少，就业市场景气度也较低。为提高中小企业就业积极性，各级政府采取了不少措施。比如，对小微企业实施社保补贴，援企稳岗补贴；对不裁员、少裁员的企业实施稳岗返还失业保险费，按该企业及其职工上年度实际缴纳失业保险费总额的50%予以返还。如吉林省实施一次性扩岗补助政策，对招用2023届及离校两年内未就业普通高校毕业生的企业，按照每招一人1 500元的标准，发放一次性扩岗补助。但中小企业用工需求不振，青年群体尤其是高校毕业生的就业压力较大。2024年12月，全国城镇调查失业率为5.1%，基本保持稳定。但全国城镇不包含在校生的16~24岁劳动力失业率8月为18.8%，比6月上升5.6个百分点，比2023年12月上升3.9个百分点，虽然9月、10月持续下降，但11月仍维持在16.1%的高位。从采购经理指数（PMI）来看，2024年12月制造业PMI从业人员指数为

48.1%，比上月下降 0.1 个百分点，制造业企业用工景气度略有回落；而非制造业 PMI 从业人员指数为 45.8%，比上月上升 0.4 个百分点，非制造业企业用工景气度虽有所改善，但从业人员指数整体上仍处于较低水平（见图 9-8）。

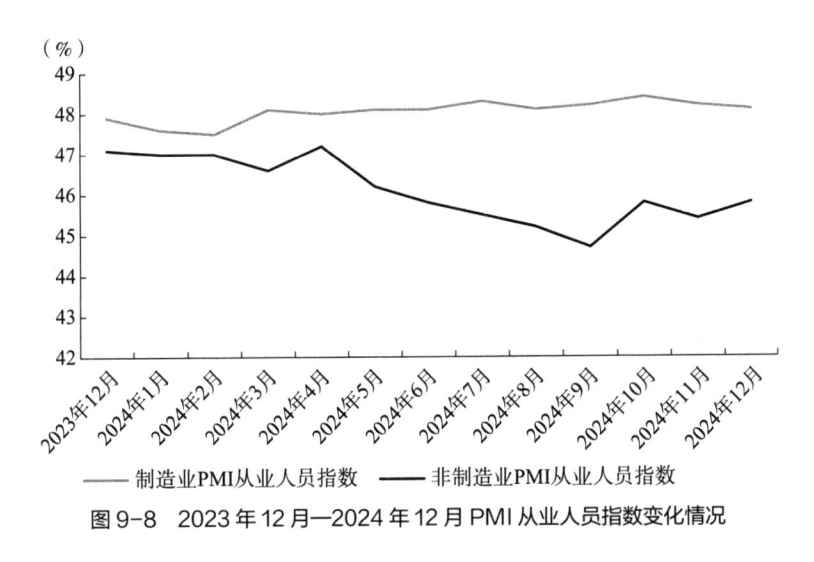

图 9-8　2023 年 12 月—2024 年 12 月 PMI 从业人员指数变化情况

与此同时，在当前的经济环境下，企业的利润空间被压缩，企业采取降薪或者裁员的方式来减少成本，缓解企业的财务压力。据统计，滴滴用户数量从 4 500 万跌到 1 000 万，但 BOSS 直聘的用户却在不断增加，仅 2023 年上半年就增长了 100%。与降薪相比，无法按时支付员工工资的现象可能更为普遍。近些年，劳动纠纷案件呈现逐年增加的态势。2023 年，劳动人事争议仲裁机构立案受理案件总数达到 162.9 万件，较上年上升了 10.6%。从企业性质来看，涉及民营企业的案件大约占八成。从区域分布来看，北京、上海、江苏、浙江、山东、广东 6 个民营经济大省（直辖市）案件总量大约占全国案件总量的一半。从争议类型来看，解除就业合同与劳动报酬争议案件总量最大，社会保险和确认劳动关系案件增长最快。

三、企业破产倒闭增加

据国家市场监督管理总局信息，2023年，全年新设经营主体3 272.7 万户，同比增长 12.6%。其中，新设企业 1 002.9 万户，增长 15.6%；新设个体工商户 2 258.2 万户，增长 11.4%。截至 2023 年底，全国登记在册经营主体达到 1.84 亿户，同比增长 8.9%。其中，企业 5 826.8 万户，个体工商户 1.24 亿户。但这几年有不少中小企业因为资金周转困难，没有能力支付员工工资、租金等内外部因素而关闭。2023 年，企业的新注册数达到 9 965 274 家，个体工商户的新注册数更是高达 22 288 525 户。同时，注销吊销数量也显著增加，企业注销吊销总数为 5 428 283 家，个体工商户注销吊销总数为 12 890 991 户。根据企查查信息，小微企业的注册与注销比例从 2020 年的 2.46% 下降至 2021 年的 2.25%，2023 年进一步降至 1.84%。这表明小微企业注销情况增多。

全国企业破产重整信息网数据显示，2022 年有 32 万条企业破产记录，涉及电子、科技、建材、金属、纺织、贸易、机械、涂料、化工等多个行业。据媒体报道，2022 年，东莞有 4 000~5 000 家企业关闭。其中制造业企业最多，有近 2 000 家。据不完全统计，2022 年 4 月，跨境电商行业工厂倒闭 1 000 多家。还有工厂因订单骤减，给员工放长假。2022 年，东莞厚街第二大工厂爱高电业（东莞）有限公司宣布经营 36 年的工厂停业。近年来，法院审理企业破产案件数量增加。据最高人民法院统计，

2023年审结破产案件2.9万件，同比增长68.8%，涉及债权2.3万亿元。2023年，全国有超过50万家企业倒闭，318万家个体户销户，247家上市公司面临退市或破产清算。2024年，全国各级法院审结破产案件3万件，盘活资产超7 902亿元。据市场机构统计，2024年，共产生103 551件破产（含破产申请、破产上诉、破产监督等多种类型）及破产关联案件，涉及55 268家企业、1 090 152个（家）债权人。2024年，破产企业资产评估总价值约1.18万亿元。

第三节　中小企业困难的原因

一、宏观经济环境变化带来冲击

近年来，国内外经济环境发生较大变化，外部环境的复杂性、严峻性和不确定性增加，世界经济增速下降，国内有效需求不足等，与房地产、外贸、生活服务等行业相关的中小企业所受冲击较大。

第一，与房地产有关的行业。房地产上游产业由土地购置、规划设计和建筑施工三大环节组成，其中涉及地方政府土地供应、金融机构提供融资、前期工程咨询服务、建筑施工原材料和工程机械供应，以及施工建设、园林工程、建筑装饰等不同产业。而下游则主要是服务于项目销售及竣工交付后的产业，由销售预售、家居家装及增值服务等组成。其中分别包含销售策划代理、装饰设计、家装建材、家装设备、物业管理服务等具体行业。具体来看，2021年以来，有不少房地产上下游产业链企业表现出规模增速放缓、利润下滑甚至破产重组等特征。建材产业主要包含钢材、水泥（商品混凝土）、防水/保温材料、涂料、管件管材、玻璃等行业企业，受房地产行业调整影响明显。2021年下半年以来，随着房地产市场加速调整下行，建筑装饰行业企业也受到不小的冲击，亏损现象普遍。家居家装行业以住宅室内装饰为主，涵盖面广，细分产业众多，涉及家电、陶瓷、地板、门窗、卫浴、家具、橱柜、定制家居等，从上市企业财报来看，增收不增利现象显著，少数企业出现亏损。

第二，与外贸有关的行业。计算机、通信及文娱等行业外贸依赖度高，受到的冲击可能更大一些。尽管2008年以来，我国对外需的依赖度整体下滑，但一些制造业行业对外需的依赖度依然很高。比如，计算机、通信行业出口依赖度接近50%，文娱类出口依赖度也接近30%，家具、纺织服装、机械等均在20%以上。从公司层面来看，外需依赖度超过90%的公司占2%，这些公司的出口业务主要分布在北美洲和欧洲；外需依赖度超过50%的公司占比在16%左右。从产品角度来看，我国出口最多的是机电产品，其中有18%出口到美国，出口到日本和韩国的比重也在5%左右。纺织服装产品有16%出口到美国。纺织服装产业的外需风险敞口较大。近年来，纺织行业特别是中小纺织企业经营存在较大困难。美国挑起贸易争端并加征关税使得价值数百亿美元的纺织服装商品受到威胁，部分企业外迁到越南、柬埔寨、孟加拉国等。

第三，与生活服务有关的行业。经济环境不佳，特别是餐饮、美妆、房地产和直播带货行业受影响较大，这些行业普遍面临裁员、降薪和倒闭等困境。有统计数据显示，2023年全年倒闭的餐饮公司高达126.53万家，是2022年全年餐饮企业注吊销量的2倍多，创下2020年以来餐饮企业注吊销量新高。而2024年上半年倒闭的餐饮公司已达到105.6万家，形势不容乐观。大多数活下来的餐馆，有的只能勉强生存，经济形势不好，收入下降，消费者在外就餐减少，加上消费降级的大环境，导致餐馆行业价格内卷加剧。消费降级同样对美妆行业造成了影响，屈臣氏一年关店343家，销量下滑6%，其他美妆企业的情况也类似，以往一些主打中高端市场的美妆品牌也开始降价吸引消费者。

二、体制性成本压力

第一，社会保障支出负担较重。目前中小企业普遍反映社保负担重。按照现行社会保障政策，五险一金的缴纳比例大体如表9-2所示。由于养老、工伤、医疗、生育、失业等社保五大险种的缴费基数及待遇补偿基数均与上年度在岗职工平均工资挂钩，因此，平均工资水平提高，会带来社保各险种缴费基数的调整。

第二，社保缴费费率偏高，加重企业的用工成本负担。企业普遍反映，这些附着在工资上的成本太高，月薪1万元的员工，企业支付近1.5万元，扣除个人缴纳的社保及个税等，员工到手7 300元。社保支出不仅总的费用高，而且在实际执行中还会出现一些不合理的情况。比如，经常出现个人的税后工资收入还没有单位和个人缴纳的社保多，工资越低，社保占比就越高，企业时常抱怨社保缴费基数"被上涨"。目前，我国社保缴费基数下限

表 9-2 社保缴费一般比例

项目	企业缴纳	个人缴纳	小计	备注
养老保险	16%	8%	24%	
失业保险	2%	1%	3%	
工伤保险	1%		1%	
生育保险	1%		1%	北京 0.8%
医疗保险	8%	2%	10%	北京企业缴纳 10%，个人另加 3 元
住房公积金	12%	12%	24%	交的企业不多，5%~12%
合计	40%	23%	63%	

注：根据《国务院关于完善企业职工基本养老保险制度的决定》（国发〔2005〕38 号）和《国务院办公厅关于印发降低社会保险费率综合方案的通知》（国办发〔2019〕13 号）规定，养老保险单位缴存比例由 20% 降至 16%，个人缴存比例为 8%；灵活就业人员养老保险缴费比例为 20%。缴费基数按个人工资水平（在当地社会平均工资的 300%~60% 范围）来确定[①]，不得低于最低缴费标准。根据单位被划分的行业范围来确定它的工伤费率 0.5%~2%，工伤保险和生育保险完全是由企业承担的，各在 1% 左右，个人不需要缴纳。

按照当地社会平均工资 60% 的比例执行，而很多企业特别是劳动密集型小微企业，员工工资水平低于缴费基数、增速低于社会平均工资增速，使得每年个人缴费在增长，员工现实所得反倒有所减少。企业认为，过高的社保费率影响企业上调工资的积极性。假如我们给员工涨 100 元工资，公司要额外缴纳 37 元的五险一金费用，增加的总人工成本是 137 元，而员工个人也要再缴费约 18 元，最后实际获得的可支配收入仅为 82 元，只占企业多支付人工成本的 60% 左右。在企业困难的情况下，2024 年各地

---

① 如果职工的工资收入高于当地上年度职工平均工资的 300%，则以当地上年度职工平均工资的 300% 为缴费基数。如果职工的工资收入低于当地上年度职工平均工资的 60%，则以当地上年度职工平均工资的 60% 为缴费基数。职工工资在 300% 到 60% 之间的，则按实际申报。

上调了缴费基数，如 8 月山东省人力资源和社会保障厅等部门将全省 2024 年度社会保险个人月缴费基数上下限调整为 22 078 元和 4 416 元。按照新公布标准，青岛市已对参保单位申报的缴费基数进行保底封顶调整，税务部门将对缴费基数调整所产生的社保费差额部分于 10 月进行补收。

第三，税制结构不合理，加重企业负担。目前，我国税制结构不合理，增值税、消费税等流转税占税收比重超过 60%。这种以间接税为主的税制结构容易增加企业负担。从税收的直接主体来看，我国税收直接主体是企业，由企业直接缴纳的部分占 85%，由个人直接缴纳的占 15%。企业所得征税能做到"赚的少，交的也少"（即利润明显下降后，缴税额度却下降较少），而流转税对商品、劳务的销售额和营业收入征税，往往是"赚的少，交的不少"，这导致中小企业与大型企业相比，利润少，交税却不少，进一步加重了其税负。企业普遍反映，企业的税收负担过重，特别是在经济下行压力下，缴税的沉重感凸显。企业销售货物至少要缴纳增值税，如果该货物属于应税消费品，还需缴纳消费税，上述几种税，只要缴了其中任何一种，就还得缴城市维护建设税和教育费附加。目前，我国涉企法定税种有 10 多种。除了缴纳税款，中小企业还需承担水资源费、残疾人就业金等费用，以及工商、环保、卫生等部门征收的行政性收费。

第四，乱收费、乱摊派、乱罚款屡禁不止。目前，借助向企业提供服务或销售商品并收取费用的行为，有以下四类主体发生违规收费的可能性较大：一是行政机关和法律法规授权的具有管理公共事务职能的事业单位、社会组织；二是承担政府委托事项和为政府履行职责提供服务的社会组织、事业单位；三是具有行业影响力的行业协会和商会；四是在特定领域和市场交易中具有一定优势地位的经营主体。有关部门进行了专项整治，截至 2024 年 8 月，共检查各类单位 4.48 万家，立案 1 253 件，督促退还违规收费 3.93 亿元。比如，国家审计署 2024 年 6 月公开的《国务院关于 2023 年度中央预算执行和其他财政收支的审计工作报告》称，3 个（中央）部门及 43 家所属单位、社会团体以给予发言机会、安排媒体采访等作为条件，在 222 个活动中向参会单位收费或摊派 1.67 亿元。22 个地区的 21 个活动要求国企垫资建设会馆或拉赞助等 16.23 亿元。10 家所属单位和社会团体等未经批准，借助部门行政影响力违规开展评比表彰等活动，并收费 1 236.53 万元。此外，还有一些执法部门乱罚款和乱摊派。当经济处于下行周期时，很多地方政府财政紧张，容易助长"罚款式创收"冲动。数据显示，近年来多地罚没收入呈明显增长趋势。据《中国新闻周刊》2022 年 8 月 29 日载文称[①]，2022 年 7 月，各城市陆续公布 2021 年的预算执行情况，在公布数据的 111 个地级市中，2021 年有 80 个城市罚没收入呈增长态势，占比超过 72%。其中，有 15 个城市罚没收入同比增长超过 100%。2021 年，国务院第八次大督查第五督查组在多地暗访时发现，部分交警为完成"创收"任务，对过往货车司机随意罚款、"一刀切"式罚款。2024 年以来，一些地方又出现了违规异地执法和趋利性执法乱象。乱罚款、乱收费、乱摊派等问题既加重了企业负担，又损害了营商环境。

---

① 记者周群峰，《警惕"罚款式创收"冲动》，《中国新闻周刊》杂志，2022 年 8 月 29 日。

第五，用电等垄断性成本过高。制造业企业多是用电大户，电费是企业成本中的一大块。近年来，随着环保标准持续提升，用煤、用气都逐步转换为用电，用电成本逐年上升。实际上，我国生产经营用电的电费水平本身就比较高。根据国家发展和改革委员会的数据，2022年全国平均销售电价中，工业用电平均为0.65元/（千瓦·时），而商业用电平均为0.92元/（千瓦·时）。按照目前火力发电，成本在0.3~0.4元/（千瓦·时）。其中火电的上网电价为0.38~0.45元/（千瓦·时）（含税）。水电的成本在0.07~0.1元/（千瓦·时）。其中水电的上网电价为0.31~0.35元/（千瓦·时）（含税）。风电的完全成本是0.30~0.35元/（千瓦·时）。核电的发电成本大约在0.4元/（千瓦·时）。光伏的发电成本在0.3~0.5元/（千瓦·时）。从电力成本来看，主要问题是电力体制改革不到位，"过网费"过高，人为提高了垄断性电价。

第六，其他成本较高。这些年来，随着我国各地持续地大幅度提高最低工资标准，工人的基本工资水平也"水涨船高"，得以大幅度提升，制造业竞争力下降。特别是我国物流成本过高是流通领域难解的"顽疾"。我国政府高度重视解决物流成本问题。2023年底召开的中央经济工作会议明确提出，"有效降低全社会物流成本"。在2024年2月下旬召开的中央财经委员会第四次会议上，国家发展和改革委员会、交通运输部、商务部做了关于有效降低全社会物流成本的汇报。2024年5月，国务院常务会议专门研究了有效降低全社会物流成本的有关工作。近年来我国物流成本一降再降，为企业和群众减负已初步取得成效。国际上通常用社会物流总费用与国内生产总值的比率这一指标，来衡量经济运行中投入的物流费用水平。2023年，我国社会物流总费用与国内生产总值的比率为14.4%，较上年下降0.3个百分点。2024年上半年，这一数字降为14.2%。但与发达国家相比，我国社会物流总费用占国内生产总值的比重仍然较高，"成本高、效率低"的问题仍较突出。造成我国社会物流成本较高的原因比较多。拿运输方式来讲，目前，我国物流市场超过七成由公路运输完成，相比铁路运输和水运，公路运输成本高且污染大。我国铁路运输总体上仍属于非竞争性市场，地方铁路局之间不易协同，港口和大型企业铁路专用线建设滞后，通达性不高，申请接入国家铁路运输网络审批不易，这使得铁路运输存在"连而不畅、邻而不接"的问题。物流领域不同程度地存在行业垄断、地方保护、区域分割等问题，各类平台公司之间缺乏合作、各自为政，其结果是造成社会资源大量投入，甚至出现相对过剩。诸如运杂费用名目多、委托运营不透明、仓储用地难保障、载具标准不统一等问题，凸显了物流标准化建设不足的现实，物流供应链上下游企业难以协同联动，进一步推高了全社会物流成本。

三、营商环境有待改善

近年来，我国通过全面深化改革，陆续出台了一系列激励和利好的政策，通过推进"放管服"改革，显著改善了营商环境。但在经济下行压力下，民营小微企业处境相对艰难。特别是政府职能转变滞后，行政成本较高。过去几年中，运用政府这只"看得见的手"比较多，但确实也管了一些不该管的事情，一些该管的事情却没管好，公共产品和服务提供不足、社会管理比较薄弱。各级政府还集中了过多的公共资源和社会资源，权力部门化、利益化的问题仍然存在，有些方面还在强化。同时，政府各类机构仍然偏多，该精简的部门精简不了，该加强的没有得到加强。职能交叉、权责脱节的问题没有根本解决，上下级政府层层对口设置机构，机构臃肿、人浮于事的问题仍然比较突出。事业单位改革相对滞后。据媒体报道，截至2023年末，全国72.05万个国家机关和事业单位，一共为4 835.9万人缴存了住房公积金（见表9-3）。这些人就是严格意义上的体制内人员。财政供养的人多，财政人头费支出就多；政府要管的事多，花钱的地方就多，行政开支就多；预算解决不了，就在预算外打主意，设立各种收费项目。以收费养人，为了收费又得多养人，收费越多偷逃费就越多，偷逃费越多就越需要人收，陷入一种恶性循环。党政机关、行政性事业单位（包括一些社会和服务性的事业单位），其人员工资、福利、日常公务和事务、办公条件（包括车辆、办公大楼、会议招待）等支出，都需要企业与居民缴税和缴费支付。其规模越大、增长越快，企业缴税和缴费的负担就会越重。

表9-3　2023年分类型单位住房公积金缴存情况

单位性质	缴存单位（万个）	占比（%）	实缴职工（万人）	占比（%）	新开户职工（万人）
国家机关和事业单位	72.05	14.56	4 835.9	27.71	272.27
国有企业	27.12	5.48	3 054.97	17.5	198.17
城镇集体企业	5.05	1.02	230.49	1.32	22.83
外商投资企业	11.69	2.36	1 208.46	6.92	141.3
城镇私营企业及其他城镇企业	307.48	62.15	6 730.48	38.56	1 146.79

续表

单位性质	缴存单位（万个）	占比（%）	实缴职工（万人）	占比（%）	新开户职工（万人）
民办非企业单位和社会团体	11.89	2.4	317.47	1.82	51.72
其他类型单位	59.48	12.02	1 076.9	6.17	184.02
合计	494.76	99.99	17 454.67	100	2 017.1

注：由于四舍五入，表中百分比合计数不精确等于100%。

此外，企业自身因素也是重要原因。主要是管理方式存在短板，人力资源短缺，限制了企业尤其是中小企业的进一步发展。中小企业多是民营企业，家族式管理比较普遍。这种管理方式限制了高级管理人才的发展空间，导致人才流失，影响了民营企业整体经营水平的提高。采用家族式管理的民营企业往往存在产权不清晰、治理结构不健全等问题，这成为企业进一步发展的阻碍。人力资源短缺，技术创新不够，民营企业大多集中于劳动密集型产业，生产方式落后，产品技术含量低，资金实力、研发能力不足，导致技术创新之路艰难。此外，知识产权保护重视度不足，许多民营企业在品牌建设方面投入不足，导致品牌知名度低、影响力有限。这些问题限制了中小企业的进一步发展和创新能力的提升。

第十章
科技创新能力不强

科学技术是第一生产力。2014年8月18日，习近平总书记在中央财经领导小组第七次会议上的讲话中指出："纵观人类发展历史，创新始终是推动一个国家、一个民族向前发展的重要力量，也是推动整个人类社会向前发展的重要力量。"[①] 当今世界，科技创新已成为人类社会发展的重要引擎，是应对许多全球性挑战的有力武器，也是推动高质量发展、推进中国式现代化建设的必由之路。

第一节 创新能力不强的表现

创新在高质量发展中具有关键作用，在一定意义上可以说，没有创新就不可能有高质量发展。党的十八大以来，中国创新

---

① 中共中央文献研究室，《习近平关于科技创新论述摘编》，北京：中央文献出版社，2016年，第4页。

能力稳步提升。我国研究与试验发展（R&D）经费投入强度①从2012年的1.91%提升到2024年的2.68%，全社会研究与试验发展（R&D）经费投入从1.03万亿元增长到3.61万亿元，规模仅次于美国，居世界第二。中国已步入创新型国家行列，一批国家重大科技基础设施处于国际领先水平，人工智能、移动通信、超级计算机等前沿领域与世界先进水平同步，光伏、动力电池等领域达到世界领先水平。中国科技创新实力正在从量的积累迈向质的飞跃，从点的突破迈向系统能力提升，中国已成为国际前沿创新的重要参与者和共同解决全球性问题的重要贡献者。但也必须看到，中国创新能力特别是原始创新能力还不强，与发达国家还有较大差距。

一、基础研究薄弱，重大创新成果不多

所谓原始创新，是指做出突破性进展而开辟新领域、引领新方向的重大创新，就是从0到1。在原始创新中，基础研究具有重要作用。基础研究是催生颠覆性技术的源头活水，是孕育未来产业的摇篮。历次科技革命和产业变革，都源于基础研究的重大突破。以牛顿力学为标志的科学革命，为蒸汽机的发明及应用奠定了科学基础，推动了第一次工业革命。电磁波理论等方面的发展推进了电力的应用和内燃机的发明。量子力学、相对论等科学革命，为信息技术、生物医药技术、空间技术等技术革命提供了知识基础。遗憾的是，历史上我国与这几次科学革命都无缘，也

---

① 研究与试验发展（R&D）经费投入强度是研发经费与GDP之比，体现了一个国家或地区对科技创新的重视程度。

错失了发展机遇。

近年来，我国基础研究取得了一批世界瞩目的成果，如铁基超导材料保持国际最高转变温度，量子反常霍尔效应、多光子纠缠、中微子振荡、干细胞、利用体细胞克隆猕猴等取得重要原创性突破。我国科学家屠呦呦因发现青蒿素获得2015年诺贝尔生理学或医学奖，实现了华人科学家诺贝尔生理学或医学奖"零的突破"。中国科学技术信息研究所发布的统计结果显示，截至2023年7月，中国的热点论文数为1 929篇，比2022年统计时增加了6.7%，占世界总量的45.9%，世界排名保持第一位。同期，中国高被引论文数为5.79万篇，占世界总量的30.8%，居世界第二位，已成为全球知识创新的重要贡献者，比排名第一的美国（7.66万篇）少1.87万篇，占比低9.9个百分点。但是，目前我国仍然是跟踪研究多，原创性和引领性研究少，重大原创成果仅呈现出点的突破。从高水平研究型大学看，2019—2023年，中国进入世界前100名的高校由6所增加至12所，整体排名迅速上升，其中清华大学、北京大学跻身世界前20名。2023年，我国跻身世界前100名的高校数量超过英国、德国，但与美国相比差距明显（见表10-1）。

表10-1　2019—2023年中国与主要创新型国家拥有前100名高校数量变化情况

国家	前100名高校数量（所）				
	2019年	2020年	2021年	2022年	2023年
美国	42	41	37	38	34
英国	10	9	11	11	10
德国	5	6	7	7	9
中国	6	6	10	10	12
日本	2	2	2	2	2

资料来源：泰晤士高等教育（THE）公布的《世界大学排名》。

在世界一流学科方面，我国与美国等高等教育强国依然存在明显差距。我国高校优势学科数量整体仍远低于美国和英国，且无一门学科排名世界第一，而美国和英国分别有 26 个和 15 个学科排名世界第一（见表 10-2）。

表 10-2　2023 年中国与主要创新型国家拥有世界 100 强学科对比情况

国家	学科数量（个）				
	世界第 1 名	世界前 10 名	世界前 20 名	世界前 50 名	世界前 100 名
美国	26	227	405	766	1196
英国	15	142	201	360	581
中国	0	12	52	249	404

资料来源：QS 公司《2023 年世界大学学科排名》。

2018 年以来，中国批准的自主创新 1 类新药数量逐年增长，在全球位居前列。有专家指出，我们研发的很多新药虽具有新的化学结构和自主知识产权，但它所基于的靶点和作用机制还是别人先发现的，国外已有这类药物上市或者进入了临床研究阶段，我国主要是在别人开辟的"赛道"上研发新药。新靶点和新作用机制的发现与基础研究的深度、广度和水平有关。而目前我国对于新靶点、新机制、新策略、新技术的研究和转化应用仍然明显落后。有分析表明，全球新药创制的 57% 是由美国公司完成的，其他国家也有不同程度的贡献，但中国对此贡献极少。美国作为全球科技霸主，许多技术研发都是基础性的创新。比如，人工智能领域，ChatGPT 的核心架构 Transformer 基础模型源自美国 20 世纪 40 年代的神经网络数学模型研究，经过近 80 年的基础性研究和优化演进，为美国的人工智能产业提供了强大的技术储备。今天人工智能时代来临，美国又一次成为引领者，大模型的产业布局全面领先。比较而言，中国占据海量数据资源和应用场景优势，但在基础理论、原创模型等方面仍缺乏引领能力。我国科研人员规模已稳居世界第一，研发经费规模居全球第二，为什么却迟迟不能诞生与之相匹配的重大创新成果？"李约瑟难题"和"钱学森之问"依然没有答案。①

二、科技研发人员不少，顶尖科技人才不足

科技史表明，科研特别是在基础研究与原始创新中，少数人起决定性作用。施一公院士在《自我突围》一书中强调："对科学的推动和发展，其实主要看最优秀的一些精英，而不是看规模和平均水平。如果生命科学领域里只有前10%的文章，即便没有剩下的90%，生命科学的整体发展进程也不会受到多少影响。"② 迈克尔·吉本斯等人在他们撰写的《知识生产的新模式：当代社会科学与研究的动力学》一书中提出："似乎有事实表明，

---

① "李约瑟难题"是由英国著名学者李约瑟提出来的。李约瑟在其编著的《中国科学技术史》中提出："尽管中国古代对人类科技发展做出了很多重要贡献，但为什么科学和工业革命没有在近代的中国发生？"1976年，美国经济学家肯尼思·博尔丁称此问题为"李约瑟难题"。
"钱学森之问"，即2005年时任国务院总理温家宝在看望钱学森时，钱学森感慨地说："这么多年培养的学生，还没有哪一个的学术成就能够跟民国时期培养的大师相比。""为什么我们的学校总是培养不出杰出的人才？"
② 施一公，《自我突围》，北京：中信出版社，2023年。

科学研究中的大部分最新进展是由5%的科学家完成的。"①诺贝尔生理学或医学奖获得者朱利叶斯·阿克塞尔罗德指出:"99%的科学发现是1%的科学家做出的。"哈佛大学前校长康南特指出:"在每一个科学领域里,决定性因素是人,科学事业进步的快慢取决于第一流人才的数目。据我的经验,十个二流人才抵不上一个一流人才。"

我国人才资源总量雄厚,但世界级科学技术专家和战略科学家严重缺乏。截至2022年,我国人才资源总量达2.2亿人,研发人员总量超过635万人,多年保持世界首位。2022年全球创新指数显示,我国居第11位,成功跻身创新型国家行列。但我国仍然缺乏世界顶尖的战略科学家和创新团队。在诺贝尔奖获奖人数方面,以2021年为统计口径,美国有377人、英国有130人、德国有108人;同处东亚的日本有28人;瑞典、瑞士等国家的获奖人数均超过25人,而我国大陆获奖科学家仅屠呦呦1人。美国是诺贝尔奖获得者最多的国家,同时也是原始创新能力、新兴产业发展能力最强的国家,几乎主导了近代信息、网络、空间、生物、新能源、纳米材料等新兴技术产业的发展。从全球三大权威奖项(诺贝尔奖、菲尔兹奖、图灵奖)的获奖情况来看,中国本土科学家除了获得过诺贝尔奖,菲尔兹奖、图灵奖都还无缘。中国极度缺乏世界顶尖科研成果,世界上众多的科技制高点极少由中国科学家占据。在世界影响力最顶尖的论文中,中国论文所占比例还明显落后于西方发达国家。用学术与社会影响力更突出

---

① 迈克尔·吉本斯等,《知识生产的新模式:当代社会科学与研究的动力学》,陈洪捷,等译,北京:北京大学出版社,2011年。

的 Altmetric Top 100（Altmetric 全球最受关注的百篇论文）可以更准确地反映我国学者的国际地位。有学者统计了 2013—2019 年（700 篇）Altmetric Top 100 的情况，中国论文 45 篇，占比为 6.4%。中国顶尖科技人才缺失，反映了我国原始创新能力薄弱。

三、科技产出数量庞大，但科技成果转化率低

根据国家知识产权局数据，截至 2024 年底，我国每万人口高价值发明专利拥有量达到 14 件，延续上升势头，知识产权产出质量取得了长足进步。我国专利申请量、授权量已连续多年位居世界第一，美国国家科学基金会的数据显示，中国在国际专利中的份额从 2010 年的 16% 上升到 2020 年的 49%，在同一时期，美国专利的份额从 15% 下降到 10%。2023 年，我国发明专利授权数为 92.1 万件，是 2012 年的 4.3 倍。世界知识产权组织（WIPO）发布的数据显示，2014—2023 年，中国在生成式人工智能领域的专利申请量超过 3.8 万件，位居世界第一，是排名第二的美国的 6 倍。

我国 PCT（专利合作条约）专利申请量 2012—2020 年年均增长率高达 29.93%。2020 年，我国在专利申请量和增速方面都远超美国、英国、法国等主要创新型国家（见表 10-3）。

表 10-3　2012—2020 年中国与主要创新型国家 PCT 专利申请量变化情况

国家	PCT 专利申请量（件）									年均增长率（%）
	2012 年	2013 年	2014 年	2015 年	2016 年	2017 年	2018 年	2019 年	2020 年	
美国	51 857	57 451	61 488	57 132	56 592	56 685	56 165	57 692	58 730	1.47
中国	18 616	21 506	25 542	29 837	43 092	48 904	53 352	59 050	68 764	29.93

续表

国家	PCT 专利申请量（件）									年均增长率（%）
	2012年	2013年	2014年	2015年	2016年	2017年	2018年	2019年	2020年	
德国	18 749	17 922	17 983	18 004	18 308	18 951	19 748	19 327	18 538	−0.13
法国	7 801	7 905	8 260	8 420	8 210	8 014	7 919	7 938	7 765	−0.05
英国	4 918	4 849	5 267	5 291	5 504	5 568	5 634	5 770	5 900	2.22

资料来源：《中国科技统计年鉴 2021》。

从数量上看，中国已经成为创新大国，然而从专利质量分析情况来看则相去甚远，仍不是创新强国。因为我国的专利绝大多数是"外观设计专利"和"实用新型专利"，而"发明新型专利"不到 20%。在生成式人工智能领域也存在一些专利质量不高、创新性不强的问题。就专利的转化率而言，目前也处于较低水平，大量的专利并未转化为产品。过去 5 年，我国发明专利产业化率整体呈稳步上升态势，2023 年，我国发明专利产业化率为 39.6%，较上年提高 2.9 个百分点，连续 5 年稳步提高。其中，企业发明专利产业化率为 51.3%，较上年提高 3.2 个百分点，2024 年进一步提升到 53.3%。但我国发明专利产业化率特别是高校和科研单位发明专利产业化率整体上（2022 年，高校发明专利产业化率为 3.9%，科研单位发明专利产业化率为 13.3%）与美国、日本等发达国家一般在 60%~70% 的科技成果转化率相去甚远，也低于印度 50% 的科技成果转化率。

我国高校科研成果转化率过低持续引起高度关注。《中国科技成果转化年度报告 2023（高等院校与科研院所篇）》显示，2022 年，被纳入统计的全国 1 524 家高等院校（中央部属高校 107 家，地方高校 1 417 家），以转让、许可、作价投资和技术开发、咨询、服务方式转化科技成果的总合同金额为 1 175.7 亿元，比上年增长 7.4%；总合同项数为 282 468 项，比上年增长 3.8%。与上年不同，此报告没有公布高校科技成果转化合同的具体金额。据《中国科技成果转化年度报告 2022（高等院校篇）》显示，2021 年，1 478 家高等院校以转让、许可、作价投资方式转化科技成果的合同金额为 129.8 亿元，同比增长 13.6%。《2022 年中国专利调查报告》显示，2022 年，我国高校有效发明专利实施率为 16.9%，其中产业化率仅为 3.9%；虽然较上年分别提高了 3.1 个和 0.9 个百分点，但转化率过低的情况可能具有普遍性。中国青年网 2023 年 8 月 9 日转载报道，广西壮族自治区审计厅对 9 所区管高校 2020—2022 年度财政补助高校专项资金管理使用情况审计时发现，1 所高校累计获得财政投入科研经费 1.79 亿元，实施科研项目 702 个，仅有 5 个项目成果实现市场转化，占比为 0.71%；1 所高校累计获得财政投入科研经费 1.31 亿元，实施科研项目 862 个，实现成果转化 0 个。

第二节　创新能力不强的后果

进入 21 世纪，我国科技事业发生了历史性、整体性、格局性重大变化，在科技重点领域加速赶超，一些前沿方向开始进入并行、引领阶段，但我国创新能力不强，基础研究短板突出，已成为建设世界科技强国的重要影响因素，也是推进中国式现代化必须突破的重要障碍。目前，我国不少领域技术对外依赖度高，一些领域存在被"卡脖子"的风险，不仅严重制约新质生产力的形成和发展，影响我国核心竞争力和综合实力增强，也不利于我国在大国博弈中赢得主动。

一、关键核心技术被"卡脖子"

中国是工业大国，拥有全球最完整的产业体系，是全世界唯一拥有联合国产业分类当中全部工业门类的国家。但是，与欧美发达国家一百多年的工业化积累相比，我国在科技领域仍然有较大差距，基础技术、基础工艺能力不足，在工业母机、高端芯片、基础软硬件、高端仪器、基础材料等方面瓶颈仍然突出。

目前最为典型的就是半导体行业。2018年4月16日，美国宣布禁止美国企业向中兴通讯提供任何技术及产品，中兴通讯的业务发展随之停顿。美国禁止向华为供应高技术芯片，华为公司高端手机产品无法生产，只能被迫退出高端手机市场。由于受到高端芯片被"卡脖子"的影响，2022年中国智能手机总出货量为2.86亿部，同比下降13%，创历年来最大降幅。事实上，中国芯片的重要程度在某种程度上甚至超过了石油。有关统计显示，2022年中国为进口芯片支付的费用相当于全年进口石油和铁矿石的费用总和，芯片进口额连续两年超过4 000亿美元（见图10-1）。

从高端芯片来看，中国高度依赖进口，在核心技术上存在短板。其中，国产CPU（中央处理器）整体上落后于国际领先水平3~5年。计算架构依赖国际几大架构的授权，如ARM、X86等。在特色工艺方面，化合物半导体、大功率绝缘栅双极型晶体管、高频射频器件的制造技术依然欠缺。在原材料配套方面，高端光刻胶、12英寸①硅片生产设备主要依靠进口。核心技术往往涉及大量基础性技术，从设备、配套到软件，尤其是经验，都需要长期积累。

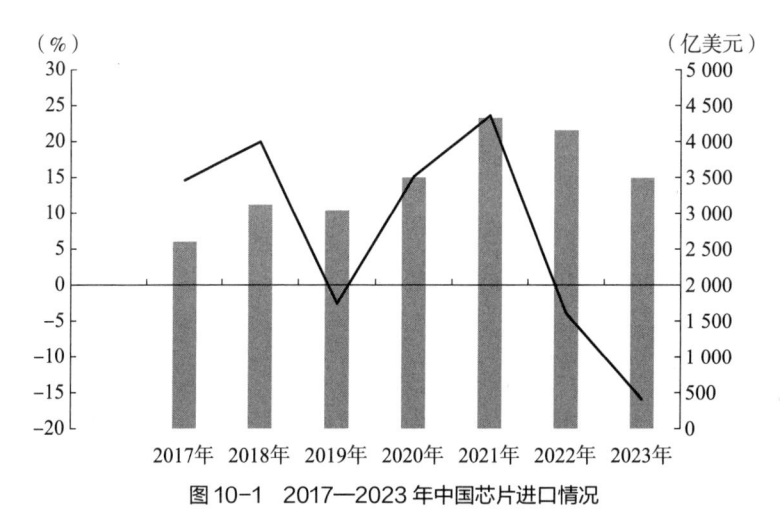

图10-1 2017—2023年中国芯片进口情况

资料来源：中国海关、华夏基金。

特别是光刻机被视为半导体工艺的核心机器之一，也是智能手机、计算机芯片等高端电子设备的关键生产环节所必需的。目前，上海微电子等本土公司正在努力追赶，但和市场份额极高的ASML等公司相比，仍存在一定差距。目前在全球45纳米以下高端光刻机市场中，荷兰ASML市场占有率在80%以上，而且目前ASML是全球唯一的7纳米及以下精度光刻机的提供商，而极紫外光刻机（EUV）离在我国实现国产化还有很长的路要走。从芯片产业链现状看，即便不考虑光刻机，我国除了封装测试技术实

---

① 1英寸约合2.54厘米。

力较强，其他产业链环节与世界先进水平仍有明显差距。若没有整体突破，即使在芯片设计上有很大进步，中国在芯片生产方面依然不能实现自主可控。即使拥有全球领先的芯片设计能力，国内芯片制造公司也没有能力制造出来。据工业和信息化部赛迪研究院的报告，中国芯片的制造工艺与全球领先水平相差 2.5 代以上。

芯片被"卡脖子"将拖累数字经济发展。数字经济是以大数据、智能算法、算力平台三大要素为基础的。芯片是数字经济的核心要素，芯片的主要作用是完成运算和处理任务，没有好的芯片，再好的算法也难以应用。美国实施的《芯片和科学法案》以及一系列禁令，不仅使中国半导体企业的生存环境更加严峻，还给中国数字经济乃至整个经济的增长带来了巨大挑战。

《科技日报》在 2018 年梳理了阻碍我国工业发展的 35 个关键技术，并进行了系列"卡脖子"报道，包括高端光刻机以及相关技术，芯片制造以及相关设计工程软件、核心工业软件等，目前美国对中国的技术封锁已经向这些领域延伸（见表 10-4）。中国的部分大学和研究机构已经被禁用 Matlab 数据分析软件。作为重要的科研和工程开发工具，这将给中国的科研工作造成极大不便。

表 10-4 部分主要关键技术产品中外差距

技术清单	国外	中国
数据库管理系统	甲骨文（Oracle）、IBM、微软等美国公司占据了大部分的市场份额	中国国产数据库管理系统尽管一直追赶，但是在稳定性、通用性上依然存在不足
航空发动机		在军用航空发动机领域，中国的 CJ-1000 型发动机已经取得关键性进展，但是距离商用还存在一定差距
手机射频器件	目前高端市场被美国企业垄断	主要集中在中低端产品

续表

技术清单	国外	中国
重型燃气轮机	国际上主要是被美国通用等企业垄断	中国目前尚不具备大批量生产列装和市场竞争能力
高压柱塞泵		中国90%以上依赖进口
高压共轨系统		中国的高压共轨系统在性能、功能、质量及一致性上与美国还存在一定的差距
透射式电镜和扫描电镜		中国每年需要花费超过1亿美元采购美国等国产品,中国国产扫描电镜只占整个中国市场的不到10%
高端电容电阻		中国在精密器件、关键工艺和材料上存在短板,在质量管控和产品稳定性上存在不足
ITO靶材	高端市场已经被美国和日本的企业垄断	
高端铣刀、高端轴承钢	制造销售被美国企业等垄断,瑞典SKF、德国舍弗勒等公司的大型轴承占据了大部分的市场份额	铣磨车床所需的高端铣刀仍然需要进口,否则中国优势装备行业风机的主齿轮箱就有可能无法有效运转
微球		中国间隔物微球依赖进口
燃料电池关键材料		在隔膜、催化剂等关键材料和部件领域尚无法实现量产
高端焊接电源	高端焊接电源基本上仍被国外垄断	
医学影像设备元器件		中国国产医学影像设备的核心元器件大量依赖进口
超精密抛光工艺	它是高端装备和精密仪器的必备工艺,目前被美日企业垄断	对于这种极度依赖经验和技术工艺的产业,中国尚缺乏足够的积累
高端环氧树脂		与国外仍有明显差距
iCLIP技术		中国实验室极少拥有成熟经验

在科研领域，据媒体报道，2016—2019年，中国科学院下属研究所采购的超过200万元的科学仪器中，包括解析蛋白成分的质谱仪、分析高分子材料含量的光学色谱仪等国产率不足1.5%。如果没有这些仪器提供的数据，很多基础研究就无法完成。在科学仪器中的理化分析方面，液相色谱仪是非常重要的化合物分析仪器。在生物医药高精度科学实验仪器、分离系统耗材、核心菌种等方面，国内目前尚未形成有影响力的企业，大分子药生产设备、原料培养基等装备环节国内市场占有率不足20%。

在农业领域，我国虽是农业大国，农作物自主选育品种面积占比超过95%，畜禽核心种源自给率超过75%，但依旧有很多种子大量依赖国外，种业自主创新种植能力较弱。种质资源"卡脖子"，如蔬菜、肉猪、肉牛等种质资源依赖进口；生物质谱技术储备与先进发达国家还存在一定差距；分子育种关键设备和试剂耗材基本依赖进口。

二、科技交流被筑起"小院高墙"

一般认为，当一个国家在特定时间段内的科学成果总数超过世界同期总数的25%时，该国就是世界科学中心。世界科学中心拥有世界一流的战略科学家和创新团队，拥有世界一流的高校、科研机构和学科体系，拥有世界领先的大科学装置和基础科研平台，具有较强的重大原创成果或前沿基础的产出能力，拥有一批世界领军型企业和较强的产业原始创新能力，以及具有国际化创新生态网络。特别是世界高等教育中心，处于全球教育体系的中心位置，是具有强大的世界影响力乃至成为世界高等教育典范的高等教育体系聚集地，集中表现为科技成果多、高水平人才产出高和教育制度的创新。世界一流学者和优秀（留）学生集聚度最高的国家就是世界人才中心。如表10-5所示，从意大利至美国，世界三大中心转移虽然具有"百年易主"的大致趋势，但目前美国等西方发达国家仍是世界科学中心。世界科学中心是科学知识的产出地和先进技术的策源地。作为世界科学中心，美国等国家具有传播新知识、扩散新技术的自主控制能力和手段，在一定意义上，它们现在仍然是科学技术方面的"老师或先生"，它们具有选择"学生或弟子"的特权，作为后发国家或追赶型经济体，我们还需要从"老师"那里学习新东西，特别是在我们自身创新能力还不强、基础研究还薄弱的时候，这种需要相当紧迫，同时这也成为"先生"拿捏"弟子"的"撒手锏"。

近年来，随着国际局势的变化，部分发达国家开始出现逆全球化趋势，并以"保护国家安全"或"保护知识产权"等为借口，极力限制高新技术出口。美国等西方国家借助"民主科技联盟"深化多边协同，以"全政府"方式对我国科技创新进行系统性围堵和打压。自2018年以来，美国联合欧盟、日本等盟友制华，大搞"小院相通、高墙相连"。美国正在推动构建"科技10国""科技12国"等机制，其主要成员包括但不限于加拿大、澳大利亚、英国、法国、德国、荷兰、意大利、日本、韩国等美国传统盟友，以及印度等新兴经济体。同时，美国以模块化方式，与芬兰、瑞典、爱沙尼亚和以色列等国家合作，在电信、量子计算、机器人等不同领域维护西方技术优势。

表 10-5　近现代世界三大中心的转移历程

	国家	大致时间	代表性科技成果
世界科学中心	意大利	1540—1610 年	提出"日心说"，研究速度和加速度，重力和自由落体、惯性、弹丸运动原理等，在天文学、解剖学、力学、数学、博物学等领域取得巨大突破
	英国	1660—1730 年	牛顿完成"自然哲学"的统一，提出力学三大定律和万有引力定律；牛顿和德国的莱布尼茨创立了微积分；气体定律（玻意耳）；弹性定律（胡克）；开辟了力学、化学、生理学等多个现代学科；改良蒸汽机（瓦特）
	法国	1770—1830 年	提出波动方程，法国在热力学、化学、天体力学等领域做出了突出贡献；萨迪·卡诺奠定热力学理论基础；拉普拉斯创立分析概率论；布丰首次提出广泛而具体的进化学说
	德国	1810—1920 年	创立有机化学（李比希）、合成尿素（维勒）、创立细胞学说（施莱登、施旺）、提出量子概念（普朗克）、提出相对论（爱因斯坦）、发现 X 射线（伦琴）、德国在有机化学、量子力学、以及钢铁、汽车等领域成为世界"领头羊"
	美国	1920 年至今	雷达、电视、互联网、晶体管、超导、红宝石激光器、"阿波罗计划"、解析乙肝病毒、发明世界首台通用微处理器、核武器

	国家	大致时间	代表性人才	代表性高校 / 科研院所
世界高等教育中心和世界人才中心	意大利	14—16 世纪末	伽利略、达·芬奇、哥白尼	那不勒斯大学、锡耶纳大学、萨莱诺大学、博洛尼亚大学、帕多瓦大学、比萨大学
	英国	17—18 世纪初	吉尔伯特、达尔文、玻意耳、牛顿、胡克、哈维、莱、阿代尔、哈雷、享利	牛津大学、剑桥大学、伦敦大学、"红砖大学"等
	法国	18 世纪中叶—19 世纪 40 年代	达朗贝尔、萨迪·卡诺、拉普拉斯、布丰	巴黎理工学院、巴黎高等师范学校等"大学校"；炮兵学院、军事工程学院、桥梁公路学校、巴黎矿业学校等高等专科学校
	德国	19 世纪初—一战前夕	李比希、高斯、维勒、施莱登、施旺、爱因斯坦、普朗克、伦琴	柏林大学李比希化学实验室、吉森大学希化学实验室、弥勒生理学实验室、德国国家物理技术研究所
	美国	一战后至今	爱因斯坦、特斯拉、冯·诺依曼、杜威、沃森、理查德·费曼	普林斯顿大学、约翰·霍普金斯大学、威斯康星大学、斯坦福大学、工业实验室（电气、化学），以及劳伦斯伯克利、洛斯阿拉莫斯、橡树岭等国家实验室

深层次改革

美国将科技竞争视为战略竞争的核心,中美科技合作受到严重冲击。自2018年中美贸易摩擦发生以来,美国科研人员与中方开展合作的意愿明显下降。当前,技术管控有从我国优势产业技术向基础研究领域蔓延的趋势。例如,近年来美国在特定基础研究领域对中国等部分国家留学生赴美学习的专业限制收紧,尤其在机器人、量子计算、半导体、人工智能等领域严格限制中国留学生的签证。

虽然中国一定程度上一直受到西方国家的技术封锁,核技术、航天技术等尖端科技以前不卖给中国,冷战期间巴黎统筹委员会对中国实施禁运,现在《瓦森纳协定》依旧对中国禁运先进设备和技术,但当前美国政府加速对华科技脱钩,确定与国家安全直接相关的特定技术和研究领域(即"小院"),并划定适当的战略边界(即"高墙"),对"小院"内的核心技术实施了更严密、更大力度的封锁。美国政府采取了出口管制、实体清单、阻断科技交流、限制投资并购等一系列措施,使得中美科技合作的基础与环境发生重大变化。如2018年美国正式生效的《出口管制改革法案》强化了其出口管制权力和"长臂管辖"范围。针对中国芯片领域的技术进步,美国商务部工业与安全局收紧了对中国芯片技术的限制,从扩大限制先进AI芯片出口、限制中国获得先进AI芯片制造设备和新增中国芯片设计企业的实体清单三个方面扩大了限制范围,降低了限制技术的门槛。美国的《2022美国竞争法案》《芯片和科学法案》《通胀削减法案》都有含有"去中国化"的政策。我国科技发展的外部环境出现了明显的不适应性,技术、人才既"进不来",也"出不去",中国与西方发达国家的科技交流合作陷入严峻局面。

三、技术进步面临"中低端锁定"

改革开放以来,我国实行"引进、消化、吸收再创新"的技术路径,凭借劳动力成本优势承接了发达国家的成熟产业转移,大踏步地赶上了国际技术进步和产业变革步伐,同时自主创新能力得到大幅提升。但是发展到现在,一方面,跨国公司出于竞争需要,一般都将成熟技术转移给我国,核心技术和前沿技术留在本企业或者本国,所以技术代差始终存在。"以市场换技术"在早期阶段取得了一定成效,但外资和合资企业一般只是"技术转移"而非"技术转让"部分成熟和通用技术,真正的关键技术仍由母公司掌控。从技术和工艺水平来看,大多数工业行业的技术制高点均不在我国,即使是一些国际竞争力较强、性价比高、市场占有率高的中国产业,其核心元器件、控制技术、关键材料等也均依赖国外。我国的技术知识体系和产业知识体系不牢固,尤其是在关键核心技术领域,一旦知识源头被切断,可能出现"有市场而无技术"的风险。中国企业"干中学"和模仿创新的难度越发增大。由于国际大环境的变化,我国知识交流的渠道以及过去主要依赖的创新路径受到阻碍。

另一方面,我国技术进步在诸多领域已经实现了同世界先进水平同步,有的甚至"领跑",追到了"无人区",前面没有追赶目标,所以技术源头越来越少,难以继续依靠外部"输血",前进的步伐、技术进步的步伐自然慢下来。但目前我国原始创新能力与国外相比还有差距。有数据指出,前1%的原创性、引领性、突破性技术仍是以欧美国家为主,我国在其中占的份额不多,"造血"能力不强。与此同时,后发国家越接近技术前沿,越容易遭到先发国家的技术管制,科技遏制和脱钩加剧。现在美国对我国搞"小院高墙",实施技术封锁甚至打压,使我国技术进步遇到了更多障碍,未来发展面临技术瓶颈。主要西方发达国家已经从市场主导的技术竞争彻底转向国家控制的技术霸权,某种程度上已明显上升为国家意志,西方技术霸权使得我国科技发展面临"中低端锁定"的风险。

第三节　创新能力不强的原因

创新能力不强是我国经济发展的重要制约因素。原因是多方面的,既有客观的,也有主观的;既有政策性的,也有体制机制性的。相较而言,主观和体制机制性的因素可能更为主要,能力不强的根本原因是动力不足。我国全社会研发投入已排到世界第二位,在一定意义上,我国的科技创新已经不是钱的问题,而是钱怎么用、由谁用、用于谁的问题,是科技资源配置的体制机制问题。正如有人所说,不深入推进科技体制改革,再多的钱也砸不出大科学家、诺贝尔奖获得者。

一、人才培养引进体系不适应

创新本质上是人的一种智力活动,人才是创新的第一要素。创新的问题,根本上是人的问题。我国创新能力不强,首先是人才的培养、人才引进体系方面存在不可忽视的问题。

第一,现行教育体系不利于创新型人才培养。人才培养是创新的基础。我国现行教育行政管理和行业发展体制建立在以人才选拔为目标、考试成绩为依据的基础上。从小学到中学，从中学到大学，考试成绩是"硬道理"，"以成绩论英雄"至今被公认为是最公平、最可靠、最被广泛接受但又难以更改的规则。所以，在现行的教育体制下，无论怎样强调素质教育，无论怎么综合改革，考试都是指挥棒，升学率都是核心指标，尤其是高考这根指挥棒更是起着决定性作用。在考试这根指挥棒下，应试教育就成为中国教育体系的最大特色和最突出特征。应试教育有很多优点，但影响最大的缺陷，就是知识灌输型的教育、学习在很大程度上抑制了学生的创新性、束缚了原创动力和勇于质疑的科学精神。在应试教育中，所学必所答，教的是正确答案，考试必填正确答案，在此过程中，不可避免地会忽视学生创新思维的培养。由于长期采用填鸭式的应试教育，学生只注重书本知识，疲于应付一个又一个连续不断的考试，科学精神、创新意识难以形成。有标准答案的刻板僵硬的教育模式培养出来的只能是思维和知识僵化的人。青少年时期是人的思想和创造力最活跃的阶段，而现在学生完全处于为考试而学习的状态，他们的兴趣爱好没有得到培养，创新能力可想而知。

第二，优秀人才流失严重。现行人才教育培养体系整体上缺乏创新意识，更为严重的是，有创新能力、创新潜力和意识的人相当一部分选择出国了。一方面是由于国内的教育水平相对落后，更高层次的深造需要到国外进行，每年都有大量人才因出国留学而流失，尤其是创新型人才。据统计，过去10年美国授予临时签证持有人共177 454个博士学位，其中排名前三的国家分别是中国、印度、韩国，来自这三个国家的学生获得的学位数量占一半以上；2020年，共有6 337名中国学生获得博士学位，远超排名第二的印度（获得博士学位的总数为 2 256 名）和排名第三的韩国（获得博士学位的总数为 1 054 名）。问题是，出国留学的人中相当一部分不回来。美国国家科学基金会调研发现，有 79.4% 的中国博士毕业生打算继续留在美国。另据《日本经济新闻》报道，截至 2022 年 6 月底，美国高端外国人才有 17 199 人，其中来自中国的高端外国人才占 66%，远远领先于第二名的印度（6%）和第三名的韩国（4%）。有报道称，我国 2/3 的顶尖人才仍然滞留国外。如果说多年之前留学人才不愿回国是因为国内与国外生活水平有巨大差距，那么时至今日，高端人才仍不愿回国的原因就值得深思。

全球化智库（CCG）2024 年 2 月 29 日发布《中国留学发展报告蓝皮书（2023—2024）》。教育部数据显示，1978—2019 年中国各类出国留学人员累计达 656.06 万人，加上三年疫情期间 163.67 万人，1978—2022 年累计达到 819.73 万人，若加上 2023—2024 年的约 100 万人，总计出国留学人数约 920 万人（见图 10-2）。

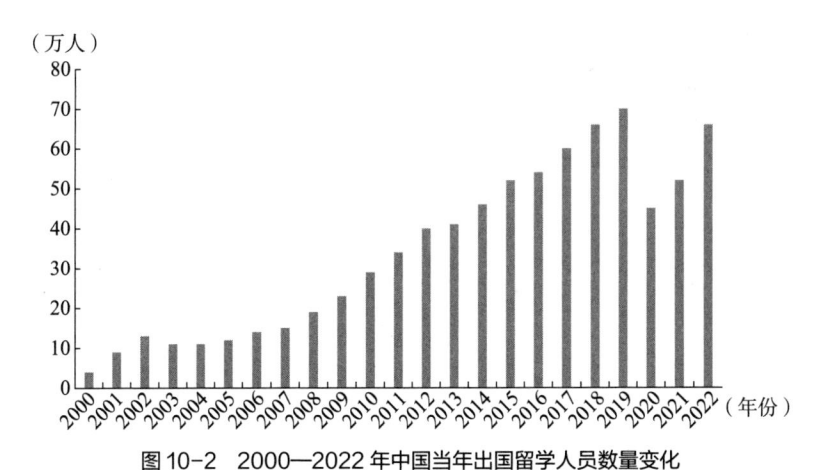

图 10-2 2000—2022 年中国当年出国留学人员数量变化

资料来源：《中国留学发展报告蓝皮书（2023—2024）》。

教育部数据显示，从改革开放至2007年，中国累计出国留学121万人回国仅32万人，回流率仅为26.4%。中国（教育部）留学服务中心发布的《2022中国留学回国就业蓝皮书》显示：党的十八大以来，留学回国人数呈显著增长趋势，约有341.34万人回国发展，占留学回国总人数的80%以上。另据全球化智库报告，1978—2019年，中国各类出国留学人员累计达656.06万人，其中165.62万人正在国外进行相关阶段的学习或研究；490.44万人已完成学业，423.17万人在完成学业后选择回国发展，占已完成学业群体的86.28%。2020年留学回国人数首次超过出国留学人数，2021年留学回国人数超过100万人。从改革开放至2021年，留学回国人员总数超过600万人，留学人员回流呈明显加速趋势（见图10-3）。据中国（教育部）留学服务中心发布会介绍，从回国认证的数据来看，2018年认证了25万人，2023年认证了38.2万余人，最近5年来人数稳中有升，且在持续增长。《中国留学发展报告蓝皮书（2023—2024）》称，目前超过130万名中国留学人员在全世界100多个国家留学深造。联合国教科文组织数据显示，2021年中国在海外高等教育机构留学的学生共102.1万人，数量居全球首位。美国门户开放报告显示，2022/2023学年中国留学生人数仍然位居美国国际学生人数榜首，达到28.9万人，占美国高等院校国际学生的27.4%。

第三，我国人才引进机制不完善。中国是少数提出人才强国战略的国家之一，为积极解决人才流失问题，国家开展了"千人计划""百人计划"等一系列人才计划，已取得明显成效。但美国限制顶尖人才回国，甚至阻止华人科学家与中国进行合作研究，顶尖人才回国难、合作难，顶尖留学人员引不来的问题越来越突出。同时，人才引进、使用政策落实不到位，人才引进政绩化、形象化问题突出，对身边的人才视而不见、对引进的人才弃之不用的现象时有发生，引进的人才留不住、用不好的问题在一些地方仍然存在。一些地方或部门让一些顶尖人才放弃自己擅长从事的科学事业，而培养选拔做行政工作，造成人才浪费，也无形中养成了"学而优则仕"导向或不良风气。同时，中国移民政策缺乏国际竞争力，不能适应国际人才竞争新态势和我国建设世界人才高地的新要求。

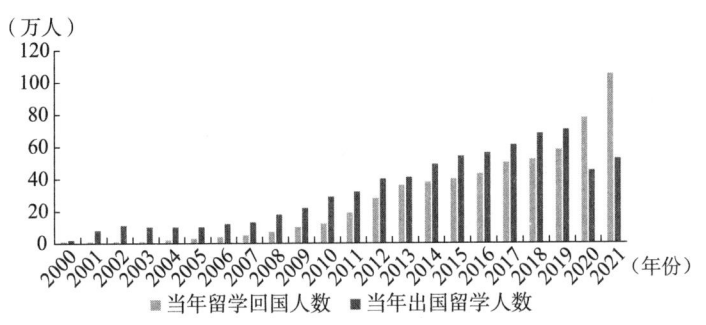

图10-3 2000—2021年中国当年出国留学人员数量及当年留学回国人员数量

二、现行的科研体制改革滞后

改革开放特别是党的十八大以来，我国科技体制改革向纵深推进，科技创新重点领域和关键环节改革取得实质性进展。2023年组建了中央科技委员会，加强党中央对科技工作的集中统一领导，统筹推进国家创新体系建设和科技体制改革。但必须看到，我国科技体制机制改革还不到位。正如习近平总书记所指出的："多年来，我国一直存在着科技成果向现实生产力转化不力、不顺、不畅的痼疾，其中一个重要症结就在于科技创新链条上存在着诸多体制机制关卡,创新和转化各个环节衔接不够紧密。就像接力赛一样,第一棒跑到了,下一棒没有人接,或者接了不知道往哪儿跑。"①

第一,科研院所事业单位改革滞后。我国科研机构和高校都是事业单位,管理体系仍比较僵化,搞基础研究的没有有效保障,搞应用研究的不能转化,激励约束机制不健全,创新激励不足、贡献奖励不到位的问题仍比较突出。一方面,基础研究不"基础"。一是基础研究经费保障不到位。近年来,虽然我国基础研究经费投入逐步增加,但与发达国家相比仍然存在较大差距。2023年我国基础研究经费2 259.1亿元,占全社会研究与试验发展(R&D)经费投入的比重为6.77%,比上年提升0.2个百分点,但比美国低近10个百分点。美、日等创新型国家通常通过年度预算方式稳定支持基础研究,竞争性经费与稳定性经费的比例一般为3∶7甚至2∶8,如美国国立卫生研究院绝大部分经费来自联邦政府稳定支持,美国能源部下属国家实验室80%以上经费来自能源部。但我国基础研究竞争性经费比例相对偏高,大体在50%以上,而且通常以国家自然科学基金、重点研发计划等形式予以资助,竞争压力较大。二是基础研究评价周期相对较短。美国国立卫生研究院、美国能源部等机构均设置长期性/延续性基础研究资助计划,如部分科研人员的同一项目可被美国国立卫生研究院的R01资助计划连续资助40多年。而目前我国对基础研究项目普遍采用项目周期评价,三五年甚至一两年内就要有像样的考核成果,导致基础研究人员趋于短平快项目,追求发

---

① 《习近平谈治国理政(第一卷)》,北京:外文出版社,2014年,第125页。

表论文、评奖评优等短期成果,而非转化应用、攻克难题等实际效果,难以静心"坐冷板凳",难以通过长期积累实现重大突破。另外,应用研究不"应用"。目前,国内大量的科研人员所从事的是应用科学研究,由于内部人事分配改革不到位,科研人员切身利益主要与职称挂钩,缺乏有效的科技成果转移转化激励机制,转化动力不强。特别是在高等院校发论文评职称最重要的制度下,论文不可避免地只重数量不重质量。这不仅挤占了宝贵的科研经费,而且没能从根本上缓解科技和经济"两张皮"的问题。同时,一些科研机构和高校缺乏科技创新的环境,存在诸如论资排辈、学术论文造假等问题。

第二,现行科研治理体系不适应。突出表现为创新体系整体效能还不高,科技创新资源整合还不够,科技管理高度分散,这导致机构重叠、课题重复、科技资源浪费严重。由于部门分割,科研机构和高校缺少参与企业的技术引进、创新的机会,企业也较少参与科研机构和高校承担的国家科研任务。目前,科研机构和高校研究人员与企业的合作大部分是以横向项目展开的,这种项目研究周期短,难以支撑评奖、评"帽子",更多的是作为科研经费的补充,对院校和研究者个人的作用较小。科研机构和高校更重视来自政府的项目。这种纵向项目的等级和数量,可以决定它们的科研水平、研究者的升迁考核,同时关系着多种学术头衔的评定。高校与企业的横向合作不是必需的,与部委的合作却是必要的。同时,在这种分割体制下,各布置各的任务、各搞各的研究,导致大量重复研究,科技创新投入产出效果大打折扣。市场化社会科技服务体系不健全也是重要因素。过去在计划经济体制下,国有科研院所直接将其研究成果转给国有企业,不用社会化服务机构，现在科研机构和高校即使有了科研成果，既不可能直接转给国有企业（没有直接关系），更不可能随便转给民营企业（涉及国有资产流失），没有市场化创新服务体系，科技与经济之间就缺少桥梁和纽带，结果大批难得的、有实际价值的科技成果被束之高阁。

三、注重创新的微观基础机制不完善

在市场经济条件下，企业是商品生产和服务提供的主体，也是创新的主体，还是科技和经济相结合的主体。没有企业，就谈不上科技成果的转化；没有企业需求，科技研发特别是应用研究就无的放矢、毫无意义。所以在一些国家，科研与企业是紧密结合在一起的，创新是企业的内在因素，企业是创新的出题者、主持者、组织者、推动者，科技人员就是企业人员。我国在传统科技体制下，政府是科技进步的唯一主体，企业作为政府行政机关的附属物，仅仅是科技成果的被动接受者，企业创新活动虽有但不是为主。改革开放特别是党的十八大以来，党中央明确提出确立企业科技创新主体地位，随着科技和经济体制改革的不断深入，企业进行技术创新的积极性有所增强。但是从总体上看，政府主导型科技创新体制仍未发生根本改变，我国微观基础创新机制不健全仍是突出问题。

第一，企业创新主体地位还没有真正确立。在国家创新体系中，企业还处于从属辅助地位。国家大院、大所、高校还是主体，为科技而科技的情况仍然存在，科技面向和立足经济主战场的体系机制还没有建立。总的来看，科技人员不在企业、科研任务不到企业、科研经费到不了企业，科研能力也不在企业，尤其是基础研究方面更加突出，企业技术创新的动力和能力严重不足。我国虽然出现了一系列的、有代表性的创新企业，包括华为、小米等国际化的高科技公司，BAT（百度、阿里巴巴、腾讯）等互联网公司，以及吉利汽车、潍柴动力、三一重工等传统产业领域中有国际竞争力的公司，但企业普遍存在重生产轻研发、重引进轻消化吸收、重模仿轻创新的倾向。2024年12月18日，欧盟委员会发布《2024年欧盟产业研发投资记分牌》①分析了全球研发投资最多的2 000个企业（Top 2 000）的研发状况，中国虽有524家企业入榜（其中华为位列全球第六），但2023年中国企业研发投资增长9.6%，低于欧盟（9.8%），中国企业研发投资（占比17.1%）落后于美国（42.3%）和欧盟（18.7%），位居全球第三。据国家统计局、国务院第五次全国经济普查领导小组办公室2024年12月26日发布的《第五次全国经济普查公报（第六号）》，2023年全国规模以上制造业企业研发经费占营业收入的比重为1.71%，但仍低于发达国家2.5%~4%的水平。企业技术创新能力不强，尤其是企业对基础研究重视不够，底层基础技术、基础工艺能力不足等。根据中国人民大学的研究，美国发明专利企业占比高达85%，而我国企业占63.9%，相差超过20%。如果再考虑到我国重大专利量和技术发明专利占比低的事实，这种绝对数量的差距将更加悬殊。美国企业拥有大量高水平研究人员，比如

---

① 欧盟委员会发布《欧盟产业研发投资记分牌》，自2005年起收集并研究欧盟及全球高研发投入企业的经济和财务数据，每年（数据为上一年度企业数据）监测不同企业、行业、经济体的投入规模和特征，其主要目标是将欧盟的企业创新驱动绩效与全球竞争对手进行比较。

一直隶属于企业的贝尔实验室就孕育了9位诺贝尔奖得主；而我国除极少数标杆性民企和大型国企外，科技人员主要集中在科研院所和高校，基础研究和应用研究主要在高校和科研院所，博士和硕士研发人员到企业就职的比重分别仅为7%和33%，在企业从事技术开发的科技人员少之又少。目前，全民所有制工业企业拥有工程技术人员约178.5万人，从事技术开发的不足36万人，每个企业平均只有5人。

第二，创新驱动发展的企业环境还没有形成。尽管有华为这样的优秀民营企业，但搞创新的大型民营企业数量有限。对很多企业来说，还没有到不创新不能活的时候。从发展阶段来说，中国经济还处于要素、资本驱动阶段，多数企业缺乏创新动力与能力。长期以来，一些重要生产要素的价格被扭曲、压低，能源、矿产、资金、土地、劳动力、环保等的压力没有传导到企业身上，一些企业甚至靠仿造和假冒生存，企业没有足够的动力去改变这种发展模式。对沿海地区的一些民营企业来讲，最可靠、稳定的盈利模式是接国外大公司的订单进行生产。长期以来的"技术依赖"，使大部分中国制造业企业失去了自主创新的动力。我国的市场还不成熟，市场竞争也不充分，创新的动力还不足。如果企业还采用低成本竞争、抄袭仿冒、不公平竞争等方式获得超额利润，就不可能有积极性去搞创新。只有当市场真正公平竞争，企业没有其他选择时，才有真正的内在动力去创新，否则就无法生存发展。

第三，国有企业机制改革还不到位。企业任期考核制度不相适应，偏重反映短期业绩的各种经营指标，无法反映创新活动的技术贡献，创新意愿不强。企业有能力创新但不愿意创新，认为创新没有好处，只有风险。由于改革不到位，企业所有者虚置缺位，多数国有企业治理结构还不完善，企业高管为完成任期考核业绩，不愿选择投入大、周期长、风险高的技术创新，特别是在这种机制下，企业家精神难以彰显。反观美国科技发展历程，虽然第一次和第二次技术革命均爆发于欧洲，但从蒸汽机到纺织机，从炼钢技术到制碱技术，从车床工具到螺旋桨等欧洲发明都在美国获得了及时广泛的应用。整个19世纪，美国企业家积极引进欧洲新技术，19世纪下半期是美国企业家精神的爆发期。

四、支持和保护创新的体系不健全

第一，支持创新的金融体系不健全。企业是创新的主体，但在目前的金融体制下，创业投资不发达，企业即使想创新，也缺少资金支撑。据统计，目前企业创新投入资金的来源比较单一，自有资金占比高达91%，而科技贷款规模仅占银行信贷总额的8%左右。事实上，近年来我国金融支持科技创新虽取得明显进展，但总体上，现行金融服务体系离实现科技自立自强的要求还有很大差距，远不能满足科技创新发展的现实需要。一是金融结构不相适应。我国目前的金融结构是以间接融资为主，与直接融资相比，以抵押为基础的银行信贷融资能承受的风险要低得多。所以，一定意义上可以说，现有的金融结构是与传统发展模式相适应的。间接融资比重高，就从总量上限制了支持科技创新的金融资源规模，成为科技金融发展边界，很难适应实施创新驱动发展战略的需要。二是银行金融机构内在经营机制不相适应。银行在我国金融体系中处于绝对主导地位，科技创新还离不开银行业的大力支持。但科创企业具有"两高一轻"（高技术投入、高人力资本投入和轻资产）的特点，现行财务报表并不能完整反映科创企业的真实情况，商业银行很难仅依靠财务报表做出信贷投放决策。三是资本市场资金来源不相适应。科技创新需要长期投资支持，但我国股市资金绝大多数是以追求短期收益为主的散户，长期机构投资者占比不高，目前我国各类机构投资者持股市值仅占20%左右，与美国的60%以上相差较大。以散户短期资金为主的资本市场，难以满足有一定风险的科创企业的融资需要。四是创业投资、股权投资发展不相适应。创业投资、股权投资追逐高收益，是分担初始期科创风险的有效工具，全球4/5以上存活的独角兽企业都得到了创业投资的持续支持。近年来，我国规模有限的创业投资，特别是国有创投机构偏向投资于成熟期、产业化项目，离投早、投小、投长期、投科技的要求还有差距。

第二，保护创新的法律环境缺失。知识产权保护机制不完善是我国科技创新环境的一个短板。知识产权是技术创新的重要保障和激励措施，但我国在知识产权保护方面还存在一些问题。我国法治环境不完善，知识产权保护不到位，创新产品、技术、专利等得不到有效保护，企业不敢创新。同时，财产保护不到位，投资者特别是民营企业对技术创新这样的长期投资多少有一些顾虑。法律法规的不完善和知识产权保护的不力使得科技创新者缺乏积极性和动力。比如，有专家指出："种业创新的最大难题就是知识产权保护，障碍根源在种质资源的流失和被窃。离开强有力的知识产权保护，种业创新可望而不可即。"

第三，鼓励创新的社会环境缺失。我国缺少科学传统，民众的科学素养缺失，观念、文化的改变需要时间。我们的科普还有很长的路要走。2020年我国公民具备科学素质的比例仅为

10.56%，远低于主要发达国家 20%~30% 的水平。同时，缺乏创新文化。创新文化是推动科技创新的重要条件，对于激发创新活力和营造创新氛围具有重要作用，我国在创新文化方面仍然存在短板。当然，我们也要看到，我国的科研工作与发达国家相比，本身起步晚，加上基础薄弱，所以要在短时间内迅速缩小与西方发达国家在科研发展方面的差距是不现实的，尤其在基础学科领域的差距还是相当大的。中华人民共和国成立之前，我们主要是靠引进西方的技术；中华人民共和国成立之后，我们开始从苏联引进技术；改革开放之后，从西方引进技术，真正考虑到自主创新强调创新能力也就是在过去二三十年。日本从明治维新开始，经过一百多年的努力，到 20 世纪七八十年代才真正在全世界取得创新成功。中国在创新能力方面取得了不小进步，但还要遵从客观规律，从这一点来讲，我们还需要有耐心。总之，创新涉及方方面面，不可能一蹴而就，要有长期思想准备。推动创新将涉及一系列经济社会体制的变革，没有这种变革，要真正实现创新驱动是不现实的。

第三篇
怎样推进深层次改革

第十一章
健全扩大内需的有效机制

加快构建新发展格局,是以习近平同志为核心的党中央顺应世界百年未有之大变局、服务于中华民族伟大复兴的战略全局,是根据我国发展阶段、环境、条件变化做出的战略决策,是事关全局的系统性深层次变革。从"十四五"时期及更长远未来发展趋势看,加快构建新发展格局,关键在于畅通国民经济循环,其着力点就在于以更深层次改革推动构建我国完整的内需体系。

第一节 加快建立扩大消费的长效机制

消费是最终需求,是拉动经济增长的主要动力。要积极顺应和把握消费升级大趋势,完善促进消费的体制机制,进一步增强消费对经济发展的基础性作用,推动高质量发展。

一、建立健全居民自主消费体制

扩大居民消费是经济发展的根本目的,也是实现人民对美好生活需要的最直接体现。要坚持消费引领，倡导消费者优先。充分发挥市场在资源配置中的决定性作用，坚决摒弃行政随意干预居民消费的惯性思维，调整不利于消费结构升级的政策，全面清理现有不利于消费释放，尤其是各类限购、限贷、限价等行政干预措施。要增强消费者主体意识，尊重消费者自由选择权，加大消费者合法权益保护力度，实现消费者自由选择、自主消费，提升消费者获得感、幸福感、安全感。

当前，我国城乡居民消费结构正在发生重大变化，蕴藏着巨大潜能，特别是我国有全球规模最大、成长性最好的中等收入群体，孕育着大量消费升级需求。建立扩大消费的长效机制的关键，是要更好地满足消费者自主消费需求，把蕴藏的巨大消费潜力释放出来，支持别墅、游艇、私人飞机等高端消费发展，培育消费新增长点。要深化服务领域改革，不断激发服务消费潜力，扩大教育、医疗、养老、数字、旅游、文化、体育、咨询、法律等服务消费。当前，扩大消费最直接、最有效的办法是减少甚至消除限制性措施，其中较为突出的是汽车消费限制措施。汽车消费是居民消费升级的重要方面，体现了人们对美好生活的向往和出行需求，既是工具，也是文化，是社会现代化的重要组成部分。党中央、国务院高度重视汽车消费，明确提出要破除限制政策，推动汽车等消费由购买管理向使用管理转变。

第一，加快取消汽车限购、限行等行政规定，这已经成为包括政府、行业、消费者在内的全社会共识。某些超大城市仍然坚持限购限行，把汽车限购作为解决城市拥堵问题的根本手段，不仅不符合政策方向、难以满足群众买车用车的诉求，实际拥堵问题也没能解决。从政策角度看，自2019年起，国务院首提"探索推行逐步放宽或取消限购",到2023年国务院提出"各地区不得新增汽车限购措施,已实施限购的地区因地制宜优化汽车限购措施",2024年3月国务院印发《推动大规模设备更新和消费品以旧换新行动方案》,又一次要求因地制宜优化汽车限购措施。商务部印发《商务领域促进汽车消费工作指引》要求,已实施汽车限购的地方,应统筹群众汽车消费需求和当地交通拥堵、污染治理等因素,通过增加号牌指标、放宽号牌申请条件、精准设置限购区域、探索拥堵区域内外车辆分类使用政策等措施,有序取消行政性限制汽车购买规定。从实际效果看,汽车限购本是一项在汽车消费快速增长超越城市承载力的背景下实施的临时性行政措施,目的是缓解城市交通拥堵问题,但对于超大城市来说,通过简单的限购来解决交通拥堵问题十分困难,也不符合实际,更有悖于现代城市治理理念。如果大城市实行这种硬性行政规定,不仅限购,而且好不容易买了又有限行,则会导致居民资产非自愿闲置浪费,更重要的是,无故增添了老百姓限行这一天的出行困难。事实上,不能单纯通过限制机动车保有量,来弥补交通管理能力的不足。从社会影响看,长时间实行限购政策,会使一个简单的拥堵问题演变为异常复杂的社会问题,不仅会滋生腐败,产生各类地下车牌交易,人为增加罚款事项,也容易造成新的社会不公,成为无车家庭和居民日常生活中最大的无奈。据北京市小客车指标办2024年6月26日消息,新一期小客车指标配置有超过62万个家庭和259万个人申请人在"一个池子"中分9 600个普通小客车指标,中签率低得难以想象,要买车实在太难了,近在眼前的汽车消费需求就这样被抑制了。其实,大城市上下班高峰堵车是普遍的规律性现象,形成常态,老百姓自己会调整出行安排，没必要人为地违背规律而行，那样并不会为城市形象"加分"。实际上，取消限购，将购车的选择权交给居民自己，应该是科学合理、符合民意之举，同时，辅之以制订实施重点拥堵路段或区域交通拥堵收费方案，这也是当初实施限购令时的既定安排。

第二，全面放开新能源汽车限购。目前，北京、上海、深圳、广州等多个城市对新能源汽车设置了购买条件，但多地正在优化政策，积极为新能源汽车限购松绑。其实，随着新基建及交通数智化在缓解停车难和交通拥堵、优化出行服务、提升城市区域综合治理水平等方面发挥越来越重要的作用，对新能源汽车限购的理由正在消失。2024 年 5 月 29 日，国务院印发的《2024—2025 年节能降碳行动方案》提出，要逐步取消各地新能源汽车购买限制。北京等超大城市可从放开新能源汽车购买指标做起，给无车家庭购买新能源汽车一次性指标。同时，这也会逐渐减轻普通小客车指标发放的压力，择机全面放开。大中城市居民具有一定的购买力，越来越多的人希望拥有一辆新能源汽车，或者将其作为家庭的第二辆车。放开大中城市的汽车限购，有利于促进新能源汽车发展，尤其是促进家庭购车实现多元化，让各种车辆有更合理的出行安排。对大中城市来讲，取消限购可以实现小型电动车＋大型燃油车的家庭出行组合。如果北京、上海等城市取消限购，那么汽车消费将有显著增长。按保守计算，以每个城市每年增加 100 万辆新能源汽车计算，8 个大中型限购城市就有 800 万辆潜在需求，带来的消费增量将达 1 万亿元左右。

第三，解禁皮卡进城。皮卡作为一种历史悠久的车型，既能够载货越野，又兼具一定的乘用功能，是一种多功能车型。此前，在我国，皮卡车型被划归为轻型普通货车，而国内大部分城市对货车的可行驶区域、路线、时间进行了严格限制。2016年以来，多地地方政府陆续放开皮卡进城限制，全国97%地级以上城市取消皮卡车进城限制。皮卡的主流消费群体有两类。一类是对载货和载人都有需求的车主，皮卡这类轻型货车的使用，实际上是刚需，目前只能以面包车代替违规载货，遇有检查就被罚款。另一类则是越野爱好者，他们看重皮卡车的越野能力和装载便利性。随着微度假、露营、越野等活动爱好者大幅增加，越来越多的越野爱好者、旅游爱好者、有特殊载货需求的个体工商业主以及运动爱好者将选择皮卡。目前，皮卡车年销量在50万辆左右，有分析预计到2030年将超过100万辆，潜在需求甚至可接近300万辆。

二、深化收入分配制度改革

居民收入水平直接决定居民消费能力。完善有利于提高居民消费能力的收入分配制度，增加低收入群体收入，扩大中等收入群体规模，是扩大消费的根本之策。

第一，切实增加低收入者收入。完善最低生活保障制度，大幅提高基本公共服务水平和均等化水平。鼓励有条件的地方探索建立低收入群体基本生活现金救助、实物救助和救助服务相结合的社会救助方式，按照满足基本生活需求的标准核定救助标准，并根据价格水平动态调整，做到应保尽保、应救尽救，切实兜住、兜准、兜好基本民生底线。将最低生活保障边缘家庭中的未成年人按照"单人保"纳入最低生活保障范围，扩大了基本生活救助范围。同时，落实加强低收入人口动态监测，做好分层分类社会救助工作，将低保边缘家庭中符合条件的重残人员、重病患者、失能失智的60岁以上老年人等特殊困难人员，参照"单人户"纳入低保范围。建立健全覆盖城乡居民的基本医疗卫生制度。进一步优化基层医疗资源配置，加强基层人才队伍建设，为群众享有高品质的基本公共卫生服务提供支撑。持续扩大"一老一幼"服务供给。健全以居家为基础、以社区为依托、机构充分发展、医养相结合的多层次养老服务体系，为老年人提供治疗期住院、康复期护理、稳定期生活照料、安宁疗护一体化的健康养老服务。完善政府对养老服务机构运营补贴的方式方法，由"补床头"向"补人头"转变。

第二，不断扩大中等收入群体。要把收入分配制度改革的着力点放在"扩中"上，尽可能将低收入群体收入提上去，让他们更多地进入中等收入群体。要完善企业工资分配制度，建立健全工资决定和正常增长机制；完善机关事业单位工资和津补贴制度，落实以增加知识价值为导向的分配政策，扩大高校和科研院所收入分配自主权，推进实施重点群体增收激励计划，鼓励有条件的企业建立利润分享机制；拓宽居民劳动收入和财产性收入渠道。

当前，最为紧迫有效的办法是，推进个人所得税改革，合理提高个人所得税基本减除费用标准，适当增加专项附加扣除，逐步建立综合和分类相结合的个人所得税制度。一是提高个人所得税起征点，减轻中低收入群体的税收负担，增加其可支配收入。国家统计局数据显示，2023年全国城镇非私营单位就业人员年平均工资为120 698元。以月均工资计算，约为10 058元。近年来，有人大代表多次提议将个税起征点从现在的 5 000 元提高至 10 000 元，以适应经济发展和生活成本的变化。二是根据教育、医疗、住房、养老等民生支出变化情况，适时调整专项附加扣除范围和标准，减轻中低收入人群税负。可在上次增加子女教育支出、继续教育支出、大病医疗支出、住房贷款利息和住房租金等与人民群众生活密切相关的专项附加扣除的基础上，根据当前新情况，大幅度加大对子女教育支出、住房贷款利息支出的附加扣除力度，特别是增加对生育多孩的鼓励。提高多孩家庭专项附加扣除标准等，以进一步减轻中低收入者或家庭育儿负担。三是降低最高累进税率，一方面增强中等收入人群的实际购买能力，另一方面增强人才竞争力。现在看来，个人所得税除具有再分配调节功能外，也越来越具有促进发展功能。我国现行的个人所得税工薪收入的最高边际税率是 45%，从世界各国特别是发展中国家来看，采用这么高税率的国家非常少。国际上适用高边际税率的都是发达的福利国家，大多数国家的个税税率低于 45%。在实践中，地方政府会想方设法提供优惠，把税率降下来。近些年，为了吸引高端人才，国家对一些特定区域出台了个税优惠政策。比如，对在粤港澳大湾区工作的境外高端人才和紧缺人才，个税税额超过 15% 的部分，由地方给予财政补贴，且补贴免征个税。海南自贸港在 2025 年以前，对高端人才和紧缺人才个税实际税负超过 15% 的部分，予以免征。对在深圳前海自贸区工作的香港地区居民，其个人所得税税负超过香港税负的部分予以免征。个税优惠应不分内外、不分类别，惠及所有人才。有关人士建议将 45% 的最高个税边际税率降至 20%。目前，适用 45% 税率针对的是综合所得，属于一种劳动所得，适用的人群中多数是专家、科技人才等。最高边际税率对富豪的收入基本没有影响，反而误伤专家、科技人才，不利于创新。

第三，促进公益慈善事业发展。完善税收优惠政策，鼓励高收入人群和企业更多回报社会。通过税收优惠引导慈善事业发展。比如，加大对个人及企业捐赠行为的税收优惠支持力度，激励个人和企业捐赠，鼓励高收入人群和企业更多回报社会。目前，在我国，居民个人发生的公益性捐赠支出，可以在综合所得和经营所得中扣除；企业发生的公益性捐赠支出，可在本年度计算应纳税所得额中按一定比例扣除。为提高参与三次分配的意愿，可适当提高个人和企业捐赠享受税前扣除比例、限额，允许个人捐赠扣除余额结转。可研究完善慈善信托在设立阶段、运营阶段和受益人端的税收优惠政策，扩大增值税优惠政策范围，对货物公益性捐赠免征增值税等。

三、健全养老保险制度

养老保险制度改革关乎全局。我国养老保险制度自建立起就在不断完善，扩大保险覆盖面，推进制度并轨，取得了显著成效，但必须清醒地认识到，现行养老保险制度并不完善。从覆盖范围来看，到 2024 年末全国参加城镇职工基本养老保险的人数为 53 449 万人，比上年末增加 1 329 万人；参加城乡居民基本养老保险的人数为 53 830 万人，减少 692 万人；不仅仍有大量未参加保险的，而且还有不少断保、退保的情况，特别是城乡居民保险水平较低。2024 年，上海城乡居民基础养老金标准（含国家确定的基础养老金最低标准）为每人每月 1 490 元，北京每月

961元，天津每月322元，多数省份标准每月未超过200元。各地农村养老金水平都不高，农村老人还主要是靠自己的积蓄或者子女赡养，城市居民的养老金多数也不够支撑。从制度本身来看，不仅城乡居民与企业职工之间无法统一，就连企业职工与机关事业单位之间也是形式上的统一，而待遇差别问题不仅没有解决，也很难解决。从制度可持续性来看，面临较大挑战，2021年企业职工、机关事业单位和城乡居民基本养老保险基金的本年收支结余，分别为3 688亿元、195亿元和1 651亿元。剔除财政补贴收入，三项分类维持平衡面临巨大的压力，有的省份甚至出现收不抵支的情况。据财政部数据，2010—2023年，全国财政累积补助社会保险基金（含城乡居民基本医疗保险基金）19.8万亿元，年均增幅16.6%，占全国财政支出的比重从2010年的3.9%提高到2023年的8.8%。2023年，全国财政分别补助企业职工、城乡居民、机关事业单位基本养老保险基金7 722亿元、4 059亿元、6 260亿元，分别占当年基金收入的14.7%、63.8%、37.3%。2024年，中央财政对基本养老保险的补贴达到6 780亿元，较2020年增长68%；地方财政补贴达到4 230亿元，增长41%。2023年末全国参加城镇职工基本养老保险人数52 121万人，其中，参保职工37 925万人，参保离退休人员14 196万人，职退比（参保职工与离退休人员之比）降至2.67，比2022年降低0.02个点，给现收现付制的基础养老金带来巨大的支付压力，制度的可持续性不断承压。特别是，面对新型工业化数字化、智能化、网络化、平台化发展趋势，建立在传统企业制度基础上的养老保险制度已越来越不适应就业方式的变化。快递员、外卖员、自媒体从业者等灵活就业群体，需要自己承担社保缴费，而这些年的养老保险基数和最低工资水平上调，导致交社保的压力越来越大。社保缴费基数与最低工资的矛盾、社保缴费基数和实际收入的矛盾越来越突出，制度的遵从性和合理性受到质疑。以上海为例，该市2024年的最低工资标准为2 690元，而社保最低缴费基数却高达7 310元。这就意味着，即使一个人的工资只有2 690元，公司也得按照7 310元的标准为其缴纳社保。这种矛盾对中小企业来说是一种巨大的压力。再加上个人所得税和公积金，个人和企业合计缴费比例高达37.16%~38.52%，企业的实际人工成本较高，中小企业很难负担。这就进一步加剧了企业关闭、逃避社保的现象，形成一种恶性循环。与此同时，我国养老金体系呈现出第一支柱"一支独大"，第二、三支柱养老金积累有限的结构性失衡问题。基本养老保险制度担负着养老保险体系的主要责任，而企业年金和制度化的个人养老金仍处于起步和探索阶段。据人力资源和社会保障部数据，截至2024年三季度末，企业年金积累基金规模达3.52万亿元，比2023年末增加超过10%；建立企业年金的企业有15.55万个，参加职工3 218.53万人。企业年金覆盖面太小，这些企业主要集中在电力、电信、石油、航天等行业。企业年金难以发展的一个重要原因就是基本养老保险缴费使企业已不堪重负，广大中小企业再无力承担企业年金的缴费负担。个人养老金制度在36个城市和地区先行实施已一年多时间。据新华社2024年6月8日报道，人力资源和社会保障部数据显示，目前虽已有6 000多万人开通了个人养老金账户，但政策支持力度有限，对不同年龄段人群的吸引力有差异。

总体来说，我国养老保险制度改革的趋势是拓宽多元化养老保障渠道，以实现多支柱、多方式、自主自愿可持续的养老保障体系建设。国家、用人单位、家庭和个人都要承担养老责任和义务。尤其是对个人而言，要提高自我养老意识。要研究设计更可持续的养老保险制度模式，做好养老保险制度模式调整的设计。目前来看，只有降低基本养老保险的缴费水平，才能为发展多支柱模式的养老保险体系提供空间。现行统账结合的制度模式，要逐步向统账分离过渡。统筹部分实行费改税，建立国民年金；个人账户部分与个人养老金制度整合，做大第二、三支柱。要合理确定基本养老保险（国民年金）待遇标准和筹资来源，替代率水平大体确定为30%左右，费率水平降至15%左右。大力发展第二、三支柱，将原基本养老保险的个人账户纳入个人养老金制度，并优化调整第二支柱企业年金的税收优惠政策，吸引更多单位和个人参保。

第二节 建立有效投资体制机制

投资体制是经济体制的重要组成部分。要深化投资体制改革，构建市场主导的投资内生增长机制，更好发挥投资对经济发展的关键作用。

一、建立市场为主导的投资体制

改革开放以来，我国投资体制改革取得了重要进展，按照"谁投资、谁决策、谁收益、谁承担风险"的原则，初步形成了市场引导投资、企业自主决策、银行独立审贷、融资方式多样、中介服务规范、宏观调控有效的投资管理体制。但投资领域使市场在资源配置中起决定性作用、企业的投资主体地位并没有真正落实，在宏观调控下，投资管理仍带有浓重的计划色彩，投资体制改革滞后是扩大国内需求的关键堵点之一。要实施扩大内需战略，把发展的战略基点建立在内需上，必须进一步深化投资体制改革，将立足点放到为企业投资做好服务上，更加注重事前政策引导、事中事后监管，充分激发社会投资动力和活力。

第一，全面实行企业投资项目负面清单管理。2016年11月30日，中华人民共和国国务院令第673号公布《企业投资项目核准和备案管理条例》，自2017年2月1日起施行。当前，企业投资项目不再实行审批制，而改为核准制和备案制，公布政府核准的投资项目目录，目录外一律实行备案制。这虽然是重要进步，但现行核准制甚至备案制还是一种正面清单，在目录内的不一定能核准，不核准就不能投资，很容易演变为实质上的审批制，这就是各种对民间投资形成的所谓"玻璃门""弹簧门"。要改变这种状况，必须转变投资管理思维，从正面清单管理转向负面清单管理，从维护社会公共利益角度对极少数关系国家安全和生态安全等的项目制定禁止类投资项目目录并予以公布，将企业不能投资的项目以清单形式明确下来，不再保留核准事项，目录外的企业投资项目无论规模大小一律实行报备制而不是备案制（仅供政府统计参考），并依法办理环境保护、土地使用、资源利用、安全生产、城市规划等许可手续。根据情况变化适时缩小清单范围，最大限度缩减负面清单项目。当前，要坚持企业投资核准最小化原则，最大限度缩减核准事项，最后只保留禁止类，过渡到负面清单。对于企业使用政府补助、转贷、贴息投资建设的项目，政府只审批资金申请报告。

第二，加强投资项目建设事中事后监督。这将是改革后政府投资管理的重点。中央已明确提出政府投资管理重心从事前审批转向过程服务和事中事后管理。对负面清单内的投资项目，如有发现，要严肃查处、问责。对于以不正当手段取得负面清单内进行建设的项目，有关机关应当给予责令停止建设、责令停产等处罚；对于未依法办理其他相关手续擅自开工建设，以及建设过程中违反城乡规划、土地管理、环境保护、安全生产、行业标准等方面法律法规的项目，相关部门应依法予以处罚。

第三，完善规划政策引导。行业规划和产业政策是当前制约扩大投资的重要因素。很多项目没有被列入规划，不符合现行产业政策、调控要求，就无法上马。比如，调研发现新疆一些地区有很好的煤化工、油气产业发展条件，但由于该地区不在国家产业区域布局范围之内，不是重点产业建设地区，相关项目就很难获批，唯一的机会是等待规划中期评估，重新争取将当地产业发展列入国家规划。现行产业调控政策在多个领域采取产能置换措施，对技术进步也有一定的阻碍作用，要上先进产能反而要向相对落后产能企业买指标，不仅增加了技术进步成本，还变相保护了落后产能，在很多情况下阻碍了新的投资扩大，不利于国内需求扩张。要充分发挥发展规划、产业政策等对投资活动的引导作用，并作为国家鼓励投资、给予政府投资补助的依据，但不能再把它们作为投资准入的依据，事实上没有进入规划的项目无法上马，规划就成了负面清单而不是正面清单，规划效果南辕北辙。投资管理实践已充分证明，产业政策赶不上产业变革的趋势，产业布局效果不彰，不能把产业政策作为投资的负面清单。可建立贯通各地区各部门的项目信息平台,并尽快拓展至企业投资项目,作为对企业投资项目进行补助的依据。

二、规范政府投资行为

政府投资在我国固定资产投资领域占据着重要地位,对扩大内需发挥着重要作用。但也要看到,政府投资特别是地方政府投资也存在一些乱象,一些地方已经形成了对投资的强烈依赖,将其作为拉动本地经济、提高政绩形象的主要方式,对于一些可投可不投,或者没有经过严格论证的项目也盲目上马,各地大兴土木、竞相争取上马的小机场、城铁就是比较典型的事例。地方招商引资中的各种不当竞争、"内卷"层出不穷。对此,必须加大规范力度。政府投资,一是要发挥"弥补效应",弥补市场失灵;二是要避免"挤出效应",让企业投资发挥更大作用。

第一,全面实行政府投资正面清单制度。清晰界定并严格控制政府投资范围,清单之外的项目一律禁止政府投资。把政府投资限定在"主要用于国家安全和市场不能有效配置资源的经济和社会领域",包括社会公益服务、公共基础设施、农业农村、生态环境保护和修复、重大科技进步、社会管理、国家安全等公共领域的项目,以非经营性项目为主,原则上不支持经营性项目。凡是市场机制能发挥作用的领域,政府一律不要介入,避免产生"挤出效应"。建立政府投资范围定期评估调整机制,不断优化投资方向和结构。同时,合理划分中央政府与地方政府的投资事权。基层政府应更侧重于提供公共服务和实施社会管理,各类市政、供电、供水、供气、垃圾处理等公用事业,以及教育、医疗、文化等公共服务已具备了区域性特征,要逐渐打破过去几十年间以行政单元为主体提供公共产品和公共服务的做法,大力提升公共产品的规模效应。

第二,坚决退出竞争性领域投资。经过40多年的改革开放,我国市场经济体制已日趋完善,一大批有实力、有能力的市场主体已经成长壮大,可以在投资中发挥更大的作用。要适应我国经济发展进入新阶段的要求,缩小政府投资范围。近年来,由于体制惯性和利益驱动,一些地方政府通过建立产业基金投资于一些有较好发展前景的经济类项目,在一定程度上与民争利,挤占了市场空间。在一些发达国家已经证明可以有效利用市场作用的领域,仍然主要通过政府既投资又营运的方式进行,增加了政府债务负担。这些年大力推进的地方专项债项目也有挤占民间投资的嫌疑。地方专项债项目要求有收益,能自求平衡,这种项目在投资机会缺乏的情况下,更多地让民间资本承担,其实也是不错的选择,当然,如果这些项目确实没有什么效益,只是账面平衡,那就另当别论。不过,地方专项债项目范围越来越大,难免会挤占一些民间资本可投资的机会。当然,对确需支持的经营性项目,主要采取资本金注入方式投入,也可适当采取投资补助、贷款贴息等方式进行引导。

第三,更多采用市场经济办法进行逆周期调节。在当前国内有效需求不足时,发行国债以及特别国债,除了扩大政府投资目录内的项目投资,充分发挥政府投资的引导作用和放大效应,还可以优化政府投资安排方式,更多地以非直接投资方式,将更多资金用于投资补助,充分发挥政府资金的引导作用和放大效应。同时,也可以利用特许经营、投资补助等多种方式,吸引社会资本参与有合理回报和一定投资回收能力的公益事业和公共基础设施项目建设；对于具有垄断性的项目，试行特许经营，通过业主招标制度，开展公平竞争，保护公众利益；已经建成的政府投资项目，具备条件的经过批准可以依法转让产权或经营权，以回收的资金滚动投资于社会公益等各类基础设施建设。鼓励社会资本通过特许经营等方式，参与城市基础设施等有一定收益的公益性事业投资和运营。

三、健全国有企业投资管理体制

国有企业特别是中央企业，是我国企业投资的重要主体。为加强中央企业投资管理，国务院国有资产监督管理委员会制定了一系列管理制度。2017年1月7日正式公布并实施的《中央企业投资监督管理办法》明确推动中央企业规范投资管理，优化国有资本布局和结构。

第一，切实落实中央企业投资管理制度。国资委对中央企业年度投资计划实行备案管理，制定中央企业投资项目负面清单，组织开展对重大投资项目后评价，对违规投资造成国有资产损失以及其他严重不良后果的进行责任追究。中央企业投资应当服务国家发展战略，体现出资人投资意愿。中央企业是投资项目的决策主体、执行主体和责任主体，应当建立投资管理体系，履行投资信息报送义务和配合监督检查义务。国资委根据国家有关规定和监管要求，建立发布中央企业投资项目负面清单，设定禁止类和特别监管类投资项目，实行分类监管。列入负面清单禁止类的投资项目，中央企业一律不得投资；列入负面清单特别监管类的投资项目，中央企业应报国资委履行出资人审核把关程序；负面清单之外的投资项目，由中央企业按照企业发展战略和规划自主决策。中央企业商业性重大投资项目应当积极引入社会各类投资机构参与。中央企业股权类重大投资项目在投资决策前应当由独立第三方有资质的咨询机构出具投资项目风险评估报告。各地对地方国有企业投资也大多制定了管理办法，应该真正落实。

第二，全面实行国有企业投资正面清单制度。针对国有资本行业布局与分布领域依然过宽、业务交叉重叠和盲目投资、重复投资现象还一定程度存在的问题，国有企业投资要从负面清单管理向正面清单管理转变，否则难以改变国有企业盲目投资负面清单之外的项目。2020年11月2日召开的中央全面深化改革委员会第十六次会议审议通过的《关于新时代推进国有经济布局优化和结构调整的意见》明确，要坚持有所为有所不为，聚焦战略安全、产业引领、国计民生、公共服务等功能，调整存量结构，优化增量投向，不断增强国有经济竞争力、创新力、控制力、影响力、抗风险能力。各级国有资产监管机构要坚决落实党中央、国务院重大部署，以前所未有的力度优化调整布局结构、推进战略性重组和专业化整合。2020年国企改革三年行动提出，积极推动国有资本向关系国家安全、国民经济命脉的重要行业和关键领域集中，向关系国计民生的公共服务、应急能力、公益性领域等集中，向前瞻性战略性新兴产业集中。[1] 要据此制定各级国有企

---

① 党的二十届三中全会《决定》明确提出，推动国有资本向关系国家安全、国民经济命脉的重要行业和关键领域集中，向关系国计民生的公共服务、应急能力、公益性领域等集中，向前瞻性战略性新兴产业集中。

业投资正面清单。地方国有企业还要承担地方城市公共服务和城市基础设施建设的任务，布局重点是地方城市服务和基础设施建设等领域，而中央企业国有资产布局重点在实现国家战略任务和全国性公共服务建设领域，发挥国有经济对民生的保障作用。要具体明确关系国家安全、国民经济命脉和国计民生的重要行业和关键领域的目录范围和划分标准，加强动态调整。加快形成关系国家安全、国民经济命脉和国计民生的重要行业和关键领域国有资本布局、结构优化调整的目录范围和划分标准。制定形成重点行业和关键领域国有资本布局结构优化调整的工作指南或操作指引。

第三，完善国有企业退出机制。发挥国有资本运营公司平台作用，引导国有资本服务国家战略目标，加快从部分低端传统产业领域退出，转而投向先进技术领域，继续去产能与优化资源配置，做好过剩产能与落后产能的淘汰工作，特别是对国有企业中的"僵尸企业"，以及历史遗留下来的国有企业办社会职能业务，必须加快采取措施予以剥离。国有企业资产较多地集中在房地产、交通运输仓储业、批发和零售、餐饮业等传统服务业，要加快退出。持续加大对非主业、非优势业务和低效无效资产处置出清力度，按照"三个集中"要求压缩管理层级、消除亏损板块、提升效率活力，推动资源能力更好、更快集中集聚。妥善处理"僵尸企业"，盘活大量沉淀资源。区分不同情况，分类推进"僵尸企业"处理。通过重组兼并、改制、股权转让、债转股、发行债券等多种方法，让仍有发展前景的困难企业重焕新生。对那些长期停工停产、连年亏损、资不抵债、没有生存和发展潜力、扭亏无望、已不具备市场竞争力和营运价值的"僵尸企业"，实施自主清算注销、强制清算注销和破产清算。

四、建立激励民间投资的体制机制

民间投资占全社会投资的一半以上。要坚持和落实"两个毫不动摇",加大政策支持力度,用市场办法、改革举措激发民间投资活力,调动各方投资积极性,促进高质量发展。

第一,坚持对民间投资准入一视同仁。目前民间投资仍受到一些行业准入的限制,如电力、水利设施、铁路、港口、医疗卫生、银行、证券、电信等领域,有的是行业准入门槛高,有的是行政垄断尚未完全打破,在相当长的一段时间内,民间资本还是很难顺利进入。对符合法律法规和政策要求的民间投资项目,需积极纳入各地区重点投资项目库,加强用地(用海)、用能、用水、资金等要素保障,促进项目落地实施。加快推进铁路、石油、天然气、电力、电信、医疗、教育、城市公用事业等领域改革,加快推进基础设施和公用事业等领域价格改革。研究推动土地制度等的配套改革,形成叠加效应,充分释放改革红利。

第二,支持民间投资参与国家重大工程等项目建设。国家重大战略等明确的重点建设任务,选择具备一定收益水平、条件相对成熟的项目,通过多种方式吸引民间资本参与。已确定的交通、水利等项目要加快推进,在招投标中对民间投资一视同仁。支持民营企业参与铁路、高速公路、港口码头及相关站场、服务设施建设。鼓励民间投资以城市基础设施等为重点,通过综合开发模式参与重点项目建设。支持民间投资参与科技创新项目建设。鼓励民间资本积极参与国家产业创新中心、国家技术创新中心、国家能源研发创新平台、国家工程研究中心、国家企业技术中心等创新平台建设，支持民营企业承担国家重大科技战略任务，形成投入、风险、收益相匹配的分配机制。引导民营企业参与重大项目供应链建设。支持平台经济规范健康持续发展，鼓励平台企业加快人工智能、云计算、区块链、操作系统、处理器等领域重点项目建设。在安排各类政府性投资资金时，对民营企业一视同仁，积极利用投资补助、贷款贴息等方式，支持符合条件的民间投资项目建设。用好政府出资产业引导基金，加大对民间投资项目的支持力度。

第三，引导民间投资积极参与盘活国有存量资产。鼓励民间资本通过政府和社会资本合作等方式参与盘活国有存量资产。通过开展混合所有制改革、引入战略投资人和专业运营管理方等，吸引民间资本参与基础设施项目建设、运营。因地制宜推广污水处理厂下沉、地铁上盖物业、交通枢纽地上地下空间、公路客运场站及城市公共交通场站用地综合开发等模式，拓宽收益来源渠道，提高资产综合利用价值，增强对民间投资的吸引力。加快探索基础设施领域不动产投资信托基金（REITs）试点，并引导民间投资积极参与。扩大基础设施REITs试点范围，引导和支持各种形式盘活存量资产，支持将民营企业持有的商业、酒店、旅游等项目纳入试点范围。专设鼓励民营企业参与特许经营条款，规范基础设施和公用事业特许经营活动，鼓励和引导社会资本参与基础设施和公用事业建设运营，将特许经营最长期限延长到40年，鼓励民营企业通过直接投资、独资、控股、参与联合体等多种方式参与特许经营项目。通过特许经营、政府购买服务等方式，在交通、环保、医疗、养老等领域采取单个项目、组合项目、连片开发等多种形式，扩大公共产品和服务供给。

第四，加大对民间投资项目融资的政策支持。由于银行支持力度不够，资本市场难以进入，融资困难已成为当前民间投资进一步发展的瓶颈。要发挥政府性融资担保机构的作用，按市场化原则对符合条件的交通运输、餐饮、住宿、旅游行业民间投资项目提供融资担保支持。引导金融机构积极支持民间投资项目。推动金融机构按市场化原则积极采用续贷、贷款展期、调整还款安排等方式对民间投资项目予以支持，避免因抽贷、断贷影响项目正常建设。完善民营企业债券融资支持机制，加大对民营企业发债融资的支持力度。引导金融机构创新金融产品和服务，降低对民营企业贷款利率水平和与融资相关的费用支出，加大对符合条件的民间投资项目的支持力度。支持民营企业创新融资方式。鼓励国有企业通过投资入股、联合投资、并购重组等方式，与民营企业进行股权融合、战略合作、资源整合，投资新的重点领域项目。支持民间资本发展创业投资，加大对创新型中小企业的支持力度。支持符合条件的高新技术和"专精特新"企业开展外债便利化额度试点。

第十二章
加快建设全国统一大市场

当今世界，最稀缺的资源是市场。党的十八大以来，党中央高度重视全国统一大市场建设，基础制度不断完善。但必须看到，我国市场体系还不成熟。党的二十届三中全会为构建全国统一大市场做出系统部署，要求推动市场基础制度规则统一、市场监管公平统一、市场设施高标准联通，完善要素市场制度和规则，推动生产要素畅通流动、各类资源高效配置、市场潜力充分释放，加强公平竞争审查刚性约束，强化反垄断和反不正当竞争，规范地方招商引资法规制度等，为建设高标准市场体系、构建高水平社会主义市场经济体制提供坚强支撑。

第一节 破除地方保护

2022年4月10日《中共中央 国务院关于加快建设全国统一大市场的意见》发布，明确要求全面推动我国市场由大到强转变。习近平总书记指出，在实践中，构建新发展格局必须防范和纠正"各自为政、画地为牢，不关心建设全国统一的大市场、畅通全国大循环,只考虑建设本地区本区域小市场、搞自己的小循环"①。当前,建设全国统一大市场的重要任务就是打破地方保护和市场分割②。要坚持市场化、法治化原则,瞄准地方保护和区域壁垒等顽疾,清理和废除妨碍全国统一市场和公平竞争的各种规定和做法,以统一大市场集聚资源、优化分工、促进竞争、激励创新、推动增长。

一、地方保护现象依然存在

地方保护,是指某些地方政府运用行政权力,通过行政管制行为,限制外地资源进入本地市场或限制本地资源流向外地,导致地方市场分割的行政干预行为。地方保护是统一大市场建设的最大阻碍,也是长期存在的破坏公平竞争的顽疾。

为破除地方保护,我国自 2016 年开始实施公平竞争审查制度,截至 2024 年 6 月,全国累计审查的政策措施 161.8 万件,清理存量文件 447 万件,废止和修订了排除、限制竞争的政策措施 9.3 万件,一批妨碍经营主体公平准入、影响经营主体公平竞争、限制商品要素自由流动的政策措施得到了有力纠正。2023 年 6 月 28 日,国家市场监督管理总局和国家发展改革委、财政部、商务部联合印发《关于开展妨碍统一市场和公平竞争的政策措施清理工作的通知》,对 2022 年 12 月 31 日前制定、现行有效的政策措施进行集中清理,截至 2024 年 3 月 28 日,共梳理涉及

---

① 《习近平谈治国理政(第四卷)》,北京:外文出版社,2022 年,第 175 页。
② 2025 年 1 月 7 日,国家发展改革委会同有关部门研究制定的《全国统一大市场建设指引(试行)》对外发布。

经营主体经济活动的各类政策措施 690 448 件，清理存在妨碍全国统一大市场和公平竞争问题的政策措施 4 218 件。其中，涉及妨碍市场准入和退出的 1 917 件，占 45.44%；涉及妨碍商品和要素自由流动的 568 件，占 13.47%；涉及不当影响生产经营成本的 1 462 件，占 34.67%；涉及不当影响生产经营行为的 121 件，占 2.87%；因文件到期废止等其他情况做出调整的 150 件，占 3.56%。一批经营主体反映强烈的限制企业迁移、设置进入壁垒、谋求自我小循环等行为得到纠治。

但从清理情况看，还有一些深层次问题需要进一步解决，主要是隐性方式增多、各种"土门槛""土政策"多发，发现和纠正相关行为的难度加大，"边清理、边出台"和"绕开"公平竞争审查等问题仍然存在，尤其是市县两级政府部门不当干预市场的行为还有待进一步规范。多年来，地方政府为了发展本地经济，出台了形形色色的地方产业政策，对符合本地发展要求的企业给予土地、财政税收、社保、生态环保等多方面的政策支持，在全国形成了大大小小的政策洼地。对于不同类型的企业而言，获得和享受这些政策的条件不一致、不平等、不透明、不稳定，造成事实上的非公平竞争。具体来看，目前地方保护主要有以下四个方面。

第一，含有地方保护、市场分割、指定交易等妨碍统一市场和公平竞争的政策措施。在制定城市管理、环境保护、节能减排、安全生产等涉企政策时，以地方保护为目的提高标准、层层加码，排除、限制竞争；没有法律法规依据，通过设置不合理的项目库、名录库、备选库、资格库等条件，限定或者变相限定经营、购买、使用特定经营者提供的商品和服务；未经公平竞争授予经营者特许经营权。以规定、办法、决定、公告、通知、意见、会议纪要等形式，制定发布含有选择性补贴、设置不合理市场准入门槛、划分市场、限定交易主体等排除、限制竞争内容的规章、规范性文件和其他政策措施。

第二，歧视外资企业和外地企业、实行地方保护的规定和做法。主要是通过要求重复检验认证、设定标准技术壁垒、设置许可备案障碍等，限制外地和进口商品、服务进入本地市场；排斥、限制或者强制外地经营者在本地投资或者设立分支机构；对外地经营者在本地的投资或者设立的分支机构实行歧视性待遇。比如，部分城市要求汽车企业额外申请准入或备案。对满足国家标准法规要求的产品，额外提出企业开展地方检测、申请地方准入等要求，由地方主管部门审批通过后，才能进入地方"目录"。某些城市还在对非本地生产的车型轴距长短、底盘高度予以限制，不符合要求不予上牌。许多地方要求进入本地的汽车厂家必须在本地配套生产零部件，或者要求试图进入该地区市场的汽车企业必须在当地建厂。一些一线城市还有自己的车型目录和检测标准，为其他地区车企进入本地市场设置障碍。有的不会出现在公开的书面规定中，通常是给出一些限制条件，为本地企业"量体裁衣"。

第三，妨碍依法平等准入和退出的规定和做法。没有法律法规明确规定，要求企业必须在某地登记注册，为企业跨区域经营或迁移设置障碍；以备案、注册、年检、认定、认证、指定、要求设立分公司等形式设定或者变相设定准入障碍；在资质认定、业务许可等方面，对外地企业设定明显高于本地经营者的资质要求、技术要求、检验标准或评审标准；没有法律法规依据在政务服务前要求企业自行检测、检验、认证、鉴定、公证以及提供证明等，搞变相审批、有偿服务；通过与经营者签订"政企合作"协议、备忘录等方式，妨碍其他经营者进入相关市场或者对其他经营者实行不平等对待。

第四，招标采购领域违反统一市场建设的规定和做法。包括违法限定或者指定特定的专利、商标、品牌、零部件、原产地、供应商，违法设定与招标采购项目具体特点和实际需要不相适应的资格、技术、商务条件等；违法限定投标人所在地、所有制形式、组织形式，或者设定其他不合理的条件以排斥、限制经营者参与投标采购活动。例如，有些地方在政府项目招标、政府采购中，设置倾向本地企业的条件，通过投标资格限定，排除外地企业。如西部某地级市2022年关于光伏发电项目竞争性配置的文件称，评审打分要考虑申报企业"在本地已有贡献"，包括在本省的"建设业绩"，以及对本地的经济社会贡献（税收、产值、就业三类），这个打分标准明显有利于本地企业。

二、切实建立和落实地方政府行为负面清单

国家政策明确要求，各地区综合比较优势、资源环境承载能力、产业基础、防灾避险能力等因素，找准自身功能定位，力戒贪大求洋、低层次重复建设和过度同质竞争，不搞"小而全"的自我小循环，更不能以"内循环"的名义搞地区封锁。严格落实"全国一张清单"管理模式，严禁各地区各部门自行发布具有市场准入性质的负面清单，维护市场准入负面清单制度的统一性、严肃性、权威性。党的二十届三中全会再次明确要求，规范地方

招商引资法规制度。

为便于督促落实，要建立负面清单管理模式，规范地方政府行为，对以下四个方面做出明确规定。

第一，在依法平等准入和退出方面，除法律法规明确规定外，不得要求企业必须在某地登记注册，不得为企业跨区域经营或迁移设置障碍。不得设置不合理和歧视性的准入、退出条件以限制商品服务、要素资源自由流动。不得以备案、注册、年检、认定、认证、指定、要求设立分公司等形式设定或者变相设定准入障碍。不得在资质认定、业务许可等方面，对外地企业设定明显高于本地经营者的资质要求、技术要求、检验标准或评审标准。

第二，在行政审批、许可、备案等政务服务事项的前置条件和审批标准方面，不得将政务服务事项转为中介服务事项，没有法律法规依据不得在政务服务前要求企业自行检测、检验、认证、鉴定、公证以及提供证明等，不得搞变相审批、有偿服务。未经公平竞争不得授予经营者特许经营权，不得限定经营、购买、使用特定经营者提供的商品和服务。在招标采购领域，制定招标投标和政府采购制度规则要严格按照国家有关规定进行公平竞争审查、合法性审核。在招标投标和政府采购中，严禁违法限定或者指定特定的专利、商标、品牌、零部件、原产地、供应商，不得违法设定与招标采购项目具体特点和实际需要不相适应的资格、技术、商务条件等。不得违法限定投标人所在地、所有制形式、组织形式，或者设定其他不合理的条件以排斥、限制经营者参与投标采购活动。

第三，在地方标准的制定和应用方面，严禁利用地方标准实施妨碍商品要素自由流通，不得制定含有限制商品和要素自由流动内容的政策措施，包括限制外地和进口商品、要素进入本地市场或者阻碍本地商品和要素输出；对外地和进口商品、要素规定歧视性收费项目、收费标准或者歧视性价格；对外地经营主体在本地的投资经营活动，在资质、标准、监管执法等方面实行歧视性待遇。

第四，在优惠政策等方面，不得制定含有给予特定经营主体税收优惠政策，不得对特定经营主体实施选择性、差异化的财政奖励或者补贴政策，不得给予特定经营主体要素获取、资质标准、行政事业性收费、政府性基金、社会保险费等方面的优惠政策等影响生产经营成本内容的政策措施。

三、加大对地方保护行为的惩处力度

地方保护行为之所以屡禁不止，其重要原因是受到的惩罚不够有力。实行地方保护实际上是保护落后，地方保护损害了国家经济体系的健康发展，阻碍了中央经济政策的落地见效。2023年，国家市场监督管理总局组织各地区各部门清理妨碍统一市场和公平竞争的政策措施共 4 218 件，查处了一批滥用行政权力排除、限制竞争的案件，可以说在这方面已经开了一个好头，形成了有效的威慑。在此基础上，要针对不少地方限定交易、限制企业参加招投标等不正当竞争行为，继续加大对行政性垄断的监管执法力度和案件公开曝光力度，强化行政建议和执法约谈。加强滥用行政权力排除、限制竞争执法，依法及时制止和纠正滥用行政权力排斥或者限制外地经营者、妨碍商品在地区之间自由流通、限定或者变相限定交易等排除、限制竞争行为。

完善全国统一的市场监管规则与执法标准，也是加大力度惩处地方保护行为的重要方面。由于各地在招商引资方面存在激烈竞争，不同地方政府在面对不同的市场主体时，即使法规是全国统一的，但在具体实施中执法力度、标准通常有不小的差异，甚至存在"选择性执法""看人执法"，偏爱本地企业、国有企业、大企业，对外地企业、中小民营企业比较排斥等诸多不当做法。这些年，围绕环保、生态、质量、能耗等，一些地方各有各的要求，各有各的执法标准，迫切需要对此进行修正。针对各地熟人社会、人情社会人情案、关系案易发的问题，中央出台了有关文件，明确对于领导干部过问案件的，一律记录、全程留痕，并按规定定期向有关部门通报；有违法违纪情形的，一律追究责任，从而为领导干部干预司法画出了"红线"。对于地方保护中比较典型的"同案不同判"问题，最高人民法院采取了很多举措。比如，"法信"平台可以通过线上检索到之前大量的相似案例，提供一站式专业知识解决方案、类案剖析、同案智能推送等服务。但如何从根本上彻底解决这一问题尚需进一步深入研究，特别是在法律体系上根据条文法的判决，法官裁量权比较大，难以做到同案例法那样一致，这也是不少民营企业在司法实践中常常碰到的问题。

地方保护的行为方式主要是行政干预。目前，对于地方保护法律的专门规定较少，对于相应的法律责任与违反相应责任的对接有限。有专家指出，从法政治学视角来看，地方保护产生和存在的原因在于地方政府政治权力异化，导致不当干预，并通过提高外地产品准入条件甚至是限制进入以封锁市场，垄断资源和生产服务，以邻为壑、消极执法，甚至干预执法并设置障碍以保护本地利益等，而现行立法规制不足，导致市场主体权利保障缺位。这也就是说，企业受到不公平对待，无处申诉，没官司可打，仅靠上级政府监督。为此，要借助立法，明确地方政府及其部门和人员职权、明晰责任承担规则和事后追责程序，使地方政府工作人员在行使职权、优化营商环境的过程中能够得到明确指引，避免权力越界现象发生，以法律约束公权力的不当做法。

第二节　规范地方竞争

"地方竞争"是市场分割的体制根源。从中长期来看，打破地方保护和市场分割，必须规范地方竞争。要从财税体制、政府和市场关系、政绩考核等体制机制角度，加快推进深层次改革，从根本上消除地方保护和区域壁垒对全国统一市场建设产生的不利影响。建设统一大市场，核心任务就是要弱化地方政府实施地方保护和市场分割的动力和能力，使地方政府行为回归本源，为充分发挥市场在资源配置中的决定性作用保驾护航。

一、合理引导地方经济利益

所谓"地方竞争"，是指在我国特殊的中央与地方财税关系下所形成的中央与地方、地方与地方之间这种条块分割、各自为政的地方经济发展模式，即所表现出的"肥水不流外人田、一亩三分地"的小农发展思路。我国财政体制从 1980 年以来一直实行"分灶吃饭"模式，也就是说，各级地方政府在财政上实行"划分收支、分级包干"，地方政府收入增加就意味着有更强的资金支配能力，1994 年税制改革后固化了这种地方利益。这一核心制度安排使得各级政府行为逐渐"公司化"，追求当地 GDP 的最大化，追求地方税收、地方财政净收益最大化，地方经济工作围绕建企业、上项目展开，在一定程度上扭曲了一些地方政府的行为。

在这种地方经济利益模式下，招商引资是地方实现经济发展的重要途径。多年来，为了吸引企业落户，地方政府在与企业签订招商引资合同时，往往提供一系列优惠政策，包括税收优惠、减免行政性收费以及与税收挂钩的财政奖励或补贴、税收先征后返政策。对财政返还，由于以财政支出为中介，在地方政府财政自治的范围之内，不仅没有被禁止，而且实际上是被允许或默许的。因此，地方政府对地方骨干企业和新投资于本地的企业通过财政返还进行税收补贴的现象非常普遍。地方政府在取得税收收入后，直接或者以财政支出的形式，把一定比例或者全部收入再返还给纳税人。然而，按照现行税法和国家政策，这些都是典型的违法违规行为。这些政策在实施过程中也暴露出不少问题，如税收优惠的不平等性、财政奖补滥用等，破坏了市场的公平竞争环境。事实上，2000 年 1 月 11 日发布的《国务院关于纠正地方自行制定税收先征后返政策的通知》，要求各地区各部门检查纠正各种自行出台的政策，并规定了具体的惩罚措施。党的十八届三中全会通过的《中共中央关于全面深化改革若干重大问题的决定》提出，"清理规范税收优惠政策"。2014 年 12 月 9 日发布的

《国务院关于清理规范税收等优惠政策的通知》(国发〔2014〕62号),要求全面规范清理各类税收等优惠政策。但鉴于当时税收优惠政策之多、涵盖地区之广,加上已经施行的政策,贸然取消可能会造成地方政府违约失信等风险,于是只能"缓期执行"。

发展到现在,税收优惠政策依旧层出不穷。一些地方在招商引资过程中陷入过度"内卷",建"豪华"厂房、投资返还、税收减免成为常规操作。新能源汽车、光伏组件、平台经济等产业成为多地招商引资的热门,部分地方出现恶性竞争。平台经济是中西部地区较为火爆的产业,各地积极引进了一批平台企业,一些地方为引进同一家企业争得不可开交。一家货运平台企业有同一个市的几个县在争,给出的优惠越来越离谱,返还额度越来越高。一些地方在招商过程中出现固定资产投资返还、税费"五免五减半"等超常规优惠政策。"内卷式"招商可能给地方财政带来不良后果。一小部分企业享受过政策就走了,投产之日就是破产之时。地方"内卷式"招商还催生了候鸟型企业,即"换个地方拿补贴"。企业在不同区域流转,尤其是对中西部省份形成了虚幻的增量,对整体而言就是泡沫。治理招商引资"内卷"现象已到了刻不容缓的地步。近年来,不少省份已经发文要求地方逐步清理不当干预市场、与税费收入挂钩的补贴或返还政策等。一些企业已经退回不合规的财政奖补资金。国家税务总局强调,2024年严肃治理地方违规招商引资中的涉税问题。《公平竞争审查条例》于2024年8月1日起正式开始施行,明确规定,没有法律、行政法规依据或者未经国务院批准,不得给予特定经营者税收优惠;不得给予特定经营者选择性、差异化财政奖励或者补贴。党的二十届三中全会明确要求,严禁违法违规给予政策优惠行为。

规范地方竞争，近期的突破口便是清理税收优惠政策。[①]《公平竞争审查条例》的施行，进一步完善了对未来出台实施优惠政策的公平性审查程序，有利于严肃财经纪律，有望解决长期以来存在的地方政府积极性不高和事后清理缺乏科学性、规范性等问题。从根本上，还是需要进一步处理好中央和地方的关系，使地方合理经济利益得到保障，尤其是地方政府的事权和财权要相匹配，进一步合理划分中央和地方的事权和财权，健全地方税体系，建立公平、公正、公开、效率以及规范的地方政府服务机制。《全国统一大市场建设指引（试行）》规定，各地区不得突破国家规定的红线底线违规实施财政、税费、价格、土地、资源环境等方面的招商引资优惠政策。

二、有效规范地方政府权力

规范地方竞争，不是要消除地方独立的经济利益，而是要限制甚至消除地方政府行使不当权力、谋取不当利益，是要削弱或减少地方政府搞地方保护的能力，处理好地方政府与市场的关系，规范地方政府行为，更好发挥政府作用。否则，不从根本上规范地方政府权力，地方保护和市场分割就无法从根本上得到根治。

不规范的地方竞争不是市场经济。中长期的突破口在于改革

[①] 2024年12月召开的中央经济工作会议明确要求，综合整治"内卷式"竞争，规范地方政府和企业行为。

和优化地方政府的职能，规范地方竞争形成的权力基础。实行分税制之后，地方自主权迅速扩大，地方政府有了相对独立的经济利益。分税制实质上是把更多的权力转移给地方政府，地方政府为了发展地方经济而展开激烈的竞争。张五常曾觉得，长三角最精彩的东西是县级竞争。土地归县管理，地方政府要把土地租给投资者，跟投资者分享地租。1994年引入增值税后，有投资办厂就有增值税，增值税是地方跟中央分享，中央拿75%，地方拿25%，这相当于一个分成合约安排。地方政府为招商引资，把土地送给开发商，而且把厂房都建好，四通一平、基础设施全部做好，满足了"资本为负"的条件①。把增值税作为中央地方分成的税种，产生了意想不到的有效结果。分税制是关键，招商引资在很大程度上要靠税收竞争，我可以给你优惠税收政策，还可以给你价格比较低的土地租金，甚至可以免收租金，等等。地方政府利用所谓特惠政策吸引投资者到当地办厂，可以带来地方利益最大化。省份之间的竞争体现在贸易壁垒、税费壁垒和各种行政壁垒。例如辽宁出过不准外地啤酒进入辽宁销售的红头文件；湖南也出过不准外省香烟进入湖南销售的红头文件；贵州磷

---

① 张五常认为，中国的经济制度（中）"把土地视作地主提供的资本，可以用负地价代表地主提供着无限的调整机能，只要分成的百分率落在一个不离谱的范围，在这种机能下有效率所需的边际价值相等的条件永远可以达到"。他还说，"说负地价，我的意思是当一个投资者到一个县考虑投资产出时，县政府不仅可能免费提供土地，也可能免费为投资者建造厂房，或把若干年从投资者交出的增值税中的县分成的一部分，送给投资者。当然，不是所有的县都值得投资，例如，设厂于荒山野岭没有意思。社会利益不论，负地价可以去到的尽头，是县的税收足以填补收回农地与改进为工商业用途的成本利息"。

矿石出省有出省费，煤炭也有类似费用。理论上来说，省份之间的良性竞争关系是有益的。但是地方政府下场的零和博弈是有问题的。问题就出在"竞争"上，目前的竞争，不是原本意义上的"市场竞争"。省份之间的竞争，应该是企业与企业的竞争，而现在的情况是省级政府与省级政府的竞争。省级政府拉开架子"竞争"，说明税收制度的约束太少，政府太大，市场太小。无论它们之间怎么"竞争"，说到底是政府之间在"玩"，离真正的市场还很远，不同区域各唱各调，产业无序发展致恶性竞争。以汽车产业为例，目前长江沿线就有十堰、上海、武汉、重庆、南京、芜湖、南昌、成都等地把汽车工业作为重点发展产业。

这就要求积极稳妥从广度和深度上推进市场化改革，大幅度减少政府对资源的直接配置，推动资源配置依据市场规则、市场价格、市场竞争实现效益最大化和效率最优化。当前，地方政府权力过大，对微观经济活动干预过多的问题比较突出。要按照推进国家治理现代化的要求，坚持社会主义市场经济改革方向，充分发挥市场在资源配置中的决定性作用，更好发挥政府作用。要进一步厘清政府和市场关系，加快政府职能转变，最大限度减少政府对市场资源的直接配置，最大限度减少政府对市场活动的直接干预，使政府和市场各归其位、各展其长。地方政府要加快人民满意的服务型政府建设，加强和优化公共服务，保障市场公平竞争，加强市场监管，维护市场秩序，弥补市场失灵。政府的行动应主要集中在公共服务领域，在商业领域需更多地发挥市场和社会的力量。政府的职能不在于出了多少政策，而是把该管的事情管好，不该管的事情交给行业协会和社会组织来管。政府需要承担起更加多元的职能，将更多资源投入教育、医疗、社会保障等民生领域，推动地方政府向服务型政府转型。地方政府追求当地的经济发展和税收增加，这是合理且正常的需要，但是一些地方政府为了追求地方利益，往往采取一些行政干预措施，甚至采取一些保护本地企业的措施，对外地企业设置不公平的准入或待遇，从而削弱了公平竞争，也不利于提高资源配置的效率。短期来看，这种做法可能对当地经济有好处，但长期来看对整个统一市场建设、提高全国的资源配置效率和增强全国市场的国际竞争能力是不利的。所以地方保护和市场壁垒妨碍了市场机制发挥作用，提高了资源要素跨区域、跨行业流动的制度成本。过去，地方政府的 GDP 竞争在一定阶段对促进经济高速发展发挥过积极作用，但是长期积累，形成了大大小小的"诸侯经济"，割裂了统一市场，早已弊大于利。理顺政府与市场的关系，尤其是理顺地方政府与市场的关系，仍然是一项十分艰巨的任务。多年形成的地方政府公司化倾向，在现有的利益格局下，还在顽强地展现其生命力。构建全国统一大市场，绝不意味着把权力再次高度集中到中央，而是要清晰界定政府，尤其是地方政府与市场的界限。地方政府要确保中央的方针政策和国家法律法规有效实施，加强对本地经济社会事务的统筹协调，提供基本公共服务，维护社会安定，为各类市场主体提供公平竞争的良好营商环境。

三、健全和改进干部政绩考核机制

规范地方竞争，不仅要加快转变地方政府职能，还要健全和改进地方干部政绩考核体系和机制。遏制地方政府的单纯 GDP 竞争虽然取得了明显进展，但是也应该看到，地方干部有利益驱动,在地方利益的驱动下,每一个地方政府势必想尽办法把资源吸纳进自己管辖的地方,而吸引的投资越大,这个区域的GDP就会越高,GDP又是重要政绩。从长期来看,地方政府应树立正确的政绩观,更加注重优化营商环境,提高辖区内居民福利,从根本上提高本地区吸引力。

事实上,不可否认,产生地方保护的一个重要原因就是地方官员对自身政绩的考虑。这主要与我国干部政绩考核任用体制有关。地方政府"唯GDP论"的政治锦标赛被视为激化地方政府竞争的重要诱因。对于地方干部来说,最为重要的激励机制就是被提拔重用。地方经济是否得到了发展是能否被提拔的重要依据,如财政是否增收、经济是否增长、城乡居民收入是否提高。这些考核指标本身无可厚非,是一种正确的激励导向。但是这种导向也有不利的一面,它加剧了地区之间对经济资源的竞争程度,尤其是以税收竞争为手段的财政收入竞争。因此,现行干部政绩考核任用体制也是地方税收竞争的一个内因。从目前的情况来看,导致地方政府"内卷"或"躺平"的,不是法规标准、竞争规则和监管制度的统一,而恰恰是由体制机制障碍引发的标准、规则、执法等不统一。一些地方不愿改革创新,而是靠不可持续的优惠及补贴政策吸引外地企业,保障局部利益和短期利益。中央把更多决策权下放给地方政府,掌握经济资源特别是土地资源的地方政府(通常在县区这一级)有一定分配资源的权力。在中央任命、提拔和调配地方干部的政治制度下,绝大部分地方干部都非常在意考核,当地经济业绩方面的表现是十分重要的考核指标。地方干部为了达到考核目标难免会做出短视、缺少大局观的决策,进而产生保护本地产业、重复投资的行为。因此，要调整对地方干部的考核机制，扭转地方干部的政绩观。

改革地方政府考评体系。随着我国经济步入高质量发展阶段，"唯 GDP 论"已经不再满足新时代的发展要求，要以高质量发展为导向，改革和完善地方政府官员考评晋升机制。应不断弱化 GDP 类指标地位，增强环保、创新、教育等民生类指标比重，针对具体考核内容引入第三方考核，推进建立公平、客观、合理、高效的考评体制。取消 GDP 考核并不是就不需要考核了，而是考核指标要进行差异性调整。比如，东部地区处于产业竞争的前沿，做大 GDP 仍是其重要目标，而对于生态屏障地区的考核则应聚焦在生态环境保护上。

从中长期来看，真正的突破口在于改革和优化地方政府的职能，破除行政区经济的形成基础。总的来看，是要使地方政府由目前的以承担经济发展职能为主，转变为以区域性公共产品生产和福利提供者的职能为主。只有如此，地方政府才会消除市场分割、地区封锁和利益藩篱的内在动机，才能降低对市场活动的直接参与行为，增强建设维护统一大市场的全局意识。为此，必须进行包括政绩评价考核体系、中央与地方财权事权重新划分、机构设置和优化、财政来源以及干部配置和晋升等在内的一系列系统配套改革。

第三节 推进区域经济一体化和经济数字化

建设全国统一大市场是一项复杂的系统工程，要坚持目标导向和问题导向，坚持标本兼治和长短结合。既要针对突出问题集中开展专项治理，拆除制约全国统一大市场建设的"篱笆"，又要久久为功，善于运用改革的思路和办法，进一步健全相关体制机制和配套制度，培育有利于建设全国统一大市场的"土壤"。也就是说，既要拆"篱笆"，又要换"篱笆"滋生的"土壤"。在策略上，既要借助市场的力量，也要利用技术提供的"利剑"，来破除妨碍全国统一大市场形成的阻力，使改革和发展协同推进。

一、推进区域高质量一体化发展

从目前来看，短期内全国统一大市场建设的重要突破口，就是推进区域高质量一体化发展国家战略。建设全国统一大市场，需要从顶层做好整体规划，特别是注重区域一体化发展。党的十八大以来，党中央就形成优势互补高质量发展的区域经济布局做出了重要部署，在巩固和发挥传统的东部、中部、西部和东北地区发展优势的基础上，相继提出京津冀协同发展、长江经济带发展、粤港澳大湾区建设、长三角一体化发展、黄河流域生态保护和高质量发展、成渝地区双城经济圈建设等重大国家战略。要以这些重大国家战略为依托，建设统一的区域内市场准入标准，制定统一的跨地区商品和要素流动规则，破除区域分割和地方保护，并推动跨区域一体化，逐步形成全国统一大市场。《中共中央 国务院关于加快建设全国统一大市场的意见》指出，在维护全国统一大市场前提下，优先开展区域市场一体化建设工作，鼓励京津冀、长三角等率先开展区域市场一体化建设，在健全市场制度规则、完善市场基础设施、共享物流发展成果等方面积极探索创新，为全国提供可复制、可推广的经验。

第一,推动都市圈市场一体化。事实上,当前不仅需要对外开放,还需要对内开放,甚至在某种程度上对内开放可能比对外开放更加迫切。长期以来,在以经济指标为主的考核体系下,都市圈的各个城市之间更多是竞争关系。地方政府已经习惯了这种竞争模式,年底统计GDP时总会互相比较,担心被"邻居"超过。虽然城市之间的合作越来越多,但是行政壁垒仍然很难破除。核心城市和周边地区竞争有余、合作不足,缺乏完善的利益分享机制。要鼓励从过去强调经济竞争走向竞争基础上的合作和协同。都市圈的核心是本地劳动力市场的一体化,即交通通勤一致、社会保障一致、医疗保障一致等,以跨区域合作协商和共享机制为基础,消除地方保护主义导致的区域市场分割,畅通资源、要素等在区域间流转机制,构建协调一致的管理体系。在城市群发展的初始阶段,资源要素向核心或中心城市集中、集聚,是正常现象,要处理好马太效应或者虹吸效应,特别是由于城市行政级别不同,高等级行政级别的城市源源不断地吸附资源,核心城市因为吃不了而"撑死",外围城市因为吃不着而"饿死"。要通过改革打破城市间的壁垒,促进要素充分流动,给予不同等级的城市相对平衡的发展权。

第二,推进粤港澳大湾区一体化发展。对于粤港澳大湾区这个庞大的城市群而言,城市之间如何协同合作是一大考验。在"一国两制"下,粤港澳社会制度不同,法律制度不同,分属于不同关税区域,市场互联互通水平有待进一步提升,生产要素高效便捷流动的良好局面尚未形成。大湾区内部发展差距依然较大,协同性、包容性有待加强,部分地区和领域还存在同质化竞争和资源错配现象。大湾区内城市应该发挥各自的优势,避免恶性竞争。首先，城市之间的合作竞争应该尊重市场规律，形成各个城市之间的优势，政府要做好跨区域的公共产品服务。其次，广佛同城化是珠三角一体化的突破口，推动规划对接、交通对接、产业对接，全面推进教育、文化、体育、医疗卫生、就业、社会保障等各领域合作，实现基础设施一体化、经济一体化和基本公共服务同城化。再次，产业链的跨行政区域延伸，这种市场经济的动力不仅可以突破穗佛深莞城市间的界限，也在有效突破行政边界。最后，珠三角各市要切实打破层层障碍，探索建立有利于促进一体化的体制机制，把粤港澳大湾区作为区域市场一体化的先行示范区，破除地方保护，鼓励推动地区合作，提升区域整体竞争力。

第三，推动长三角地区市场一体化。长三角是我国经济发展最活跃、开放程度最高、创新能力最强的区域之一。三省一市共建"一张网"，共绘"一幅图"，共下"一盘棋"，推动长三角一体化发展，不仅可以共享发展红利，更能为推进全国统一大市场开辟道路、创造条件、积累经验。长三角一体化发展战略提出并实施以来，规划政策体系形成并不断完善，区域协调发展取得重大突破，生态环境共保联治扎实推进，长三角区域整体实力和综合竞争力持续位居全国前列。当前，长三角一体化发展有许多深层次问题有待进一步破解，重点领域、重点区域一体化尚需努力，建立全国统一大市场的龙头带动作用有待进一步发挥，改革开放还需进一步向纵深拓展。长三角一体化，从修路架桥、推动人才流动、共建产业园区，到共同实施具体项目、共同推进行动纲领，再到进一步共同制定行为准则，还有很长的路要走。一是要坚决破除制约一体化发展的行政壁垒和体制机制障碍，建立统一规范的制度体系，形成要素自由流动的统一开放市场，为更高质量一体化发展提供强劲内生动力；二是加快长三角生态绿色一体化发展示范区建设，打破行政边界，不改变现行的行政隶属关系，完善示范区国土空间规划体系，加强规划、土地、项目建设的跨区域协同和有机衔接，加快从区域项目协同走向区域一体化制度创新；三是要推进跨区域共建共享，有序推动产业跨区域转移和生产要素合理配置，使长三角真正成为区域发展共同体。

事实上，像京津冀、长三角、粤港澳大湾区、成渝地区双城经济圈等区域，在要素资源市场的统一、市场平台设施的统一等方面，已经积累了一系列推动市场区域一体化的经验，通过区域样板构建，也为全国统一大市场建设提供了有力的支撑。国家要积极稳妥推进财税、统计等重点领域改革，加大先行先试探索力度，把有利于全国统一大市场建设的各项制度规则立起来。研究制定全国统一大市场建设标准指引，进一步完善统一的市场基础制度规则。深入研究完善地方税税制，研究修订关于统计单位划分、跨省分支机构视同法人单位统计审批管理等方面的制度规则。

二、推动经济数字化、网络化、平台化

科技革命不仅为产业变革提供了机遇，也为经济体制的变革创造了条件。要把推动经济数字化、网络化、平台化，作为推进全国统一大市场建设的一个重要抓手。数字经济作为新兴经济形态，具有开放、共享、打破传统时空限制的特点，在打破市场的地理分割、提升市场运行效率、统筹区域发展、构建公平市场环境等方面具有独特优势。大力发展数字经济，推动数字技术与实

体经济以及治理方式的深度融合，将有利于推进全国统一大市场建设。同时，要发挥人工智能、数字经济对促进市场公平竞争和国内统一大市场的倒逼作用，进一步强化信息公开，建立统一市场监管规则，完善数据要素市场的配套制度和标准体系建设。

第一，数实融合有助于削弱地方保护动机。从产业发展角度来看，在数字经济新模式下，一方面区位劣势对许多产业竞争力的影响已经极大降低，另一方面中西部地区利用自然禀赋优势更容易创造出巨大的市场价值。在这种情况下，地方保护的政策动机也被极大削弱，只有开放本地市场，融入更大范围的市场，才能更好带动本地经济发展。从公共服务角度来看，数字技术在医疗、教育等领域的融合能够更好推动优质资源共享、推进基本公共服务均等化。

第二，数实融合有助于突破市场的地理边界。数字经济与传统经济模式的一个重要区别就是其经济体量能够不受市场空间边界约束而快速成长。例如，以电商为代表的平台经济在运行模式上具有明显的规模经济、范围经济和网络外部性特征，通过大数据决策系统、前置仓、智能订单和物流系统的配合极大拓展了商家对消费者的触达范围和效率，提高了产品的销售半径，结果就是能将分散的小市场融合为统一大市场，让产品要素实现更大地理范围内的循环。

第三，数实融合还有助于构建公平的市场环境。建设全国统一大市场，离不开公平有序的市场竞争。在经营主体的生产和流通活动中，通过区块链技术在供应链领域的应用，可以实现物流、单据流、资金流的全程防伪和可追溯，有助于打造诚信的商业环境。从市场监管角度来看，借助"互联网+监管"模式，可高效收集反映企业、产业与市场运行的实时数据，对产业链供应链中存在的问题进行及时监管，对薄弱环节进行及时调控。另外，要通过进一步完善数字基础设施体系和数据要素相关制度，让数实融合的作用得到更好发挥，不断释放数实融合潜力，提升数字治理水平，以高质量的数实融合推动全国统一大市场建设。

但同时也要注意，建设统一大市场容易助长垄断，尤其是对于极易规模化的互联网平台。这也是在技术进步和业态模式创新过程中市场出现的新问题、新矛盾。互联网平台经济的竞争，不仅来自同类型企业的竞争，例如淘宝和拼多多的竞争，也来自平台内部的竞争，例如不同品牌商户、同一品牌不同经营商户之间的竞争，还来自跨界竞争者，例如淘宝、京东与抖音、腾讯的竞争。只要市场业务存在一定竞争，或者并未限制潜在竞争者进入，那么市场份额导致垄断行为就只是一个必要条件而非充分条件。换言之，拥有市场支配地位不一定是有问题的，但如果存在滥用市场支配地位的行为，就一定要被规制。例如，出现"二选一"、歧视价格、自我优待等限制竞争、侵害消费者权益的行为。2023年，国家市场监督管理总局制定《经营者集中反垄断合规指引》，有效建立与平台企业的常态化沟通机制。近几年，平台企业特别是大型平台企业合规意识大幅提升，2022年新修正的《中华人民共和国反垄断法》施行以来还没有发现平台企业新增的违法实施经营者集中的问题。要坚持促进发展和监管规范两手抓，秉承包容审慎的监管态度，推进平台经济常态化监管，破除平台企业数据垄断等问题，防止利用数据、算法、技术手段等方式排除、限制竞争，促进平台经济在推动全国统一大市场建设中发挥更大作用。

第十三章
完善微观基础制度

市场主体是社会主义市场经济的微观基础，是推动经济社会发展的重要力量。充分激发各类市场主体的内生动力和创新活力，对于构建高水平社会主义市场经济体制、推动高质量发展和构建新发展格局具有重大意义。党的二十届三中全会提出，坚持和落实"两个毫不动摇"。毫不动摇巩固和发展公有制经济，毫不动摇鼓励、支持、引导非公有制经济发展，保证各种所有制经济依法平等使用生产要素、公平参与市场竞争、同等受到法律保护，促进各种所有制经济优势互补、共同发展。

第一节　深化国有企业改革

国有企业是中国特色社会主义的重要物质基础和政治基础，是党执政兴国的重要支柱和依靠力量。党的十八大以来，国企改革涉深水区、啃硬骨头，不断向纵深推进。2015年9月，中共中央、国务院印发了《关于深化国有企业改革的指导意见》，形成"1+N"政策体系，推进国企改革三年行动，在重要领域和关键环节取得明显成效,一系列长期想解决而没有解决的重点难点问题得到有效解决。当前,国有企业尚存在一些深层次矛盾和问题,包括布局结构不够合理、治理体制和经营机制不完善、效率效益有待提高等,迫切需要深化改革,激发企业活力。党的二十大报告指出:"深化国资国企改革,加快国有经济布局优化和结构调整,推动国有资本和国有企业做强做优做大,提升企业核心竞争力。"①二十届三中全会提出,深化国资国企改革,增强核心功能。新一轮国企改革深化提升行动已启动实施,要围绕建立中国特色现代企业制度这一核心目标,持续推动市场化机制改革走深走实。

一、明晰功能定位,推进分类改革

党的二十届三中全会提出,进一步明晰不同类型国有企业功能定位,完善主责主业管理,完善国有企业分类考核评价体系。《关于深化国有企业改革的指导意见》是新时期指导和推进中国国企改革的纲领性文件。该文件明确提出,通过界定功能、划分类别,实行分类改革、分类发展、分类监管、分类定责、分类考核,提高改革的针对性、监管的有效性、考核评价的科学性,推动国有企业同市场经济深入融合,促进国有企业经济效益和社会效益有机统一。2015年12月印发了《关于国有企业功能界定与分类的指导意见》,2016年8月印发了《关于完善中央企业功能分类考核的实施方案》,按照"谁出资、谁分类"原则,由履行

---

① 《党的二十大报告辅导读本》,北京:人民出版社,2022年,第26页。

出资人职责的机构负责制定所出资企业的功能界定和分类方案。各地方政府开展了国有企业的功能界定工作，并积极研究制定和出台国有企业分类监管办法。

要坚持分类改革方向，结合国有企业的功能定位，推动国有企业分类改革，加快从非主业、非核心竞争力的领域剥离，下决心清理退出一批企业、优化整合一批企业，进而优化国有经济布局。国有企业大致可以分为特定功能类、公益保障类、商业竞争类，并在此基础上推进国有企业分类治理和改革。通过分类改革，逐渐降低商业竞争类国有企业的数量和比重，控制特定功能类国有企业的数量和比重，进一步向公益保障类国有企业集中。① 对特定功能类国有企业，充分发挥国有资本投资公司的平台作用，培育、发展、壮大战略性产业，提升国有经济的主导力。2022年，国务院国资委印发了《关于国有资本投资公司改革有关事项的通知》，对国有资本投资公司试点企业进行了调整优化。其中明确，中国宝武、国投等12家企业继续深化试点，要求准确把握国有资本投资公司功能定位，持续深化改革成果，有效发挥功能作用，加快形成具有鲜明特点的发展模式，为增强国有经济竞争力、创新力、控制力、影响力和抗风险能力发挥更大作用。对公益保障类国有企业，要以保障民生、服务社会、提供公共产品和服务为主要目标，引入市场机制，提高公共服务效率和能力。这类企业可以采取国有独资形式，具备条件的也可以推行投资主体多元化，还可以通过购买服务、特许经营、委托代

---

① 党的二十届三中全会提出，推动国有资本向关系国家安全、国民经济命脉的重要行业和关键领域集中，向关系国计民生的公共服务、应急能力、公益性领域等集中，向前瞻性战略性新兴产业集中。

理等方式，鼓励非国有企业参与经营，可拆分垄断型国企、新设国企，引入国有资本之间的竞争，进一步提升国有资本效率。对主业处于关系国家安全、国民经济命脉的重要行业和关键领域，主要承担重大专项任务的商业类国有企业，要保持国有资本控股地位，支持非国有资本参股。主业处于充分竞争行业和领域的商业类国有企业，原则上都要实行公司制、股份制改革，积极引入其他国有资本或各类非国有资本实现股权多元化，国有资本可以绝对控股、相对控股，也可以参股，并着力推进整体上市。建立健全充分竞争领域国有资本市场化流动机制，强化资本收益目标和财务硬约束，依托市场竞争机制实现优胜劣汰，提高国有资本收益。《企业国有资产交易监督管理办法》规定，主业处于关系国家安全、国民经济命脉的重要行业和关键领域，主要承担重大专项任务的子企业，不得因产权转让、企业增资失去国有资本控股地位。

截至2023年末，汇总中央和地方企业国有资产（不含金融企业）情况，全国国有企业资产总额371.9万亿元、负债总额241.0万亿元、国有资本权益总额102.0万亿元，平均资产负债率64.8%。这些资产多数分布在商业性领域，许多属于充分竞争性的行业。近年来，中央企业加强主责主业管理，扎实开展"两非"①剥离专项治理工作和"两资"②清理处置，取得明显成效。截至2022年上半年，"两非"剥离完成率达99.7%。2012年以来通过产权市场公开处置企业股权、资产共计9 090亿元。全面

---

① "两非"指非主业、非优势业务。
② "两资"指低效资产、无效资产。

完成重点亏损子企业专项治理任务，中央企业重点亏损子企业三年减亏 83.8%，1 400 余户亏损子企业整体实现大幅减亏。截至 2022 年底，[①] 中央企业主业投资占比和从事主业的子企业数量占比均超过 90%。厂办大集体职工安置和退休人员社会化管理完成比例均在 99.6% 以上。中央企业法人户数累计压减 44%，管理层级普遍控制在四级（含）以内。2024 年 4 月 28 日，国务院国资委负责人在湖南株洲召开的国有企业改革深化提升行动现场推进会上表示，为加大"两非""两资"处置出清力度，力争限期"清零"，目前 19 个地方已建立"两非""两资"处置多部门联动绿色通道。但仍有部分退出任务较重的地方尚未建立绿色通道，需积极协调相关部门加快建立，并针对"小散弱"问题较突出的地方和中央企业，提出要求拿出更大决心、更实举措，多措并举"减亏止血"，力争限期"清零"。如果现有国有资本能通过成立国有资本运营公司运作从竞争性领域退出一半，将有近 50 万亿元的净资本进账，可用于"三个集中"特别是加大对核心关键领域的投入，用于弥补养老基金缺口，甚至用于化解地方债务，同时也为民间资本腾出投资空间，随之可大大提高全社会资本的运营效率，提升潜在经济增长率。

二、深入推进国有企业市场化经营机制改革

习近平总书记指出："要坚定不移深化国有企业改革，着力

[①]《中央企业高质量发展报告（2023）》，国务院国资委网，2023 年 9 月 23 日。

创新体制机制，加快建立现代企业制度，发挥国有企业各类人才积极性、主动性、创造性，激发各类要素活力。"①加快建立现代企业制度，必须进一步完善中国特色国有企业现代公司治理，持续深化国有企业劳动、人事、分配三项制度改革，建立与市场经济发展更加相容的体制机制。

第一，加快健全现代公司治理机制，真正实现市场化运营。建立现代企业制度是国有企业改革的方向。2022年末，已有3.8万户国企包括1.3万户中央企业子企业和2.5万户地方各级国有企业子企业建立了董事会，实现了董事会应建尽建，其中外部董事占多数的企业比例达99.9%。要完善中国特色国有企业现代公司治理，更好厘清党组织、董事会、经理层之间的权责边界，形成权责法定、权责透明、协调运转、有效制衡的治理机制。新修订的《中华人民共和国公司法》规定，优化公司治理结构，强化董事会、监事会等内部监督机制以及明确股东权利与义务等，提升企业治理效能。把党的领导融入公司治理，充分发挥党委（党组）把方向、管大局、保落实的领导作用，分层分类、动态优化党委（党组）前置研究讨论重大经营管理事项清单，明晰职责边界，确保党委（党组）发挥作用是实质性的，但也不能替代董事会和经理层。把规范董事会建设作为现代公司治理的重点，加快建设专业尽责、规范高效的董事会，落实董事会职权，持续选优配强外部董事，更好发挥外部董事召集人作用，使董事会成为企业经营决策主体，更好发挥董事会"定战略、作决策、防风险"

---

① 新华社，《习近平对国有企业改革作出重要指示》，中国政府网，2016年7月4日。

的作用。健全外部董事选聘和管理制度，拓宽外部董事来源渠道，选好配优所出资企业外部董事。完善履职评价和激励约束机制，加大专职外部董事与企业现职领导的双向交流力度，促进外部董事素质和履职能力显著提升。截至2023年底，99%的中央企业集团公司、84.9%的地方一级企业建立了外部董事考核评价制度。结合企业实际，有效落实董事会在经理层成员选聘、业绩考核、薪酬管理等方面的重点职权。2022年末，中央企业子公司和地方国有企业建立董事会向经理层授权管理制度的比例分别达97.4%和98.2%。制定完善的董事会向经理层授权的管理制度，结合实际合理确定授权事项范围，健全授权事前、事中、事后管理机制。健全总经理对董事会负责、向董事会报告机制，完善权责对等的经理层行权履职规则，保障经理层"谋经营、抓落实、强管理"的职责，进一步在项目投资、资产处置、权属企业考核薪酬等方面授予经理层决策权，压实经理层的经营管理责任。

第二，健全经理层任期制和契约化管理。经理层成员任期制和契约化管理是改革方向，打破"铁交椅"、打破"大锅饭"，严格履行聘任协议和业绩合同，明确国有企业经理层成员的责任、权利和义务，干得好就激励，干不好就调整。与2020年底相比，到2022年底开展任期制和契约化管理的中央企业和地方各级子企业比例从23%左右提升至99.6%以上，覆盖全国超8万户企业、22万人。要推进经理层成员任期制和契约化管理，促进考核目标更科学、契约执行更刚性，并逐步探索向其他管理人员延伸。支持商业类子企业加快推行职业经理人制度，经理层成员任期制和契约化管理等实现各级企业全覆盖。要加快建立职业经理人制度，防止任期制和契约化管理制度变形走样，健全董事会选聘、管理、考核、评价、退出等机制。可以探索建立以经理层成员任期制和契约化管理为核心的新型经营责任制，但也要防止出现国企改革之初搞承包制"包盈不负亏"的弊端。国企改革强调责任制没错，但值得注意的是，如果层层都搞责任制、人人都搞责任制，那只是企业管理方式，而不是企业改革，更不是制度建设，切不可以此代替规范的职业经理人制度。

第三，深化国有企业劳动、人事、分配三项制度改革。"三项制度"改革是国企改革中难啃的"硬骨头"。要进一步推动干部能上能下、员工能进能出、收入能增能减的机制在各层级企业普遍化、常态化运行，尤其是要扩大中长期激励的覆盖面，提高灵活性和匹配度，激发企业内在活力。打破"大锅饭"和论资排辈，推行管理人员竞争上岗，实施管理人员末等调整和不胜任退出制度。中央企业新进员工公开招聘比例由2020年底的88.9%上升到2022年底的99.9%以上，末等调整和不胜任退出的管理人员达到3.8万人，占比约6.9%。中央企业和地方国企管理人员竞争上岗比例分别达到57%和56.3%，末等调整和不胜任退出比例分别达到5.7%和4.5%。要全面推进用工市场化，中央企业和地方国有企业新进员工公开招聘比例均上升到99.9%以上。健全市场化选人用人机制，打通干部"能上能下"关口通道，通过公开招聘、公推优选、竞争上岗，选聘中层管理人员和业务骨干。健全常态化岗位评估机制，增强全员绩效考核的科学性、精准性，分类细化优化员工市场化退出标准和渠道，扩大末等调整和不胜任退出相关制度在地方国企二、三级子企业覆盖面。2024年9月27日，国务院国资委负责人在国有企业改革深化提升行动推进会上表示，到2025年，国有企业必须普遍推行末等调整和不胜任退出制度。要清晰界定退出标准，用好绩效考核结果，进一步规范退出的情形，不能用违法违纪、到龄退休、主动离职等替代业绩考核不合格的退出。同时，要建立健全按业绩贡献决定薪酬的分配机制，完善市场化的激励约束机制，灵活开展股权激励、分红激励、超额利润分享、虚拟股权、跟投等中长期激励。2022年，中央企业89%的"科改企业"面向关键岗位核心骨干人才灵活开展多种方式的中长期激励，覆盖11.6万人次。要从适应资本市场发展和企业改制上市的需要出发，按照履行出资人职责的要求，积极探索国有控股上市公司实施股权激励的有效机制，进而推动中央企业扩大控股上市公司实施股权激励的覆盖面，构建科学、规范的中长期激励机制。

三、不断完善鼓励科技创新的体制机制

加快形成与新质生产力发展相适应的科技创新体制机制，是国有企业改革面临的新挑战。要健全国有企业推进原始创新制度安排。不断完善科技创新考核评价体系，全面落实研发投入视同利润加回等支持政策，激励企业强化对科技创新的投入力度，将高新技术企业培育、高价值专利创造转化、新产品产值等指标纳入企业负责人年度和任期经营业绩考核。聚焦科研成果应用转化，探索"事业合伙人"模式，允许科研人员以现金出资参与项目研发，同项目单位签订书面协议约定资金使用、收益分配等事项，条件成熟并完成项目清算后，可注册成立合资公司。实施骨干科技人才工资总额单列、薪酬保护等措施，实施国家科技重大专项全周期激励计划；公司的薪酬激励向急需紧缺人才等方面倾

斜,对紧缺型高端人才实施"一人一策"协议薪酬。企业对技术专家实行年度激励和聘期激励,以专家年度考核和聘期评价的结果为依据兑现,实行逐年解锁的递延兑现激励机制。要以鲜明的导向加大对创新骨干人员的激励力度,把工资总额增量优先用于做出贡献的科技人才,对承担国家重大科技项目的科研团队工资总额实行单列,探索开展溯源反哺式利益分享,尽快推动职务科技成果赋权改革试点扩面。全面落实科技型企业董事会依法行使重大决策、选人用人、薪酬分配等权利。科技型企业工资总额可以实行单列管理,且不列入集团公司工资总额预算基数、不与集团公司经济效益指标挂钩;大力推行股权激励、分红激励、员工持股、超额利润分享、虚拟股权、骨干员工跟投等中长期激励方式。同时,要建立健全科技型企业容错纠错机制,对国企开展科技创新实行考核豁免,把因科技探索带来的投入风险作为考核例外项,避免企业负责人不愿承担科技创新风险。

四、有序推进混合所有制改革

推进混合所有制改革,目的是转换国有企业经营机制,更好适应市场经济发展的需要。党的十八大以来,党中央对推进国有企业混合所有制改革做出战略部署。《关于深化国有企业改革的指导意见》系统提出了混合所有制改革任务。2015年9月,国务院印发《国务院关于国有企业发展混合所有制经济的意见》。2016年,国家发展改革委和国务院国资委启动重要领域混改试点工作。2016年12月,中央经济工作会议提出,混合所有制改革是国企改革的重要突破口。2017年9月,中国联通混合所有制改革方案正式实行；9月22日，山东省交通运输集团有限公司完成混改，山东国惠投资有限公司持股37%，多家战略投资者合计持股33%，员工持股平台持股30%；11月29日，国家发展改革委联合财政部等七部门印发《关于深化混合所有制改革试点若干政策的意见》，明确混改中的有关政策。2019年10月31日，《中央企业混合所有制改革操作指引》出台。国企改革三年行动方案明确提出，积极稳妥分层分类深化混合所有制改革。近年来，辽宁沈鼓集团通过混改形成了国有资本、战略投资者、其他小股东4∶4∶2的持股结构。随着国企混合所有制改革不断深化，改革成效日益凸显。中央企业累计引入社会资本超过2.5万亿元，地方国企通过混合所有制改革引入社会资本超过7 000亿元，呈现出融合发展的良好趋势。超过100家完成试点任务的混改试点企业共计引入外部资本超过2 530亿元，改革后国有资本权益平均增长20%。通过混合所有制改革，一批长期亏损甚至濒临破产的传统国企扭转颓势，激发了微观主体活力，增强了企业的核心竞争力。实践证明，党中央、国务院关于国企混合所有制改革的战略部署是完全正确的。

但混合所有制改革在推进中面临多方面困难，一些地方、部门和国有企业对混合所有制改革的目的、意义认识不足，部分国有企业领导人、职工对混合所有制有顾虑和偏见，对民营企业、民间资本不信任，生怕失去控制权，缺乏改革的勇气。混改企业有顾虑，害怕出现国有资产流失，主管部门担心给国资监管带来负面影响，即使进行混改，也大多保持控股权，害怕失去控制力，推动的积极性整体不高，反而对以投资并购、联合投资等多种方式入股非国有企业有浓厚兴趣。在实际操作中，国有企业混改要考虑的因素较多，不仅要制定战略规划，还要有合格投资者的选择，而且能拥有的股权很有限，特别是要"引入高认同感、高协同性、高匹配度的战略合作伙伴"的要求很高，也不好把握，总体对非国有企业的吸引力明显不足。有的企业虽然实现了股权的多元化，但后续的法人治理结构、经营管理机制的改革却没有跟上去，存在"混而未改"的情况，混改后的效果没有充分体现出来。其实，国有企业是全体国民的资产，要把国有资产保值增值放在更加重要的突出位置，混改的核心就是解决国有企业市场化治理机制和决策机制问题。《国务院关于国有企业发展混合所有制经济的意见》在"改革出发点和落脚点"中就明确指出，当前应对日益激烈的国际竞争和挑战，需要通过深化国有企业混合所有制改革，推动完善现代企业制度，健全企业法人治理结构，促进国有企业转换经营机制，实现国有资产保值增值，夯实社会主义基本经济制度的微观基础。

事实上，除少数关系国家安全、国民经济命脉的重要行业等特殊功能要求外，都应按照完善治理、强化激励、突出主业、提高效率的要求，推进混合所有制改革。要探索在集团公司层面推进混合所有制改革，引导在子公司层面有序推进混合所有制改革，二、三级及以下公司不仅可以搞混合所有制改革，而且可以由民营大股东控股。对于主业处于充分竞争行业和领域的商业类国有企业，要重点改、大胆改，可充分释放股权，积极引入其他国有资本或各类非国有资本实现股权多元化，国有资本可以绝对控股、相对控股，也可以参股，非国有资本不仅可以参股，而且可以相对控股乃至绝对控股。对于主业处于关系国家安全、国民经济命脉的重要行业和关键领域以及主要承担重大专项任务的商业类国有企业，要保持国有资本控股地位，支持非国有资本参股。对于公益类国有企业，可以采取国有独资形式，具备条件的也可以推行投资主体多元化，还可以通过购买服务、特许经营、委托代理等方式，鼓励非国有企业参与经营。

推动混合所有制改革，要合理设计和调整优化混合所有制企业股权结构，着力完善公司治理，深度转换经营机制。确定合适的股权结构，除国家规定外，国有资本持股比例不设下限，意向合作方的选择应对各种所有制资本一视同仁，不得对非国有资本设置不当附加条件。充分发挥国有资本运营公司作用，通过股权运作、基金投资、培育孵化、价值管理、有序进退等方式，实现国有资本合理流动和保值增值。支持国有企业依法依规处置非经营性资产和不良资产，优化资产结构，为引入非国有资本创造条件。鼓励非国有资本通过股权收购、增资扩股、股权置换等途径依法参与国有企业改制重组。

在工作中要区分合作与混改的差别。有的分不清增资扩股、产权转让的差别，有的搞不清出资入股、合资新设的优劣。合作不一定是混改，股权混合也不是混改，引入外部股东对现有企业进行股权比例和经营机制的调整，转换经营机制，才是混合所有制改革的原意。比如，2020年10月16日举办的"中央企业混合所有制改革暨中央企业民营企业协同发展项目推介会"，有316宗项目涉及引入社会资本超过1 800亿元，其中，中央企业混改项目268宗，中央企业民营企业协同发展项目48宗。这是首次推介中央企业民营企业协同发展项目，虽然只是合作。2021年6月22日举办的"2021年混合所有制改革项目推介会"，有286个项目亮相，拟募集资金超过1 200亿元，形式相对多一些，既有产权转让项目、增资扩股项目，也有投资新设项目。国企混改还是要抓住以"混"促"改"这条主线，建立更加科学的法人治理结构和运营机制，真正激发国有企业内生活力动力。

五、完善管理监督体制机制

推动国资监管从"管资产"向"管资本"转变，是党的十八届三中全会确定的改革方向。2015年10月印发的《国务院关于改革和完善国有资产管理体制的若干意见》，对推进国有资产监管机构职能转变、改革国有资本授权经营体制、提高国有资本配置和运营效率、协同推进相关配套改革提出原则性的要求。时隔一年多发布的《国务院国资委以管资本为主推进职能转变方案》，明确了国资监管事项，迈出了从以管企业为主的国资监管体制向以管资本为主的国资监管体制转变的重要一步。但必须看到，从全国来讲，当前国有企业"政企不分""政资不分"的现象依然存在，国有资产监管越位、缺位、错位问题还比较突出，国资监管的专业性、科学性、针对性作用发挥得还不够充分；管人、管事的内容还比较多，特别是地方国有企业越来越成为地方政府的平台，成为政府的附属，而且平台性的国有企业也在不断增加，国资监督部门日益从特设机构演变为行政职能部门，专业性日益被综合性所取代。

适应国有资产资本化、国有企业股权多元化的发展阶段和市场化、法治化、国际化发展趋势，从维护国有企业独立市场主体地位、健全市场化经营机制出发，必须坚持以管资本为主的国资监管机构的改革方向，推动实现政企分开、政资分开、所有权与经营权分开，履行好出资人职责，以保障国有资本保值和增值为目标，不断完善以管资本为主的国有资产监管体制。要按照《国务院国资委关于以管资本为主加快国有资产监管职能转变的实施意见》的要求，从监管理念、监管重点、监管方式、监管导向等方面做出全方位、根本性转变。包括从对企业的直接管理转向更加强调基于出资关系的监管，从关注企业个体发展转向更加注重国有资本整体功能，从习惯于行政化管理转向更多运用市场化法治化手段，从关注规模速度转向更加注重提升质量效益。优化管资本的方式手段，全面实行清单管理，以国资委权力责任清单为基础，厘清职责边界；以法人治理结构为载体，规范行权履职；注重通过法人治理结构履职，国资监管机构依据股权关系依法依规向所出资企业委派董事或提名董事人选，通过董事体现出资人意志。对不同功能定位、行业领域、发展阶段的企业实行差异化分类考核。深化分类考核、分类核算，完善国有企业功能界定与分类指引，优化考核办法，要优化在中央企业实行"一业一策、一企一策"的考核，提升国资监管的科学性、针对性、有效性。对公益类国有企业，重点考核成本控制、产品服务质量、营运效率和保障能力，根据企业不同特点有区别地考核经营业绩指标和国有资产保值增值情况，考核中要引入社会评价。要充分考虑企业公益类资产投入情况，建立相应的考核机制、进入及退出机制，制定公开、透明、合理的补贴标准，对于长期的隐性的政府补贴，予以公开化、透明化。随着国企混改推进，探索实施更加灵活高效的监管制度是国资监管体制改革的题中应有之义。《中共中央 国务院关于新时代加快完善社会主义市场经济体制的意见》明确提出，对混合所有制企业，探索建立有别于国有独资、全资公司的治理机制和监管制度。转变混合所有制企业管控模式，探索根据国有资本与非公有资本的不同比例结构协商确定具体管控方式，国有出资方强化以出资额和出资比例为限、以派出股权董事为依托的管控方式，明确监管边界，股东不干预企业日常经营。对国有资本不再绝对控股的混合所有制企业，要尽力探索出、建立起有别于一般国有企业的治理机制和监管制度，支持对公司治理健全的国有相对控股混合所有制企业依法实施更加市场化的差异化管控，努力形成更多可复制、可推广的经验。同时，要积极探索管资本的有效方式和体制架构。

深化国有资本投资、运营公司改革，科学合理界定政府及国资监管机构、国有资本投资运营公司和所持股企业的权责边界，有效发挥国有资本投资、运营公司在授权经营、结构调整、资本运营、激发出资企业活力和服务实体经济等方面的作用。目前，全国范围内纳入名单的"僵尸企业"处置率超过95%，"两非""两资"清退完成率超过96%。充分发挥国有资本投资、运营公司及各类资产平台作用，对"僵尸企业"有价值资产进行重新整合，利用资本市场盘活企业资产。支持区域性股权交易市场开展运营模式和服务方式创新，提高其为企业直接融资服务的能力。

第二节　做强做优做大民营企业

民营经济是推进中国式现代化的生力军，是推进高质量发展的重要力量。民营企业占全国企业总量的92.3%，成为推动我国发展的重要微观基础。党中央、国务院高度重视民营经济发展，出台《中共中央 国务院关于促进民营经济发展壮大的意见》，形成了"1+N"政策体系，国家发展改革委设立民营经济发展局，加强政策统筹协调。改革开放特别是党的十八大以来，民营企业取得了长足进步和发展，具有"五六七八九"的特征，即贡献了50%以上的税收，60%以上的国内生产总值，70%以上的技术创新成果，80%以上的城镇劳动就业和90%以上的企业数量，引领新经济业态发展。当前，民营企业产权和企业家权益保护还不充分，市场准入和要素获取不平等等方面的矛盾仍较突出。要以《中华人民共和国民营经济促进法》的颁布实施为契机，[①]不断深化改革，解决制约民营企业发展的体制机制问题，不断激发企业活力，促进民营经济发展壮大。

一、完善统一的产权保护制度

第一，依法保护民营企业产权和企业家权益。健全统一规范的涉产权纠纷案件执法司法体系，强化执法司法部门协同，进一步规范执法领域涉产权强制措施规则和程序，进一步明确和统一行政执法、司法裁判标准，健全行政执法与刑事司法双向衔接机制，依法保护企业产权及企业家人身财产安全。进一步规范涉产权强制性措施，避免超权限、超范围、超数额、超时限查封扣押冻结财产。对不宜查封扣押冻结的经营性涉案财物，在保证侦查活动正常进行的同时，可以允许有关当事人继续合理使用，并采

[①] 2025年4月30日，第十四届全国人民代表大会常务委员会第十五次会议通过《中华人民共和国民营经济促进法》，自2025年5月20日起施行。

取必要的保值保管措施，最大限度减少侦查办案对正常办公和合法生产经营的影响。依法依规开展羁押、留置等措施，依规依纪依法开展审查调查工作。完善涉企案件申诉、再审等机制，健全冤错案件有效防范和常态化纠正机制。防止和纠正利用行政或刑事手段干预经济纠纷，以及执法司法中的地方保护主义。继续完善工商联法律服务体系，改进对中小微企业的法律服务，用好立法协商、法律维权、法治宣传、商会调解等工作机制和载体。

第二，健全涉企收费长效监管机制。修订保障中小企业款项支付条例，进一步完善解决机关、事业单位、大型企业拖欠中小企业账款问题的制度安排。持续完善政府定价的涉企收费清单制度，进行常态化公示，接受企业和社会监督。畅通涉企违规收费投诉举报渠道，建立规范的问题线索部门共享和转办机制，综合采取市场监管、行业监管、信用监管等手段实施联合惩戒，公开曝光违规收费典型案例。推动加快制定民营经济促进法。

第三，持续完善知识产权保护体系。加大对民营中小微企业原始创新保护力度。严格落实知识产权侵权惩罚性赔偿、行为保全等制度。建立知识产权侵权和行政非诉执行快速处理机制，推动知识产权诉讼制度创新，完善知识产权法院跨区域管辖制度，畅通知识产权诉讼与仲裁、调解的对接机制。研究完善商业改进、文化创意等创新成果的知识产权保护办法，严厉打击侵犯商业秘密、仿冒混淆等不正当竞争行为和恶意抢注商标等违法行为。加大对侵犯知识产权违法犯罪行为的刑事打击力度。完善海外知识产权纠纷应对指导机制。

第四，完善监管执法体系。加强监管标准化规范化建设，依法公开监管标准和规则，增强监管制度和政策的稳定性、可预期性。提高监管公平性、规范性、简约性，杜绝选择性执法和让企业"自证清白"式的监管。鼓励跨行政区域按规定联合发布统一监管政策法规及标准规范，开展联动执法。按照教育与处罚相结合原则，推行告知、提醒、劝导等执法方式，对初次违法且危害后果轻微并及时改正的依法不予行政处罚。防范不当立案、选择性执法司法、趋利性执法司法或地方司法保护。

二、市场准入负面清单面前一视同仁

第一，实行统一的市场准入制度。市场准入制度是我国社会主义市场经济的基础制度之一，负面清单的概念最早源自外资准入管理制度。市场准入负面清单管理是市场准入制度改革的核心，也是保障各类市场主体平等准入的重要基础。自2018年起正式实行全国统一的市场准入负面清单制度以来，我国先后出台了四版负面清单，由2018年版的151项缩减至2022年版的117项，缩减比例接近23%。清单的每一道"减法"，都意味着一个更加开放的领域。市场准入的放宽，使更多社会力量能进入过去被视为"高门槛"的行业。清单数量不断压减、相关配套不断完善，对营造公平竞争环境起到了极大的促进作用。负面清单管理模式是指政府规定哪些经济领域不开放，除了清单上的禁区，其他行业、领域和经济活动都许可。实施市场准入负面清单制度，就是要真正实现"非禁即入"。但目前，市场准入仍是民营企业反映最为突出的问题之一。除《市场准入负面清单》明确规定非公有资本禁入或有股比限制的领域外，一些领域尽管已向民企开放，但存在隐性门槛，实质上进不去，既有"玻璃门""弹簧门"，也有一些负面清单之外的领域，以其他形式禁止民企进入，特别是存在过去让进但现在不让进的现象。一些领域存在指定国企经营或国企优先，负面清单以外还存在民企禁入领域、准入资质获取对民企不利，等等。主要是市场准入负面清单还存在体系不健全、配套不够等问题。与负面清单制度不符的传统习惯做法还未完全清理，如地方政府在采购和招投标过程中设置的供应商预选库、资格库、名录库等，国家多次要求清理取消，但一些地方仍然存在。清单以外存在的一些特殊做法，如定点生产经营、股比限制要求等，尚未完全在清单中体现。一些地方指定或优先使用国企的政策文件还时有出现，既表明公平竞争审查刚性不足，也表明负面清单未将新出现民企禁入的事项纳入。对一些自然垄断或重大领域的准入许可，缺乏明确、可执行的准入条件，影响清单的严肃性。因此，要严格落实"全国一张清单"管理模式，严禁各地区各部门自行发布具有市场准入性质的负面清单，维护市场准入负面清单制度的统一性、严肃性、权威性。制定全国通用性资格清单，统一规范评价程序及管理办法，提升全国互通互认互用效力。要推动各类经营主体依法平等进入负面清单之外的行业、领域、业务。

第二，切实做到市场准入与外资企业同等对待。负面清单本来就包括市场准入负面清单和外商投资负面清单。市场准入负面清单是适用于境内外投资者的一致性管理措施，是对各类市场主体市场准入管理的统一要求；外商投资负面清单适用于境外投资者在华的投资经营行为，是针对外商投资准入的特别管理措施。《市场准入负面清单（2022年版）》中，禁止准入类有6项，许可准入类有111项，共计117项，这些许可都是各类正面指导目录的反映，经批准才能准入的事项。每一项又包括若干种，其中不少是现行的政策文件规定的汇集。禁止准入类包括：（1）法律、法规、国务院决定等明确设立且与市场准入相关的禁止性规定。（2）国家产业政策明令淘汰和限制的产品、技术、工艺、设备及行为，比如《产业结构调整指导目录》中的淘汰类项目，禁止投资；限制类项目，禁止新建；禁止投资建设《汽车产业投资管理规定》所列的汽车投资禁止类事项。（3）不符合主体功能区建设要求的各类开发活动，如地方国家重点生态功能区产业准入负面清单（或禁止限制目录）、农产品主产区产业准入负面清单（或禁止限制目录）所列有关事项。（4）禁止违规开展金融相关经营活动。（5）禁止违规开展互联网相关经营活动，如《互联网市场准入禁止许可目录》中的有关禁止类措施。（6）禁止违规开展新闻传媒相关业务，并特别对非公有资本做出规定。而与此相比，《外商投资准入特别管理措施（负面清单）（2021年版）》[①]有31项禁止事项，其中汽车制造业对外资全面开放，准许外资进入"卫星电视广播地面接收设施及关键件生产"行业。《自由贸易试验区外商投资准入特别管理措施（负面清单）（2021年版）》有27项禁止事项，比全国版少4条，其中，在制造业，实现清零；在服务领域，取消市场调查限于合资、禁止投资社会调查两项限制。两个清单

---

① 《外商投资准入特别管理措施（负面清单）（2024年版）》，全国外资准入负面清单的限制措施由31条压减至29条，与2021年版相比，2024年版全国外资准入负面清单删除了制造业领域仅剩的两条限制措施，一是"出版物印刷须由中方控股"，二是"禁止投资中药饮片的蒸、炒、炙、煅等炮制技术的应用及中成药保密处方产品的生产"。

在2020年就取消了证券公司、证券投资基金管理公司、期货公司、寿险公司外资股比限制。目前,民营企业反映在准入方面与外商还有差别。比如,国家金融监督管理总局数据显示,截至2023年底,外资银行在华总资产已达3.86万亿元,外资保险公司总资产达到2.4万亿元,在境内保险行业总资产比例已经达到10%。2024年3月22日,我国首家新设外商独资证券公司渣打证券在北京正式开展业务。而截至2022年末,19家民营银行总资产规模为1.78万亿元,但没有纯民营保险、证券等金融机构。要进一步完善市场准入制度设计,将三份清单统一式样、依次递推,实现内外资准入的有机结合。在格式上一致,让人一看就知道差别在哪;在范围上,由小到大,符合逻辑,"市场清单"(国内普遍适用的)条目(范围)应小于"自贸清单"(外商有限适用),"自贸清单"条目应小于"外资清单"(外商普遍适用)。目前,"自贸清单"和"外资清单"在格式上一致、范围上递进,但"市场清单"好像是另一种格式和逻辑,应尽快统一起来,并尽力做到民营企业与外商一视同仁,被禁止的只能少、不能多,否则无论如何都是不合逻辑的。同时,抓紧修订《市场准入负面清单》,持续推动最低清单事项缩减,在重点领域加快形成体系化的市场准入安排,列入市场准入负面清单的事项应当尽量简化、确属必要,不能把法律、行政法规和国务院决定中的禁止类、限制类事项简单纳入市场准入负面清单,不能把现行禁止、限制市场主体投资经营的行业、领域、业务等简单照搬至市场准入负面清单。相反,恰恰是要根据负面清单来修订相应的法律、法规和文件规定。对于竞争性商业类领域,应全面放开市场准入,破除市场准入壁垒,切实解决民营企业准入难题,为民营经济健康发展营造更加公平的市场准入环境。在电力、电信、铁路、民航、石油、天然气等重点行业和领域，进一步放宽民营企业市场准入，重点解决单独对民营企业设置准入附加条件、"准入不准营"、互为前置审批等问题。

三、全面落实公平竞争政策制度

近年来，我国不断完善公平竞争相关制度，深化竞争政策的基础性地位，取得重要进展。但实践中仍存在诸多民企获取市场机会不平等的情况，特别是在政府直接进行市场分配的领域中，不平等的情况仍较严重。有的设置明显不利条款排除民企获取市场机会；有的相关业务直接交给国企或直接成立平台公司实施，民企根本没有参与机会；更多的一些领域以安全可控为由排除民企等。要强化竞争政策基础地位，健全公平竞争制度框架和政策实施机制，坚持对各类所有制企业一视同仁、平等对待。尽快修订公平竞争审查制度实施细则，保障民营企业依法平等使用资源要素、公开公平公正参与竞争、同等受到法律保护，支持形成与民营经济贡献相匹配的要素投入结构。强化制止滥用行政权力排除限制竞争的反垄断执法。未经公平竞争审查不得授予经营者特许经营权，不得限定经营、购买、使用特定经营者提供的商品和服务。定期推出市场干预行为负面清单，及时清理废除含有地方保护、市场分割、指定交易等妨碍统一大市场和公平竞争的政策。优化完善产业政策实施方式，建立涉企优惠政策目录清单并及时向社会公开。要推动落实招标投标领域公平竞争审查规则，破除招投标等领域的各种壁垒。有的公共部门采购和项目招投标偏向国企，一些地方招投标存在潜规则，由国有企业中标，而后由国企分包给民企完成，一些领域国企利用优势做中介，再层层转包，坐收中介费的情况还不少。许多民营企业在项目投标时，还是希望与国有企业结成联合体，甚至希望国有企业入股，从而获得更多的中标机会。这种现象已到了非解决不可的时候，要大力清理公共部门投资和采购中歧视民企的各种做法，让公共部门及干部放下包袱，公平对待不同所有制企业。

四、推动民营企业建立现代企业制度

第一，引导完善治理结构和管理制度。支持引导民营企业完善法人治理结构、规范股东行为、强化内部监督，实现治理规范、有效制衡、合规经营，鼓励有条件的民营企业建立完善中国特色现代企业制度。依法推动实现企业法人财产与出资人个人或家族财产分离，明晰企业产权结构。研究构建风险评估体系和提示机制，对严重影响企业运营并可能引发社会稳定风险的情形提前预警。支持民营企业加强风险防范管理，引导建立覆盖企业战略、规划、投融资、市场运营等各领域的全面风险管理体系，提升质量管理意识和能力。同时，畅通国家科研资源开放渠道，支持民营企业开展基础研究和科技创新、参与关键核心技术研发和国家重大科技项目攻关。完善民营企业参与国家重大战略实施机制。要认真解决民营企业发展中人才、技术、劳动力、融资、税费、用地等方面的问题，在人才引进、培训培养、职称评审等方面对民营企业平等支持。

第二，构建民营企业源头防范和治理腐败的体制机制。出台司法解释，依法加大对民营企业工作人员职务侵占、挪用资金、受贿等腐败行为的惩处力度。健全涉案财物追缴处置机制。深化涉案企业合规改革，推动民营企业合规守法经营。推动民营企业强化腐败源头治理，引导民营企业建立严格的审计监督体系和财会制度。充分发挥民营企业党组织作用，推动企业加强法治教育，营造诚信廉洁的企业文化氛围。建立多元主体参与的民营企业腐败治理机制。推动建设法治民营企业、清廉民营企业。

第三，支持民营企业更好履行社会责任。推动民营企业守法合规经营，鼓励民营企业积极履行社会责任、参与社会公益和慈善事业。培育和弘扬企业家精神，引导企业家爱国敬业、遵纪守法、创业创新、服务社会，调动广大企业家积极性、主动性、创造性，发挥企业家作用，实施年轻一代民营企业家健康成长促进计划。引导民营企业在企业内部积极构建和谐劳动关系，推动构建全体员工利益共同体，让企业发展成果更公平惠及全体员工。鼓励引导民营经济人士做发展的实干家和新时代的奉献者，探索建立民营企业社会责任评价体系和激励机制，引导民营企业踊跃投身光彩事业和公益慈善事业，参与应急救灾。鼓励民营企业高质量参与国际竞争，推动民营经济走向更加广阔的舞台。

第十四章
构建房地产发展新模式

房地产产业链条长、涉及面广，事关人民群众切身利益，事关经济社会发展大局。加快构建房地产发展新模式，促进房地产稳定健康发展，对社会稳定和经济高质量发展具有重要意义。党的二十届三中全会《决定》提出，加快建立租购并举的住房制度，加快构建房地产发展新模式。这为推动房地产行业高质量发展提供了根本遵循，也为构建房地产发展新模式指明了方向。

第一节　新模式的内涵和框架

一、什么是新模式？

房地产新的发展模式到底是什么？这是一个大命题，要回答这个问题必须先搞清楚：为什么要构建新模式？

我国住房制度经历了逐步形成的过程。改革开放以前，城市实行公房实物分配，不存在住房市场。1980年，邓小平同志首提住房制度改革。从1980年到1993年，住房制度改革大致经历了试点售房、提租补贴和以售带租等阶段。1994年,《国务院关于深化城镇住房制度改革的决定》(43号文)出台,明确要建立与社会主义市场经济体制相适应的新的城镇住房制度,实现住房商品化、社会化。在三年多改革实践基础上,1998年,《国务院关于进一步深化城镇住房制度改革 加快住房建设的通知》(23号文)发布。根据该通知,对不同收入家庭实行不同的住房供应政策,高收入家庭购买或租赁市场价商品住房、中低收入家庭购买经济适用住房、低收入家庭租赁由政府或单位提供的廉租住房。1998年下半年开始停止住房实物分配,逐步实行住房分配货币化。2003年,《国务院关于促进房地产市场持续健康发展的通知》(18号文)发布,提出"调整住房供应结构,逐步实现多数家庭购买或承租普通商品住房",住房商品化市场全面启动。

党的十八大以来,对房地产发展模式的探索不断深入。2015年底,中央经济工作会议首次提出发展住房租赁市场,并确立"租购并举"为我国住房制度改革的主要方向。2016年12月,中央经济工作会议提出"房住不炒"。2017年党的十九大提出,"要加快建立多主体供给、多渠道保障、租购并举的住房制度,让全体人民住有所居"。2021年发布的《国务院办公厅关于加快发展保障性租赁住房的意见》提出,重点增加租赁住房的供给,以解决新市民、青年人等群体住房困难。2021年12月,中央经济工作会议提出"探索新的发展模式"。2022年12月,中央经济工作会议指出"推动房地产业向新发展模式平稳过渡";2023年12月,中央经济工作会议进一步提出"完善相关基础性制度,加快构建房地产发展新模式"。显然,房地产新模式不是直接针对"房住不炒"的。目前,房地产市场供求关系发生重要变化,炒房行为几乎销声匿迹。炒房行为是在住房严重供不应求时，博取房价上涨溢价的一种投机行为，没有了房价上涨，"炒房团"也就自然不见了。

房地产新模式主要是针对新市民的。事实上，目前我国住房自有率比较高，多数城市居民都有住房居住，没有住房的是少数，存在住房困难的状况也大幅度减少。经过 20 多年快速发展，我国城镇人均住房面积已经超过 40 平方米，城镇户均住房已超过 1 套，住房短缺问题已总体解决，住房需求已经从"有没有"转为"好不好"。矛盾的主要方面，是新进入城市的新市民，住房存在不一样的困难。事实上，他们也通过各种方式解决了居住问题，所以我们在城市里并没有看到大量的无家可归人员。但按照我国传统文化，外来户没有住房就缺少归属感，城市住房的保障没有覆盖到，或者不让买商品房。所以，新模式是对现有模式的补充、完善，而不是对现有模式的全面否定或推倒重来，是在现有住房保障体系基础上更好解决新市民的住房问题，允许新市民购买或租住商品房并享受同等待遇。随着人的流动，住房要相应增加，供地要跟进，资金要到位，也就是要建立人、房、地、钱联动机制，从而推动市场体系和保障体系并行发展。

二、新模式的核心：正确处理政府与市场关系

房地产市场是我国全国统一大市场的重要组成部分，住房体制也是高水平社会主义市场经济体制的重要组成部分。房地产发展，涉及劳动、资本、土地等要素配置以及房价的形成。根据党的二十届三中全会精神，房地产市场资源配置的原则仍然是，充

分发挥市场在资源配置中的决定性作用，更好发挥政府作用；更好发挥市场机制在住房资源配置的作用，更好维护市场秩序，弥补市场住房资源配置的失灵。构建房地产新模式，核心是要处理好政府和市场的关系，形成"保障＋市场"的住房供应体系，政府的归政府，市场的归市场，减少或取消政府对市场的直接干预。

第一，住房价格应由市场决定。这是商品价格调节市场供求关系的基本机制。商品房价格是否上涨，取决于市场上商品房供给与需求之间的力量对比，商品房少，价格就涨；需求减少，房价就下跌，这是市场经济的基本规律。房价上涨，增加住房供应的力量自然会增加，房价上涨，购房的需求也会相应减少，两股力量最终会达成短期的平衡。而且市场的变化是动态的，平衡是相对的，不平衡是绝对的，所以房价自然是在不断变化。当然，在一个时期，房价出现持续上涨的趋势，那也可能是需求持续增加的结果。这20多年来，我们一直在跟这种市场力量较劲，一会儿是限制土地供应，怕出"地王"，一会儿是限价，怕出"楼王"。从供给到需求，从资金到交易，已无所不限，最后达到限购、限贷、限价、限卖、限跌"五限"，甚至取消中介，始终不变的目标是死盯房价，结果是房价既不能涨也不能跌，商品房市场被"五花大绑"，动弹不得，直至这两年形势逆转，深度调整。市场规律表明，价格恰恰是没有必要也没有办法管控的，价格机制是市场配置资源中起决定性作用的具体表现，管控了价格，也就失去作用，政府在直接发挥资源分配作用，只能是左右为难，管了不该管也管不了的东西，导致各参与主体无所适从。实践证明，政府管制太多，各类问题层出不穷，代价太大。政府出台的政策文件很多，但房价该涨还是涨。据统计，全国商品住宅销售均价从1999年的每平方米1 843元上涨到2022年的每平方米10 185元，年均上涨7.7%，23年间上涨了近5倍，这一数据表明，市场所说的"边调控，边上涨"，不让房价涨，以便让普通居民都能买得起房，这个出发点很好，但成效不彰。党的二十届三中全会明确要求，防止政府对价格形成的不当干预。

第二，住房商品具有特殊性。住房是商品，但又不是一般的商品，具有特殊性。首先，任何一处住房都是唯一的，不能简单类比、简单加总。住房最重要的属性是位置，位置是稀缺资源，不可再生，其他诸如医院、学校、交通等配套都是围绕着位置来开展的。住房只有唯一，没有之一。两处住房之间因地点、朝向、楼层、品质、环境等方面的不同，必然带来价格的巨大差异。所以，简单说房价高、房价低是不科学的。其次，住房具有资产属性。住房不仅仅具有居住属性，对其资产属性也不可视而不见。目前，房产已成为我国居民家庭的主要资产。央行调查统计报告表明，城市74.4%的家庭拥有住房，房产净值占居民家庭财富的70%左右。构建房地产发展新模式，要尊重客观规律，兼顾住房的居住属性和资产属性，更好满足刚性和改善性住房需求与资产配置性需求。最后，"房住不炒"不等于房价不涨。"房住不炒"是以房价上涨为前提的，没有说到房价下跌时怎么办。其实，由于房地产金融属性强，在住房供不应求的情况下，一部分居民热衷于投资房产，并追涨杀跌，这也是他们的投资行为。虽然不可助长，但也无法消除。即便"炒房团"没有了，群众通过房产来实现资产保值增值仍然是普遍存在的。要尊重市场规律、实事求是，更多地用市场手段、法治化方式，防止"炒房"。

因为风险是市场经济的内在要素，既然有风险，就要有承担风险的市场主体和承担的方式。当前，恰恰是因为没有人敢于承担市场不确定性带来的风险，不敢轻易进场，住房需求才仍处于深度调整之中，政府成为唯一进场"救市"主体，这就是政府行为的负反馈效应。

第三，住房基本保障应由政府提供。虽然房价要由市场来调节，但并不意味着政府对住房问题可以放任不管。世界上没有哪一个国家完全依靠市场解决居民住房问题。住房保障，是社会保障体系的重要组成部分，是政府弥补市场失灵的重要方面。不过，不同国家、不同发展阶段，住房保障的方式、范围、水平都各有差异。在新加坡，大部分人能够申请到价格相对较低的组屋（HDB Flats），但居住品质可能不好，据说有80%的人住在政府建设的组屋里。1936年，美国政府着手清理贫民窟和建设低租金住房，在亚特兰大市实施了第一个"公共住房建设计划"项目。1974年，美国政府颁布《住房和社区发展法》，制订租房券计划（Housing Choice Voucher Program，HCVP），逐渐停建公共住房，以租房券、住房税收抵免等补贴手段为低收入家庭提供多样选择。住房保障虽然是政府的责任，但在政府与住房困难群体之间也会形成一个市场供求关系。保障水平高，需要政府保障的群体规模就大；保障水平低，相应的群体规模就小。把握好与发展阶段相适应的住房保障的方式、范围、水平，是确保住房保障政策取得成效的关键。当前，我国住房保障的重点对象是新市民，着力解决他们中的低收入者基本住房需求。关键因素就是建立"人、房、地、钱"要素联动机制，以人定房、以房定地、以房定钱。在这个过程中，市场机制的作用必不可少。2024年，

《住房城乡建设部关于做好住房发展规划和年度计划编制工作的通知》发布，要求科学确定保障性住房发展目标。这对于纠正过去土地城镇化与人口城镇化相脱节的状况，推进以人为中心的新型城镇化，是一个巨大的进步。但显然这也是一个过于理想化的、基于传统计划思维的工作模式，人口流动和变化是一个动态的过程，无法用一个相对固定的规划去适应，而且这个规划是建立在现行土地计划管理基础之上的。用这种计划思维和方式，很难真正科学编制出一个房地产市场发展规划。根本原因就在于，市场需求的底数不是用现有行政方式能摸清的，必须借助市场机制的力量才能更好、更有效地推进住房保障惠民政策。

三、新模式的基本框架结构

房地产发展新模式，是统筹考虑居民需要、市场稳定、行业发展、财政负担，充分运用市场机制作用，而不是仅有政府作用，旨在以原有商品房体系为基础，逐步完善住房保障体系，为新市民、青年人等提供住房保障，也就是党的二十届三中全会确立的租购并举的住房制度，以及与之相适应的房地产发展模式。

第一，商品房仍是大头。绝大多数居民通过商品房市场解决自己的住房问题，仍是这个模式的基本特征。让商品住房回归商品属性，满足改善性住房需求。有人说，新模式是"二次"房改，这有点言过其实，不会改到实物分配，大家都等着政府分房，那既不现实，也不符合发展方向，总体上，新模式是健全和完善。当然，从量上讲，由于存量房交易比重上升，新建商品房比重和量可能相对小一些，在"有没有"的问题基本解决之后，要解决"好不好"的问题，主要还是要靠自己通过市场来解决，不能寄希望于政府帮你解决"大房子""好房子"问题。

第二，租赁住房是新市民的首选。这是引导新市民形成"先租后买、先小后大"住房消费模式的重要过渡形态，是"租购并举"住房制度的应有之义，也是新模式的重要出发点和政策意图。要补齐租赁短板，规范发展住房租赁市场，大力发展长租房，逐步推进租购住房在享受公共服务上具有同等权利。租售同权，切实解决承租人同等享有教育、医疗等公共服务，是推进租购并举的关键。没有租购同权的实现，租赁居住仍只能是过渡性、暂时性需求，不可能成为常态。

第三，保障房只能是兜底性质。党的二十届三中全会《决定》明确指出，在发展中保障和改善民生，必须坚持尽力而为、量力而行，完善基本公共服务制度体系，加强普惠性、基础性、兜底性民生建设。这为住房保障制度建设提供了遵循的原则。住房保障应该是保障基本的住房需求，是普惠性、基础性、兜底性的，而不能任意扩大范围、提高标准，要区分基本公共服务和非基本公共服务，政府以承担基本公共服务为限，非基本公共服务应尽量交给市场主体承担。要严格落实保障房兜底要求，持续解决新市民住房"有没有"的问题，而不是"好不好"的问题，把住房"好不好"的问题交给市场去解决，切不可把解决"买不起房"这个无法严格定义的问题作为住房保障制度解决的对象。

总之，新发展模式要坚持市场化、法治化的基本方向，发挥市场在资源配置中的决定性作用，更好发挥政府在规则制定、市场监管、社会保障等方面的作用，减少不必要的行政干预，更多通过价格机制引导市场的供求关系，更好配置资源，推动商品房市场、租赁住房市场、保障房市场均衡发展,努力形成"高端有市场、中端有支持、低端有保障"的住房制度。在住房模式选择上,要切实防止出现脱离实际的偏差,要结合我国土地资源、人口、城市发展阶段等现状,从住房政策、土地制度、财税改革、金融支持等方面发力,探索出房地产持续健康发展的新路径。具体的住房新旧发展模式比较情况见表14-1。

表14-1 住房新旧发展模式比较

住房市场体系	旧模式	新模式	对象
商品房	行政干预过多,全过程调控、全链条限制,调控效果不佳	减少行政干预,运用市场手段调控,减少市场波动	中高端需求
租赁住房	政策鼓励少,租购不同权	政策鼓励更多,实现租购同权	中低端需求
保障性住房	建了不少公租房、保障性租赁住房和共有产权住房;较多"补砖头";政策复杂、混乱、漏洞较多	简化政策、加大供给、更多"补人头"	低端需求

第二节 商品房市场

商品房市场是房地产发展新模式的重要组成部分,是我国住房市场的主体,也是解决居民住房问题的主渠道。促进商品房市场持续健康发展,不仅对国民经济发展具有全局性意义,也对更好满足居民住房需求,特别是改善性住房需求甚至家庭资产配置性需求;多渠道增加城镇居民财产性收入;稳步扩大中等收入人群规模;实现"有恒产、有恒心",以及维护社会稳定都具有重要意义。

一、构建商品房自主购买体系

商品房的市场需求，取决于城乡居民的购房能力和意愿，刚性购房需求和多样化的改善性需求都是商品房市场需求的重要组成部分。党的二十届三中全会《决定》提出，支持城乡居民多样化改善性住房需求。商品房市场应该是一个全国统一的、购房需求基本可充分释放的市场体系。

第一，坚决取消住房限购政策。《决定》明确要求，充分赋予各城市政府房地产市场调控自主权，因城施策，允许有关城市取消或调减住房限购政策、取消普通住宅和非普通住宅标准。我国房地产市场供求关系发生重大变化，限购政策已失去存在的基础。根据《决定》精神，京、沪、深等地政府完全可以放松限购甚至全部取消限购政策。从中长期来看，我国人口流动将持续增加，城乡间、城市间人口迁移将是常态，异地就业创业人群的住房需求是刚性需求的重要部分。限制这些流动人口或新市民的购房需求，既不公平也不合理，更不符合市场化改革的大方向。建立在落后的户籍制度基础上的各类限购政策，都是不符合历史发展趋势的，是妨碍全国统一大市场形成、妨碍人们追求美好生活的严重阻力，必须创造条件坚决取消。

第二，支持多样化改善性住房需求。目前，以小换大、以旧换新、以远换近等改善性住房需求是市场的主力。国家统计局发布的《中国人口普查年鉴–2020》显示，我国家庭户人均居住面积达到41.76平方米。与发达国家相比，我国人均住房面积仍有差距。同时，住房品质改善以及区位改善等各类改善需求，均仍有空间。据有关测算，未来10年年均改善性潜在需求将在5亿平方米左右，成为未来住房需求的主导因素。

第三，挖掘城中村和旧城改造需求。房屋是有寿命的，设计使用期往往只有50年或60年。根据第七次人口普查数据，2020年末我国仍有35.0%的家庭住房是在1999年前修建的，按住房和城乡建设部披露的2022年全国城乡房屋建筑存量近6亿栋简单推算，我国有约2亿栋房屋楼龄超过20年。城中村改造、老旧小区改造等，将为房地产市场注入大量需求。我国城镇住房存量目前已超过300亿平方米，且在以每年8亿~10亿平方米的速度增加。从中长期来看，每年即使按照存量1.5%的折旧率，也需要新建至少4.5亿~5亿平方米住房替换待拆建的老旧危住房。截至2023年11月底，全国全年共实施各类城市更新项目约6.6万个。其中，新开工改造城镇老旧小区5.3万个，惠及882万户居民。

第四，支持农业转移人口在常住地购置房产。我国城市化进程主要体现为农民进城成为新市民。据保守估算，我国每年大约有1%，即1400万左右的农村人口进入城市。这些新增的城市人口都有住房需求，是刚性需求的重要组成部分。要将进城务工人员全面纳入城市购房优惠体系。比如，鼓励中小城市对在城镇首次购买住房的农民给予财政补贴和税收减免。要将进城务工人员购房与保障进城落户农民合法土地权益结合起来，依法维护进城落户农民的土地承包权、宅基地使用权、集体收益分配权，不要把自愿有偿退出作为必要条件，但可按照《决定》要求，允许农户合法拥有的住房通过出租、入股、合作等方式盘活利用，探索建立自愿有偿退出的办法，推动形成相互促进的格局。

第五，健全市场化个人住房贷款制度。目前，我国对居民个人住房贷款实行严格的行政管理制度，把它作为调控房价的重要手段。商业银行独立审贷、自主经营的权利受到限制。现行政策规定存在较多的不合理之处，突出表现在"两个偏高"。

一是首付比例明显偏高。我国按揭贷款首付比例处于国际较高水平（见图14-1）。2024年楼市"5·17"新政前，各银行业金融机构要执行最低首付比例，首次购买普通住房最低首付款比例为20%，再次购房最低首付款比例为30%。北京、上海相应执行的是35%和60%的首付比例政策。"5·17"新政后，首套房最低首付款比例调整为15%，二套房最低首付款比例调整为25%。北京、上海仍分别处于25%和35%的高位。

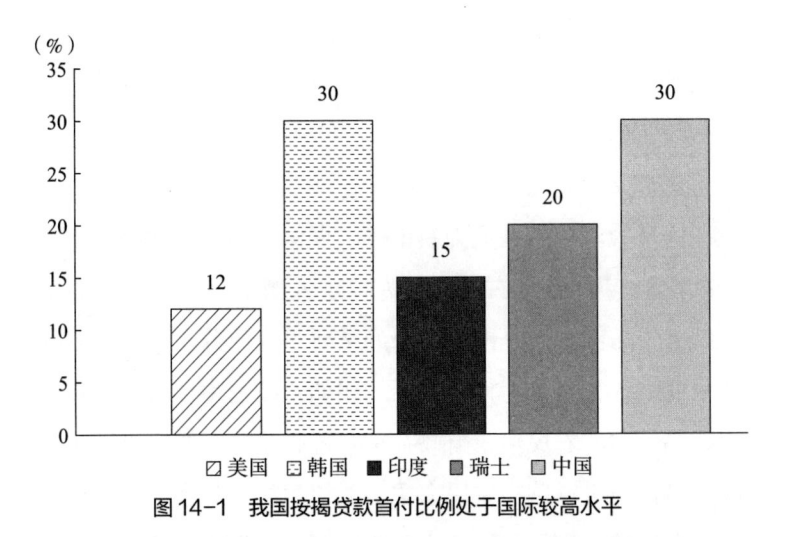

（%）

美国	韩国	印度	瑞士	中国
12	30	15	20	30

图14-1　我国按揭贷款首付比例处于国际较高水平

二是房贷利率偏高。根据张斌等人（2021）的测算，按照发达国家的平均水平，住房抵押贷款利率大概高于同期国债利率

1.5%左右。目前，我国住房抵押贷款利率是按照5年期贷款市场报价利率（LPR）为基准，2021年四季度个人住房贷款平均利率是5.63%，同期5年期国债到期收益率均值是2.75%，二者利差为2.88%，大大高于国际水平。"5·17"新政后，对于首套房，5年期以下（含5年）的利率为3.25%，5年期以上的利率为3.75%；对于二套房，5年期以下（含5年）的利率为3.65%，5年期以上的利率为4.14%。而中央国债登记结算公司数据显示，2024年12月24日5年期国债收益率为1.42%，住房抵押贷款利差超过2.7%，仍明显偏高。① 要遵循市场化定价原则，推动居民房贷利率回归正常水平，减轻居民过重的房贷利息负担。

二、健全市场化的商品房供给体系

第一，改革土地供应管理制度。土地是商品房市场的闸门。土地供应机制需遵循合理化、市场化原则，构建与人口、产业结构适配度高的土地新机制。《决定》提出，建立新增城镇建设用地指标配置同常住人口增加协调机制。根据常住人口变化动态调整城镇建设用地年度指标和住宅用地指标，合理配置区域及城市间新增建设用地指标，在中心城市建设用地指标上"做加法"，在中小城市建设用地指标上"做减法"。构建城乡统一的用地市场。《决定》明确提出，有序推进农村集体经营性建设用地入市改革，构建充分有效的土地一级市场格局。通过市场化机制盘

---

① 2025年5月7日，在国务院新闻办举行的新闻发布会上，央行宣布将通过利率自律机制引导商业银行降低存款利率，并将政策利率下调0.1个百分点。

活存量建设用地。《决定》提出，优化城市工商业土地利用，加快发展建设用地二级市场，推动土地混合开发利用、用途合理转换，盘活存量土地和低效用地，允许将明显不符合市场需求、闲置空置的商业办公类土地或房屋用途适时调整为居住用途等。优化郊区住宅项目容积率 1.0 限制等。

第二，改革房地产开发融资方式。资金是房地产业的命脉。与发达经济体相比，我国房企间接融资比重大，负债融资率较高。要拓宽房企权益融资渠道，扩大直接融资比重。推动大宗物业公募不动产投资信托基金（REITs）运作。将房企"持有运营类"的物业，如公寓、商业、办公楼、酒店等纳入公募 REITs 运作，利用公募 REITs 将大宗物业的整体经营与流动性相结合，有效盘活存量资产。畅通资本市场融资渠道，落实打开房企 A 股融资通道。支持"持有型"不动产私募股权基金收购房企资产，并打通退出通道。通过金融支持房地产企业的合理融资需求，对不同所有制企业一视同仁。允许符合条件的房企重组上市。

第三，改革商品房预售制度。自 2009 年实行商品房预售制度以来，我国住宅销售面积中期房销售面积占比一直超过 75%。在过去，部分城市商品房预售制度在实际执行中走样。2021 年以来，多个大中型房企爆雷，引发全国多个城市出现项目停工烂尾，严重影响购房者对期房的信心。2022 年初，全国性商品房预售资金新管理办法出台。预售制度的改革取决于市场变化情况，市场已经在"用脚投票"，倒逼预售制度改革。严格规范并落实预售规则，加强预售监管，并加大房企违法违规处罚力度。修改相关法律法规，逐步推动商品房从预售走向预售、现售均衡发展。可借鉴国际经验保留预售的订货功能，在取消预售中的融资功能后，风险需要开发商和银行承受,更加审慎地对待开发项目。

三、完善商品房市场政府调控方式

对商品房市场减少行政干预措施,是房地产发展新模式的核心要义。要建立健全以市场调节替代行政干预机制,行政调控政策应限期逐步退出,综合运用财政、税收等手段合理调节供需关系。今后不再采取各类限价措施,对于贷款首付比例、按揭贷款利率也应由商业银行自主决定,政府主要维护市场秩序,并通过提高投资购房及其持有成本,增加交易费用,抑制投机性需求。其实,国外也主要是通过立法、税收等手段对商品房市场进行调控的,更何况我国政府手里还有土地出让这个"撒手锏",完全可以不再依赖行政控制手段,既可以减少政府工作量,使政府不再疲于奔命,不再上下调控、全链条管控,而且可以让市场更充分发挥作用,提高市场资源配置效率,减少折腾,稳定市场预期。

第一,取消对商品房价格的行政干预。《决定》明确提出,完善主要由市场供求关系决定要素价格机制,防止政府对价格形成的不当干预。房价是由供求关系决定的。供不应求,房价上涨;供过于求,房价下降。商品房价格不应成为政府管制的对象。房价的涨跌恰恰是市场调节供求关系、现实动态平衡的最好机制。

第二,完善房地产税收制度。《决定》明确提出,完善房地产税收制度。这是政府调控商品房市场的重要方向。目前,我国住房的保有和交易环节涉及9个税种,保有环节涉及房产税和城镇土地使用税,现在均对个人非营业住房免征;交易环节涉及增值税、增值税附加(含城市维护建设税和教育费附加)、契税、个人所得税、印花税、土地增值税7个税种。对持有环节，如何征税，什么时候开征，需要认真研究，把握好实施时点和节奏。总之，可以研究探索以税收征收、减免为手段实现调控、抑制投机的目标。不过，目前房地产市场处于深度调整阶段，房地产税的出台时机尚不成熟，开不开征"房产持有税"，最终还得看市场端的表现，特别是随着《决定》提出增加地方自主财力，拓展地方税源改革措施的推出，房产税作为地方主体税种的意义便随之下降，短期内推出的必要性大大降低。

第三，完善政府对房地产开发企业的管理。全面清理房地产开发和交易过程中的行政事业性收费，清理涉及房地产的不合理收费、押金、监管资金等，无法律法规明确规定的要坚决取消，收费标准过高的要适当降低，切实降低房地产开发和交易成本。在不改变用地性质和容积率的前提下，允许在建商品住房项目适当调整套型结构。对正在建设的商住用地，在用地性质、容积率不变的前提下，根据开发企业意愿和市场需求，允许按程序对规划方案进行调整。各地要落实商品房预售资金监管制度，完善监管方式，提高开发资金的流动性。税务部门应根据房地产市场的变化情况，对房地产企业销售未完工开发产品的计税毛利率、土地增值税预征率进行调整。在全面评估房地产供给环节各项税费的基础上，研究适当降低购地、开发和销售环节的总体税费水平。

第三节　租赁住房市场

租赁住房市场是租购并举住房制度的重要组成部分，也是

"市场+保障"住房体系的重要组成部分。租购并举是发达经济体住房市场的显著特征。培育和发展住房租赁市场，打通商品房与租赁房市场通道，以更好满足城镇居民，特别是新市民，包括外来务工人员、新毕业的大学生等在大城市就业时的居住需求。

一、健全租赁住房市场需求体系

中央已经明确深化住房制度改革方向，以满足新市民住房需求为主要出发点。根据国家统计局第七次人口普查数据，全国流动人口达 3.76 亿人，比第六次人口普查增长 69.7%，这些流动人口对流入地来说就是新市民，目前主要流向经济发达的沿海地区和北京、上海、广州、深圳、杭州等大城市。中国社会科学院社会学研究所与社会科学文献出版社联合发布的《社会蓝皮书：2023 年中国社会形势分析与预测》显示，2022 年 34.1% 的大学生想去北上广工作，想去二线省会城市或经济较为发达的非省会城市的占比为 39.3%，合计超过 70%。对于新毕业大学生和收入较低的进城务工家庭来说，租赁住房是解决住房问题的较好选择，发展住房租赁市场有很大潜力和空间。

事实上，租房住在一些国家和地区甚至是主流，国际大都市租房住更为普遍。2017 年美国迈阿密 66.7%、纽约 64.6%、波士顿 63.1%、洛杉矶 60.1%、旧金山 56.6% 的人是租房住的，2018 年中国香港 49%、2020 年日本东京 51.2%、2021 年德国柏林 85% 的人选择租房住。据统计，在不少欧美发达国家，居民家庭租房的比例超过 30%，美国约有 1/3 的居民家庭租房住，德国居民家庭租房比例超过 50%。2021 年，欧盟 27 国平均租房水平

30.1%、瑞士 57.8%、德国 50.9%、奥地利 45.8%、美国 34.2%、日本 36.0%、韩国 44.8%（见图 14-2）。

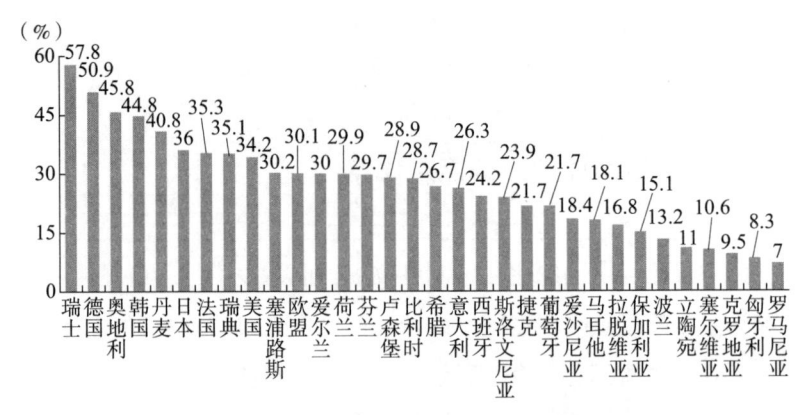

图 14-2　2021 年世界部分国家、地区住房租赁比例

相比发达经济体，我国城市居民家庭租房比例总体上不高，部分群体的住房租赁需求没有得到很好的满足。根据国家统计局第七次人口普查数据，2020 年底，我国全国城镇家庭户租房住比例为 21.1%，经济较发达的省市相对高一些，北京、上海、广东、浙江城镇家庭户租房住比例分别为 35.8%、36.7%、50.4%、39.8%，但比国外还是低不少。主要是因为目前我国住房租赁市场尚不成熟，制度不完善，未来应着重推进以下两方面措施落地。

第一，切实解决租购同权问题。保障承租人依法享受基本公共服务，引导新市民通过租房解决居住问题。对于常住家庭来说，选择租赁住房，关键是实现租购同权。住房需求大多选择直接购房，而非租房，主要原因在于购房可以在子女教育、落户和医疗等方面享受比租房更多的权利。当前，实现"租购同权"的难点在于，户籍与公共权益的松绑。要使"租购同权"政策有效落地，需加大基本公共服务资源有效供给，平衡区域差异。

第二，完善住房租赁支持政策。租房在大城市将逐渐成为一种新选择。无论收入如何，各群体都可能因工作变动、子女上学需要就近租房。以应届毕业生、自由职业者、外来务工人员等新市民为主的群体，选择租房能迅速满足基本居住需求。要落实提取住房公积金支付房租政策。对个人承租住房的租金支出，结合个人所得税改革，统筹研究有关费用扣除问题。对低收入人群可采取针对性租金补贴政策予以支持。

二、完善租赁住房市场供应体系

2016年6月，《国务院办公厅关于加快培育和发展住房租赁市场的若干意见》发布，全面部署了加快培育和发展住房租赁市场工作。要充分调动各方面积极性，鼓励多元、多主体参与租赁住房市场建设，更好满足多样化的住房租赁需求。

第一，鼓励自然人将自有住房出租。各大城市租赁市场中居民自有住房出租仍占大头。目前仍存在一些空置住房出租潜力，虽然租售比过低，出租的意愿不强，但随着房价上涨的趋势逆转，租售比将出现明显变化，居民出租的意愿也会发生变化，只要政策到位，资产配置性或投资性住房拥有者将会加快进入租赁住房市场的步伐。落实鼓励个人出租住房的优惠政策，鼓励个人依法出租自有住房。目前市场情况下，应出台政策鼓励个人出资购买存量商品房用于出租。同时，规范个人出租住房行为，支持个人委托住房租赁企业和中介机构出租住房。

第二，大力培育专业化住房租赁机构。调动企业积极性，通过租赁、购买等方式多渠道筹集房源，提高住房租赁企业规模化、集约化、专业化水平，满足不断增长的住房租赁需求。搭建住房租赁平台，通过收购或长期租赁成批量中小套型库存商品房，用于出租。通过政策性银行中长期政策性贷款支持、减免行政事业性收费、资本金注入、保障房资产注入等措施，引导和鼓励有条件的国有企业收购或长期租赁库存商品房，以公共租赁住房形式出租。鼓励房地产中介企业、物业服务企业等发展成为以住房租赁为主营业务的专业化企业。支持符合条件的住房租赁企业发行债券、不动产证券化产品。加快国有房地产企业转型，逐步退出普通商品房市场，转向提供公共租赁住房。

第三，鼓励房地产开发企业开展住房租赁业务。支持房地产开发企业拓展业务范围，利用已建成住房或新建住房开展租赁业务；鼓励房地产开发企业出租库存商品住房；引导房地产开发企业与住房租赁企业合作，发展租赁地产。鼓励开发企业将空置的商品住房改售为租，将其持有库存商品房向社会出租。允许将现有住房按照国家和地方的住宅设计规范改造后出租。允许房地产开发企业将商业用房等按规定改建为租赁住房，土地用途调整为居住用地，调整后用水、用电、用气价格应当按照居民标准执行。

第四，加快发展长租房不动产投资信托基金。大力发展长租房市场，以不动产投资信托基金试点为突破口，建立收益和风险介于证券市场和债券市场之间的房地产二级资本市场。针对目前国内租金回报较低的状况，政府可采取前期让利，以税收减免、财政贴息等政策优惠提高投资者收益至市场水平。同时，引导居民将原来对房地产的无序投资炒房转变为在资本市场的有序投资，形成长期持有运营的投融资机制和市场运行模式。

三、健全租赁住房市场政府管理体系

应正视住房租赁市场需求的长期存在，完善住房租赁市场的制度建设和引导维护，建立主要运用法律、财税、金融政策等手段进行租赁住房市场管理的体制。

第一，加大政策支持。加大财税、土地、金融、行政等政策支持力度，构建可持续商业模式，对依法登记备案的住房租赁企业、机构和个人，给予税收优惠政策支持。在人口流入多、租房人口规模大的一线地区，鼓励有多套房的个人房东将闲置房屋委托给专业住房租赁企业进行出租，并可给予一定税费减免。采取加大银行信贷资金支持、财政资金补贴、减免行政事业性收费等措施，对于自然人和各类机构设立房屋租赁企业，投资购买库存商品房经营房屋出租业务的，予以契税、所得税等适当奖励。鼓励地方政府盘活城区存量土地，采用多种方式增加租赁住房用地有效供应。

第二，加强行业管理。有关部门要加强住房租赁市场监管，完善住房租赁企业、中介机构和从业人员信用管理制度，全面建立相关市场主体信用记录，纳入全国信用信息共享平台，对严重失信主体实施联合惩戒。要加强出租住房治安管理和住房租赁当事人居住登记，督促指导居民委员会、村民委员会、物业服务企业以及其他管理单位排查安全隐患。规范住房租赁中介机构。充分发挥中介机构作用，提供规范的居间服务，促进中介机构依法经营、诚实守信、公平交易。要充分保障租房者权益，价格透明、租期稳定、权益公平，消除租房者被"扫地出门"和"出了问题没人管"的后顾之忧，稳定租房者预期。

为防范住房租赁企业经营风险，保障住房租赁押金、租金安全，维护住房租赁当事人合法权益，可探索实行住房租赁押金托管和租金监管。比如，北京市自 2024 年 10 月 1 日起规定，住房租赁合同约定预收租金数额超过 3 个月租金的，全部租金应当按合同约定的租金支付时间、金额存入用于租金监管的账户，并按合同约定的时间和方式退还（见图 14-3）。

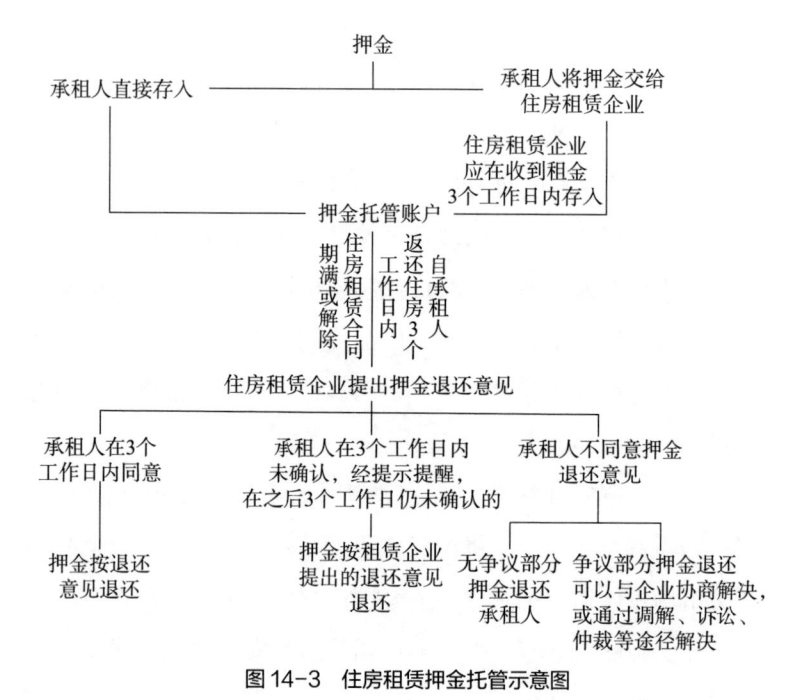

图 14-3　住房租赁押金托管示意图

资料来源：2024 年 7 月 31 日发布的《北京市住房租赁押金托管和租金监管暂行办法》。

第三，完善住房租赁法律法规。以《中华人民共和国民法典》为基础，以维护当事人合法权益并适当倾斜保护承租人为宗旨，出台住房租赁条例，明确当事人的权利义务，规范市场行为，稳定租赁关系。按照有关法律法规特别是消费者权益保护的要求，细化行业性规范，加强行业监管，严格规范格式合同。推行住房租赁合同示范文本和合同网上签约，落实住房租赁合同登记备案制度。出台相关政策法规，切实加强对市场以及中介机构、二房东的规范化管理。

第四，落实地方责任。城市人民政府对本行政区域内的住房租赁市场管理负总责，要建立多部门联合监管体制，明确职责分工，充分发挥街道、乡镇等基层组织作用，推行住房租赁网格化管理。加快建设住房租赁信息服务与监管平台，推进部门间信息共享。完善交通和公共服务设施配套。加大对城市新区和开发区配套设施（如学校、医院、菜场、商场、公交等）建设力度，完善小区周边配套设施。配建的公共服务设施必须与住宅小区同步建设。

第四节　保障房市场

有人说，新一轮的"房改"正在推动中，中国房地产市场正在摒弃"香港模式"，并把目光投向"新加坡模式"。这是一种极大的误解。弥补保障房短板，并不意味着以保障住房为主，这是目前中国发展阶段难以承受之重。事实上，住房保障是基本公共服务制度体系的组成部分，原则必然是也应该是"普惠性、基础性、兜底性"。

改革开放特别是党的十八大以来，为解决困难群众住房问题，党中央、国务院出台了一系列支持政策，大力发展保障性安居工程，住房保障体系不断完善，取得了历史性成就。我国累计建设各类保障性住房和棚改安置住房超过 9 000 万套，累计帮助超过 2 亿困难群众改善住房条件，低保、低收入住房困难家庭基本实现应保尽保，中等偏下收入家庭住房条件有效改善，我国建成世界上最大的住房保障体系。此外，我国还历史性地解决了农村贫困群众的住房安全问题，790 万户、2 568 万贫困群众，以及 1 075 万户农村低保户、分散供养特困人员、贫困残疾人家庭等贫困群体的危房得到改造；全国 2 341.6 万户建档立卡贫困户实现住房安全有保障。①

一、我国住房保障体系存在的突出问题

第一，制度建设缺乏连贯性。我国住房保障最初是从建设经济适用房起步的，试图解决中低收入家庭买得起房的问题，满足买房需求。随后，扩展到经济适用房也买不起的低收入住房困难家庭的廉租房。接着提出公共租赁住房，将政策从最低收入家庭扩大到低收入家庭，再扩大到中等收入家庭，中间又搞了棚户区改造，改善住房条件，搞了限价房、共有产权房，满足买房需求，并停建经济适用房，将公共租赁住房与廉租房并轨。现在，又换了一个名称，回到了配售型保障性住房，再次要求满足买不起商品房群体的购房需求，绕了一圈，又回到了起点。整个过程

---

① 2024 年，全年全国配售型保障性住房、保障性租赁住房和公租房等开工建设和筹集 180 万套（间）；城中村改造安置房开工建设和筹集 189 万套，城市危旧房改造开工 7.9 万套；新开工改造城镇老旧小区 5.8 万个，惠及居民 966 万户；农村低收入群体等重点对象农村危房改造和农房抗震改造开工 23.9 万户。

目标不定：居者有其屋、住有所居、拉动投资、打压房价……不同的目标就有不同的政策，表现为政策多、类型乱，各地保障房类型五花八门，比较多的是各类人才公寓、人才房等，力量分散，投入不少，制度建设仍在路上。

第二，保障性住房建设与需求的匹配性有待提高。在保障房建设中，一些地方过多考虑土地成本因素，少数地方保障性住房项目选在离城市中心较远的地方，配套设施也没能同步建设，建成后迟迟不能入住，或是入住了但生活不方便，特别是交通等外部配套设施的建设相对滞后。有的保障性住房内部空间结构不合理，影响了使用功能。这些年，主要采用下达指标、行政"问责制"等方式，强力推进保障性住房的建设与分配，带来的弊端主要是大中小城市不匹配，部分大城市、超大城市的保障房短缺，而大部分中小城市的保障房大量空置。

第三，保障房建设资金筹措困难。现阶段，保障性住房的融资渠道包括政府资金、住房公积金、银行贷款、地方政府专项债券等，其中主要是政府拨款和住房公积金。由于保障性住房建设目标不断扩大，资金需求也增多，难以满足庞大的保障性住房需求。特别是目前地方财政压力大，保障房推进可能不及预期。

第四，保障性住房工程质量缺乏有效保障。有的地方一些保障性住房设计、施工、监理、验收质量把关不严，保障房利润较低，回收成本周期漫长，开发商很难保证不牺牲质量来控制成本，工程质量难以保证。

第五，保障房实物分配、运营管理都是难题。政策越多套利空间越大机会越多，行政管理成本也就越高。在保障房分配中，准确核定准入对象收入水平有一定难度，骗租、骗购行为时有发生，当年"开着宝马"住经济适用房就是例证。在后期管理中，还存在收费难、物业管理难、小区设施维护难等问题。对于配售型保障房来说，退出门槛相对较低，存在制度套利空间。当年，经济适用房在购买满 5 年后拥有全部产权，可按市场价格出售。新一轮保障性住房实施严格封闭管理，监督执行、避免权力寻租将面临考验。当时有一个著名的"六连号"事件，给经济适用房的声誉带来严重打击。另外，分配受户籍限制，存在社会不公因素。仅户籍门槛就将把大量进城务工人员、高校毕业生等庞大的群体挡在门外。这种不公性不仅导致了新市民的挫败感，而且抬高了户籍的价值，与户籍制度改革方向背道而驰。尤其是各地搞的各种出售型人才房，如果监管不严，利益空间就更大，从而容易引发社会不满。总的来讲，根本问题是法治建设滞后。现行住房保障政策都是以规范性文件形式发布的，虽有一定效力，但未形成法律制度约束。

二、健全保障房市场政府管理方式

党的二十届三中全会《决定》指出，进一步全面深化改革，坚持以制度建设为主线，加强顶层设计、总体谋划。按照这一要求，我国住房保障体系改革的目标，应该是简化政策，整合类型，集中力量，解决突出问题。历经 20 年的高速发展，我国房地产市场供求关系已经发生重大转变，已基本解决住房"有没有"的问题，而目前的问题主要是"好不好"，这应主要交给市场解决。当前，政府要解决的主要还是流动人口、新市民"有没有"住房的问题，这也是原有制度没有覆盖到的地方。根据需要和可能，城市非常住流动人口，主要靠短期出租市场或民政救助体系解决，城市常住流动人口，大部分也要靠市场化租赁市场解决，其中困难人口要靠住房保障体系来解决。

第一，健全房租补贴制度。德国对低收入人群，特别建立了单独的房租补贴制度，确保家庭有房住。住房补贴主要提供给超低收入家庭，租金通常为同地段同质量房屋市场租金的50%~60%。在我国，对于一些中小城市，由于城市小，交通方便，外地迁入城市务工需要过渡居住的家庭，可以通过租住城中村、城边村农民房或城区闲置房来解决居住问题，因而并不需要大规模建设公共租赁房。对于确实需要保障的家庭，地方政府可以通过发放租赁补贴的方式解决。对于大中城市新市民的住房需求，包括收入相对较高的进城务工人员、大学生等，也可以通过市场化租赁解决居住问题，并按照相应的标准进行租金补贴。比如，有的城市对入住保租房的博士毕业生免两年租金，对硕士毕业生免一年租金，本科毕业生可以享受租金7折优惠。政府对需求方的支持力度很大，激励了很多民企长租房项目，它们愿意被纳入保租房管理。

第二，住房货币化保障。对于需要建设保障性住房但又无力建设或不愿意建设的城市来说，构建多层次、全口径城镇住房保障体系，可以主要采取公租房货币化方式，并根据财力状况逐步将保障范围扩大到外来务工人员等非户籍常住人口，通过"补人头"等方式，将住房保障政策与住房市场体系有效衔接，充分利用好现有住房租赁市场解决住房保障问题。以人口流入多的大城市为重点，针对新市民、青年人等群体住房困难问题，提供定向租房补贴，特别是对"双困"家庭可给予全额或大部分房租补贴，并逐步将补贴范围扩大到常住人口。农业转移人口市民化的主要障碍之一，正是一些城市绝大多数进城务工人员是临时居住在地下室、工棚、未竣工的建筑物以及小产权房或城中村内，若住有所居的问题不解决，他们就不可能转变成市民。采取货币化补贴方式，可以更加灵活地将符合条件的在城镇稳定就业的外来务工人员、新就业大学生纳入公租房保障范围，推动享有与当地户籍人口同等的住房保障权利。

第三，实物性保障房保障。对于有条件、有意愿的大城市可以通过"补砖头"等方式，继续按照国家现有政策发展用于配租的保障性住房，对符合条件的城镇住房收入困难家庭提供公共租赁住房保障，承租人按市场租金标准支付租金，政府根据承租人的困难程度给予相应的租金补助。对符合条件的新市民、青年人特别是从事基本公共服务的机关事业单位和企业人员提供保障性租赁住房。鼓励地方可在满足安全要求的前提下，依法依规将空置的商业办公楼改建为宿舍型保障性租赁住房。按照规划，"十四五"期间我国计划建设筹集保障性租赁住房900万套（间），预计可解决2600多万新市民、青年人的住房困难。目前，保障房建设需求较为集中的主要是大城市。未来保障性租赁住房的筹集重心将进一步集中到经济发达、流动人口比重大的地区。当然，对于一些有条件的大城市，可以探索筹集建设一定数量的配售型保障性住房，分配给特定的中低收入家庭。目前市场情况下，城市政府能以合理价格收购已建成但未出售的商品房，用作配租型或配售型保障性住房。要对用于销售的人才住房、共有产权住房等政策性住房的政策进行梳理，将新建项目调整为用于配售的保障性住房或商品住房，今后不再出台类似政策。

第十五章
深化科技体制改革

中国式现代化的关键是科技现代化。党的二十届三中全会《决定》提出，统筹推进教育科技人才体制机制一体改革。按照这一要求，深化科技体制改革，加快完善科技创新组织方式和治理模式，对推动加快实现高水平科技自立自强，为中国式现代化建设提供强大科技支撑具有重大意义。

第一节　优化重大科技创新组织机制

习近平总书记高度重视科技体制改革，强调要全面深化科技体制机制改革，坚持科技创新和制度创新"双轮驱动"，坚持以深化改革激发创新创造活力。[1] 党的十八大以来，科技体制改革取得明显成效，特别是全面加强党对科技工作的集中统一领导，组建中央科技委员会，实现科技领导体制和管理体制全面重塑。

---

[1] 中共科学技术部党组理论学习中心组，《深化科技体制改革　为中国式现代化提供强大科技支撑》，《求是》，2024年第18期。

重大科技创新是大规模有组织的科技创新活动，能够集中力量进行科技攻关，解决国家经济和社会发展中的重大问题，对于增强国家的科技实力、经济实力和综合国力具有重要作用。优化重大科技创新组织机制，是深化科技体制改革的重要举措。

一、健全新型举国体制

所谓新型举国体制，是指在社会主义市场经济条件下的关键核心技术攻关体制，除强调发挥我国集中力量办大事的优势外，更加强调充分发挥市场机制作用，把科研院所、高校、骨干企业等各方面的积极性充分激发出来，打通从基础研发到市场化应用的各个环节，形成良好的创新生态。新型举国体制，是在原有举国体制基础上的继承与创新，核心任务是关键核心技术攻关。2022年9月，中央全面深化改革委员会第二十七次会议审议通过《关于健全社会主义市场经济条件下关键核心技术攻关新型举国体制的意见》，强调健全关键核心技术攻关新型举国体制，要把政府、市场、社会有机结合起来，科学统筹、集中力量、优化机制、协同攻关。

党的十八大以来，我国科技体制改革向纵深推进，最为突出的表现就是面向国家重大需求，坚定不移走自主创新道路，关键核心技术攻关的新型举国体制不断健全。要按照党的二十届三中全会《决定》部署，坚持"四个面向"（面向世界科技前沿、面向经济主战场、面向国家重大需求、面向人民生命健康），统筹强化关键核心技术攻关，推动科技创新力量、要素配置、人才队伍体系化、建制化、协同化。要加强战略谋划和系统布局，坚持国家战略目标导向，瞄准事关我国产业、经济和国家安全的若干重点领域及重大任务，明确主攻方向和核心技术突破口，重点研发具有先发优势的关键技术和引领未来发展的基础前沿技术。要加强党中央集中统一领导，建立权威的决策指挥体系。要构建协同攻关的组织运行机制，高效配置科技力量和创新资源，强化跨领域、跨学科协同攻关，形成关键核心技术攻关强大合力。要推动有效市场和有为政府更好结合，强化企业技术创新主体地位，加快转变政府科技管理职能，营造良好创新生态，激发创新主体活力。加强国家战略科技力量建设，完善国家实验室体系，优化国家科研机构、高水平研究型大学、科技领军企业定位和布局，推进科技创新央地协同，统筹各类科创平台建设，发挥我国超大规模市场引领作用，推动科技创新和产业创新融合发展。统筹强化关键核心技术攻关，健全重点产业链发展体制机制，全链条推进技术攻关和成果应用。实行国家重大科技任务分类管理的组织模式，建立地方、企业重大科技项目纳入国家科技计划体系新机制。构建科技安全风险监测预警和应对体系，加强科技基础条件自主保障。

加强创新资源统筹和力量组织。按照中央科技委员会部署，科技部已会同相关部门，建立了中央财政科技经费统筹安排使用机制，部署启动一批国家科技重大专项。后续，将以编制"十五五"科技创新规划为契机，加强科技创新全链条部署、全领域布局，统筹强化关键核心技术攻关。优化国家战略科技力量布局与建设，提升科技创新的体系化能力。加强国家战略科技力量建设，优化国家科研机构、高水平研究型大学、科技领军企业定位和布局。在事关占领科技制高点的关键领域发挥好国家实验室核心和龙头作用，国家科研机构加强建制化体系化科研攻关，高水平研究型大学担当好基础研究主力军，合力产出更多基础性战略性成果；在事关产业竞争力和产业链供应链安全的必争领域，发挥好科技领军企业对创新链、产业链、资金链、人才链的牵引整合作用。

二、改进科技计划管理

国家科技计划是政府组织科技创新活动的重要载体，也是科技体制机制改革的重点。目前的科技计划体系是在 2015 年改革后形成的，包括国家自然科学基金、国家科技重大专项、国家重点研发计划、技术创新引导专项（基金）、基地和人才专项等五大类。国家自然科学基金，资助基础研究和科学前沿探索。国家科技重大专项，关系到未来国家长远发展的战略性的重大科技项目，这类专项涉及的资金多是数百亿元，时间也比较长。国家重点研发计划，这是科技计划中最重要的一类，针对各领域突出的共性关键、社会公益的技术问题，从重点基础研究和共性关键技术的研究，一直到产品的研发以及成果的推广，形成一个研发的链条。技术创新引导专项（基金），支持企业技术创新，特别是中小企业发展、科技孵化器方面的发展。基地和人才专项，包括国家实验室、国家重点实验室、工程中心以及各类人才计划等。近年来，科技主管部门持续推动国家科技计划管理改革，取得积极成效。成立了国家科技计划（专项、基金等）管理部际联席会议制度，由科技部牵头，财政部、发展改革委等与国家科技计划管理密切相关的 31 个部门和单位组成，统筹关于科技计划管理的各种重大决策。这个平台有三个支撑：一是由 14 位专家组成的战略咨询和综合评审特邀委员会，在科技计划管理等方面为国家提供相关的咨询；二是专业科技项目管理机构，与政府部门脱钩，实现决策与执行分离；三是第三方专业评估机构，在事中事后的监管和绩效评估方面发挥作用，强调评估的客观中立。根据 2023 年中共中央、国务院印发的《党和国家机构改革方案》，调整科学技术部的中央财政科技计划（专项、基金等）协调管理、科研项目资金协调评估等职责，强化统筹协调职能。

科技计划承担着关键核心技术攻关的重要使命。要按照党的二十届三中全会部署，将科技计划管理改革持续向纵深推进。要强化协同创新，以科技计划为载体，加强部门、企业、高校和科研院所的协同，强化战略科技力量联合攻关，推动国家实验室、重大科技基础设施、国家技术创新中心等国家科技创新平台建设，探索项目、基地、人才一体化机制，以项目支持基地建设，以基地建设培育战略科技人才，以人才支撑科技攻关。要加强央地协同，根据国家战略需求，梳理凝练适合地方或企业承担的重大项目，纳入国家科技计划体系，由地方或龙头企业全面负责资金筹集、项目实施。要加强科技计划监督评估体系建设，聚焦重大标志性成果分类考核，根据不同任务的特点，建立健全分类分评价考核方式。目前，国家科技计划项目已从科技部全部划转到相关部门和单位，科技主管部门重点抓好前端布局、中间检查和后端验收。要坚持目标导向和应用导向，压实主管部门、专业机构、承担单位的管理责任，严格把控项目进度和风险，确保任务按期完成。健全中央财政科技计划执行和专业机构管理体制。坚持放权赋能，赋予科研人员更大的技术路线决定权、科研经费支配权、资源调度权，扩大财政科研项目经费"包干制"范围，为科研人员潜心研究提供更好的制度保障。深入实施"揭榜挂帅""赛马制""链主制"等新方式，减少考核频次，强化"里程碑"节点考核，提升项目实施绩效。

建立专家实名推荐的非共识项目筛选机制。非共识项目是指在科技创新活动中因其创新性、颠覆性的理念而与现有知识体系和共识不一致的项目。建立这一机制，为非共识性创新提供了新的支持模式和路径，将鼓励科研人员大胆探索挑战未知，促进原始创新和颠覆性创新。采取专家实名推荐，不问出处，不设门槛，不问申请者过往业绩，更加有利于打破常规识别人才的方式。实名制有利于发挥专家个人影响力，也有利于强化专家个人的推荐责任，对专家行为形成约束。实施好这一制度，要建立科学有效的监管、评价和全过程责任制，科研管理部门要建立体系化制度，完善资助方式，形成适应非共识项目开展研发活动的制度保障。

三、加强有组织的基础研究

世界科技强国的实践反复证明，雄厚的基础研究根基是原始创新的原动力。16世纪起，科学精神和知识传播使欧洲的科学研究和创新不限于经院式的研究模式，由个人兴趣驱动的研究比比皆是。自20世纪初以来，生产、技术、科学相互作用的机制出现了新变化，科学理论的领先发展，为技术、生产的发展开辟着各种可能的途径。据统计，现代技术革命的成果约有90%源于基础研究及其他原始性创新。当今世界，只有立足于本国的科研力量加强原始创新，并最终拥有自主知识产权，才能在国际竞争中强化科技优势。

国家科技计划，要强化基础研究领域、交叉前沿领域、重点领域前瞻性、引领性布局。加强有组织的基础研究，提高科技支出用于基础研究比重，完善竞争性支持与稳定支持相结合的基础研究投入机制，鼓励有条件的地方、企业、社会组织、个人支持基础研究，支持基础研究选题多样化，鼓励开展高风险、高价值基础研究。要建立和完善基础研究投入机制。稳步增加基础研究财政投入，通过税收优惠等多种方式激励企业加大投入，鼓励社会力量设立科学基金、科学捐赠等多元投入，提升国家自然科学基金及其联合基金的资助效能。要建立和完善鼓励自由探索的基础研究运行机制。对基础研究优势显著的高校和科研院所进行长期、稳定的资助，鼓励科研人员开展无特定任务导向的基础研究项目，探索试点10~20年长周期项目支持，避免预设选题、固化思路、急功近利。要建立完善支持基础研究的创新激励机制。推进基础研究经费"包干制"，给予科研人员更大自主权，支持科研人员自由选题、自行组织、自主使用经费，鼓励科研人员聚焦重点领域和关键问题开展多方向、多技术路线自由探索。支持从事基础研究的科研人员开展跨学科、跨领域、跨团队交叉研究合作。

第二节　推进科研院所改革

科研院所集聚了国家最为优质的科技人才、技术成果、科研设施等科技创新资源，是国家创新体系建设的中坚力量。推进科研院所改革，提升大院大所科技创新成效，对于实现高水平科技自立自强具有重要意义。

一、推进科研院所分类改革

1985年出台的《中共中央关于科学技术体制改革的决定》，明确提出要改变激励机制，鼓励更多科研人员投身经济主战场，推动整个科研体系真正为经济社会发展做出更大贡献。10年后的1995年，中共中央、国务院颁布《关于加速科学技术进步的决定》，要求按照"稳住一头，放开一片"的方针，"以政府投放为主，稳住少数重点科研院所和高等学校的科研机构，从事基础性研究、有关国家整体利益和长远利益的应用研究、高技术研究、社会公益性研究和重大科技攻关活动"。1999年《中共中央国务院关于加强技术创新，发展高科技，实现产业化的决定》明确提出，推动应用型科研机构实行企业化转制，一批应用开发机构转制为企业。

国家统计局数据显示，截至2023年底，全国科学研究与开发机构数2 890个，其中中央属科学研究与开发机构数751个，地方属科学研究与开发机构数2 139个。科研和开发机构研究与试验发展人员57.90万人，平均每个机构拥有科研人员不到200人，其中近80%的科研人员从事应用研发工作。党的二十届三中全会《决定》明确提出，允许科研类事业单位实行比一般事业单位更灵活的管理制度，探索实行企业化管理。大部分省属科研机构都可探索这种管理模式。

同时，对一些大院大所也要根据科学和技术的不同发展规律，以及经费支持方式，实行分类改革。对承担基础研究、关键共性技术研究等科研院所，按公益类科研机构管理，财政足额保障人员经费和项目经费的需求，建立鼓励探索、包容失败的项目管理模式，实行工资总额管理，以编定岗，实行岗位工资制，关键岗位和学术带头人可实行聘任制和年薪制。对以技术开发应用类为主的科研机构，实行企业化管理，不再设定人员编制，政府只保证基本工资，取消工资总额管理，项目经费主要通过竞争性渠道获得。允许大型科研院所根据需要对内部机构分拆或组合后进行分类改革。像中国科学院这样的大院大所，也可以考虑推进分类改革。对承担基础研究的研究所，可考虑并入中国科学院大学和其他大学；对技术应用的研究所可实行企业化管理；对承担国家特殊重大任务的研究所可按公益类科研机构管理，或按国家实验室调整重组。中国科学院学部管理机构可按中国工程院模式改革重建，以做到独立公正。

二、深化科技成果转化机制改革

除纯基础研究类科研院所外，多数科研机构都要以实现科技成果转化为最终评价。近年来，我国不断推进科技成果管理改革，修正《中华人民共和国促进科技成果转化法》，印发《实施〈中华人民共和国促进科技成果转化法〉若干规定》，制定《促进科技成果转化行动方案》，出台《赋予科技人员职务科技成果所有权或长期使用权试点实施方案》，进一步下放科技成果管理权限，推动科技成果转化取得成效。要建立健全成果转化机制，深化职务科技成果赋权改革，允许科技人员在科技成果转化收益分配上有更大自主权，通过产权激励进一步调动激发科研人员成果转化的积极性。

美国是创新大国，也是科技成果转移大国。在《拜杜法案》制定之前，由政府资助的科研项目产生的专利权，一直归政府拥有，也就是"谁出资、谁拥有"。截至1980年，联邦政府持有近2.8万项专利，但只有不到5%的专利技术被转移到工业界进行商业化。《拜杜法案》厘清了政府作为"研究出资方"时的发明所有权归属，规定项目承担者（大学、小企业）具有保留联邦资助项目发明所有权的权利，也就是"谁发明、谁拥有"。《拜杜法案》后，美国大学的专利申请和授予数量显著增长。我国学习借鉴《拜杜法案》，历经十数年，最终将利用财政性资金设立的科技计划项目所形成的科技成果授予项目承担单位。2021年修订的《中华人民共和国科学技术进步法》第三十二条第一款规定："利用财政性资金设立的科学技术计划项目所形成的科技成果，在不损害国家安全、国家利益和重大社会公共利益的前提下，授权项目承担者依法取得相关知识产权，项目承担者可以依法自行投资实施转化、向他人转让、联合他人共同实施转化、许可他人使用或者作价投资等。"不过，制约科技成果转移转化的根本问题还没有完全解决，将科技成果纳入国有资产管理，因担心国有资产流失，仍在很大程度上制约了科技成果的转移转化，一只手放权的效果被另一只手"绑"所抵消。其实，没有转化的科技成果很难说是有价值的资产。

针对科技成果转化面临的困难，在前些年试点探索的基础上，党的二十届三中全会《决定》明确提出，建立职务科技成果资产单列管理制度，深化职务科技成果赋权改革。这对于进一步激发科技人员科技成果转化积极性，更好保护国家利益和科技人员合法权益都具有重要意义。通过科技成果资产单列管理，建立符合科技成果转化特征的管理制度，解决科技成果管理与国有资产保值增值考核要求之间的矛盾，完善作价投资形成国有股权的单列管理机制。要进一步缩短管理链条、简化审批流程，建立对职务科技成果作价投资等方式形成的国有股权划转、转让、退出、损失核销等处置制度以及资产评估备案、国有产权登记等事项的专门管理制度。通过单列管理，能够更好地促进科技成果转化。单列管理后，可以更切合实际地制定专门管理制度和监督制度。现在看来，《拜杜法案》在美国取得的效果，在中国能否显现，还有待改革的进一步落实、探索，关键在于我国科研机构的国有事业单位属性，这也增强了科研院所改革的紧迫性。要加大一系列制度改革力度，以适应创新驱动发展的需要。

三、扩大科研机构自主权

在现有科研院所体制下，也可以结合科研单位特点，推动事业单位管理体制改革，赋予科研院所更大的用人等管理权限。财政性资金设立的科研机构的战略性和公共性功能定位，决定了其运行经费由财政拨付，人员由政府有关部门核定，科研仪器设施购买必须适用政府采购规定。作为国家事业单位，给予科研机构自主权，历来是科技体制改革的重点。《中共中央 国务院关于深化体制机制改革加快实施创新驱动发展战略的若干意见》提出："不断总结试点经验，结合事业单位分类改革要求，尽快将财政资金支持形成的，不涉及国防、国家安全、国家利益、重大社会公共利益的科技成果的使用权、处置权和收益权，全部下放给符合条件的项目承担单位"，并扩大科研院所"学术自主权和个人科研选题选择权"。2019年，科技部、教育部、国家发展改革委、财政部、人力资源和社会保障部、中科院印发的《关于扩大高校和科研院所科研相关自主权的若干意见》指出，为落实中央决策部署，向科研院所下放以下自主权，包括可自主设置、变更和取消单位的内设机构；自主聘用工作人员，自主设置岗位；可自主制定职称评审办法和操作方案，按照管理权限自主开展职称评审；可在绩效工资总量内，按国家有关规定自主确定绩效工资结构、考核办法、分配方式、工资项目名称、标准和发放范围。2021年新修订的《中华人民共和国科学技术进步法》将有关政策上升为法律，明确规定，自主确定科学技术研究开发方向和项目，自主决定经费使用、机构设置和人员聘用及合理流动，自主决定绩效考核及薪酬分配、职称评审、科技成果转化及收益分配、岗位设置。但问题是法律规定的科研机构的自主权，还需要加强落实，使规定的自主权落实到位。

党的二十届三中全会《决定》提出，允许科技人员在科技成果转化收益分配上有更大自主权，并提出深化高校、科研院所收入分配改革。要落实这一改革要求，需要进一步细化政策规定，出台相应文件。在当前情况下，需要逐步取消国家设立的科研机构业务管理岗位的行政级别，建立符合科技创新规律的人事管理制度。允许科研机构负责人享有科技成果转化收益应得部分。正职领导可以按照促进科技成果转化法的规定获得现金奖励，原则上不得获取股权激励；其他担任领导职务的科技人员可以按照促进科技成果转化法的规定获得现金、股份或者出资比例等奖励和报酬。鼓励企业建立健全科技成果转化的激励分配机制，充分利用股权出售、股权奖励、股票期权、项目收益分红、岗位分红等方式激励科技人员开展科技成果转化。探索建立人才"双聘""双跨"机制，支持和鼓励高校、科研院所科研人员离岗创办企业或兼职创新创业。

第三节　发展新型研发机构

新型研发机构是对传统科技体制的突破，是新时代科技体制改革的重中之重。2019年，为促进新型研发机构的发展，科技部印发《关于促进新型研发机构发展的指导意见》。"十四五"规划纲要进一步提出："支持发展新型研究型大学、新型研发机构等新型创新主体，推动投入主体多元化、管理制度现代化、运行机制市场化、用人机制灵活化。"强化企业创新主体地位是提升创新体系整体效能的关键所在，既要提高企业科技创新能力，也要充分发挥企业在发展新型研发机构中的中坚作用。

一、建立培育壮大科技领军企业机制

科技领军企业本身就是一种新型研发机构。培育壮大科技领军企业，是落实企业科技创新主体地位的重要举措。华为在5G上的成就以及腾讯、阿里巴巴、字节跳动等互联网公司的发展，就是很好的例证。我国需要让更多企业在科研创新中发挥积极作

用,提升国家整体科技创新能力和水平。要加大企业在创新资源配置中的主导权,充分发挥企业在技术创新决策、研发投入、科研组织和成果转化应用方面的主体作用。支持大型企业借助重大科研项目或工程,组织吸纳产业链上下游企业、高校、科研机构等参与,带动产业链相关企业联合开展工程科技攻关。建立企业研发准备金制度,制定普惠性税收减免政策,推动企业研发费用税前加计扣除、合理扩大加计扣除范围、改进计核方法等优惠政策落地。要大力培养龙头型和高速成长型科技领军企业,对民营企业和国有企业一视同仁,支持企业主动牵头或参与国家科技攻关任务。探索建立企业项目上升为国家项目的新机制,真正发挥企业创新主导作用,让企业既扮演科研项目的"出题人",又能成为合作项目的管理者,负责决定研究方向和参与成员,有效组织开展创新活动。抓紧培育一批具有超强创新能力的企业,通过财税金融政策以及政府订单等措施支持企业增加研发投入。鼓励企业加大基础研究投入,对企业投入基础研究实行税收优惠。引导和鼓励企业作为研究主体加强产业技术基础研究,鼓励有条件的企业开展前沿性创新研究,大力支持重点行业骨干企业提升研发能力。鼓励科技型中小企业加大研发投入,鼓励和引导高校、科研院所按照先使用后付费方式把科技成果许可给中小微企业使用。

二、支持企业牵头组建创新联合体

支持企业与高校、科研院所共同组建创新联合体,促进产业链上下游融通创新,推动产业链、创新链、资金链、人才链一体联动、协同发展，提高科研成果的产业转化率。推进产学研深度融合，支持企业牵头组建创新联合体、承担国家重大科技项目。鼓励企业与大学科研机构建立多种形式的合作关系，构建产学研协作新模式，支持行业骨干企业牵头组建创新联合体，与大学科研机构建立产业联盟、联合实验室/研发中心、联合技术中心，打造统一开放、竞争有序的产学研协同创新网络。统筹规划国家工程（技术）研究中心、国家制造业创新中心、国家重点实验室、国家产业技术创新战略联盟等各类创新平台，推动相关平台实体化，独立运营。以企业为主体引进或共建一批新型研发机构、技术转移机构、技术服务机构，实施跨区域协同创新合作。与此同时，充分发挥转制院所作用，择优选择转制院所与企业合作，加强行业共性技术研发平台建设，并将平台企业化，以关键共性技术研发应用及公共设施共享为重点，增强在研究开发、工业设计、检验检测、试验验证、科技成果转化、设施共享、知识产权服务、信息服务等方面对企业的服务支撑能力。

三、鼓励发展民办非营利性科研机构

德国弗朗霍夫应用研究促进协会（简称"弗朗霍夫协会"）是全球新型研发机构的代表，是以协会身份注册的独立社团法人，属于民办非营利性科研机构。该机构成立于1949年，为发展面向企业需求的应用性科研而建立，是德国也是欧洲最大的应用研究机构，科研活动以委托科研为主，经费有70%来自政府和企业委托的项目，30%来自德国联邦政府和州政府的机构式资助。截至2022年，该协会在德国拥有76个研究所和研究单位，超过3万名员工，主要为科学家和工程师。2021年度总研究经费为29亿欧元。其中约25亿欧元来自合同研究，占总预算经费的86%。弗朗霍夫协会下设的各研究所以"加盟"的形式加入，为非独立法人，大多数科研和技术人员是合同制人员。学者在大学与协会之间的通畅流动是弗朗霍夫协会发展的重要推动力。

在目前的情况下，我国应鼓励发展类似的研究机构，特别是鼓励以一些退休专家骨干成立民办非营利性研究机构，在各自专业、行业领域为企业提供相关应用研究服务。作为科研人员，目前还做不到在大学或国家研究机构与民办研究机构之间顺畅流动，但可以采用"双聘"或"双跨"形式，允许大学或科研院所的研究人员与民办研究机构合作研究。特别是在目前大学或科研院所体制下，个人与企业合作研究还存在职务科研成果管理问题，为部分有意愿与企业进行科研合作的研究人员提供平台。同时，要将研究人员完成的企业委托课题研究成果纳入考评体系，鼓励科研人员参与企业技术研发。

第四节　深化科技人才体制改革

人才体制改革是科技体制改革的关键和成败的标志。人才是实现科技自立自强的决定性因素。高水平的尖子人才在未来大国博弈中起着关键作用，谁拥有一流创新人才、拥有一流科学家，谁就能在国际竞争中占据优势。对创新性人才的培养和激烈争夺，已经成为国际竞争的焦点。党的二十届三中全会《决定》提出，实施更加积极、更加开放、更加有效的人才政策。

一、完善科技人才自主培养机制

构建教育—科技—人才一体化推进机制，推进高水平大学建设，努力建成一批国内一流、世界知名的高水平大学和学科。构建新型人才培养体系，建立科技发展、国家战略需求牵引的学科设置调整机制和人才培养模式，超常规布局急需的学科专业。优化学科专业布局和人才培养机制，鼓励具备条件的普通本科高校向应用型大学转变。面向世界科技前沿、面向经济主战场、面向国家重大需求、面向人民生命健康，提升创新型人才、技能型人才培养规模和质量。明确高校、科研机构、企业和政府教育、科技部门的定位，结合国家发展战略需求和产业升级发展特点定制高校人才培养体系和课程体系，促进人才培养与科技研发、产业发展需求相衔接。鼓励国外高水平理工类大学来华合作办学。尖子人才在基础研究中具有不可替代性、稀缺性，要把发现、培养、稳定尖子人才作为基础研究重要任务。要用好国家科研经费，特别是国家自然科学基金，更多地注重小项目，从中发现培养尖子人才，只要十几万元、几十万元的经费支持，就有可能培养出一位伟大的科学家。有分析研究表明，美国20世纪中后期，75%的重大基础研究成果来自被普遍忽视的小项目。青年时期是创新活跃期和高峰期，要把培养中青年人才作为重点。有研究表明，1901—2003年547位诺贝尔物理学、化学、生理学或医学奖获得者，平均年龄分别是38岁、41岁和42岁，35岁的最多。可研究设立青年科技人才奖，大力培育中青年人才，鼓励青年人冲击世界科技最前沿，做出世界级的科研成就。要加快建设国家战略人才力量，着力培养造就战略科学家、一流科技领军人才和创新团队，着力培养造就卓越工程师、大国工匠、高技能人才，提高各类人才素质。

二、改革科技人才使用评价体制

坚持向用人主体授权、为人才松绑，有效破除束缚科研人员创新活力的体制机制障碍，支持青年科技人才"挑大梁""当主角"。强化人才激励机制，改革收入分配制度，加快形成充分体现创新要素价值的收入分配机制。完善人才有序流动机制，打通高校、科研院所和企业人才交流通道。深化科技评价体系改革，建立以创新能力、质量、实效、贡献为导向的人才评价体系，建立科学合理的评价指标和标准，对基础研究成果实行分类评价。加强科技成果评价的公正性和透明度，确保评价过程的公正性和科学性，避免评价结果被人为因素干扰。大力弘扬科学家精神，建立学术不端问题主动监测发现机制和科研失信问题公开通报机制，严肃整治学术不端行为，为科研人员打造潜心研究、高效工作的环境。

在人才评价方面，要探索推行代表作制度，探索长周期评价和国际同行评价。科学研究以原始创新论英雄，要破除"唯国际顶刊论文"和"唯帽子"现象，代表性成果就是水平、就是贡献。诺贝尔奖、菲尔兹数学奖、图灵奖、国家自然科学奖一等奖、陈嘉庚科学奖等权威大奖，奖励的都是一项具体的科研成果。要用代表性成果评价学者的贡献与水平。要深化院士制度改革，院士应该是世界一流科学家，应明确将做出原始创新贡献的一流科学家作为评选标准，凸显学术贡献，防止"院士"称号泛化。同时，将"院士"称号回归学术性、荣誉性，杜绝与个人薪酬、生活待遇挂钩，防止"院士"称号利益化。要改革各种人才"帽子"政策，尽快扭转"凑论文、拼关系、争帽子"的科研生态。鼓励原创和科学探索精神，营造有利于科技创新的社会氛围。进一步强化国家科技奖战略导向，突出科技奖励的公正性、严肃性、权威性、荣誉性。

三、建立有国际竞争力的人才引进制度

要成为世界科学创新中心，争夺国际人才是一场必须打赢的战争。当前，全球有近30个国家制定了不同的人才引进政策或计划。面对美国等大搞"脱钩断链"，完善我国海外引进人才支持保障机制更加紧迫。要把引进国际一流人才作为国家战略举措，实行世界级科技人才计划。

建设具有全球竞争力的科技创新开放环境，吸引国际科技人才来华工作，扩大国际科技交流合作，以最大的决心组织、参与和实施国际重大科技合作计划。实施好我国面向全球的科研基金，打通财政科研经费出境通道，支持境外机构和科研人员承担我国科技计划项目。全力建设世界一流科研平台、产业创新平台，发起相关国际大科学计划和国际科技合作项目，以世界级平台集聚世界级人才，集聚力量开展国际科技前沿基础研究、原创性引领性科技攻关。支持科研数据依法跨境流动。通过放宽技术移民政策，设立合作研究项目，解决医疗、住房、子女教育等方

式，把世界尖子人才吸引过来。提高科技计划的开放水平。各级财政投入开展的各类基础研究项目，全面向世界各国逐步开放，鼓励中方科研人员与国际同行联合申报。开展科研经费跨境流动试点，国外机构或人员只要有中国合作方，均可获得科研经费支持，建立国外专家参与科研项目立项与评估机制，在不涉密领域，大幅引入外籍专家参与科研项目评选与评估，打破国内科研人员间、科研单位间及相关部门间的封闭状况。在公共科研机构设置一定比例的国际科研岗位。在人事管理、薪酬待遇、生活条件、国际资料获取等方面进行配套改革，形成符合国际惯例的科研岗位制度。鼓励国家实验室、国家技术创新中心等机构面向全球招聘院所长、实验室主任和领军人才。发挥大科学计划、大科学工程和科研设施条件的汇聚带动作用。牵头组织国际大科学计划和大科学工程，通过共同参与、共同出资、共享知识产权的过程，实现人才、科研资金、科研活动等方面实质性的融合。积累组织管理经验，逐步向国内一般科研活动推广，带动国际化水平的提升。面向全球积极开放我国重大科技基础设施、科研条件，吸引全球科研人员在华开展试验活动。围绕消除贫困、应对全球气候变化，以及粮食安全、能源安全、公共卫生等全球性议题的基础科学问题，组织实施国际大科学计划和大科学工程，对其中的重点难点问题设立全球招标的重大科研项目。围绕上述领域，由政府和社会共同筹资，探索设立诺贝尔奖级的科技创新大奖，面向全球发展问题奖励重大科学突破。在吸引国际留学生的同时，做好留学和工作实习的制度衔接，通过签证制度改革，鼓励留学生（包括国外一流大学毕业生）在（来）我国进行短期创新创业活动，并与中期工作签证和绿卡制度等中长期人才引进制度衔接。

探索建立高技术人才移民制度，补充我国紧缺型人才，并形成我国国际人才引进的系统化、长久性制度设计。加强国际化科研环境建设，放宽高技术移民落户限制，建立有利于集聚全球科技人才的体制机制，提升在全球范围内吸引人才、留住人才、用好人才的能力，形成具有全球竞争力和吸引力的开放生态。主动发起一批国际科技组织，促进境内科技社团国际化。健全科技社团管理制度。扩大国际科技交流合作，鼓励在华设立国际科技组织，优化高校、科研院所、科技社团对外专业交流合作管理机制。

第五节　构建同科技创新相适应的科技金融体制

科技创新，金融支持至关重要。党中央、国务院高度重视金融支持科技创新。习近平总书记指出："要引导金融机构加强和改善对企业技术创新的金融服务，加大资本市场对科技型企业的支持力度。"[①] 党的二十届三中全会《决定》提出，构建同科技创新相适应的科技金融体制。这是深化科技体制改革面临的新任务、新要求。要深化金融供给侧结构性改革，建立从实验研究、中试到生产的全过程科技创新融资模式，把更多金融资源用于促进科技创新，加快形成科技—产业—金融良性循环，促进创新

---

① 中共中央党史和文献研究院，《习近平关于金融工作论述摘编》，北京：中央文献出版社，2024年，第117页。

链、产业链、资金链深度融合,以科技创新引领现代化产业体系建设。

第一,完善银行保险科技创新服务体系。要加强对国家重大科技任务和科技型中小企业的金融支持,更好发挥政策性金融机构在服务国家科技创新战略中的作用,逐步健全科技创新的银行服务体系。支持商业银行创新科技信贷产品和服务模式,增加知识产权、专利等抵押担保融资,支持条件成熟的银行机构探索开展投贷联动,通过设立具有投资功能的子公司等形式,探索开展新型"内外结合"的投贷联动业务。由银行机构与创业投资、股权投资机构合作筛选科技创新企业,开展"股权+银行贷款"和"银行贷款+认股权证"等融资创新。加快发展科技保险,推进专利保险试点。完善科技保险服务体系,鼓励深化金融服务链条,做好科技创新的全生命周期、全产业链条金融服务。

第二,积极发展面向科技型企业的债券市场。优化科技型企业债券发行注册流程,建立债券发行"绿色通道",支持符合条件的科技型企业发行科技创新公司债券,扩大科技型企业债券发行规模。探索发展高收益债券,支持科技型中小企业发行高收益风险债券,用于支持起步阶段的创新活动。推进高收益债券及股债相结合的融资方式,通过股权和债权搭配,可以用股权预期的高收益去弥补风险。稳步推动交易所债券市场扩容提质。

第三,强化资本市场对科技创新的支持。要推动股票发行注册制走深走实,加快多层次资本市场建设,积极依靠科创板、创业板、北交所提高股权融资比例,强化对创新企业的培育、孵化。大力培育一流投资银行和投资机构。加大投资端改革力度,推动建立长周期考核机制,提高权益投资比重,吸引机构投资者等长期资金入市。大力推动提高上市公司质量，优化再融资和并购重组机制，巩固深化常态化退市机制。优化完善分红、回购、股东增持等制度机制，鼓励优质上市公司积极推进股份回购注销。

第四，鼓励发展创业投资、股权投资。要优化私募股权创投基金"募投管退"制度环境，完善创业投资税收优惠政策，落实好创投基金个人投资者20%的优惠税率。出台更积极的政策，鼓励和扶持中小型市场化投资机构发展，支持和引导私募股权创投基金投早、投小、投科技。研究出台长期资本入市政策，支持养老、社保、保险等资金投资或增配私募股权基金、创投基金。鼓励创业投资基金以并购重组实现市场化退出。积极支持政府引导基金规范发展，提升政府出资创业投资引导基金质效。完善长期资本投早、投小、投长期、投硬科技的支持政策。提高外资在华开展股权投资、风险投资便利性。

第五，完善支持科技金融的财税金融政策。实行鼓励科技信贷的财政政策，适当增加科技贷款贴息。健全重大技术攻关风险分散机制，建立科技保险政策体系。鼓励有条件的地区建立科技保险奖补机制和科技再保险制度。加快建立健全促进科技创新的信用增进机制。探索开展高新技术企业信用贷款融资试点。推动"银税互动"发展，建立完善银行类金融机构与融资性担保公司风险分担机制，加大对政策性担保机构的扶持力度。加大税收优惠政策支持力度，鼓励商业银行增加科技贷款。继续发挥科技再贷款作用，引导商业银行增加科技型企业中长期资金。对科技贷款实行差异化管理和不良率考核要求，实行差别存款准备金率，等等。

第十六章
推进垄断行业改革

推进垄断行业改革是构建高水平社会主义市场经济体制的重要任务。党的二十届三中全会《决定》明确提出，推进能源、铁路、电信、水利、公用事业等行业自然垄断环节独立运营和竞争性环节市场化改革，健全监管体制机制。这为垄断行业改革指明了方向，提供了根本遵循。

第一节　我国垄断行业现状

目前，我国垄断分为市场垄断、自然垄断和行政垄断三类。市场垄断是指企业在市场竞争基础上形成的市场份额较高、对市场定价有重要影响力。自然垄断是指企业所处行业存在资源独占性、网络型从而自然形成排他性的市场独占、定价权独有的控制力。行政垄断是指企业利用行政权力对市场的独占和排他，行政垄断企业不是严格意义上的企业，均是政企合一。其实，在现代技术条件下，严格意义上的自然垄断也是不存在的，只不过是行政垄断的一个变种，没有行政性禁止，网络型企业均不可能是唯一的，只不过政府从社会公共利益的角度考虑而维护其垄断地位。因此发达国家没有自然垄断和行政垄断一说，只有市场垄断。

针对市场垄断，我国借鉴国际经验，早在2007年8月就出台了《中华人民共和国反垄断法》，2022年6月24日第十三届全国人民代表大会常务委员会第三十五次会议进行了修正。其中第二条明确规定，中华人民共和国境内经济活动中的垄断行为，适用本法；中华人民共和国境外的垄断行为，对境内市场竞争产生排除、限制影响的，适用本法。第八条规定，国有经济占控制地位的关系国民经济命脉和国家安全的行业以及依法实行专营专卖的行业，国家对其经营者的合法经营活动予以保护。这就是说，该法并不适用我国目前存在的自然垄断行业企业和行政垄断企业。当然，该法第五章对滥用行政权力排除、限制竞争进行了专门规定。所以，党的二十届三中全会《决定》聚焦自然垄断行业相关改革提出了要求。这也是构建高水平社会主义市场经济体制比较突出的改革任务。①

一、重点垄断行业推进改革取得重要进展

能源、铁路、电信、水利、公用事业等行业关系国民经济命脉和人民群众切身利益。这些行业领域虽有不同，但都具有一个共同特征，那就是行业中游都属于网络型基础设施，具有自然垄

---

① 国际上，不少国家在反垄断法中为自然垄断行业制定豁免规定，或出台专门法律保护自然垄断环节。

断属性。党的十八大以来，党中央高度重视垄断行业改革，推进以政企分开、政资分开、特许经营、政府监管为主要内容的改革，根据不同行业特点实行网运分开、放开竞争性业务，取得重要进展。

第一，能源领域。油气产业链上，管网处于中游，连接着上游勘探开发和下游加工销售两个竞争环节业务。2017年，中共中央、国务院印发《关于深化石油天然气体制改革的若干意见》，明确"管住中间，放开两头"总体改革思路。2019年12月9日，组建国家石油天然气管网集团有限公司（简称"国家管网公司"），实现干线管网独立运营，推动形成上游油气资源多主体多渠道供应、中间统一管网高效集输、下游销售市场充分竞争的"X+1+X"油气市场体系。目前，我国油气市场的主体已经逐步实现了多元化。

第二，电力行业。电网企业在中间，发电企业和售电企业、电力用户在两头。2002年2月发布的《国务院关于印发电力体制改革方案的通知》，将国家电力公司拆分为两大电网公司、五大发电集团和四大辅业集团，实现了"厂网分开"。2015年3月出台的《中共中央 国务院关于进一步深化电力体制改革的若干意见》，以及一系列配套文件，提出"管住中间，放开两头"的改革思路，有序放开输配以外的竞争性环节电价，向社会资本放开配售电业务等。近年来，我国积极推进全国统一电力市场体系的建设，"统一市场、两级运作"的全国统一电力市场总体框架基本建立，北京和广州两个国家级电力交易中心和33家省级电力交易中心组建并全面完成股份制改造，实现独立化运作。2023年，全国各电力交易中心累计组织完成市场交易电量5.67万亿千瓦·时，占全社会用电量的比重为61.4%。

第三，铁路行业。铁路是国民经济大动脉、重大民生工程和综合交通运输体系骨干。2013年，我国实施铁路政企分开改革，组建国家铁路局和中国铁路总公司（后改成中国国家铁路集团有限公司），铁路改革迈出历史性的"关键一步"。10多年来，铁路行业有序放开客货运输竞争性环节，推进货运改革，加快构建市场化经营体系，扎实推进现代物流组织体系建设，建立完善铁路物流中心运行机制。铁路建设运营市场更加开放，地方政府、社会资本投资比例持续提升，运输市场主体更加多元；地方政府为主投资的济青高铁、社会资本控股的杭绍台高铁、由地方自主运营的广东城际铁路等项目陆续建成通车；经行政许可的铁路运输企业达到79家。京沪高铁、铁科轨道等优质企业股改上市，铁路市场化定价有所突破。

第四，电信业。电信业是构建国家信息基础设施、提供网络和信息服务的行业。1994年，以中国联通的成立为标志，电信业打破垄断，引入竞争。到目前为止，电信运营商从当时"国家邮电部电信总局"一家独大，发展到中国移动、中国电信、中国联通、中国广电四大电信运营商提供服务。近年来，推动实现铁塔站址和卫星网络等通信网络基础设施独立运营。2014年7月，主要由三大运营商剥离部分资产组建中国铁塔股份有限公司（简称"中国铁塔"），从事通信铁塔等基站配套设施和高铁地铁公网覆盖、大型室内分布系统的建设、维护和运营。2021年4月，组建中国卫星网络集团有限公司，从事科技推广和应用服务。近年来，我国持续扩大增值电信领域对外开放，2024年4月，工业和信息化部发布《关于开展增值电信业务扩大对外开放试点工作的通告》，在4个试点地区取消6种增值电信业务放开外资股比限制。截至2024年3月底，共有1926家外资企业获准在华经营电信业务。目前，我国电信市场初步形成不同规模、不同业务、不同所有制企业相互竞争、共同发展的多元化格局。

第五，水利行业。国家水网是以自然河湖水系为基础、引调排水工程为通道、调蓄工程为节点、智慧化调控为手段，集水资源调配、流域防洪减灾、水生态保护等功能于一体的综合体系。实施国家水网建设，是"十四五"规划纲要明确的重要任务。近年来，水利改革创新取得突破性进展，实现以南水北调工程为代表的干线水网独立建设运营。

第六，公用事业。该行业涉及供水、供热、供气、公共交通、排水、污水处理、道路与桥梁、市政设施、市容卫生环境、垃圾处理和城市绿化等诸多行业。其中，供水、供热、供气等都属于网络型行业，即通过管网等基础设施为社会提供公共产品，具有自然垄断性。20世纪90年代开始，我国许多城市陆续进行了不同程度的公用事业市场化改革，比如引进外资或民营企业采用PPP（政府和社会资本合作模式）等投资运营，在增强城市承载能力、保障城市正常运转和提升社会保障能力等方面发挥了有益作用。

二、重点垄断行业改革中存在的问题

我国能源、铁路、电信、水利、公用事业等重点行业自然垄断环节独立运营和竞争性环节市场化改革在推进过程中，虽然取得积极进展，但还存在一些问题。

第一,一些行业自然垄断环节与竞争性环节尚未有效分离。比如,电力行业中,国家电网和南方电网厂网分开后,输配尚未分开,还未能做到公平接入,一些地方弃风、弃光时有发生,新能源消纳问题仍然存在。再如,目前我国铁路网运是一家,尚未分开,关键资源配置尚未实现竞争中立。铁路从项目建设的立项、建成后的验收,到后续具体的运营等依然由国铁集团一家说了算。铁路调度指挥、运输清算等关键自然垄断环节仍与国铁集团运营管理为一体。又如,国家水网还未成型,大江、大河仍处于行政分割、碎片化、各自独立的管理状态,上下游产业化程度低。还如,在公共事业领域,政企不分、政事不分的管理体制严重制约着该领域的市场化发育,供水、供热、燃气等多数网运没有分开。目前大部分城市对公用事业的补贴压力较大。

第二,对自然垄断环节监管不到位。比如,国家管网公司必须公平、公正地为所有用户提供油气管网设施服务,但即便机构设置和法规制定到位,也未必能够做得到。再如,目前我国垄断环节价格由政府制定和调整,由于缺乏竞争机制和财务硬约束,相关企业会有意虚增成本,而价格主管部门很难审核其真实性,往往会形成"高成本—高亏损—高价格"的恶性循环。2017年8月,《国家发展改革委关于进一步加强垄断行业价格监管的意见》明确指出,当前我国垄断行业经营成本不够透明、价格形成不够合理的现象还比较突出,成本监审制度不够完善,覆盖面还需扩大,监管能力有待进一步提升,监管的科学化、精细化水平还需提高。据披露,目前已全面完成省级电网输配电价改革,核减成本比例达14.5%。又如,铁路调度指挥及运能分配规则、运输清算规则、争议仲裁规则等方面,尚未形成公平、公开、公正、高效的监管机制。铁路企业仍拥有车辆准入标准、铁路新技术装备认证资质、路网接入条件等行政性资源。

第三,部分行业竞争性环节没有充分放开。比如,尽管已经制定了油气上游产业全面开放政策,但能够真正进入油气上游勘探开发产业的其他市场主体还很少,有效竞争的市场格局尚未形成。在油气下游产业,尽管市场主体相对多元,市场竞争相对充分,但市场主体地位仍然存在较大差异。再如,铁路建设和运营市场迫切需要消除行业壁垒,进一步推动市场化改革,推动各类经营主体进入竞争性环节,发挥市场机制作用,推动行业健康发展。又如,水利行业上下游市场化程度低,水权、水价改革明显滞后,水资源市场化开发、市场化交易和市场化使用程度都比较低。

第二节 推进自然垄断环节独立运营

对于重点行业自然垄断环节,要统筹推进自然垄断环节独立运营和加强自然垄断环节监管,推动重点行业自然垄断环节在国家监管下独立运营。

一、推动自然垄断环节业务与竞争性环节业务分离,对于暂不具备条件的自然垄断环节业务实行独立核算

第一,对电力行业,要推进电网企业输配分开,剥离配电业务。实现"输配分开",原本是 2002 年电力体制改革 5 号文确定的改革目标,至今 20 多年,由于各种原因仍未能完成。国家管

网公司成立的经验表明,输配分开是可行的。要参照国家石油天然气管网公司模式,把国家电网、南方电网的输电业务独立出来,分别成立国家输电公司和南方输电公司,专责电力资源配置,负责电力调度和结算等业务,面向所有市场主体公平接入。将现有配供电业务剥离,单独成立公司。其他如设备制造业务等,可直接划转相关中央企业。全面放开配电业务,鼓励地方政府和社会资本参与配电网投资建设,鼓励采用竞争性方式确定配电网运营主体。鼓励以混合所有制方式发展配电业务,向符合条件的市场主体放开增量配电投资业务。

第二,对铁路行业,要按照"管住中间,放开两头"的思路,分步推进铁路网运分开改革。第一步,可先在中国铁路集团公司内部将自然垄断环节的路网运量分配、调度、结算等业务与竞争性环节的客运、货运业务分开,各自独立核算,分别管理。第二步,将中国铁路集团公司一分为二,分别组建国家铁路网公司和中国铁路运输公司。国家铁路网公司,承接现有国家铁路骨干网,负责铁路调度指挥和运输清算以及铁路建设和管理等职责,收取路网使用费,独立核算运营管理,对第三方市场主体公平开放,并承接国铁集团现有的6万多亿元债务。中国铁路运输公司,承接国铁集团现有货运、客运业务,独立核算(公益性铁路运输服务业务,由国家财政承担费用补偿),经营性运输业务自负盈亏,避免企业陷入债务和补贴的沉重负担。国家铁路网公司,维持现行管理体制,由财政部、交通运输部、国家铁路局业务指导。中国铁路运输公司,划转为由国务院国资委监管。国铁集团现有的市场准入、车辆准入标准、铁路新技术装备认证资质、路网接入条件等行政职能划转国家铁路局管理,增强行业主管部门市场监管能力，同时形成由第三方专业监管的制度格局。当年，美国、日本铁路也经历网运分离、公司分割改革，不断引入同业或跨界进入铁路行业的竞争者，通过市场竞争力量搞活铁路市场，推进效率效益的综合提升。

第三，对水利行业，健全重大水利工程建设、运行、管理机制。为完善国家水网工程管理制度，尽快完善国家水网，更好实施国家水网工程建设，根据自然垄断环节业务独立运营改革要求，可考虑组建国家水网公司，加快政府职能转变，实现政企分开，打破行政性分割，将各流域水利管理机构属于自然垄断环节的分水、调水、维护、管理等业务分离出来，独立运营。实施涉水工程联合统一调度，提高调度运行水平，保障工程质量和安全。完善水网工程管理制度，实行国家—流域—地区的各级用水精准化管理，推动各层级用水管理改革，有效提升用水效率。借鉴电网改革经验，各流域管理机构可相应组建地区水网公司，成为国家水网公司的全资子公司，统筹水源区和受水区，兼顾流域上下游、左右岸、干支流、地上地下之间的关系。对于公益性、普惠性较强但产出较低的水利工程，需通过水价改革和精准补贴等方式维护工程运行。健全国家水网建设的体制机制，深化水利投融资机制改革，充分运用财政、金融支持政策，拓宽多元资金筹措渠道，加大公益性水利基础设施投入，鼓励和吸引更多社会资本通过募投建管一体化方式，参与水利基础设施建设，构建多元化、多层次、多渠道的水利投融资体系。积极推进水利基础设施不动产投资信托基金试点。

第四，对公用事业，根据自然垄断环节业务独立运营改革要求，加快政府职能转变，实现政企分开，打破行政性垄断。各城市可将城市供水、供热、供气等管网型行业，从原有主管部门剥离出来，实行政企分开，组建城市管网公司，独立运营，统一负责管理、建设、维护，并将上下游两头的运营业务分离、放开，允许社会资本成立批发、零售配送公司，通过最高限价定价制度，给终端用户更多选择。对管网自然垄断环节，按照《基础设施和公用事业特许经营管理办法》《关于规范实施政府和社会资本合作新机制的指导意见》要求，可分行业引入特许经营制度，鼓励和引导社会资本参与公用事业建设运营，提高公共服务质量和效率，并加强事中事后监管。

二、有效规范经营自然垄断环节业务企业的经营范围

推动自然垄断行业改革，自然垄断环节业务独立运营，前提是要有效规范经营自然垄断环节业务企业的经营范围。作为经营石油天然气行业管网自然垄断环节的国家管网集团，公司章程明确规定国家管网集团主要从事油气干线管网及储气调峰等基础设施的投资建设和运营，负责干线管网互联互通和与社会管道联通，以及全国油气管网的运行调度，定期向社会公开剩余管输和储存能力，实现基础设施向用户公平开放。企业业务经营范围非常清晰，没有非垄断业务。

电网企业的功能定位就是提供电力输送过网服务，电网企业拥有输电网运营权，按规定向交易主体收取输配电费用，承担市场主体的电费结算责任。电网企业承担提供普遍服务、保障基本供电、保障电网公平无歧视开放、保障电网安全运行，承担其他电力企业和政府无法履行的责任。电网企业承担其供电营业区保

底供电服务，确保居民、农业、重要公用事业和公益性服务等用电。电网企业的运营模式不再是统购统销，吃上网电价和销售电价的价差，而是按照政府"准许成本＋合理收益"核定的输配电价收取过网费。要改变电网企业集电网投资、电力传输、统购统销、调度交易为一体的状况。电网企业要退出竞争性环节的业务，包括退出电力交易中心，退出配售电业务。电网企业经营售电公司参与售电侧市场竞争，就很难保障其公立性和公平性，很难保障电网公平无歧视开放，向市场主体公平提供输配电服务。作为经营电力行业自然垄断环节电网业务的国家电网有限公司，明确以投资建设运营电网为核心业务，涉及竞争性特别是非主业的应该是在这次改革的规范之列。中国南方电网有限责任公司，明确规定负责投资、建设和经营管理南方区域电网，参与投资、建设和经营相关的跨区域输变电和联网工程，为广东、广西、云南、贵州、海南五省区和港澳地区提供电力供应服务保障，这些都属于自然垄断环节业务范围。同时，公司还规定从事电力购销业务，负责电力交易与调度；从事国内外投融资业务；自主开展外贸流通经营、国际合作、对外工程承包和对外劳务合作等业务。其中，除电力调度、国际合作属于垄断环节业务范围外，其他都属于竞争性环节的业务，也应该在改革规范之列。

作为经营国家铁路网基础设施自然垄断环节业务的中国国家铁路集团有限公司，目前明确规定以铁路客货运输为主业，实行多元化经营。这显然不属于自然垄断环节业务，而是竞争性环节业务，如果不进行改革，则明显不符合公司的功能定位，应属于改革规范之列。同时，公司还规定，负责铁路运输统一调度指挥，统筹安排路网性运力资源配置，承担国家规定的公益性运输任务，负责铁路行业运输收入清算和收入进款管理，这些都是铁路自然垄断环节的业务，真正属于国家垄断公司的主业功能定位。目前，国铁集团仍有政企不分、竞争性铁路运输业务行政性自我垄断情况。要区分铁路垄断性和竞争性业务环节，通过改革规范，更多聚焦铁路自然垄断性环节主业，剥离竞争性和多元经营业务，消化处置非主业冗余铁路资产、人力资源和无效资本，为推进铁路竞争性环节业务市场化改革创造条件。

作为经营电信业自然垄断环节业务的中国铁塔，是由国务院推动成立的国有大型通信基础设施服务企业。公司规定，主要从事通信铁塔等基站配套设施和高铁、地铁公网覆盖，大型室内分布系统的建设、维护和运营业务，是我国移动通信基础设施建设的"国家队"和5G新基建的"主力军"。这些都定位准确，属于自然垄断环节业务。但公司同时规定，依托独特资源，面向社会提供信息化应用和智能换电、备电、充电等能源应用服务，这些就涉及非行业自然垄断环节，而且是非电信业的竞争性环节业务，都应该属于规范之列。

三、建立对经营自然垄断环节业务企业履行使命功能的评价制度

垄断行业是由一个或少数经营主体拥有市场支配地位的行业，主要指因存在资源稀缺性、规模经济效益而由一个或少数企业经营的网络型自然垄断环节和重要公用事业、公益性服务行业，主要包括输配电、天然气管道运输、铁路运输等基础性行业以及居民供水供气供热等公用事业。这些行业主要提供基础性、

公益性产品和服务，与国计民生密切相关，对促进经济社会发展、保障人民群众生活具有重要作用。

评价考核制度对自然垄断环节的企业经营运行具有导向作用。党的二十届三中全会《决定》首次提出要建立国有企业履行战略使命评价制度。具体到能源、铁路、电信、水利、公共事业等重点行业中游的网络型基础设施具有明显的规模经济和范围经济特性，具有自然垄断属性。在自然垄断环节，要独立核算并建立功能使命评价制度。对经营自然垄断环节业务的企业履行使命功能，同样要建立评价制度。建立这样的制度，就是要用好考核评价指挥棒，不断完善考核机制，在客观评价企业经营效益之外，更全面、更立体地评价这些企业履行使命功能的情况。建立使命功能评价制度，就是考核自然垄断环节落实国家重大战略和规划任务、履行国家安全责任、履行社会责任、经营范围和经营行为等方面的情况，推动处于自然垄断环节的企业聚焦主责主业，增加国有资本在网络型基础设施上的投入，提升骨干网络安全可靠性；推动自然垄断环节企业提升自然垄断环节运营效率，发挥管网基础设施牵引作用，带动行业上下游竞争性环节充分竞争、协同发展。

建立对经营自然垄断环节业务企业履行使命功能的评价制度，包含对国有企业战略使命的明确界定和细化。建立国有企业履行战略使命评价制度，要求建立科学客观、可量化的国有企业功能价值评价体系，并进行定期评价。这一评价将与经营业绩考核评价等另外两类考核评价共同构成国有企业评价体系，形成更加立体的考评维度。评价制度的顶层设计调整，指标的设计是关键，既要考虑经济指标，如经济效益、资产回报率等，也要涵盖非经济指标，如社会责任履行情况、对产业发展的带动作用、环境保护贡献等。同时，评价过程需要客观公正，采用多维度的评价方法，包括内部自评、上级主管部门评估、第三方专业机构评价等，以确保评价的可操作性与结果的准确性以及评价的整体公信力。其结果应作为国企领导考核的重要指标。此外，建立有效的反馈机制也很重要，根据评价结果，为国有企业提供改进和发展的指导意见，促使其不断优化战略，更好地履行使命。

四、明确自然垄断环节监管范围和重点

《中华人民共和国反垄断法》第八条虽然规定国家对自然垄断行业经营者的合法经营活动依法保护，但同时明确规定，对经营者的经营行为及其商品和服务的价格依法实施监管和调控，维护消费者利益，促进技术进步。第八条专门列出一款，规定自然垄断行业的经营者应当依法经营，诚实守信，严格自律，接受社会公众的监督，不得利用其控制地位或者专营专卖地位损害消费者利益。近年来，我国对自然垄断行业监管体制进行了改革，根据不同行业的特性和市场情况进行分类监管。比如，对于电力、燃气等行业，主要着眼于价格、服务质量等方面的监管；对于铁路、邮政等行业，监管重点放在了市场准入、服务标准等方面。此外，形成了以新修正反垄断法为核心的较为完善的反垄断法律制度体系，为自然垄断行业规范有序发展提供了法律保障。所以，作为企业，经营自然垄断环节业务的企业也不例外，必须遵守公司法等法律法规，市场监管等相关部门依法进行监督管理，严格执法。作为经营自然垄断环节业务的企业，必须按照《中华人民

共和国反垄断法》的规定,对经营者的经营行为及其商品和服务的价格依法实施监管和调控。

第一,加强对经营自然垄断环节业务企业价格和收费监管。围绕电力、天然气、铁路客运、居民供水供气供热等重点领域,加快建立健全成本监审办法和价格形成机制,从细从严开展成本监审和定价工作,规范垄断行业收费,降低企业成本,提高企业效率。以制度规则建设为重点,合理确定成本构成,科学确定投资回报率,建立健全"准许成本+合理收益"的定价制度。以开展成本监审、规范定价程序、推进信息公开为抓手,严格进行监管,规范企业价格行为。健全垄断行业成本监审规则,明确垄断行业定价成本构成和具体审核标准,特别是细化职工薪酬、折旧费、漏损率等约束性指标。严格核减不应计入定价成本的费用,强化成本约束。创新成本监审方式,鼓励引入第三方参与监审,提高监审效率。在准确核定成本的基础上,综合考虑企业生产经营及行业发展需要、社会承受能力、供给安全和质量等因素,科学确定投资回报率,合理制定价格水平,促进企业获得合理收益、消费者合理负担。充分发挥价格机制的约束、激励作用,通过制定上限价格、标杆价格等办法,引导垄断企业主动开展技术创新、改进管理,降低生产经营成本。完善垄断行业政府定价决策机制,严格执行并实施成本监审、风险评估、专家论证、公众参与、集体审议等定价程序,创新价格听证方式,探索建立第三方参与垄断行业定价制度,充分听取社会公众意见,最大限度减少定价机构自由裁量权,着力规范政府定价行为。建立健全垄断行业信息披露和公开制度,强化垄断企业向监管机构的信息报送和公开义务,督促垄断企业定期向社会披露生产经营和年度财务状况，公开有关成本及价格信息。积极推进天然气管道运输成本信息公开，逐步扩大至所有垄断行业，提高政府定价的透明度。督促垄断企业严格落实政府定价政策，合理行使政府指导价浮动幅度内的自主定价权。加强政府定价政策，执行事中事后监管，建立政府定价政策定期评估制度，并适时调整完善。

第二，加强对油气管网等自然垄断环节公平开放监管。推进能源、铁路、电信、水利、公用事业等行业自然垄断环节独立运营改革的目的，就是让各类市场主体都能公平有效地分享管网型国家基础设施的便利，不用自己单独建网，降低企业运营成本和全社会成本。如果管网企业不能独立于市场买卖双方，在管网服务中不能保持"中立"，做不到对所有市场主体公平开放，存在歧视行为，行业上下游竞争性环节也很难真正实现充分竞争，那么建立管网企业，依法保护自然垄断环节业务垄断经营就失去立法意义和根基，管网企业也将失去存在的社会经济价值，改革目标和效果便大打折扣。管网等基础设施公平开放的目的，是使行业上下游市场主体之间实行公平竞争。对于油气行业，国家能源局在改革前期和初期，就已经制定了公平开放的政策性文件，但在具体实施过程中仍然存在较多困难，需要国家出台更加科学、合理、可操作性强的政策文件。为建立全国统一油气大市场，国家必须强化市场监管，政策需要进一步完善，监管队伍必须加强，监管能力必须提高。

2023年11月，中央全面深化改革委员会第三次会议审议通过了《关于健全自然垄断环节监管体制机制的实施意见》，进一步明确了自然垄断环节监管的任务目标，全面部署了相关监管工作。下一步，要健全监管制度体系，加强监管能力建设，重点加强对自然垄断环节落实国家重大战略和规划任务、履行国家安全责任、履行社会责任、经营范围和经营行为等方面的监管，推动处于自然垄断环节的企业聚焦主责主业，增加国有资本在网络型基础设施上的投入，提升骨干网络安全的可靠性。要对自然垄断环节开展垄断性业务和竞争性业务的范围进行监管，防止利用垄断优势向上下游竞争性环节延伸。加强与市场监管、行业监管、国资监管的贯通协同。

第三节　推进竞争性环节市场化改革

对重点行业竞争性环节要进一步"放"，稳步推进行政职能与竞争性业务剥离，激发各类经营主体活力，更好发挥市场机制作用。完善支持非公有制经济进入电力、油气、铁路、公用事业等领域的实施细则和具体办法，为社会资本提供更多发展机会。

第一，进一步有序放开油气行业竞争性环节。要继续推进油气上游产业开放政策的具体措施落地，制定具有可操作性的配套政策和措施，吸引更多外资或内资企业进入上游产业。完善并有序放开油气勘查开采体制，实行勘查区块竞争出让制度和更加严格的区块退出机制，充分利用市场化手段，调动油气上游投资积极性，提升资源接续保障能力。在保护性开发的前提下，允许符合准入要求并获得资质的市场主体参与常规油气勘查开采，逐步形成以大型国有油气公司为主导、多种经济成分共同参与的勘查开采体系，加大国内油气勘探开发和增储上产，保障国家油气供应安全。深化下游竞争性环节改革，提升优质油气产品生产供应能力。油气下游各个环节包括油气贸易、加工和销售等都逐步降低了准入门槛，促进了有序竞争。在不影响国家产业政策和油气供应安全的前提下，要将那些能通过市场竞争解决的问题，尽可能地完全交给市场，形成在国家统一监管下各种所有制成分、多个市场主体有序竞争的油气下游市场。三大国有油企要加强技术创新，向产业链高端集中延伸，提高国内原油深加工水平，加快培育先进产能，通过与社会资本合作，逐步退出低端销售特别是零售环节。加大天然气下游市场开发培育力度，促进天然气配售环节公平竞争。要完善油气进出口管理体制，提升国际国内资源利用能力和市场风险防范能力。建立以规范的资质管理为主的原油进口动态管理制度。完善成品油加工贸易和一般贸易出口政策。

第二，加快全国统一电力市场体系建设。党的二十届三中全会强调建设全国统一电力市场。全国统一电力市场能够通过价格和需求信号充分激发市场活力，实现电力资源在更大范围内共享互济和优化配置。加快跨省跨区市场化交易的步伐，解决各地在实际执行中存在的规则不统一、地方保护、省间壁垒等问题。有序放开发用电计划和竞争性环节电价，政府相关部门不再下达用电计划，中小用户可由售电公司代理参与电力直接交易，通过机制设计将所有用户全部推入市场，提高电力交易市场化程度。在新型电力系统中，传统电力系统单一的"源随荷动"模式将转变为"源荷互动"的新型模式，尤其是柔性负荷，涵盖了能适应需求变化的可调节和可转移负荷，如具备双向调节功能的电动汽车、储能系统、蓄能设施以及分布式电源、微电网等。引入柔性负荷参与交易，有助于提高电网的安全稳定性和灵活性。在供电无法满足用电需求增长的大城市，柔性负荷的削峰填谷作用还可对保障电网的安全运行起到关键作用。随着电力市场体系的不断完善，柔性负荷参与电力现货市场和辅助服务市场的条件逐步成熟。同时，统一电力市场将为新能源提供更多的市场接入机会，新能源发电企业能更便捷地参与到电力市场竞争中，市场机制能够鼓励各类经营主体购买和使用新能源电力，提高新能源电力的消费比例。分布式光伏的加入意味着新能源在电力市场中的参与度正在不断加深。

第三，推进铁路运输业务多元化市场主体建设。根据特点实行网运分开、竞争性环节业务市场化改革的大方向，要逐步将客货运输服务推向市场，通过调整运输结构，有效降低物流成本提升。除公益性业务外，放开竞争性业务，可在高铁客运和铁路货运业务方面先行试点，促进铁路运输业务市场主体多元化和适度竞争，推动铁路货运加快向现代物流供应链转型，通过发展多式联运，有效降低整体社会物流成本，提升铁路运营公司的盈利能力。强化铁路局集团公司的经营责任和市场主体地位，推进面向社会、公平公正、统一开放的高标准铁路运输市场体系建设。研究热门区段旅客列车运力资源市场化配置，试点货运班列能力紧张区段市场化经营，推动移动装备市场化调配。优化运输分类核算办法，协调推动建立公益性运输补贴机制。作为培育运输市场主体的重要举措，可先行考虑对国铁集团18个路局实行内部独立核算，建立考核机制，待条件成熟后，分别成立若干区域性运输公司，为网运分开改革创造条件。

第四，推进能源、交通、水等领域价格改革。价格机制是市场机制的核心，是市场发挥作用的最基本、最有效形式。没有合理的价格形成机制，市场机制就无从发挥作用。要加快转变政府职能，清晰界定政府价格管理的职能范围，建立科学合理的价格管理机制。政府价格管理职能，应该逐步由直接制定价格转向宏观协调和市场监管，比如政府可以灵活地利用税收、利率和储备等经济手段，间接调控相关产品价格。对自然垄断行业，政府管理的价格应该是自然垄断环节业务的收费标准和价格，由于其垄断性，必须由政府管控。而竞争性环节业务的价格应该相应放开，由市场供求调节；如果价格不放开，在竞争性环节就不可能形成充分竞争的市场格局，价格也无法调节供求，很可能造成资源浪费的后果。在自然垄断行业，政府可以通过调节自然垄断环节的价格，以及对有关用户进行直接价格补贴来适当调节，减少甚至取消交叉补贴。因此，从推进自然垄断行业竞争性环节市场化改革出发，要优化居民阶梯水价、电价、气价制度，完善成品油定价机制，发挥市场决定价格的作用，保留政府在价格异常波动时的调控权。依法合规加快油气交易平台建设，鼓励符合资质的市场主体参与交易，通过市场竞争形成价格。适时放开天然气气源和销售价格，健全竞争性油气流通市场。推进非居民用气价格市场化，进一步完善居民用气定价机制。要坚持铁路运价改革市场化取向，进一步理顺铁路运价体系，完善客运票价浮动机制。要创造条件，将铁路货运价格由政府定价改为政府指导价，增加运价弹性。深入推进水利工程供水价格改革，健全有利于促进水资源节约和水利工程良性运行、与投融资体制相适应的水价形成机制。完善农村供水工程水价形成和水费收缴机制，推进用水计量收费。根据工程类型、种植结构分类施策，精准定价、配水、计量、奖补，深化农业水价综合改革。加快完善水价动态调整机制，建立健全水生态产品价值实现机制。

# 第十七章
深化金融体制改革

金融是国民经济的血脉，关系中国式现代化建设全局。我国金融改革尽管已经取得了较大进展，但与现代金融制度的要求相比，还有很大差距，还难以有效满足经济社会发展的需要。要下更大的决心、用更大的气力推进金融体制改革，从根本上破除体制机制障碍，不断增强金融业发展的动力和活力，推动金融高质量发展，加快建设金融强国。

第一节　加快完善中央银行制度

中央银行制度是一国最重要的货币金融管理制度。中国人民银行作为中央银行，是我国宏观经济治理体系的重要组成部分。加快完善中央银行制度，构建科学稳健的货币政策体系，建立覆盖全面的宏观审慎管理体系，健全有力有效的金融稳定保障体系等，对于健全我国宏观经济治理体系具有重要意义。

一、畅通货币政策传导机制

在完善中央银行制度方面，畅通货币政策传导机制是关键，没有有效的传导机制，货币政策目标就无法达成。货币政策传导机制，是指中央银行运用货币政策工具影响中介指标，进而最终实现既定政策目标的传导途径与作用机理。我国货币政策的传导机制，经历了从直接传导到直接和间接双重传导，再逐渐过渡到以间接传导为主的发展历程：改革开放前，以直接传导机制为主；改革开放后，间接传导机制逐步加强，但仍带有双重传导特点；1998年取消商业银行贷款限额，我国货币政策传导机制才真正过渡到了以间接传导为主。

在以间接传导为主的条件下，市场主体对市场信号的反应是货币政策传导的关键。相比直接传导，在以间接传导为主的机制下，货币政策传导的效率，不再仅取决于中央银行货币政策的市场化取向，更取决于金融机构、企业和居民行为的市场化程度，即它们必须对市场信号做出理性反应。如果它们不能完全按照市场准则运行，即不能对市场信号包括中央银行的间接调控信号做出灵敏反应，那么货币政策工具就不可能通过对货币信贷条件的调节来实现其政策目标，货币政策传导就会梗阻，效果就会减弱。

现阶段，我国社会主义市场经济体制还在不断健全，商业银行和企业特别是国有企业的运营机制还不健全，对市场信号的反应还不那么灵敏，货币政策传导效率也有待提高。只有真正按现代企业制度的要求深化商业银行和国有企业改革，使其真正建立起市场化的公司治理机制，对中央银行的货币政策传导才会有灵敏的反应，才能建立起完善的货币政策传导机制。目前，我国货币政策传导的不畅，主要表现在货币供应传导不到实体经济，企业"融资难"问题仍未得到根本解决。对此，央行改革完善了贷款市场报价利率（LPR）形成机制，旨在推进利率市场化改革，打破贷款利率隐性下限，缓解"融资贵"问题。其实，"融资难"和"融资贵"是一个伪命题，对"融资难"的市场主体来说，根本就不存在"融资贵"的问题，即这里的资金是有价无市；而对"融资贵"的市场主体来说，就不存在"融资难"的问题，获得了资金也就不算贵，因为那个资金价格是其他市场主体想要也要不到的。因此，"融资难"问题的本质是，资本要素的市场化和利率的市场化都不够。近年来，为疏通货币政策传导，央行先后采取了多方面措施，包括通过降准及中期借贷便利（MLF）操作补充银行中长期流动性；出台结构性货币政策，向民营、小微企业等重点部门"定向滴灌"。但在不完全市场化的资金市场中，央行采取的结构性货币政策不仅加剧了其他主体、其他行业的"难"，而且在商业银行现有经营机制下，政策落实也时常面临阻力，部分工具在实现政策目标后已稳妥有序退出。截至2024年10月，结构性货币政策工具余额约6.3万亿元，约占人民银行资产负债表规模的15%。中国人民银行表示，未来结构性货币政策工具定位于常规总量工具的有益补充，要合理把握规模，已实现阶段性目标的工具及时退出，要适当收缩或减少甚至停止结构性货币政策工具，让总量政策工具、利率真正发挥作用。[①]因此，

[①] 截至2025年一季度末，结构性货币政策工具共存续10项，余额合计5.9万亿元。

畅通货币政策传导机制，关键还是要推进资本要素市场化，深化利率市场化改革，深化商业银行改革，使商业银行和市场主体对利率调控真正反应灵敏。

二、持续深化利率市场化改革

存贷款利率形成机制是货币政策传导的重要环节。要让利率真正发挥作用，必须持续推进利率形成机制改革，使利率在资金资源配置中起决定性作用，以利率来调节资金市场供求关系，从根本上解决"融资难""融资贵"问题。

我国的利率市场化经历了一个漫长的过程。1978年以前，我国实行高度集中的利率管理体制，各类存贷款利率均由政府直接决定。改革开放后，我国逐步下放利率定价权限。1984年，中国人民银行专门行使中央银行职能后，根据货币政策调控需要，多次调整各品种、期限存贷款基准利率，并不断扩大利率浮动区间。2004年，中国人民银行放开金融机构贷款利率上限和存款利率下限，直至2013年放开贷款利率管制。2015年10月，中国人民银行宣布不再对金融机构设置存款利率浮动上限，基本放开利率管制。

在此过程中，中央银行利率调控模式也逐步向市场化过渡，不再直接调控存贷款利率，而是运用货币政策工具间接引导市场利率。对于存款利率，2013年9月，中国人民银行在逐步放松利率管制的同时，指导建立市场利率定价自律机制，以行业自律的方式维护市场竞争秩序。2015年10月后，存贷款基准利率不再调整，存款利率已主要由金融机构自主调整，辅之以行业自律，金融机构可在自律上限范围内自主确定存款利率；2021年6月，自律机制的存款利率自律上限由存款基准利率浮动倍数改为加点确定；2022年4月，存款利率市场化调整机制建立。对于贷款利率，2013年10月，中国人民银行取消贷款利率下限，保留个人房贷利率下限并作为调控工具使用，还创设LPR（当时被称为"贷款基础利率"），作为浮动利率贷款的主要定价基准；2019年8月，深化LPR改革，由20家报价行根据本行实际发放的最优质客户贷款利率自主报价，取平均数后每月发布一次。允许金融机构自主确定对客户实际执行的贷款利率。2024年5月，取消全国层面个人住房贷款利率下限，至此实现商业贷款利率全面市场化，金融机构可根据经营需要自主确定存贷款利率。存贷款利率市场化调整机制建立以来，商业银行存款挂牌利率已经集体下调多轮，对于稳定乃至降低银行负债成本起到了积极作用。数据显示，从LPR改革至2024年6月，1年期和5年期以上LPR分别累计下降86个和90个基点；企业贷款加权平均利率累计下降165个基点至3.65%，个人住房贷款利率累计下降201个基点至3.49%。2025年4月，全国个人住房新发放贷款加权平均利率约3.1%。2025年5月7日，中国人民银行公布决定，自2025年5月8日起，下调个人住房公积金贷款利率0.25个百分点，5年以下（含5年）和5年以上首套个人住房公积金贷款利率分别调整为2.1%和2.6%，5年以下（含5年）和5年以上第二套个人住房公积金贷款利率分别调整为不低于2.525%和3.075%。5月20日，新一期贷款市场报价利率（LPR）公布：1年期LPR和5年期以上LPR分别下调10个基点，降至3%、3.5%。这是自2024年10月以来，时隔7个月LPR再度降息。

在政策利率调控方面，目前中国人民银行已明确以7天期逆回购操作利率作为主要政策利率，成功将中长期政策利率调整为短期政策利率，健全了市场化的利率调控机制。2019年，中国人民银行启动LPR改革初期，我国短期政策利率到信贷市场利率的传导机制不够健全，因此LPR主要参考当时的中期政策利率，即1年期MLF利率。随着利率市场化改革的不断深化，商业银行定价能力进一步提升，市场化利率形成机制更加有效，中国人民银行调整公开市场操作招标方式，将7天期逆回购操作改为固定利率的数量招标，明示操作利率，增强其政策利率地位，增加临时正、逆回购操作，逐步强化公开市场7天期逆回购操作利率的政策利率功能，逐步淡出中期政策利率，引导市场利率更好地围绕政策利率中枢平稳运行。①

虽然利率市场化程度已大幅提高，但当前仍存在部分LPR报价利率显著偏离实际最优惠客户利率、利率走廊"上窄下宽"、短期政策利率波动性偏高等问题。进一步健全市场化利率形成、调控和传导机制，增强政策利率的权威性，要研究适度收窄利率走廊宽度，给市场传递更加清晰的利率调控目标信号。同时，持续改革完善LPR，着重提高LPR报价质量，更好发挥利率自律机制作用。要破除不适应的限制竞争政策，督促指导金融机构提升市场化定价能力，更好发挥市场机制作用。在时机成熟时，逐步放开

---

① 2025年5月7日，中国人民银行公开市场业务操作室发布《中国人民银行公开市场业务公告》(〔2025〕第1号)，从2025年5月8日起，公开市场7天期逆回购操作利率由此前的1.50%调整为1.40%。公开市场14天期逆回购和临时正、逆回购的操作利率继续在公开市场7天期逆回购操作利率上加减点确定，加减点幅度保持不变。

存款利率的隐性约束，取消存款利率上限，增加银行业竞争，让利于广大储户。正常的利率价格竞争并不等于高息揽储，对于银行开展正常的吸储业务，不要随意贴标签，若不是非法行为就不要随意禁止，要让市场真正发挥作用，发现真正的实际利率水平。

三、稳步深化汇率市场化改革

汇率是影响货币政策及利率政策的一个重要因素，也是关系国内经济与国际经济内外平衡的关键变量。改革开放以来，我国人民币汇率形成机制的改革一直在推进之中，目前已基本形成市场供求起决定作用的汇率机制。

2024年以来，银行间外汇市场人民币直接交易成交较为活跃，流动性平稳，降低了企业的汇兑成本，促进了双边贸易和投资。跨境资本流动平稳有序，外汇市场供求基本平衡，人民币汇率预期总体稳定。主要经济体货币政策分化，国际地缘政治不确定性增加，美元指数高位运行，非美元货币普遍承压，人民币汇率在全球主要货币中表现相对稳健，总体在合理均衡水平上保持基本稳定。2024年，人民币汇率以市场供求为基础，在错综复杂的宏观背景下表现出韧性，对一篮子货币汇率有所升值。2024年末，中国外汇交易中心（CFETS）人民币汇率指数年内由97.4上升至101.5，升幅约4.2%。在主要货币对中，2024年人民币对美元贬值2.83%，对欧元升值3.41%，对日元升值7.41%。2024年12月31日，人民币对美元汇率中间价为1美元对人民币7.1884元，自2005年人民币汇率形成机制改革以来累计升值16.2%。

从健全宏观经济治理体系、构建高水平社会主义市场经济体制出发,要进一步完善以市场供求为基础、参考一篮子货币进行调节、有管理的浮动汇率制度。坚持市场在汇率形成中起决定性作用,发挥汇率调节宏观经济、国际收支的自动稳定器和减震器功能。要做好跨境资金流动的监测分析,坚持底线思维,综合施策,稳定预期,防止形成单边一致性预期并自我强化,坚决防范汇率超调风险,保持人民币汇率在合理均衡水平上的基本稳定。加强外汇市场管理,引导企业和金融机构树立"风险中性"理念,指导金融机构基于实需原则和风险中性原则积极为中小微企业提供汇率避险服务,维护外汇市场平稳健康发展。要统筹外汇管理和汇率制度改革,适当放松外汇管制,放宽汇率波动幅度,逐步更多发挥外汇及汇率变化缓解内外失衡的作用,使国内经济更好地与国际经济接轨,实现国际循环与国内循环相互促进。

第二节　完善金融机构定位和治理

建立健全分工协作的金融机构体系,是深化金融体制改革的重要目标。习近平总书记指出:"我国金融机构门类齐全,关键是要错位发展、优势互补,在服务实体经济上各司其职、各展所长。"[①] 初步统计,2024 年末,我国金融业机构总资产为 495.59 万亿元,其中银行业资产占金融业机构总资产的比重接近 90%(89.7%),证券业和保险业资产规模占比分别为 3% 和 7.2%。这

---

① 中共中央党史和文献研究院,《习近平关于金融工作论述摘编》,北京:中央文献出版社,2024 年,第 18 页。

表明银行仍占绝对优势，其他金融机构发展很不充分。党的二十届三中全会《决定》提出，积极发展科技金融、绿色金融、普惠金融、养老金融、数字金融，加强对重大战略、重点领域、薄弱环节的优质金融服务。要完成这样的任务，必须完善金融机构的定位和治理，健全服务实体经济的激励约束机制，促进金融结构和业务模式深刻调整。大力培育一流投资银行和投资机构，发挥保险业的经济"减震器"和社会"稳定器"功能。

一、深化国有商业银行改革

银行业是我国金融业的主体，国有银行居于银行业的主导地位。要推动完善机构定位、回归本源、专注主业，健全法人治理，推进布局优化和结构调整。支持国有大型金融机构做优做强，当好服务实体经济的主力军和维护金融稳定的压舱石。

近10年来，我国银行业取得的成就举世瞩目。截至2024年末，我国银行业机构总资产为444.57万亿元，已经成为全球最大的银行市场。英国《银行家》杂志发布的"2024年全球银行1000强排行榜"显示，按照一级资本排名，我国多家商业银行上榜且名列前茅。其中，工商银行、建设银行、农业银行、中国银行排名前四，交通银行、招商银行、邮政储蓄银行、兴业银行、中信银行、浦发银行位列前20。面对做好"五篇大文章"，国有商业银行如何发挥主导作用面临重大挑战。特别是，科技创新还离不开银行业的支持，但科创企业具有"两高一轻"（高技术投入、高人力资本投入和轻资产）特点，现行财务报表并不能完整反映科创企业的真实情况，商业银行很难仅依靠财务报表做出信贷投放决策。如何既能稳健经营，又能承担科技创新风险，是商业银行面临的现实挑战。同时，在目前的低利率环境下，依靠利息差生存的商业银行面临较大经营压力。2024年以来，商业银行净息差持续承压，在2023年三、四季度相继跌破1.7%、1.6%后，仍呈现进一步收窄趋势。国家金融监督管理总局数据显示，2024年一季度商业银行净息差为1.54%，较上年末下降15个基点；二季度与一季度持平，但到三季度则下降了1个基点至1.53%。而且大型商业银行2024年三季度净息差为1.45%，明显低于民营银行、股份行和农商行的4.13%、1.63%和1.72%。2025年一季度末，商业银行净息差为1.43%，较2024年末下降9个基点。随着利率市场化改革的推进，商业银行竞争将进一步加剧。与现代银行制度的要求和国际先进银行相比，我国国有商业银行的经营环境、经营管理水平和整体竞争力还有相当大的差距。

深化国有商业银行改革，坚持商业化、市场化改革方向，加快形成资本充足、内控严密、运营安全、服务优质、效益良好、创新能力和国际竞争力强的现代化大银行。一是要进一步转换经营机制。继续完善公司治理，稳步推进股权多元化，建立现代金融企业制度，形成有效的决策、执行和制衡机制，把银行办成真正的银行，让银行成为真正的市场主体，增强对利率变化反应灵敏度，更好传导货币政策意图，不断提高风险定价能力。二是增强商业贷款能力。加大科技投入，加强人才队伍建设，推动数字化转型，利用数字金融技术提高风险管理效率。开展金融科技合作，鼓励与科技公司、创新型企业等开展合作，共同推动金融科技的发展和应用。改革和完善国有商业银行的考核机制，鼓励创新金融产品和服务，提高金融服务质量。三是拓展资本金补充渠道。除现有补充资本金方式外，①可考虑适当减持国有股，优化国有银行股权结构，扩大资本金来源，降低企业财务成本。同时要完善国有金融资本管理，落实国有金融资本出资人管理责任，切实发挥资本市场对建立现代银行制度的监督、促进和约束作用。

二、推进政策性银行改革

政策性金融要交给政策性银行办。目前，我国政策性银行有3家，分别是中国进出口银行、中国农业发展银行和国家开发银行，均成立于1994年。截至2023年末，3家政策性银行总资产34万亿元，各项贷款余额28万亿元，占全国银行业金融机构资产总额的8%、贷款余额的11.6%。30年来，政策性银行在为基础设施建设、支柱产业建设、机电产品和成套设备出口、粮棉油收购等提供金融服务，支持实体企业"走出去"，服务国家经济建设和社会事业发展等方面发挥了重要作用。

第一，强化政策性金融机构职能定位。从创立之初的定位来讲，政策性金融主要解决市场缺位问题，政策性银行业务边界是财政和商业银行之间的中间地带，不应与商业银行竞争，原则上政策性银行之间的业务也不交叉，本来是有分工的。但近10年来，政策性银行业务迅速膨胀，逐渐暴露出职能定位模糊、业务

---

① 2025年3月31日，财政部宣布，2025年，财政部将发行首批特别国债5 000亿元，积极支持中国银行、中国建设银行、交通银行、中国邮政储蓄银行补充核心一级资本。

边界不清晰等问题，特别是围绕传统基础设施、优质客户、优质项目等与商业银行的业务竞争不断升级。政策性银行依赖国家信用获得低成本资金，往往又被用于商业性领域，在竞争中容易获得优势甚至占据主导地位。数据显示，2023年末，中国农业发展银行政策性贷款占比为94.12%；中国进出口银行政策性业务占比提高至60.72%；国家开发银行的政策性业务占比更低。为更好发挥政策性银行作用，避免对商业银行的"挤出效应"，要进一步明晰职能定位、业务范围、业务边界，聚焦服务国家战略，主要做商业性金融机构干不了、干不好的业务，加大对科技创新、未来产业、重大基础设施等关键领域，以及外贸、对外合作、跨境投资、乡村振兴、"三农"等重点领域的金融服务支持。

第二，推进分类分账改革。分类分账改革就是要对政策性业务与商业性业务进行分账管理、分类核算。分类分账改革，有利于从激励机制上引导政策性银行机构回归"政策性"功能定位，加大对保本、微利信贷项目的支持力度，更好地服务国家重大战略；有利于厘清政策性银行业务与商业银行业务的边界，引导政策性银行与商业银行错位发展、差异化经营；有利于引导政策性银行将政策性业务和自营业务合理分离，避免道德风险，防止金融套利，提高财政资金的使用效率；有利于形成金融市场公平竞争环境，促进形成多层次、广覆盖、差异化的银行发展格局。实施分账管理、分类核算，主要有两种模式：一是允许一家机构同时经营两类业务，但实施分账管理，并对两类业务实施不同的监管；二是将两类业务分别划分到不同的实体进行经营，采取集团或母子公司制的方式。目前，我国按照第一种模式加以推进。要明确政策性、自营性（商业性或开发性）两类业务的界限，分别设立国家账户和银行账户分类管理，并建立相应的考核、监管机制和补贴机制，明确责任和风险补偿机制，分类核算。如何界定政策性业务和商业性业务范围，是决定政策性银行今后一个时期改革发展方向的"牛鼻子"。在推进业务分类管理、分账核算的同时，要就政策性银行制定专门的法律。从业务边界看，以靠国家信用获得的低成本资金做自营业务，本来就是缺乏依据的，但由于我国尚未通过法律对政策性金融业务范围进行清晰限定，导致政策性业务与商业性业务边界不清晰，很容易产生政策套利、道德风险甚至形成反向激励即自营业务更积极、政策性业务反而不积极等现象。

第三，拓展国家开发银行的功能定位。科技创新是当前我国最需要政策性金融支持的领域，要借鉴德国复兴信贷银行（KFW）经验，强化国家开发银行支持科技创新特别是企业科技创新的作用。国家开发银行对科技创新的支持，要从支持国家重大科技项目，拓展到支持科技型中小企业。一是完善业务结构体系。在机构上可分步实施，逐步完善业务机构体系，可先在总行设立科技金融事业部，设有科技金融处的地区分行可相应设立科技金融事业部。然后，条件成熟时可将科技金融事业部上升为专门的中小企业科技分行，对开发新产品的项目进行投资资助。二是创新业务模式。在业务模式上，可借鉴KFW经验，提供结构简单、条件优惠的中小企业融资项目，以中长期贷款、夹层融资、股权投资等融资产品为主，并通过地方商业银行和中小金融机构转贷方式发放贷款，与转贷银行共同承担最终贷款风险。三是建立转贷体系。在发展路径上，可将科技贷款的转贷与地方银行等金融机构及地方政府科技担保机构的建立健全结合起来，并与国家科技、工信部门科技金融服务系统，如国家创新中心国家自主创新示范区科技金融服务办等合作，建立范围更加广泛、更加规范合理的转贷体系和担保体系，形成有效的风险分担机制。

三、深化中小银行机构改革

近年来，我国中小银行机构改革化险稳妥推进，改革重组后的银行机构正在逐步恢复造血功能，实现稳健经营。经过改革化险，高风险中小银行数量已较峰值减少一半。2022年四季度，中国人民银行完成对4 368家银行业金融机构的评级结果显示，高风险机构数量较峰值压降近一半，10省市辖内无高风险机构。2024年以来，中小银行改革明显提速，上半年已有80余家中小银行进行合并重组，仅6个月就有超过40家中小银行收到合并重组批复。

其中，农信社作为直接服务"三农"的中小金融机构，肩负着重要使命。不过，这些年农信社的改革已经历过多轮，改革一直在路上。新一轮农信社深化改革，按照"一省一策"的原则，各省可根据本省实际情况选择适用于本省的改革方式。现在看来有四种模式。一是成立统一法人的省级农商行，较为典型的案例是辽宁、海南采用统一法人模式。二是组建两级法人的省级农商联合银行。这是目前各地采用较多的模式，浙江、河南、甘肃、山西、四川和广西采用的是联合银行模式，并未打破原有二级法人体制，股权和管理结构倒置的问题依然存在。三是改制为金融控股公司，宁夏、陕西采用这一模式。四是广东模式，多家农商银行脱离农信社系统，由其中实力较强的机构控股较弱机构，组成不同的银行集团，其余未脱离农信社系统的行社仍归省联社管辖，形成适度竞争的格局。

推动村镇银行改革重组也十分必要。村镇银行是改革的产物，也是为"三农"、乡村振兴服务的中小银行。根据国家金融监督管理总局数据，截至2023年12月末，全国共有村镇银行1 636家。2021年1月，银保监会发布《关于进一步推动村镇银行化解风险改革重组有关事项的通知》，明确适度有序推进村镇银行兼并重组，并提出对于部分风险程度高、处置难度较大的高风险村镇银行，在不影响当地金融服务的前提下，如主发起行在当地设有分支机构，属地监管部门可探索允许其将所发起的高风险村镇银行改建为分支机构。2023年，村镇银行重组全面启动。2023年以来，全国已有多家村镇银行被主发起行或其他村镇银行吸收合并。其中，"村改支"成为部分主发起行落实风险处置牵头责任的一种重要方式。中小银行合并重组的主发起行多为城商行、农商行。随着规模的增大，在当前市场竞争加剧的背景下，主发起行自身面临的经营压力较大，需要制订更为合理的重组方案，提升经营能力、服务小微企业和"三农"的能力，确保自身和被吸收合并银行健康有序发展。

从目前的改革趋势看，农村中小金融机构正在逐渐由小变大、由乡转城，机构在减少，层级在提高，对于加强管理、控制风险是必要的。但如果离农村越远，为乡村提供金融服务可能就越难。从长远讲，未来还是要给予农村信用社、村镇银行等农村金融机构更多差异化的政策支持，完善内部治理，提升经营能力和抗风险能力。从改革方向来看，要完善我国的金融体系，需要建立满足大小不一、适应多样化市场主体金融服务需要的银行体系，改变目前"大银行服务小企业"的金融结构，提升金融的稳健性。特别是，要强化银行业的竞争，只有强化竞争，才会形成"银行找企业，企业挑银行"的局面，逐渐形成"大银行服务大企业、小银行服务小企业、风险和收益相匹配"的相对平衡协调的局面；只有强化竞争，贷款利率才能达到均衡水平。目前，通过利用大数据、云计算等手段，发展数字普惠金融服务，能在一定程度上缓解信息不对称导致的中小企业融资难题，但技术只能解决信息问题，不能解决激励问题，一个充满竞争的商业银行市场更能降低企业融资成本和提高信贷的供给水平，再加上必要的政策性金融支持，众多的中小微企业"融资难""融资贵"问题才有可能得到根本解决。

中小银行的优势就在于接近社区，社区有大有小。美国有众多的社区银行，有的很小，有的也是跨州的。社区银行处于基层，相对是一个熟人社会，对客户情况一清二楚，发展信用贷款就是它的优势。美国的社区银行能够扎根社区、服务社区，一个重要原因是很多社区银行往往不是由大金融机构控制，而是来源于社区的中小股东，除了赚钱，还有服务社区的理念。如果我们也能够把中小银行办成这样的社区银行，在小银行里，更多引入当地股东、社会资本，就有可能促进这些小银行机构服务于社区、服务于地方。在健全存款保险制度下，这种小银行的风险应该是可控的，只要银行内部治理结构合理，就不应该出现太大的问题。近年来，我们的中小银行之所以出现这样那样的风险、问题，除风险控制能力较弱，有的历史包袱比较重外，还因为脱离了社区、乡村、地方，内部治理失效，大而不当，没有真正成为服务社区、服务当地的银行。

从构建高水平社会主义市场经济体制、建设金融强国出发，中小银行还是要在改革中促进发展。当前，强调改革化险是必要的，但要适时加快从化险转向改革发展。其实，2015年6月22日，国务院办公厅转发银监会《关于促进民营银行发展指导意见的通知》提出，在加强监管前提下，积极推动具备条件的民间资本依法发起设立中小型银行等金融机构。该通知还提出，成熟一家，设立一家。截至2020年6月，全国已有19家民营银行开业运营，到目前仍是19家，几年都没有新批。近10年来，民营银行发展虽然出现分化，但总体稳健。2024年一季度，商业银行整体净息差降至1.54%，而民营银行净息差为4.32%，高于行业平均278个基点。主要是因为民营银行客户相对下沉，客户对利率的敏感性较弱，贷款笔数多、金额小，多为随借随还的循环贷款，贷款利率相对较高，息差相对更高。不过，在大的宏观环境下，排名靠后的民营银行也承受着一定的经营压力。据报道，国家金融监督管理总局2024年8月12日发布公告称，同意南昌金融控股有限公司受让正邦集团有限公司持有的江西裕民银行6亿股股份，持股比例为30%，成为第一大股东。这是现有的19家民营银行中，首次出现第一大股东为国资的案例，民营银行的纯民间资本控股局面发生变化。随着宏观环境改善和金融风险收敛，需要继续鼓励民营银行发展，改善民营银行经营条件和政策环境，允许适当增开营业网点、分支行，更多下沉社区、民众。要推进适时新设民营银行，降低准入门槛，进一步改革现行审批程序和方式，提高审批效率，提高审批透明度，增强民营企业设立民营银行的积极性。鼓励民营银行探索创新"大存小贷""个存小贷"等差异化、特色化经营模式，包括聚焦普惠金融的数字化银行模式，提高与细分市场金融需求的匹配度。民营银行要坚持普惠定位不动摇，聚焦普惠业务领域，做银行业市场的"补位者"，实现与大行差异化发展。要发挥服务城乡居民、服务中小企业、服务地方经济的生力军作用，探索构建有效的小微企业服务模式。同时，顺应信息技术发展趋势，规范发展互联网金融，构建主流业态与新兴业态协调发展的金融体系。

第三节　建立增强资本市场内在稳定性长效机制

党的十八大以来，资本市场监管制度不断完善，注册制改革稳步推进，多层次资本市场建设扎实开展，资本市场在促进资源优化配置、推动经济发展方面发挥了积极作用。同时也要看到，我国资本市场缺乏内在稳定性，"救市""防风险"成为"维稳"的基本手段，结果是外在的不稳定侵蚀了内在稳定性，必须破解制约资本市场平稳健康发展的深层次矛盾。党的二十届三中全会《决定》提出，建立增强资本市场内在稳定性长效机制。这一改革要求很有针对性，为未来一段时间资本市场改革指明了方向。

一、加快提高直接融资比重

提高直接融资比重，是党的二十届三中全会《决定》提出的重要改革任务，也是增强资本市场内在稳定性的重要前提。习近平总书记指出："要适应发展更多依靠创新、创造、创意的大趋势，推动金融服务结构和质量来一个转变。"[①] 目前，我国的金融结构是以间接融资为主，一定意义上可以说是与传统发展模式相适应的。间接融资与直接融资占比为 7∶3，直接融资中的债券融资与股权融资占比约为 9∶1，存在"债多本少"等问题。间接融资比重高，银行经营的稳健性就从总量上限制了支持科技创新的金融资源规模，成为科技金融发展的边界，很难适应创新发展的需要。只有提高直接融资比重，打开市场资金活动的可能边界，着力优化直接和间接融资、股权和债权融资比例关系，建立健全结构合理的金融市场体系，才能为资本市场稳定发展提供更多"源头活水"。为此，在认识上要有"一个纠正"，政策上要有"两个不怕"。

"一个纠正"，即纠正市场资金离开银行体系就是"脱媒或脱实向虚"的认识误区。要发展直接融资，恰恰是要让资金从银行这个间接融资体系中出来，通过各种途径进入直接融资市场，这些途径不管形式如何，不一定都是"虚"的，而恰恰是实实在在的资金流通通道，没有这些通道，资金不可能或很难直接进入实体经济。所以，不能直接把资金进入这些通道就叫作"脱实向虚"，而恰恰需要这些通道，资金才能或才会从银行体系流出来，并有可能转向实体经济；否则，取消了这些通道，资金流向实体的渠道就被堵死了，只好由政府直接指定比例和范围。现有的所有防止"脱实向虚"措施，既保护了银行体系，也困死了银行体系，社会资金向银行表内的回归，加大了银行放贷压力，增加了

[①] 中共中央党史和文献研究院，《习近平关于金融工作论述摘编》，北京：中央文献出版社，2024 年，第 125 页。

资金成本。只有减少企业对银行信贷的过度依赖，才能降低金融系统性风险。

"两个不怕"，即一要不怕资金体外循环。这里所说的体外循环，是指社会资金不是先进入银行体系，再由银行分发给各实体经济部门领域，而是由市场中介机构、渠道吸收、汇集再直接投向相关的领域、行业或市场。这个"体外"是相对于银行体系来说的。理财、公募、私募、天使、风投等都是这种中介和渠道。截至2024年末，存续私募基金管理人为2.028 9万家，管理基金14.4155万只。截至2025年3月末，管理基金规模约19.9万亿元。截至2025年一季度末，全国共有215家银行机构和31家理财公司有存续的理财产品，共存续产品4.06万只，同比增长0.67%；存续规模为29.14万亿元，同比增加9.41%。私募股权和创业投资契合科创企业盈利周期长、失败风险大的特点，能够为相关企业提供稳定的长期资金。风险投资、私募股权投资基金等已成为满足科技型中小微企业融资需求的重要补充。发展多元股权融资，有助于满足企业日益多样化的融资需求，加快多层次债券市场发展，能够为企业提供丰富的融资渠道，降低融资成本，提高资金使用效率。要大力培育耐心资本，完善私募股权和创业投资"募投管退"支持政策，引导投早、投小、投长期、投硬科技。鼓励和规范发展天使投资、风险投资、私募股权投资，更好发挥政府投资基金作用，发展耐心资本。要培育壮大母基金、并购基金、S基金（私募股权二级市场基金）等专业投资机构，为新质生产力注入"源头活水"。

二要不怕非系统性风险存在。防范风险是金融监管的永恒主题，但要守住的是系统性风险的底线，而不是所有风险。金融的本质是风险定价，将不同风险的融资需求配置给不同的风险投资者，没有风险就没有金融。科技型企业普遍具有专业性强、抵押物少、成长性和风险性双高的特点，这决定了科技金融需要资本市场通过风险定价来完成资源配置。风险投资追逐高收益，是分担初始期科创风险的有效工具，许多知名美国公司都是风投的产物。全球 4/5 以上存活的独角兽企业得到了创业投资的持续支持。与科技企业的融资需要相比，我国创业投资发展明显不足，资金来源渠道较窄，主要是政府、企业投资，保险、养老等各种基金长期股权投资较少。近年来，规模有限的创业投资对处于种子期的投资明显不足，特别是国有创投机构面临国有资产"保值增值"压力，偏向投资于成熟期、产业化项目，真正的创业投资需求并不能得到很好满足。截至 2025 年一季度末，我国银行理财产品中，固定收益类产品存续规模为 28.33 万亿元，占全部理财产品存续规模的比例为 97.24%，较上年同期增加 0.59 个百分点。从风险偏好来看，截至 2024 年末，风险等级为二级（中低）及以下的理财产品存续规模为 28.66 万亿元，占比为 95.69%，较年初增加 2.89 个百分点；风险等级为四级（中高）及以上的理财产品存续规模为 0.08 万亿元，占比为 0.27%。这说明，目前我国投资者风险承担能力不高，风险偏好较低，有避险情绪。为做好"五篇大文章"，理财产品应充分发挥资金优化配置功能，通过多种途径实现资金与实体经济融资需求对接。投资者和监管者都要正视市场风险，不能为了守底线而试图消除一切风险，这样就会没有了市场，要容忍市场自我调节，释放点上或局部的风险，让市场规律真正起作用。

二、健全多层次资本市场体系

健全多层次资本市场体系，是增强资本市场内在稳定性的重要基础。近年来，注册制改革不断深化，创设科创板、建立北交所，资本市场对科技创新的制度包容性、适配性显著增强。培育公开透明、健康发展的资本市场，应着力加强多层次资本市场投资功能，使直接融资特别是股权融资比重显著提高。

美国拥有全世界最发达的金融体系。美国金融体系对技术创新的支持模式，主要是美国多层次的资本市场结构满足不同类型企业的融资需求。位于塔尖的纽约证券交易所、纳斯达克、全美交易所以及场外交易（场外柜台交易系统和粉单市场），呈现出典型的金字塔形，几乎覆盖了从高端到低端的不同企业。各类交易所对公司规模、盈利能力、信息披露等方面的要求不同，并有衔接完善的转板机制，构成了一个梯级明显、功能完备、层次多样的平台体系。其中，粉单市场对于挂牌公司没有任何要求，只要有符合条件的做市商为股票提供报价即可。大量新生的中小企业可以自由地在场外交易市场参与交易并获得融资，这就为形成一定规模的高质量企业提供了平台，从而通过这种场外市场的筛选机制，为高层次的资本市场培育了大量优质企业。

我国多层次资本市场各有侧重、相互补充、错位发展，大幅增强了实体经济的适配性。科创板坚守"硬科技"，沪深主板突出"大盘蓝筹"，创业板继续保持"三创四新"特点，北交所和新三板注重创新型中小企业。我国资本市场的改革，要借鉴国外成熟先进的资本市场经验，从基础做起，不要一上来就做最完善的市场，那是没有基础的。坚持主板、科创板、创业板和北交所错位发展，深化新三板改革，促进区域性股权市场规范发展。在当前的市场环境下，建设多层次资本市场，提高直接融资比例，要支持发展多元化股权融资，大力发展新三板。落实分层交易机制，提高市场流动性与交易活跃性，规范发展区域性股权交易中心。推动区域性股权市场规则对接、标准统一。鼓励优质中小企业、科技企业等改制上市、到全国中小企业股份转让系统以及区域性股权交易市场注册挂牌。支持创新型企业和中小微企业在新三板、股权交易中心挂牌融资。鼓励股权投资基金加大对有意向改制上市企业的股权投资。

三、深化主板和创业板市场改革

主板和创业板市场是我国资本市场的主体。近5年，A股首次公开募股总额2.2万亿元，再融资总额3.8万亿元，合计融资总额约6万亿元。从投资端看，公募基金、养老金、保险等中长期资金合计持有A股流通市值从6.4万亿元增长至15.9万亿元。权益类基金从2.3万亿元增长至7万亿元。北上资金持有A股流通市值从0.7万亿元增长至2万亿元。个人投资者持有的A股流通市值从10.8万亿元增长至22.1万亿元。中国上市公司协会数据显示，2023年度沪深两市3 667家公司现金分红总额达2.2万亿元，分红家数、分红总额均有新突破。2024年A股共有3 973家上市公司实施了现金分红，总额约2.4万亿元，创历史新高。

各方极为关注A股市场的表现。针对近年来的市场运行情况，2023年7月，中央政治局会议提出"要活跃资本市场，提振投资者信心"。2024年4月4日，继2004年、2014年两个"国九条"

之后，又出台了《国务院关于加强监管防范风险 推动资本市场高质量发展的若干意见》，即新"国九条"。2024年以来，证监会系统扎实推动新"国九条"及资本市场"1+N"政策文件落实落地。党的二十大报告提出，健全资本市场功能。党的二十届三中全会高度重视资本市场改革，《决定》专门用一大段来部署改革任务，并将资本市场功能明确为投资和融资相协调，兼顾两者，没有偏废，而且将投资放在前。至于如何健全这样的功能，《决定》从投资端和融资端分别提出改革任务。从投资端看，《决定》提出，支持长期资金入市。推动区域性股权市场规则对接、标准统一。从融资端看，《决定》提出，提高上市公司质量，强化上市公司监管和退市制度，完善大股东、实际控制人行为规范约束机制，完善上市公司分红激励约束机制，健全投资者保护机制。这些改革部署，有的已讲过多次，有的已在做，关键在于落实。

从目前的市场反应来看，《决定》所提举措的效果尚未显现。2024年上半年，沪深股市累计成交100.3万亿元，日均成交8 577亿元，同比减少9.2%，累计筹资1 304亿元，同比减少74.5%。2024年9月26日中央政治局会议后，出台一揽子政策措施，2024年A股市场呈现出"先抑后扬"的格局，主要指数大幅上涨，成交额创下历史新高。上证指数一度在2月初触及低点2 635点后，市场强势反弹，[①]最终收报3 351.76点，全年上涨12.67%。截至2024年12月31日，全年累计成交额258.37万亿元，超过2021年，创下历史新纪录。2024年A股共退市

[①] 2024年9月26日中央政治局会议后，股指突破3 000点。

52家企业。2024年共有100家公司IPO，募集资金674亿元，分别比上年下降68%和81%，上市公司增发再融资共1 731亿元，下降70%，A股募资额度创近10年新低。2025年以来A股市场表现更为复杂，特别是受美国"关税战"冲击，4月7日A股迎来罕见暴跌，上证指数当日跌幅高达7.34%，深证成指下跌8.01%，科创50指数下跌9.22%，"国家队"稳市工作机制及时发挥作用，①之后指数反弹并逐渐稳定，5月21日上证指数报收3 387.57点。尽管2024年以来的股市表现受多方面因素影响，但与监管也不无关系。分析发现，有关部门按照现在的资本市场发展思路已推出不少改革举措，虽有成效，但难以从根本上解决问题，反而增加了监管成本。新"国九条"第二条就是严把发行上市准入关，要求提高主板、创业板上市标准，完善科创板科创属性评价标准；第三条就是严格上市公司持续监管，要求加强信息披露和公司治理监管，构建资本市场防假打假综合惩防体系，严肃整治财务造假、资金占用等重点领域违法违规行为，督促上市公司完善内控体系，切实发挥独立董事监督作用，强化履职保障约束；第四条就是加大退市监管力度，要求加快形成应退尽退、及时出清的常态化退市格局，进一步严格强制退市标准，等等。虽然这些措施都是符合发展目标的，也符合民众意愿，但

---

① 2025年4月7日下午，中央汇金公司发布公告，明确表示对中国资本市场的发展前景充满信心，增持交易型开放式指数基金（ETF），并承诺未来将继续加仓，以实际行动维护资本市场平稳运行。央行表示，在必要时向中央汇金公司提供充足的再贷款支持，坚决维护资本市场平稳运行。4月7日至8日凌晨，中国诚通、中国国新、中国电科等相继宣布增持。

落实起来难度很大。以科创板为例，在市场检验之前，谁也无法判断"硬科技"的含金量，一味强调严把入市关就是把问题推给了发行审核部门，显然是难以做到的。当前的各项要求之间是互相加压的，是一种负反馈，而不是正反馈，管得越严，遵从度越低，违规就越多，监管成本就越高，政府责任加重，而市场内在约束机制缺失。按照现在的办法，上市越来越难，而不是越来越容易，因此上市公司的身份就越来越值钱，大家就更是千方百计上市，无论怎样打击，欺诈发行仍禁而不止；同时，正是因为上市难、成本高，退市也更难，上市公司无论如何都要千方百计保住上市公司身份，财务造假、操纵市场、内幕交易等各类违法违规行为层出不穷，监管难也就不期而至。问题就在于，其中只见政府，不见市场。也许看看农贸市场的表现就应该明白了。农贸市场看起来很乱，但自由进出，公平秤一放，功能就有效，秩序井然，再加上一个买卖纠纷调解，公允有效的市场机制就形成了。我国资本市场缺乏内在稳定性的症结，就在于"政策市"，政府干预过多，预期不稳，股指成了政策风向标，涨多了要压，跌多了要救，如此循环往复，市场也就不能被称为市场。

深化主板和创业板市场改革，可能要从最基础的做起，这里没有什么捷径可走。我们本来就是从国企解困开始的，而不是真正的资金融通，更不是什么风险定价。一是要把重点放到搞活多层次资本市场上去，尽可能放宽新三板、区域股权市场的上市条件，首先要把进入市场的门槛降下来，增强市场的吸引力，为主板市场发展打好坚实基础。二是要在完善转板机制上下功夫，使好的企业真正愿意先到新三板去，把更多的上市资源给新三板上市公司，可以考虑设计一种制度，只要在低层次市场上达到一定标准，就自动转板，增加透明度。三是在目前的主板和创业板上，实行真正的注册制，以信息披露为限，减少干预，忘掉股指。实施更灵活、公平的交易制度，逐步恢复 T+0（当日回转交易）股票交易制度，增强市场活跃度。四是扩大资本市场对外开放，吸引更多外资入市，提高市场流动性、优化投资者结构，提高市场有效性、培养价值投资理念。五是改革综合指数编制方法。上证综指是唯一一只由全部样本组成的综合指数，其中有太多的无多少成长性的传统行业、传统企业，而且这些上市公司按总股本加权方式计入股指，权重很大，很多股票是从过去虚高的点位下来很多，有的再也回不到过去的价位，对综指的下拉作用很大。而一些新兴产业、新成长企业虽然成长性好，但总股本量小，在综指中的权重不够，向上拉动作用明显受到限制。要改革指数编制方法，选取更能代表未来发展趋势的上市公司，构造精选成分股指，或在现行综指中剔除那些在传统行业、流通股又相对小的上市公司，增加新的科技型企业及代表新质生产力发展方向的上市公司，并增加它们的权重，以符合股票市场反映未来发展预期的本质特征。

第十八章
推进财税体制改革

科学的财税体制是优化资源配置、维护市场统一、促进社会公平、实现国家长治久安的重要制度保障。习近平总书记指出："财税体制改革不是解一时之弊，而是着眼长远机制的系统性重构。"① 党的二十届三中全会提出"深化财税体制改革"。改革开放以来，我国财税体制改革不断取得突破，现代预算制度框架基本确立，现代税制体系初步建立，但与推动高质量发展的要求还不相适应，迫切需要加快建立现代财税体制，理顺政府间财政关系，提高财政可持续性，为中国式现代化提供更坚实的制度保障。

第一节 健全预算制度

在财政体制中，预算处于核心地位。健全现代预算制度是确

---

① 新华社，《习近平：改革要聚焦聚神聚力抓好落实 着力提高改革针对性和实效性》，中国政府网，2014年6月6日。

保国家战略实施和政府政策落实的重要保障。党的十八大以来，预算管理制度改革稳步推进，为建立现代财政制度奠定了坚实基础。但目前预算统筹还不够，预算管理存在薄弱环节，绩效管理质效有待加强，财政资金使用效益还需进一步提升。要按照党的二十届三中全会部署，健全预算制度，加强财政资源和预算统筹，不断提升预算管理水平和财政治理效能。

一、加强财政资源和预算统筹

党的十八大以来，我国财政实力不断壮大，全国财政收入从2012年的11.7万亿元，增长到2024年的22.0万亿元；支出规模从12.6万亿元，增加到28.5万亿元，集中财力办成了很多大事要事，国家重大战略实施和重点民生领域投入得到有力保障，并建立起以一般公共预算、政府性基金预算、社会保险基金预算、国有资本经营预算等全面反映政府收支的全口径预算管理制度。但我国预算管理体系还不健全，一些部门和单位收入还没有全部纳入预算，"四本账"中纳入预算程序管理的主要是一般公共预算，占全口径预算收入的比重不到70%，预算分配权尚未完全统一，预算安排存在"条块分割"现象，以支出挂钩、专项资金等形式存在的支出碎片化现象严重，支出交叉重复时有发生。加强财政资源和预算统筹，就是要把该收的钱收上来，将依托行政权力和国有资源资产获取的收入等全面纳入预算管理，统一财政分配权，避免碎片化，改变"谁占有＝谁所有"的不合理格局，促进全民所有的资源在更大范围内实现公平共享。

依托行政权力获取的收入，包括税收、行政事业性收费收入、政府性基金收入、罚没收入、社保基金、主管部门集中收入等。其中,罚没收入既是预算统筹的重点,也是难点。罚没收入无法计划,也无从编制预算。从国家统计局2022年数据来看,国家罚没收入约占国家非税收入的11.6%,是非税收入的一部分。按照规定,罚没收入一律上缴国库,不得截留、坐支或挪用。但实际上确有一部分被截留在行政机关、司法机关用于补充办公经费;也有极个别地方一度为了调动执法人员打击违法活动的积极性,曾默许行政机关将罚没收入留成。有些基层行政机关为了达到多留成的目的,在执法中违反罚没标准,造成乱罚、滥罚,甚至以罚代刑,有的地方甚至将罚款数额作为部门或个人的绩效考核指标,致使不少执法人员为完成任务而随意罚款,损害了国家的声誉,在群众中造成了不好的影响。2024年2月,《国务院关于进一步规范和监督罚款设定与实施的指导意见》发布,首次对行政法规、规章中罚款设定与实施做出规范,意在解决罚款设定与实施中的突出问题。要清理和取消部门设立的一些不合理处罚项目,严格禁止各级财政下达行政性收费和罚没指标、计划和任务,坚决防止以罚增收、以罚代管、逐利罚款等行为,特别是对于有行政性收费和具有行政处罚的部门经费预算体系实施改革,彻底摒弃行政性收费和罚没收入与经费挂钩的预算模式。

依托国有资源资产获取的收入,包括国有土地出让收入、国有资源(资产)有偿使用收入、国有资本收益、特许经营收入等资源出让收入以及国有企事业单位经营收益等。当前,完善国有资本经营预算制度,加强对国有资本收益的预算管理,是加强财政资源和预算统筹的重点。按照现行管理规定,国有资本经营预算收入主要根据国有企业上年实现净利润的一定比例收取,目前，国有独资企业应交利润收取比例是 2014 年确定的，一共分为五档，第一类企业为 25%，第二类企业为 20%，第三类企业为 15%，第四类企业为 10%，第五类企业免交。这里净利润的大头留在了国有企业，基本上是自收自支。2023 年国务院国资委管理中央企业全年实现利润总额 2.6 万亿元、归母净利润 1.1 万亿元。财政部预算中，中央国有资本经营预算收入仅 2 263.59 亿元，而且中央国有资本经营预算支出 1 495.16 亿元，调入中央一般公共预算仅 750 亿元，相当于央企归母净利润总额的 6.8%，也就是说，中央企业赚的钱基本上都是自己花了。① 2024 年 1 月 1 日，《国务院关于进一步完善国有资本经营预算制度的意见》印发，进一步完善国有资本经营预算制度，有序扩大国有资本经营预算实施范围，依法依规收取国有资本收益。下一步，要逐步提高国有资本收益上交比例，按规定调入一般公共预算，统筹用于保障和改善民生，体现全民共享。

二、深化预算绩效管理改革

深化预算绩效管理是提升财政资金效率的重要手段，目的是要做到该花的钱要花好，不该花的钱坚决不花。党中央、国务院高度重视预算绩效管理改革，针对财政支出效率低的问题，2018 年 9 月 1 日印发的《中共中央 国务院关于全面实施预算绩效管理的意见》提出，建立"全方位、全过程、全覆盖的预算绩效管

---

① 2024 年，中央企业全年实现利润总额 2.6 万亿元，中央国有资本经营预算收入 2 252.05 亿元，预算支出 1 555.2 亿元，调入中央一般公共预算 750 亿元，结转下年支出 54.2 亿元。

理体系"。2021年4月,《国务院关于进一步深化预算管理制度改革的意见》发布,为进一步深化预算管理制度改革做出部署。近几年,财政支出效率有所改善,但问题依然明显,主要是资金使用绩效不高,支出标准建设滞后,由于事先预算不够精细化,在预算执行时,支出项目和资金往往不匹配,出现落实难的问题,容易出现资金沉淀,有的地方缺钱,有的地方钱花不出去。与此同时,预算约束机制不够完善,资金挪用情况时有发生。财政资金使用范围过于宽泛,特别是一些市场能够发挥作用的领域,对市场造成扭曲,挤压了民间投资。加强财政预算绩效管理,强化事前功能评估,通过科学的绩效评价体系,对政府各项支出和收入进行有针对性的分析和评估,确保资源投入的确切需要和实际效果相匹配,提高财政资源配置效率和资金使用效益。关键是要科学设置绩效评价目标范围,扩大预算绩效评价范围,提高绩效评价质量。

在设置财政预算绩效评价目标时,要充分考虑申请资金方、分配资金方和批复资金方的共同参与,提升财政预算部门在目标设置中的话语权,确保各部门、政策及项目的绩效目标具体、清晰、可量化、可评价。要健全评价结果反馈和整改机制,保证预算绩效评价结果能够真正落地应用并与利益分配挂钩。相关部门要根据评价结果,制订绩效问题整改方案,形成反馈、整改、提升绩效的良性循环。

三、深化零基预算改革

零基预算是打破支出固化模式、防止出现财政资金浪费、体现"资金跟着项目走"的制度保障，是从总体上提高财政使用效率的有效途径。当前，我国预算编制的基本方法是，各单位编制预算时，通常以上年支出规模为基础，考虑一定增速确定新一年的预算支出规模。这种做法，不是基于实际需要来确定预算，而是预设支出规模倒过来安排办什么事。其结果是，财政支出结构固化问题突出，财政资金分配僵化，缺少统筹优化的空间和弹性，也容易出现各种怪现象，如有钱的把路修了又修，没钱的却总也修不了。深化零基预算改革，就是要打破"基数"观念和支出固化僵化格局。零基预算在中国的实践最早可以追溯到20世纪80年代末，不少地方进行了试点。2021年《国务院关于进一步深化预算管理制度改革的意见》提出，"积极运用零基预算理念，打破支出固化僵化格局，合理确定支出预算规模"。截至2023年末，大多数省级政府已宣布实施零基预算改革，但相关制度（如项目库、预算绩效评价及反馈机制等）建设不健全。深化零基预算改革，要总结地方经验，推动更多地方和部门实行零基预算，逐步打破传统"基数＋增长"的编制方式，加大财政资金统筹和支出结构调整力度，规范各领域、部门和单位的预算支出管理，结合实际合理确定预算收支规模，严格按照"资金跟着项目走"。要优化财政支出结构，减少对竞争性和生产性领域投入，加快公共财政转型。

零基预算是实施财政政策和宏观调控的重要工具。深化零基预算制度改革，就是要强化对预算编制和财政政策的宏观指导，使预算编制直接体现财政政策的意图和方向。目前，我国整个预算编制流程以基层预算单位的"一上"数据为基础，容易导致基层预算单位仅考虑自身支出需求和部门利益，从而很难将党中央的战略意图体现到预算编制和执行的全过程。2025年财政部预算报告提出，深入开展中央部门零基预算改革试点，支持地方深化零基预算改革。实施零基预算，最根本的还是要从体制改革做文章。可以考虑财政收入与支出适当分离，预算编制与预算执行分离。目前，财政部门既管收入又管支出，既管预算又管执行，负责管理中央各项财政收支，编制年度中央预决算草案并组织执行。可以先行将预算编制职能相对独立出来，改变由各专业司编制预算再汇总的预算格局，在原预算司基础上成立部属预算局，扩充职能，增加人员，履行强化对预算编制和财政政策的宏观指导职能，执行零基预算功能，编制年度中央预决算草案和预算调整方案。组织中央一般公共预算、政府性基金预算、国有资本经营预算、社会保险基金预算的编制、审核等工作。条件成熟时，成立国家预算局，由国务院直属，负责执行中央预算和财政的宏观政策，同时，在业务上接受全国人大常委会预算工作委员会的监督指导。

四、完善预算公开和监督制度

阳光是最好的防腐剂。公开透明是实现预算科学合理最有效的手段。2014年8月审议通过的新预算法，明确要求建立健全全面规范、公开透明的预算制度。近些年，推动预算公开取得了一些进展。2024年3月26日，2024年中央部门预算集中向社会公开，这已是中央部门连续第17年晒出"账本"。4月初，财政部发布2022年度地方预决算公开度排行榜，各地预决算公开管理水平持续提升，预决算信息基本实现"应公开尽公开"。但预算公开的内容不够细化。按现行制度，国家审计署、全国人大等对财政收支进行审计和监督，这都是内部监督，容易流于形式，公开透明程度有限，真正有效的公众监督机制尚未真正建立起来。完善预算公开和监督制度，要充分发挥各级人大和社会各界对财政预算的监督作用，提高预算管理的透明度和科学性。提高预算公开工作质量，针对预决算公开工作难点问题，强化信息技术支撑，不断优化公开方式，财政账本更加透明、详细，可读性更强，让社会公众找得着、看得懂、能监督。要完善权责发生制政府综合财务报告制度，对政府收支活动、资产负债等财务指标的全面反映，建立更加全面、更加透明的预算体制，严肃财经纪律，不断提升财政管理效能。

第二节　健全税收制度

税收制度是国家治理体系的重要组成部分，也是国家软实力和综合竞争力的重要标志。税率关系企业和个人投资、消费行为，决定就业、投资方向选择。同时，税收也是提供公共服务的重要资金来源。当前和今后一个时期，我国要吸取欧洲一些高福利、高税收国家的教训，围绕推进中国式现代化，建立健全促进高质量发展，与普惠性、基础性、兜底性民生保障相适应的税收制度。

一、健全有利于高质量发展的税收制度

党的十八大以来，我国税制改革扎实有序推进，在关键领域

取得重要突破，为经济高质量发展提供了有力支撑。但必须看到，现行税收制度总体上是与传统工业化阶段经济结构相适应的，主体税种基本上是建立在生产流通环节基础之上，以现有的产业模式和企业组织方式为征税主体，与以数字化、智能化、绿色化为特征的新型工业化不相适应，也与以平台化、网络化为特征的企业组织形态快速发展不相适应，与以创新为主导作用的新质生产力发展不相适应。党的二十届三中全会《决定》提出，健全有利于高质量发展、社会公平、市场统一的税收制度，优化税制结构。

第一，要加快构建有利于科技创新的税收制度。科技型企业，特别是科技型中小企业具有人力成本高、研发投入多、轻资产为主的特征，按照现行增值税征收办法，科技型企业明显处于劣势，进项可抵扣税额少，即使提高研发经费加计扣除比例，也明显不利。所谓增值税，顾名思义，就是对生产流通环节增加的价值征税，虽然强调税收中性，但这是对增加值中性，对技术来说恰恰不是中性，就是说，价值链越高端、增值率越高，相应的征税量就越多。从这个角度讲，增值税本质上是技术促退的，而不是技术促进的，不适应科技创新发展需要。实施创新驱动发展战略，需要从税收制度上设计有利于科技创新的主体税种。在现行增值税制度下，可考虑两条路径。一是扩大增值税进项税额抵扣范围，除设备、原材料购进外，将人工成本、研发经费纳入抵扣范围，也就是允许各类成本价款作为进项税抵扣，推动抵扣链条完整。按照这一思路，是从原材料抵扣走向设备投资抵扣，到建筑物抵扣、研发投入抵扣，再到人力成本抵扣，最后增加值就剩下利润了，与直接征企业所得税没有什么两样。二是在生产流通环节一概不征增值税，生产、流通企业只对利润征收所得税，最后到消费环节征收消费税。稳妥起见，可考虑分步推进增值税改革：第一步，加快完善完成三档并两档，将13%档降为9%档；第二步，合二为一，将9%档降为6%档；第三步，将6%档与小规模纳税人统一为3%档，或一同取消。与此同时，各步相应取消相关优惠政策。事实上，包括国内增值税、国内消费税等在内的间接税，除筹集财政收入外，越来越强调促进生产的功能，低税率已成为不同国家竞争力的反映。我国税收偏重在生产环节和流通环节征收，企业承担的间接税负担相对较重，推进这种改革，有利于从根本上降低制造业综合成本和税费负担，促进科技创新，提高企业竞争力。

第二，要加快构建有利于绿色发展的税收制度。党的十八大以来，我国推进资源环境税收制度改革，全面实行矿产资源税从价计征，开展水资源税改革试点，解决税费重叠、以费挤税问题，逐步形成以环境保护税为主体，资源税为支撑，调节政策为配套，涵盖资源开采、生产、流通、消费、排放五大环节的绿色税制体系。完善绿色税制，要落实水资源刚性约束制度，全面推行水资源费改税。扩大资源税征收范围，授权各地方政府的森林、草场、滩涂等自然资源试点，征收资源税。改革环境保护税，研究将挥发性有机物纳入环境保护税征收范围。完善增值税、消费税、企业所得税等有关促进绿色发展政策体系，推动绿色低碳发展。健全碳市场交易制度、温室气体自愿减排交易制度，完善碳定价机制，建立健全有利于碳减排的税收政策体系，积极稳妥推进碳达峰碳中和，促进人与自然和谐共生。研究开展碳税行业试点。

第三，要加快构建适应数字经济发展需要的税收制度。随着新一轮科技革命和产业变革，新经济、新模式、新业态蓬勃涌现，向数字化、平台化、智能化趋势发展，新业态跨区域、跨境经营特征明显，商业模式、利润来源和纳税主体越来越呈现多样化、复杂化，增值税、企业所得税和个人所得税的征管都面临新的挑战。要从税制、征管模式、税权分配等方面研究同新业态相适应的税收制度，更好发挥税收筹集财政收入的功能。适时探索新税种，比如研究开征数字税等。

二、完善地方税体系

"营改增"后，地方主体税种缺失，地方税收收入规模偏小，一定程度上限制了地方积极性。完善地方税体系，要着力解决地方财政困难，增强地方推动高质量发展的积极性，将地方税体系与地方高质量发展结合起来，培育地方专享主体税种，探索适度下放税权的可行性，增加地方自主财力，逐步构建形成以消费税、财产税等为主的地方税体系。

第一，推进新型消费税改革。党的十八大以来，我国完善消费税制度，调整优化征收范围、税率和环节，并适应消费水平和消费结构变化，取消普通化妆品的消费税，提高高档化妆品税率，加征超豪华小汽车消费税，等等。新的消费税改革，要从鼓励消费、扩大消费出发，重新定义消费税改革目标，从限制消费的消费税转向鼓励消费的消费税，把降低消费品出厂环节的增值税与开征消费品零售环节的价外消费税结合起来，从现有消费税品目，逐步扩大到所有消费品。逐步将应税消费品的征税环节后移至销售环节，稳步下划地方，作为地方税，并赋予地方更多税收征管权限，从而使各地增值税不是在生产地分享，而是在消费地分享，从消费环节征税倒推生产流通环节增值税降低，逐步转变地方传统的只注重生产、不注重消费的发展模式。要将消费税培育成地方的主体税源，保障地方财政收入稳定，完善增值税留抵退税政策和抵扣链条，后移征收环节将进一步扩大税基，发挥其筹集财政收入的功能，稳步下划地方有助于拓展地方收入来源，引导地方改善营商环境、增加就业机会和扩大消费。

第二，增设地方附加税。研究把城市维护建设税、教育费附加、地方教育附加合并为地方附加税，授权地方在一定幅度内确定具体适用税率，有利于满足各地实际需要，并增强地方政府履行公共职能的积极性。按税法规定和依法授权地方整合税基，调整税率。继续将契税、土地增值税、耕地占用税、烟叶税、印花税等属地性较强、地方政府掌握信息便利的税种作为地方税种。

第三，研究设立财产税。目前，我国整体财产税税制建立仍处在初步阶段，现阶段房地产税还未全面立法推进，不存在遗产税。国际上，房地产税、遗产税等财产税是重要的地方税收来源。对遗产税，可能要谨慎研究。房地产税，包括增值税、契税、租赁税、印花税、个人所得税等，房地产税制属于房地产税收制度之一。完善房地产税收制度，目前主要是，优化房地产业税制在不同环节的结构，将开发交易环节的部分税费平移到保有环节，降低开发交易环节的税费负担，同时提升保有环节的税负水平。要稳妥推进房地产税立法和改革，逐步将房地产税培育成为税基稳定、税源丰富、保障有力的地方主力税种。

三、健全直接税体系

提高直接税比重，是税制结构改革的方向。要通过扩大税基、规范优惠、完善征管手段等途径提高直接税比重。目前，我国以流转税为主，直接税占比仍然偏低，与OECD（经济合作与发展组织）国家平均水平相比，还存在较大差距。提高直接税比重不是简单提升直接税的征收范围或税率，而是需要统筹考虑降低间接税税负，从而扩大直接税税基，适度提升直接税的税负占比。直接税主要是在再分配环节征收，例如个人所得税、企业所得税等。不过，现在看来，个人所得税、企业所得税除具有再分配调节功能外，也越来越具有促进发展的功能。

第一，优化企业所得税政策体系。这些年，我国持续优化企业所得税政策体系，大幅减轻小微企业负担，聚焦鼓励创新发展与完善高新技术企业、技术先进型服务企业的所得税优惠政策等。目前我国企业所得税名义税率为25%。近年来，各国一次性或分阶段降低企业所得税税率的趋势明显。2017年底美国通过《减税与就业法案》，实施了包括大幅度降低联邦公司所得税税率等改革措施，美国企业所得税税率降至21%，英国、阿根廷、韩国、瑞典等国纷纷跟进。与之相比，我国名义税率较高。要考虑国际竞争需要，适时适度调低企业所得税税率，完善亏损弥补制度和合并纳税制度，进一步增强企业所得税竞争力。同时，清理规范不合理税收优惠，为各类市场主体创造更加公平的税收制度环境。除保留实施国家重大战略必要的区域性优惠措施外，在清理优惠政策基础上将名义税率与实际税率拉平。

第二，完善个人所得税制度。个人所得税通过超额累进税率和免征额的方式，使得较高收入者多交税、较低收入者少交税或不交税。这些年，我国实施了个人所得税改革，将工资薪金、劳务报酬、稿酬和特许权使用费等四项所得纳入综合征税范围，提高基本减除费用标准，设立子女教育、继续教育、大病医疗、住房贷款利息或住房租金、赡养老人等专项附加扣除项目，优化调整税率结构，初步建立综合与分类相结合的个人所得税制度，减轻纳税人尤其是中等以下收入群体税收负担。目前，个体工商户、个人独资企业、合伙企业的个人合伙人等取得的经营所得也具有劳动性所得的性质，尚未纳入综合所得，而是适用单独的税率，存在税率差异，导致部分避税行为。综合所得中，工资薪金所得的奖金收入部分仍单独计税，工资薪金所得、劳务报酬所得、稿酬所得和特许权使用费所得分别按照不同的方式预扣预缴，征管较为复杂。要继续完善综合和分类相结合的个人所得税制度，规范经营所得、资本所得、财产所得税收政策，实行劳动性所得统一征税。要尽快将个人全部收入纳入征收范围，不论劳动所得还是资本所得等，都应一视同仁，从综合与分类相结合走向单一综合征税。同时，要研究以家庭为单位纳税，按照家庭综合收入进行汇算清缴，完善专项附加扣除，解决家庭不同负担问题。目前综合所得的最高边际税率为45%，为增强人才吸引力，要适当降低个人所得税最高边际税率，并优化税率结构，拉大5%~25%等中低档级距，切实减轻中等以下收入群体负担。

第三，规范税收优惠政策。目前，地方各种隐形变相的税收优惠政策大量存在。要全面落实税收法定原则，规范税收优惠政策，学习成熟市场经济国家做法，构建税式支出制度，将税收优惠纳入预算管理范围，统一各地财税政策，为建立全国统一大市场创造条件。

第三节　完善中央和地方财政关系

各级政府间财政关系是国家治理的基本制度之一。改革开放以来，我国财政体制不断完善，1994年实行分税制改革，奠定了当前我国财政关系的基本格局。但"分税制"实行30年后，一方面，分税制本身还有需要深化的地方；另一方面，分税制改革也带来一些弊端。主要表现为，各级财政之间事权和支出责任划分不清晰，地方财政收支矛盾加剧，地方债务风险加重，财政可持续性面临严峻挑战。亟待完善中央和地方财政关系，加快形成稳定的各级政府事权、支出责任与财力相适应的制度，更好调动中央和地方两个积极性。

一、完善财政事权和支出责任关系

中央与地方事权和支出责任划分是理顺政府间财政关系的前提和基础。党的十八届三中全会提出，适度加强中央事权和支出责任。2016年8月，《国务院关于推进中央与地方财政事权和支出责任划分改革的指导意见》印发，对推进中央与地方财政事权和支出责任划分改革做出总体部署，党的二十届三中全会《决定》再次做出部署。

第一，适当加强中央事权。目前，我国中央政府在一些事关全局利益的领域承担的事权和支出责任不足，中央政府支出占比不足15%。有必要提高中央财政支出比例，特别是将属于居民应当享有的基本公共服务的支出责任上移中央，大幅增加"随人走"的公共服务项目，加强中央在公共卫生、义务教育、养老保险、生态环境保护等方面的事权和支出责任。中央财政事权原则上通过中央本级安排支出，减少委托地方代行的中央财政事权。

第二，减少中央地方共同事权。要改变中央地方共同事权过多的情况。目前，仅基本公共服务领域中央与地方共同财政事权就过多了，包括义务教育、学生资助、基本就业服务、基本养老保险、基本医疗保障、基本卫生计生、基本生活救助、基本住房保障等8个大类之下18项事权。其实，这些事项都事关人民群众的基本生活，无论在哪里都应均等享受，是基本公共服务均等化的重要内容，均应明确为中央事权，而不能作为共同事权。

第三，清晰界定省级以下财政事权和支出责任。目前，省与市县之间财政事权和支出责任分配不尽合理，基层政府承担过多事务，导致"小马拉大车"，基本公共服务难以提供到位。要落实《国务院办公厅关于进一步推进省以下财政体制改革工作的指导意见》，防止因"一省一策"而导致各地差异过大。要适度上移事权，强化省级事权，按照"县级为主、市级帮扶、省级兜底"的原则，建立县级财力长效保障机制，全面落实基层"三保"责任。

完善财政事权和支出责任关系，最根本的是要进一步厘清政府与市场的边界。政府与市场关系边界不清，容易造成政府兜底责任无限扩张，既影响市场机制作用的发挥，又使各级政府出现程度不同的错位、缺位、越位。要转变政府职能，合理控制政府规模，减少不必要的行政干预，减少财政供养人员，防止形成"收钱养人，养人收钱"的恶性循环。

二、完善中央与地方财力分配关系

简单来说，政府要发挥职能作用，既要办事，也要筹钱。概括来说，政府收钱办事一般有三种模式。

第一，统收统支。中央统一收钱，统一开支。我国计划经济时期大体上是这种模式。1950—1952年，我国进入国民经济恢复时期，模仿、学习苏联实行统收统支，这是一种中央高度集权的财政预算体制。1950年，政务院颁发《关于统一全国财政经济工作的决定》，要求统一全国的财政收支、物资调度和现金管理，把国家的财力集中起来用于克服财政上的困难。1953年后，我国进入大规模经济建设和社会主义改造时期，预算管理适当降低了集中的程度，增加了灵活性，其间虽做过较多、较大调整，但直至1978年，我国实行的是统一领导、分级管理的财政预算体制，主要还强调中央统一领导，实质仍是统收统支，国家财政几乎集中了所有纯收入，控制了各地区的大部分支出。显然，这种模式下，地方没有积极性。

第二，统收分支。中央统一收钱，再分配给地方，由地方自由支配。目前，我国大体是这种模式，特别是"营改增"后，地方没有主体税种，加上2018年国税、地税机构合并，中央和地方分别收税的模式已不复存在，事实上成了统收分支，税收收入基本上是由中央收了再分，只不过是叫"分税制"，由国税机构统一征收，按税种分成，各地分多少取决于税源情况，在一定意义上有利于调动地方积极性。但弊端是容易导致地方无序竞争，出现"内卷"。

改革开放以来，1994年分税制改革对我国财政体制影响最大。实行分税制之前，即1980—1993年我国实行划分收支、分级包干的财政预算体制。特别是1989年实施"财政大包干体制"，也叫"分灶吃饭"的模式。简单来说，就是地方税收一部分按照约定规则上解中央，剩下的全归地方，极大激发了地方积极性。但"两个比重"即财政收入占GDP的比重、中央财政占财政收入的比重逐年下降，以至于最后中央出现财政困难，要向地方借钱。1993年，《国务院关于实行分税制财政管理体制的决定》提出，从"分灶吃饭"体制转向分税制，改革的核心是税收分享，把税收分为三类：中央税（如关税）、地方税（如营业税）、共享税（如增值税），当时增值税占全国税收收入的1/4，按中央75%、地方25%分享。同时，设地税、国税两套机构。分税制改革后，实现了财力向中央集中，中央财政收入比重由1993年的22.02%提高到1994年的55.7%，但财政支出事权却较多留在了地方，中央和地方财权与事权不匹配的问题加剧，不少地方基层出现财政困难。在分税制模式下，解决的办法可以是优化共享税地方分享比例，比如将增值税分享比例由目前的50%提高至70%；也可将消费税征收环节后移并稳步下划到地方，为避免对中央收入的冲击，可能要逐步提高、逐步下划。不过，这都还是在统收分支模式下，无法建立稳定的财政关系，难以摆脱集中与分散的矛盾。

第三，分收分支。这是第三种模式：中央收中央的，地方收地方的，各自自收自支。其实，20世纪80年代初就实施过类似模式，即"分灶吃饭"财政体制，基本做法就是实行"划分收支、分级包干"。这一改革在体制上由过去的全国"一灶吃饭"改为"分灶吃饭"，按行政隶属关系明确划分中央和地方财政收支范围，地方以收定支，自求平衡，包干使用。中央负担中央投资、地质勘探、援外支出、国家物资储备等，地方支出包括地方投资、事业费、城市维护费、行政管理费等。在这种体制下，地方有了相对稳定的财力，虽然保留了地方上解、中央调剂关系，但基本精神是分级包干、自求平衡，非常类似于分收分支，只是分得不彻底、不严格而已。问题恰恰是这种不彻底、不严格所带来的，特别是后来的改革由"分灶"转向"分税"，在很大意义上又回到"统收"的"大一统"路子上了，两个积极性的老问题又来了。现在看来，发挥两个积极性，还是要回到过去"分灶吃饭"的总体框架上，只不过要分得更彻底、更严格，也就是要建立符合现代财政要求、在法治化基础上的"分灶吃饭"体制。以"分灶吃饭"为基本特征的财政体制，可能是符合中国国情的一种中央与地方财政关系模式。

其实，把分税制落实得更彻底，也就是"分灶吃饭"，分收分支模式，这两者并不矛盾。统收分支下的分税制，往统的方向走就是统收统支，往分的方向走就是分收分支。当然，目前我们离这种模式还很远，不过某些做法可能有类似性质。首先，中央与地方是分级预算，各算各的账，各支各的钱，地方钱不够花了，就想办法收钱，或者借钱花，解决这个问题，还不如让它名正言顺地收钱。比如，现在研究将相关税费合并为地方附加税并授予地方一定的税收管理权限，也就是仍让地方收一些钱。事实上你不让收税，它也在搞非税收入。近年来，地方非税收入规模持续增加，已成为地方财政收入的重要来源。2023年地方一般公共预算收入中，27.2%的收入来自非税收入。与其让地方非规范地搞非税收入，还不如让地方收税，所以要规范非税收入管理，增强非税收入的稳定性和透明性。现在讲健全地方税体系，就是要建立让地方自己收钱的机制。关于如何建的问题，我们在前文已有论述。下一步改革，是要逐步减少共享税，实行真正的分税制，将与人员等要素流动有关的税定为中央税，比如个人所得税、资本得利税，与不可流动、不可移动的标的物有关的税定为地方税，如消费税或零售税、房地产税、财产税、资源税、环境保护税、契税等。税种设置权属于中央，开征权、税率设定可以给予地方自主权。中央税，地方也可以加征，便于促进竞争，但只能加不能减免，以维护全国统一大市场。

三、完善财政转移支付体系

财政收支划分的基本功能是保障政府机构的正常运转、调动地方积极性、促进地方经济社会发展，维护社会公平。由于我国地域辽阔，各地经济发展条件千差万别，有的地方即使拥有税收自主权也难以满足基本需要，中央财政转移支付支持就必不可少。近年来，我国财政转移支付制度改革持续深化，构建了由一般转移支付、共同事权转移支付和专项转移支付组成的转移支付体系。目前，中央对地方转移支付规模较大，2023年为10.3万亿元，超过中央一般公共预算收入，中央收的钱基本上都转移给地方花了，促进了基本公共服务均等化，对缓解地方财政压力也发挥了重要作用。但也存在转移支付规模过大、范围过宽的问题，特别是持续保持大规模的转移支付力度，也会影响地方政府的自主性和积极性，易引发道德风险。目前，地方财政对中央转移支付依赖度较高，很多中西部地区还在持续上升，有的地方就靠转移支付过日子，特别是目前仅有少数几个省市对中央财政做贡献，多数省市是靠中央支持，这种状况既不可持续，也容易滋生地方"等、靠、要"等问题，不利于发挥地方积极性。当前，我国的宏观税负约30%，按照分税制办法，统一由国税收上来，中央分45%，地方分55%，中央支约15%，30%多由中央转移给地方，地方总共支85%。问题是，一方面中央支的太少，地方支的太多；另一方面，中央收的太多，分给地方自由支配的太少，中央指定用途的转移支付太多。中央收税再转给地方，在维护公平性、中央权威性的同时，也面临较多的效率损失，最终将损害国家治理效能。解决的办法无非是，一方面中央少收，另一方面中央多支，少转移，地方就少支，压力变小。可能要综合施策，把有的收入留给地方，同时上收事权，增加中央支出比例，调整转移支付结构，增加一般转移，减少专项转移。

完善财政转移支付体系，首先要明确转移支付的功能定位，主要是解决区域基本公共服务不平衡问题。基本公共服务可以分为可移动的与不可移动的两部分，可移动的主要是与人员流动有关的，要服务跟着人员走，由人员随身携带；不可移动的基本公共服务主要是与地理相关的，如基本的公共服务设施，这些不可移动、携带，基本公共服务都要围绕人来设计和提供。从建设全国统一大市场出发，与人有关的可移动的基本公共服务，应该由中央提供，由中央财政负担，可大幅压缩转移支付规模；不可移动的才由地方提供，由地方财政负担，中央提出基本要求，由地方根据当地实际实施，地方财力不够的由转移支付支持。所以，要优化转移支付结构、控制规模，清理规范专项转移支付，增加一般性转移支付，提升市县财力同事权相匹配的程度。专项转移支付要强化对地方的引导激励，并逐步退出市场机制能够有效调节的领域，提高转移支付法治化水平。要建立健全转移支付制度绩效评价体系，明确基本公共服务在不同区域的支出标准，避免层层提标扩围引发支出责任过于扩张。推进省以下转移支付制度改革，促进省内财力均衡，加大对薄弱地区的支持力度。

四、完善政府债务管理制度

当前，我国的政府债务管理问题主要是地方政府债务管理。事实上，中央一般公共预算收入基本都用于地方转移支付，中央政府支出除依靠中央特殊收入外，大多数是靠债务收入维持。这种状况在现代市场经济条件下并非不可，也是国家治理体系现代化的重要组成部分。中央政府债务收入只要控制在一定比例之内，风险就是可控的，管理制度也是完善的，赤字率和债务规模都由全国人大常委会审批，也是透明的，可监督、可检查。所以需要完善的，主要是地方政府债务管理制度。

在分税制模式下，地方财政仍处于相对独立的"分灶吃饭"状态，钱不够花，只能借债，按说现在的原则是"谁借谁还"，那么地方借债后还不上，中央帮不帮？在我国单一制的政体下，中央政府对地方政府既要管理，也要兜住底线。中央政府不可能允许某个地方还不起债、政府破产。所以，对于地方债务，目前中央大概率是要帮还的，要么直接帮还，要么展期，通过其他方式帮还。既然我国地方债有中央帮还，那么从地方角度讲，"何乐而不借"呢？这里就有道德风险问题，所以政府债务管理制度，说到底还是中央与地方的财政关系问题。

目前，我国财政事权和支出责任不清，地方缺乏主体税种，收支不平衡，容易引发盲目、无序举债。针对各地违规举债问题，10多年来，中央一直在强化监管，遏制增量，消化存量。2015年以来，地方债按照"开前门、堵后门"的方向改革，但目前"前门开了、后门并没有堵住"，防范地方政府隐性债务风险的长效机制仍未形成，地方债务规模仍然在增加。2023年末，我国地方政府债务余额40.74万亿元，隐性债务规模可能也有这么大，甚至更多。2023年，在中央部署下，各地制订了新的一揽子化债计划，取得了一定成效，但目前仍有较大压力。为减少隐性债务的增加，要继续大开前门，合理扩大地方政府专项债券支持范围，适当扩大用作资本金的领域、规模、比例。同时，要建立全口径地方债务监测监管体系和防范化解隐性债务风险长效机制，压实地方各级政府风险防控责任，明确举债和风险防控责任，坚持"谁家的孩子谁抱"原则，防范道德风险。提高地方政府债务信息公开度和透明度，推动隐性债务"显性化"，借助市场力量建立起防范化解隐性债务风险的长效机制。加强源头治理，严格对违规违法举债问题监督问责，落实地方政府举债终身问责制和债务问题倒查机制。加快地方融资平台改革转型，严禁通过国有企事业单位违法违规举债，严禁为企事业单位举债兜底。

第十九章
构建城乡融合发展新格局

完善城乡融合发展体制机制，促进城乡融合发展，是中国式现代化建设的必然要求。党的二十届三中全会指出，必须统筹新型工业化、新型城镇化和乡村全面振兴，全面提高城乡规划、建设、治理融合水平，促进城乡要素平等交换和双向流动，推动城乡共同繁荣发展。

第一节　加快农业转移人口市民化

农业转移人口市民化是经济社会发展的必然过程。农业转移人口市民化，是指从农业生产中转移出来的人口，在城市工作生活半年以上，取得与当地居民相同的地位和权利，享受相同的公共服务和社会福利。加快农业转移人口市民化，就是要解决农民进城的问题。要按照党的二十届三中全会的部署，牢牢把握以人为本的重要原则，把农业转移人口市民化摆在突出位置，积极推进新型城镇化。

一、加快推进户籍制度改革

农业转移人口在常住地落户是市民化的第一步。必须加快户籍制度改革，让有意愿、有条件的进城农民能够定居落户。党的十八大以来，我国户籍制度改革进展顺利、成效显著，城乡统一的户口登记制度全面建立，户口迁移政策全面放开、放宽，居住证制度全面落地。我国常住人口城镇化率从2012年的53.10%提高至2023年的66.16%（2024年为67.00%）。据公安部门介绍，全国户籍人口城镇化率由2014年的35.9%提高到2023年的48.3%，2014年以来，共有1.5亿农业转移人口平稳有序进城落户，但户籍人口城镇化率与常住人口城镇化率仍相差17.9个百分点。根据国家统计局调查，目前仍有1.7亿进城务工人员和随迁家属尚未在城镇落户，有序推进这部分人群市民化是城镇化的首要任务。有调查显示，"90后"进城务工人员市民化转化意愿为89.31%，但目前市民化的转化程度仅有40%左右，差距较大。这意味着有大量农业转移人口住在城镇，但没有获得城镇居民身份，这不仅影响他们安家乐业，长此以往，还有可能积累不满的社会心态和情绪，成为社会经济不稳定的风险隐患。当务之急是要解决2.5亿已经被确定为城镇常住人口但是没有户口居民的户籍问题，实现农村居民向城市居民的身份转变。

自20世纪50年代末期以来，我国一直实行"农业户口"和"非农业户口"二元户籍管理制度。20世纪90年代初，城乡二元分割的结构逐步被打破，大量农民开始进城务工。为适应人口流动新变化，2014年出台了《国务院关于进一步推进户籍制度改革的意见》，2015年出台了《居住证暂行条例》。2014年6月

6日，十八届中央全面深化改革领导小组第三次会议审议通过了《国务院关于进一步推进户籍制度改革的意见》，提出推进人的城镇化的重要环节在户籍制度改革，加快户籍制度改革是涉及亿万农业转移人口的一项重大举措。总的要求是建立城乡统一的户口登记制度，取消农业户口与非农业户口性质区分，全面放开建制镇和小城市落户限制，有序放开中等城市落户限制，合理确定大城市落户条件，严格控制特大城市人口规模，促进有能力在城镇稳定就业和生活的常住人口有序实现市民化，稳步推进城镇基本公共服务常住人口全覆盖。但10年过去了，二元户籍制度仍然存在，成为农业转移人口市民化的主要障碍。要实现农业转移人口市民化，解决进城农业人口落户问题，必须破除现行户籍制度，明确户籍制度的功能，回归人口登记定位，以身份证代替户籍登记将是趋势，超大城市也不例外，这是促进劳动力、人才跨区域流动，建立全国统一大市场的必然要求，也是社会发展进步的必然方向。要加快居住证与城镇落户衔接，剥离户口上的社会福利功能，减少甚至清理与户口挂钩的各种不合理、有失社会公平的政策规定，把户籍制度的改革与消除各种限制性政策结合起来，着力维护和促进社会公平正义。

2024年7月28日，国务院印发《深入实施以人为本的新型城镇化战略五年行动计划》，明确提出加快推行经常居住地登记户口制度。要加快推进居民身份证、居住证功能衔接并轨，以居民身份证号码为唯一标识，加快推动部门间人口信息资源依法互联共享，实现就业、教育等信息汇聚。稳步推进户籍管理领域立法，为全国统一的人口登记管理制度提供法治保障。以进城务工人员及其随迁家属为重点、兼顾城市间流动人口，进一步拓宽城镇落户渠道，努力缩小户籍人口城镇化率与常住人口城镇化率的差距。

公安部门表示，将会同相关部门持续发力、纵深推进，指导各地在坚持合法稳定就业或合法稳定住所（含租赁）基本条件的基础上，因地制宜、因城施策，进一步放开、放宽迁移政策，推行以经常居住地登记户口制度，更好地促进农业转移人口进城落户。具体来说，对于城区常住人口300万以下的城市，就业或居住年限原则上为半年，同时不得附加购买房屋、投资纳税等额外限制条件；对于城区常住人口300万~500万的城市，目前有的就业或居住年限要求还比较高，要进一步降低年限门槛；对于城区常住人口500万以上的超大特大城市，要进一步调整完善积分落户政策，有条件的城市要探索取消积分落户年度名额限制。其实，超大特大城市除取消年度落户名额限制外，还要精简积分项目，确保社会保险缴纳年限和居住年限分数占主要比例，并鼓励都市圈内跨地区互认社保缴纳年限和居住年限，逐步取消对特大超大城市的人口总量限制，通过城市自身条件调节人口规模。

目前，农业转移人口在超大城市、特大城市落户难的同时，大中小城市出现落户意愿低的情况，这可能是制约户籍城镇化率提升的重要因素。原因主要与农民合法土地权益保障密切相关。近些年出现了不少"非转农"的诉求，就是农业户口与土地权益直接挂钩。这个问题不解决，不仅户籍城镇化率难以提高，还会出现逆城镇化现象，甚至导致我国出现城镇化和工业化过程停滞或中止的情况。要防止这种情况发生，必须切断农业户口与农村土地的"天然脐带"关系，有农业户口也不一定有农村土地，没有了农业户口也不一定就没有农村土地权益。为此，一方面，要健全进城落户农民农村权益维护政策，保障进城落户农民合法土地权益，依法维护进城落户农民的土地承包权、宅基地使用权、集体收益分配权，不得以退出上述权益作为农民进城落户的条件。加大农村集体经营性资产股份合作制改革力度，将权益量化成股权，实现"权随人走"，实现农村集体经济组织成员资格与户籍脱钩。另一方面，要巩固和完善农村基本经营制度，坚持土地承包制长期不动摇，"增人不增地、减人不减地"，稳定农村土地收益预期，增强农业转移人口市民化的动力。同时，推动农业转移人口市民化要充分尊重农民意愿。创新农村"三权"市场化流转机制，探索建立自愿有偿退出的办法。在农村集体经济较落后、土地价值较低的地方先行试点，分批分期有序有偿退出"三权"。

二、推行由常住地登记户口提供基本公共服务制度

农业转移人口市民化的实质就是实现按居住地提供公共服务。现在城区常住人口300万以下的城市已基本取消落户限制，但300万以上的城市还有落户门槛，难点主要是公共服务均等化。当前外来劳动力面临着住房难、孩子就学难等问题，在养老、医疗等方面，外地人口和城市市民之间也有差距。近年来，我国城镇公共服务设施建设取得了长足进步，但不少地方依然无法为农村转移人口提供均等的公共服务。推动符合条件的农业转移人口社会保险、住房保障、随迁子女义务教育等享有同迁入地户籍人口同等权利，逐步使未落户常住人口享有均等化城镇基本公共服务，促进农业转移人口加快融入城市。推行由常住地登记

户口提供基本公共服务制度,对于不愿落户或不满足落户条件的农业转移人口,应让他们在常住地均等享有基本公共服务。提高居住证含金量,健全与居住年限相挂钩的非户籍人口基本公共服务提供机制,稳步推进城镇基本公共服务常住人口全覆盖,努力实现同城镇居民享有均等的基本公共服务。各地区在动态调整基本公共服务配套标准时,要增加常住人口可享有的基本公共服务项目。鼓励各级政府不断扩大对居住证持有人的公共服务范围并提高服务标准,缩小与户籍人口的差距。

第一,保障随迁子女在流入地的受教育权利。以公办学校为主将随迁子女纳入流入地义务教育保障范围,加大公办学校学位供给力度。加快将随迁子女纳入流入地中等职业教育、普惠性学前教育保障范围,逐步将随迁子女纳入流入地普通高中教育保障范围。优化区域教育资源配置,建立同人口变化相协调的基本公共教育服务供给机制。依据常住人口规模变化动态调整、统筹优化各地教师等人员力量。按照就近入学的原则,进城务工人员子女可在居住地接受义务教育、在就学所在地参加中考,与当地学生享受同等待遇。增加人口流入较多城市的教育投入和中小学教师编制,建立义务教育学校生均公用经费基准定额动态调整机制。有条件的地方应研究完善随迁子女在流入地参加升学考试政策。

第二,完善农业转移人口多元化住房保障体系。积极培育发展住房租赁市场,支持采取多种措施通过市场化方式满足农业转移人口的住房需求。鼓励有条件的城市逐步将稳定就业生活的农业转移人口纳入城市住房保障政策范围,加大农业转移人口经济可承受的小户型保障性租赁住房供给。逐步使租购住房群体享有同等的公共服务权利。在具备条件的城市推进保障性住房建设。

有的地方已打破户籍限制，为符合条件的、非本地户籍新就业大学毕业生、外来务工人员和创业人员提供公租房。在部分城市，住房保障体系已经初步实现对包含农业转移人口在内的常住人口全覆盖。取消限购政策，在城市稳定就业生活可以购置商品房。

第三，完善农业转移人口社会保障政策。健全灵活就业人员、进城务工人员、新就业形态人员社保制度，全面取消在就业地参保户籍限制，完善社保关系转移接续政策。引导农业转移人口按规定参加职工基本养老和医疗保险。全面落实持居住证参加城乡居民基本医疗保险政策，深入推进新就业形态人员职业伤害保障试点。将符合条件的农业转移人口纳入社会救助范围，为困难群体基本生活提供兜底保障。大力提高社保跨制度、跨地区转移接续效率，加快养老保险全国统筹进度，完善基本医疗保险跨省异地就医医疗费用直接结算制度，增加异地就医直接结算定点医疗机构数量。特大城市、超大城市要切实落实持居住证参保政策，推动外地户籍中小学生、学龄前儿童在常住地参加居民医保。

第四，完善农业转移人口市民化激励政策。当前人口净流入地区在推进基本公共服务常住人口全覆盖过程中，普遍面临财政支出压力。要完善中央财政农业转移人口市民化奖励资金制度，人口净流入省份可结合实际建立健全省级农业转移人口市民化奖励机制。进一步推动转移支付、要素配置等与农业转移人口市民化挂钩。强化地方政府推动农业转移人口市民化主体责任。建立健全农民进城务工方面的财税、土地等配套制度，鼓励城市政府吸纳进城农民，健全促进农业转移人口市民化的机制，特别是需要建立健全"三个挂钩"机制。即健全财政转移支付同农业转移人口市民化挂钩机制，建立城镇建设用地增加规模同吸纳农业转移人口落户数量挂钩机制，建立财政性建设资金对城市基础设施补贴数额与城市吸纳农业转移人口落户数量挂钩机制。落实中央财政性建设资金向吸纳农业转移人口落户数量较多城市倾斜政策，发挥城镇保障性安居工程等领域中央和省级财政补助资金对吸纳农业转移人口较多城市的支持作用。建立新增城镇建设用地指标配置同常住人口增加协调机制，合理安排人口净流入城市义务教育校舍、保障性住房等用地指标。扩大中央财政农业转移人口市民化奖励资金规模，提高均衡性转移支付中为常住人口提供基本公共服务增支因素的所占权重。中央预算内投资安排向农业转移人口落户和居住证发放量较多地区倾斜。加大新增建设用地计划指标与吸纳落户数量挂钩力度，国土空间规划编制、用地计划等方面统筹考虑安排进城落户人口和城镇新增建设用地。

与此同时，要努力实现劳动力在城市和农村之间"双向流动"。除解决农民进城落户困难问题外，还要解决城里人到农村就业创业不顺畅问题。要允许城里人到农村就业、创业、生活居住。改革的最终目标是取消户口制度，实现城乡人口自由双向流动，真正使城乡是地域概念而不是一个社会身份，是一体的而不是对立的、非此即彼的。城市可以是农民居住的地方，农村也可以是城市人居住的地方。发展到今天，再让户籍这个不合理的制度延续下去，是与我国的制度优势不相容的。这个制度对经济发展无益，对社会发展更加不利，也会极大阻碍中国式现代化实现，已到了非破除不可的时候，要像打赢脱贫攻坚战那样，花几年时间把这个现代化的最大障碍消除掉。当前，农村人口流动到城市的障碍基本被扫清，但如果农村不能吸引优秀人才进入，只是不断地流出人口，实现乡村振兴就很困难。当前农村特别缺乏城市中的优秀人才,一些城市中的退休老师、医生等技术型人才想进农村却存在一些障碍。要从制度上消除政策壁垒,实现城乡的双向流动。

第二节 深化农村土地制度改革

城乡融合发展机制的核心是农村土地制度。土地是农村除劳动力之外最重要的生产要素。劳动力是可流动的,可以主动或被动融入城市,实现自身发展;而土地要素是不可流动的,自身无法主动融入城市经济发展。农村拥有丰富的土地资源,但市场化改革滞后,资源优势并没有转变成经济优势,土地利用效率低。党的二十届三中全会《决定》提出,深化土地制度改革。要建立全国统一土地大市场,健全农村土地要素由市场评价贡献、按贡献决定报酬的机制,充分挖掘农村土地价值潜力,赋予农民更加充分的土地财产权益,促进农民增收和乡村全面振兴。

一、稳步推进农村承包地改革

改革开放特别是党的十八大以来,我国推行家庭联产承包经营责任制,把土地所有权、承包权、经营权分开,并顺应农民保留土地承包权、流转土地经营权的意愿,把农民土地承包经营权分为承包权和经营权,实现承包权和经营权分置并行,极大地调动了亿万农民生产经营积极性,为农业发展规模经营提供了有利条件。目前,全国1/3的土地经营权已经流转,在全国2.3亿户承包土地的农民中，6 600万户或多或少地流转了土地。当前，存在的问题主要是土地经营权流转不畅。客观上是因为土地承包碎片化严重，土地分散无法集中连片，不利于流转；主观上是因为土地的保障功能强于收益功能，农民只想看好自己的"一亩三分地"，不愿意流转。其结果就是，土地经营成不了规模，农户兼业化现象普遍，一些地方耕地"撂荒""闲置"的情况时有发生；农户土地流转积极性不高，流转不畅，收益就低；收益低就越发不愿流转，多年来处于这种恶性循环之中，农业效益和农民收入也就无从谈起。经营权普遍分置流转的格局并没有真正形成，因此我们再次直面我国大国小农、小农户经营将长期存在的现实情况，强调要坚持以小农户家庭经营为基础，促进小农户和现代农业发展有机衔接。根本出路，还是要按照党的二十届三中全会《决定》部署，深化承包地"三权分置"改革，将所有权、承包权、经营权落到实处，发展农业规模经营。

第一，落实集体所有权。要坚持土地公有制性质不改变，把维护好、实现好、发展好农民权益作为出发点和落脚点，厘清农民对土地的权利，落实权益，固化农民集体所有权，明晰处置权，不断探索农村土地集体所有制的有效实现形式，把选择权交给农民，不要替代农民去选择，农民的地让农民自己做主。要明确土地产权的内涵、外延，并落实到具体的产权主体身上。必须明晰农民集体的边界以及作为集体成员的农户及其家庭成员的边界，划定时间段，固化集体所有权，为稳定承包权打下制度基础。否则，人口消亡导致土地承包权主体不明确、地在人无，农村集体新出生人口、人在地无情况增多，人地矛盾越来越突出，农民集体动态变化，制度稳定面临挑战。目前各地已经基本完成了土地承包经营权的确权颁证工作，这为稳定承包权奠定了基础。近年来，一些地方顺应实际变化采取确权不确地，或者确权确利不确地的方式，形成了一种新的制度安排。要因地制宜，充分尊重农民意愿，确保农民更加充分的土地权益。下一步要探索将承包权证由全体家庭成员简化为户主，在确权确利不确地的基础上，根据农村集体资产股份权能改革试点经验，将农村集体土地承包权简化为土地资产股份权能，取消土地承包年限，给农户稳定的产权预期，以确保农民更加充分的土地权益，也为探索建立自愿有偿退出的办法创造条件。

第二，稳定农户承包权。稳定承包权，就是赋予农民集体成员长久而有保障的承包权利。党的十九大报告明确指出，"保持土地承包关系稳定并长久不变，第二轮土地承包到期后再延长三十年"。党的二十届三中全会《决定》提出，有序推进第二轮土地承包到期后再延长30年试点。从农村改革之初第一轮土地承包算起，第二轮土地承包到期后再延长30年，农村土地承包关系将保持长达75年，这体现了长久不变的要求。2024年启动了安徽、湖南和广西三个省份二轮延包整省试点，现在其他的省份也在组织整县、整乡的试点，就是要坚持总体顺延。土地延包30年，应当是直接延长，而不是在集体经济组织内部打乱原有承包关系后重新分地，否则将严重影响土地长期投入以及规模化经营等，既不利于农业生产的持续性，也不利于稳定农民收入。根据《中华人民共和国农村土地承包法》的规定，承包期内，发包方不得收回承包地，不得调整承包地。按照立法原则，到期后也应是直接延长，而不是重新发包。增人不增地、减人不减地，应当是土地承包法立法的核心。要总结试点经验，发现试点过程中存在的突出矛盾和问题，找到解决问题的合理方案，最大限度满足广大农民土地财产权利诉求，保障农民利益不受损。农村人地矛盾，可通过土地经营权流转解决，而不应当通过大规模调整土地的方式解决。

第三，放活土地经营权。搞活经营权，就是切实维护经营权的合法地位，真正做到保护小农户经营、鼓励规模化经营。农户在流转土地经营权时，并不转让承包经营权证书，而只需要签订一个普通的合同，把各种权利义务约定好。推进承包地经营权合理有序流转，发展土地规模及服务规模经营，为农业现代化发展提供制度前提。在依法保护集体所有权和农户承包权的前提下，平等保护经营主体依流转合同取得的土地经营权，保障其有稳定的经营预期。坚持依法自愿有偿流转土地经营权，鼓励和引导农户自愿互换承包地块实现连片耕种。在土地利用规划和用途管制，坚守耕地红线不突破的前提下，充分发挥市场机制的决定性作用，强化对农业经营者的选择，使善农者优先获得土地经营权。健全土地流转市场，扩大土地承包权的流转范围，逐步开放农村土地承包权交易，完善承包地经营权流转价格形成机制，更好地鼓励和促进承包地经营权流转。在改善农村股份合作社治理结构及股权量化固化的基础上，安排试点地区探索建立农户股权交易市场，使农户股权具有可交易性、股份合作社具有开放性，在更大程度上保障农户的财产权。

二、深化农村宅基地制度改革

自1954年我国宪法规定了农民宅基地所有权，20世纪90

年代提出"一户一宅",2018年中央1号文件提出探索宅基地所有权、资格权、使用权"三权分置"。2020年6月,十九届中央全面深化改革委员会第十四次会议审议通过《深化农村宅基地制度改革试点方案》,提出要积极探索落实宅基地集体所有权、保障宅基地农户资格权和农民房屋财产权、适度放活宅基地和农民房屋使用权的具体路径和办法,拓展宅基地制度改革试点范围,加快形成可复制、可推广的经验。试点地区的实践表明,通过腾退宅基地、盘活用好宅基地,能有效增加农民财产性收入,改善村容村貌,激发乡村产业发展活力。当前,农村一户多宅和超标准建房问题普遍存在,有的地方有大量低效利用甚至闲置浪费的宅基地。有关部门提出,要严守农村宅基地政策底线红线不动摇,切实加强农村宅基地规范管理。规范农村宅基地管理,根本上还是要深化改革。

第一,保障宅基地农户资格权和农民房屋财产权。要明确界定资格,宅基地资格权是农村集体经济组织成员享有的权利,也就是说非本集体经济组织成员无权取得或变相取得。有关部门明确要求,严格禁止给退休回乡干部职工分宅基地建房。明确"增人不增宅"的政策方向,要借鉴承包地"增人不增地、减人不减地"改革经验,可以考虑以时点划断农户资格权,合理确定宅基地用地标准,在此基础上,对时点内的农户宅基地依法保障,认定宅基地并以确权确地的方式进行确权登记,确立宅基地的永久使用权和农民房屋财产权。此时点后,应该停止农村宅基地的福利性无偿划拨、无限保障。否则,长此以往,很多地方必将占用耕地,突破"红线",更为重要的是,农村户口含金量将越来越重,户籍制度改革将受阻,城镇化过程很可能半途而废。2024

年6月，北京市丰台区人民政府办公室关于印发《丰台区落实户有所居加强农村宅基地及房屋建设管理实施办法（修正）》的通知，提出原则上不再新增宅基地。与此同时，完善宅基地权益保障和取得方式，探索农民住房保障新机制，包括有偿有期限获取。简化审批，现行宅基地审批制度环节过多、周期长，不适应农民建房随时性和零散性的特征，致使建房户边报边建、未批先用、乱占滥用等现象时有发生。按规划严格实行土地用途管制原则下，在农民的地，建农民的房，审批应主要放在规划上，符合土地利用规划就应该批。全面开展宅基地使用权确权登记颁证。

第二，适度放活宅基地和农民房屋使用权。党的二十届三中全会《决定》提出，允许农户合法拥有的住房通过出租、入股、合作等方式盘活利用。盘活农村闲置宅基地，适度放活宅基地和农民房屋使用权。在一些城镇化进程较快的经济发达地区，尤其是大城市周边的农村地区，探索稳妥有序利用的具体方式。部分农村地区也可通过拓宽宅基地和住房的生产经营等多样化功能，不断发掘价值实现途径，探索家庭作坊、乡村旅游、民宿、康养基地等新产业新业态，推动乡村产业转型发展。探索允许农户的宅基地使用权通过出租、入股、合作等方式在城乡之间流转，拓宽农民利用宅基地使用权抵押融资的渠道。同时，要明确严格禁止利用农村宅基地建设别墅大院和私人会馆。

第三，探索建立宅基地使用权退出机制。随着城镇化的推进，农业转移人口增多，很多村庄面临着"空心化"，一些地方农村常住人口不到1/3，而且大多都是老人和小孩，大量的宅基地房屋闲置，利用效率很低。2013年党的十八届三中全会提出，探索进城落户农民宅基地有偿退出机制。这些年来，有的地方也进行了一些探索。有的制定宅基地自愿有偿退出政策，对农村集体经济组织支付的宅基地有偿使用费进行适当补助。2024年以来，安徽、湖北、江苏部分县市率先开始鼓励农民退出宅基地，进城购房给予购房补贴。但必须看到，目前农民仍对占有的宅基地缺乏自由处置权，有偿退出范围有限，仅限于本集体经济组织内部，可操作性不强，农民宅基地退出意愿低。2023年中央1号文件要求继续稳慎推进农村宅基地制度改革试点。现有政策明确规定，农民住宅不得向城市居民出售，不能为在农村购买房屋的城市居民发放土地证和房产证。探索建立宅基地农民自愿有偿退出机制，虽然要稳慎，切勿"一刀切、一阵风"，但可探索逐步扩大农村宅基地使用权的流转范围，允许在城乡之间流转，将农村土地的资产价值显性化，同时也能更好保障农村和农民的土地财产权利。

三、深化农村集体建设用地制度改革

1998年修订的《中华人民共和国土地管理法》（简称《土地管理法》）规定，农地转为建设用地，必须实行征地从集体所有变为国家所有，建设需要用地，必须使用国有土地。这一规定虽规范了建设用地市场，但引发的矛盾和问题也越来越多，特别是地方政府主导土地征收、出让，土地出让金除上缴中央财政30%外，地方能留70%，地方政府获益巨大，导致形成"土地财政"及相应经济增长模式。2015年，全国人大常委会授权国务院在北京市大兴区等33个地区开展农村集体经营性建设用地入市等"三块地"改革试点。在试点经验基础上，2019年修

订的《土地管理法》正式为集体经营性建设用地入市流转扫清了法律障碍。2022年9月6日，十九届中央全面深化改革委员会第二十七次会议审议通过《关于深化农村集体经营性建设用地入市试点工作的指导意见》，强调推进农村集体经营性建设用地入市改革，事关农民切身利益，涉及各方面利益重大调整，必须审慎稳妥推进。2022年11月，中共中央办公厅、国务院办公厅印发《关于深化农村集体经营性建设用地入市试点工作的意见》，要求各省用两年左右时间深化推进改革。最新一轮集体经营性建设用地入市试点自2023年3月启动以来，取得阶段性成果。截至2024年4月，全国各试点地区合计完成农村集体经营性建设用地入市719宗，宗地面积达1.3万亩①，成交金额185亿元，缴纳增值收益调节金23亿元。其中，工业、商业占比约92%，工业385宗，占比53.55%；商业276宗，占比38.39%；保障性租赁住房用地5宗，其他用地53宗，合计占比8.06%。据2024年12月3日《中国自然资源报》信息，北京市大兴区、天津市滨海新区、河北省秦皇岛市青龙满族自治县、浙江省衢州市常山县、江苏省苏州市吴江区等44个试点地区入选2024年农村集体经营性建设用地入市典型示范案例。其中，用地主体引导有效类13个，收益分配科学可持续类11个，入市程序规范顺畅类10个，政策协同类和组合供应类各5个。

总的来看，集体经营性建设用地入市改革进展较慢，仍存在地方政府积极性不高、入市流程复杂、收益分配等问题。集体经营性建设用地入市收益主要归于农村集体成员，既增加了地方政

---

① 1亩约合666.67平方米。

府征地的难度，直接影响地方土地财政，也对国有土地出让形成竞争。集体经营性建设用地入市流程较为复杂，特别是要经"本集体经济组织成员的村民会议三分之二以上成员或者三分之二以上村民代表的同意"。《土地管理法》等相关法律并没有明确规定地方政府、农村集体、农民个人等相关主体关于集体经营性建设用地入市收益的分配比例，地方政府按照土地增值收益的20%~50%征收收益调节金，纳入地方一般公共预算管理。目前，全国没有统一的收益分配政策，收益缴纳比例、分配比例、分配方式及分配主体均由地方政府自己制定，容易引发矛盾冲突。

2024年6月28日颁布的《中华人民共和国农村集体经济组织法》规定，对符合国家规定的集体经营性建设用地，农村集体经济组织应当优先用于保障乡村产业发展和乡村建设，也可以依法通过出让、出租等方式交由单位或者个人有偿使用。党的二十届三中全会《决定》提出，有序推进农村集体经营性建设用地入市改革，健全土地增值收益分配机制。要坚持农业农村优先发展，提高入市土地收益用于农业农村的比例。维护农村集体经济组织的主体地位，尊重农民意愿，允许农民集体在法律政策范围内，民主协商自主调节利益关系。同时，要避免"一刀切"，采取差异化的改革策略，给予地方政府一定裁量空间，探索差异化的入市改革方案。通过构建城乡统一建设用地大市场，完成城乡之间的土地平等交换。要从建立城乡统一的建设用地市场出发，充分保证农民土地权益，总结农村集体经营性建设用地入市改革试点经验，适当提高农民集体和个人分享的增值收益，抓紧出台土地增值收益调节金征管办法。要将征地制度改革与农村集体经营性建设用地入市改革结合起来，从体制上消除地方政府从农村土地上获取利益的动机，退出入市收益分配，从而激发农民改革的积极性。扩大集体经营性建设用地入市范围，将农村大量闲置的宅基地转变为集体经营性建设用地，与城市国有建设用地平等入市，使城乡建设用地的配置与城市人口的变动相适应，促进城乡融合发展。

第三节　建立健全社会资本下乡的长效机制

推动乡村全面振兴，资金投入是保障。要健全农业农村投入持续增长机制，确保公共财政更大力度向"三农"倾斜，农村金融回归本源，加大对农业农村发展投入，着力改善农村生产生活条件。此外，关键是要拓宽农村资金来源，畅通社会资本下乡渠道，建立健全与乡村振兴相适应的多元投入机制，推进城乡融合发展。

一、鼓励社会资本投资农业农村

大力推进农业现代化，必须着力强化物质装备和技术支撑，着力构建现代农业产业体系、生产体系、经营体系。在市场经济体制下，资本是带动各类生产要素集聚配置的纽带。资本下乡随之而来的资金、技术、管理、人才等要素正是传统农业发展所需要的。工商企业进入农业有利于利用社会力量增加农业的资金、科技和装备投入，引进先进的经营管理方式。

第一，引导社会资本进入农业开展适度规模经营。通过土地经营权的流转，把土地集中起来，进行规模经营，搞集约化、规模化、机械化、专业化，发展现代农业。

第二，鼓励社会资本投资农业全产业链。支持多种类型的新型农业服务主体开展代耕代种、联耕联种、土地托管等专业化、规模化服务。大力推进"互联网+"现代农业，应用物联网、云计算、大数据、移动互联等现代信息技术，推动农业全产业链改造升级。推动特色农产品深加工，加快传统农业向高质高效农业的升级迭代，促进农村一、二、三产业融合发展。加快新型农业经营主体的培育，形成以农户家庭经营为基础、合作与联合为纽带、社会化服务为支撑的现代农业经营体系。引导农户自愿以土地经营权等入股龙头企业和农民合作社，采取"保底收益+按股分红"等方式，让农户分享加工销售环节收益。引导工商资本投入农业农村，采取公司加农户、公司加农民专业合作社和订单农业等方式，重点发展种养业产前和产后服务、设施农业、规模化养殖和"四荒"资源开发等适合企业化经营的产业。推进农产品加工设施改造提升，支持区域性预冷烘干、储藏保鲜、鲜切包装等初加工设施建设，发展智能化、清洁化精深加工。参与农产品仓储保鲜、冷链物流等基础设施建设。

第三，引导社会资本进入农村非农产业。鼓励各地因地制宜大力发展特色产业，支持打造乡土特色品牌。实施乡村文旅深度融合工程，推进乡村旅游集聚区（村）建设，培育生态旅游、森林康养、休闲露营等新业态，推进乡村民宿规范发展、提升品质。社会资本项目投资，可以将闲置的农房长期出租搞精品民宿，废弃的鱼塘搞露营，发展乡村养老、旅游、电商消费等服务业。

二、优化社会资本参与乡村振兴政策环境

目前,我国农业比较效益低,国家政策支持对吸引社会资本下乡必不可少。要充分发挥财政政策导向功能和财政资金杠杆作用,鼓励和引导社会资本更多投向农业农村。近年来,有的地方采取了一些措施,比如,浙江省2022年出台《浙江省农业农村重大项目投资激励实施办法》,支持34个项目入围首批省级农业农村重大投资激励项目库,并兑现首批省级激励资金2.2亿元。2024年浙江省拿出真金白银,最高奖励5 000万元,鼓励引导各类资本投向农业农村重点领域。但目前社会资本下乡缺乏系统的政策支持。可以从以下几方面提供政策支持。

第一,优先保障财政对农业农村的投入支持。推进涉农资金整合统筹,种粮农民直接补贴、良种补贴、农资综合补贴将合并为农业支持保护补贴。优化农业补贴政策体系。加快健全种粮农民收益保障机制,改革完善粮食等重要农产品价格形成机制,推动粮食等重要农产品价格保持在合理水平。落实《关于健全种粮农民收益保障机制和粮食主产区利益补偿机制的指导意见》,健全种粮农民收益保障机制和粮食主产区利益补偿机制,完善价格、补贴、保险等政策体系,创新粮食经营增效方式,健全粮食主产区奖补激励制度,探索产销区多渠道利益补偿办法,健全粮食生产支持保护体系。完善农资保供稳价应对机制,鼓励地方探索建立与农资价格上涨幅度挂钩的动态补贴办法。

第二,推动金融资源更多向农村倾斜。加快构建多层次、广覆盖、可持续的农村金融服务体系,发展农村普惠金融,开展农村信用社联合社改革试点,鼓励国有和股份制金融机构拓展"三

农"业务，深化中国农业银行"三农"金融事业部改革，推进国家开发银行服务"三农"融资模式创新，强化中国农业发展银行政策性职能，支持中国邮政储蓄银行建立"三农"金融事业部。创新村镇银行设立模式，扩大覆盖面。开展农村金融综合改革试验，探索创新农村金融组织和服务。在风险可控前提下，稳妥有序推进农村承包土地的经营权和农民住房财产权抵押贷款试点。积极发展林权抵押贷款。探索开展粮食生产规模经营主体营销贷款改革试点。创设农产品期货品种，开展农产品期权试点。支持涉农企业依托多层次资本市场融资，加大债券市场服务"三农"力度。全面推进农村信用体系建设。加快建立"三农"融资担保体系。探索建立农业补贴、涉农信贷、农产品期货和农业保险联动机制。鼓励和支持保险资金开展支农融资业务创新试点。大力发展农业保险，进一步完善农业担保、再担保、风险补偿金机制等，强化融资增信。发展农村数字普惠金融。在不新增地方政府隐性债务的前提下，开展高标准农田和设施农业建设等涉农领域贷款贴息奖补试点。

第三，创造良好稳定的市场预期。加强农村社会信用建设，增强社会资本的投资信心。加快健全社会资本下乡的用地、人才和融资保障机制。逐步放活宅基地使用权，探索有效利用农村资产资源的具体途径，落实各类保障乡村产业建设用地指标政策。完善农业类PPP项目等融资方式机制设计和政策环境，对社会资本进入PPP项目给予更多的政策优惠、补贴、担保等。构建和完善农村产权市场，增强投资吸引力。积极推动农村产权的权证化和资产化，加快农村产权交易平台建设，完善农业农村不动产评估、抵押登记和流转机制。积极摸索建设用地指标向农业投资项目有序倾斜等措施。健全土地流转价格形成机制，探索防止流转费用不合理上涨有效办法。

三、有效防范和纠正投资经营中的不当行为

各地政府纷纷出台招商引资的政策，加之农村丰富的资源和可观的市场利润，吸引了大大小小的工商资本涌入乡村。要用好社会资本这支重要力量，发挥其正能量，防范可能带来的风险。

第一，防范农业效益周期风险。一些企业急于铺摊子，加上跨界务农，有可能低估困难和风险，一旦遭遇农产品价格走低而亏损，常不能履行与农民的协议，甚至有"跑路"的风险。

第二，防范非农化。近年来，一些资本还热衷投资田园综合体、乡村民宿、共享农庄等项目。这些资本下乡流转土地后，往往会重新规划土地，擅自改变土地用途，而一旦投资失败资本离开，土地很难恢复原貌。禁止商业资本下乡后以发展特色小镇、乡村旅游、休闲农业等名义"跑马圈地"。

第三，防范耕地非粮化。一些粮食产区土地承包价格连年上涨，挤压种粮收益。在西北有的地方每亩地租由每年四五百元已涨至上千元。地价高，承包费用上涨，种粮成本大幅上升，要么企业租不起，要么农户不再出租。探索加强对企业租赁经营农户承包地规范管理的制度办法。同时，也要警惕一些商业资本下乡只是为了骗取、套取政府的补贴资金。

第四，严厉打击囤地炒作。尽快出台政策禁止资本囤地炒作，严厉打击囤积土地的行为。在资本引入、项目落地、效益发挥等方面进行全过程监管，推动社会资本更好发挥服务全面推进乡村振兴、加快农业农村现代化的作用。

第二十章
健全绿色低碳发展体制机制

中国式现代化是人与自然和谐共生的现代化。党的十八大以来，党中央高度重视生态文明制度建设，2015年，中共中央、国务院印发了《生态文明体制改革总体方案》。经过不懈努力，我国已形成源头预防、过程控制、损害赔偿、责任追究的生态文明制度体系，美丽中国建设迈出重大步伐。当前，我国经济社会发展已进入加快绿色化、低碳化的高质量发展阶段，但生态环境保护深层次矛盾尚未得到根本缓解。要按照党的二十届三中全会部署，深化生态文明体制改革，加快完善落实"绿水青山就是金山银山"理念的体制机制。

第一节　健全绿色低碳发展基础体制

推进绿色低碳发展，基础性制度最为关键。党的二十届三中全会《决定》提出，健全自然资源资产产权制度和管理制度体系。要加快建立国土空间开发保护制度，健全能源、水、土地节约集约使用制度，强化水、大气、土壤等污染防治制度，建立健全生态保护市场体系，健全环境损害赔偿制度。要按照山水林田湖草沙海一体化保护和系统治理的要求，加强生态环境产权保护的基础体制构建，强化制度约束作用。

一、深化自然资源资产产权制度改革

自然资源资产产权制度是生态文明建设的基础性制度。权责不清，保护就会落空。党的十八大以来，党中央高度重视自然资源资产产权制度改革，2019年4月，中共中央办公厅、国务院办公厅印发《关于统筹推进自然资源资产产权制度改革的指导意见》，有关部门先后分三批在1 100多个县级单元组织开展资产清查试点，还圆满完成第三次全国国土调查。同年，自然资源部等五部门联合印发《自然资源统一确权登记暂行办法》，自然资源确权登记制度和工作体系全面建立施行。2022年，中共中央办公厅、国务院办公厅印发《全民所有自然资源资产所有权委托代理机制试点方案》，按照"自然资源部直接行使一部分、委托地方政府代理行使一部分"的要求，试点编制了各自行权履职的自然资源清单，第一次针对每一项自然资源资产确定了履责主体、权利义务、受托责任等。2022年12月，海南热带雨林国家公园自然资源确权率先实现登簿。截至2024年8月，武夷山、大熊猫国家公园等242个重点区域相继登簿，划清了全民所有和集体所有之间的边界，全民所有、不同层级政府行使所有权的边界，不同集体所有者的边界，不同类型自然资源之间的边界，自然资源确权登记已覆盖国家公园等重要生态空间和水、林、草、湿、海、矿等各类自然资源。但自然资源资产所有、使用收益、处置等方面的改革还有待深化,我国自然资源由主管部门代表国家行使所有权,用自然资源资产行政管理代替产权管理,将国有资源的具体管理权委托给地方政府,企事业单位和个人通过契约从地方政府那里获得资源使用权,自然资源产权虚置,所有权人仍不到位,资源的实际控制者可以从中实现利益最大化,资源真正所有者的利益容易受到损害。特别是同一自然资源可能存在多种价值和用途,从而可以生成多个资产类型,但当市场无法界定资源的产权时,资源不能定价,难以转化为资产,所有者权益保障有待加强。

第一,完善自然资源资产管理制度体系。构建高水平社会主义市场经济体制,要健全自然资源资产产权制度和管理制度体系,积极探索全民所有自然资源资产所有权委托代理机制,逐步实现从资源管理向资源资产管理的转变,建立覆盖土地、矿产等主要门类的自然资源资产有偿使用制度,建设一个高效规范、公平竞争、充分开放的全国自然资源大市场。同时,建立分类科学、权利明晰、权能丰富的自然资源资产产权体系,加快推进建设用地使用权、海域使用权分层设立,完善国有农用地、未利用地产权设置及处置配置规则等。以健全土地等生产要素由市场评价贡献、按贡献决定报酬的机制为契机,兼顾公平与效率,做好资产定价和收益分配改革;进一步完善资产作价出资等资产有偿使用配套机制。

第二,创新自然资源资产所有权实现形式。推动所有权和使用权分离,适度扩大使用权的出让、转让、出租、担保、入股等权能,夯实全民所有自然资源资产有偿使用的权利基础。明确投资人为土地使用权、探矿权和采矿权、水资源使用权、森林使用权、草原使用权等的权利主体,依法支配、使用相应资源。

完善全民所有自然资源资产使用权体系,丰富自然资源资产使用权权利类型,实施自然资源资产统一管理。制定自然资源使用权权力清单、责任清单、准入负面清单,使自然资源产权人在资源开发利用中实现权利和义务相统一,形成权利人保护和合理利用自然资源的内生机制。

第三,加强自然资源产权市场建设。继续扩大有偿使用范围,探索更加多样化的有偿使用方式,充分发挥市场配置资源的决定性作用。按照公开、公平、公正和竞争择优的要求,鼓励竞争性出让,规范协议出让,支持探索多样化有偿使用方式,健全自然资源有偿使用信息公开和服务制度,推动将自然资源资产有偿使用逐步纳入统一的公共资源交易平台。加强自然资源产权市场建设。维护自然资源产权流转中公平竞争的秩序,推进自然资源价格的市场化改革,提高自然资源占用和损耗成本,建立能够反映资源稀缺程度和生态修复成本的自然资源及其产品价格形成机制。明确全民所有自然资源资产有偿处置的主体,在试点地区可结合实际,合理划分中央和地方政府对全民所有自然资源资产的处置权限。

二、深化农村集体林权制度改革

集体林权制度改革对于巩固和完善农村基本经营制度、促进农民就业增收、推动绿色发展具有重要意义。中华人民共和国成立后,特别是改革开放以来,集体林权制度改革深入推进,取得明显成效,促进了我国集体林业发展。为进一步解放和发展林业生产力，发展现代林业，增加农民收入，建设生态文明，全面推进集体林权制度改革，2023年9月25日，中共中央办公厅、国务院办公厅印发《深化集体林权制度改革方案》，对林权改革做出全面部署。总的是，坚持实行集体林地所有权、承包权、经营权"三权分置"，确保集体林地承包关系长期稳定，放活林地经营权、保障林木所有权。

第一，稳定承包权。在现行政策下，林农通过承包获得集体林地的使用权，在承包期内林农可以自己经营，也可以转租其他人经营。虽然承包期可以为30~70年，但总是无法避免使用权到期的问题，目前就有一些林地承包即将到期。由于林业的特殊性，特别是珍贵阔叶林等树种生长期较长，林地使用权期限过短不利于承包者做长远考虑，在有限的承包经营期内，经营者面临较大的政策风险，不利于林木可持续经营。所以，要保持集体林地承包关系稳定并且长久不变，承包期届满时应坚持延包原则，不得将承包林地打乱重分。要明确"增人不增山、减人不减山"政策，可以开展授予林农林地长期承包权试点，这是经营权放活的制度基础。

第二，放活经营权。林地经营权可以依法再流转或者依法向金融机构融资担保。林地经营权合同终止时，要保障林地经营权人的林木财产权益，鼓励林地受让方以公允价格受让林木所有权，维持林业正常生产经营活动。流转期限5年以上的林地经营权可以向不动产登记机构申请登记发证，可以作为林权抵押贷款、申报林业项目、申请林木采伐及其他有关行政管理事项的凭证。对仍由农村集体经济组织统一经营管理的林地，将集体林地收益权量化到户，收益权证发放到户。支持各地组建林权收储机构，采取市场化方式收储分散林权。鼓励探索林权资产折资量化的林票运行机制，增强森林资源资产对社会资本的吸引力。要依托现有平台搭建林权流转交易系统，建立社会资本投资林权的渠道。

第三，保障林木所有权权能。《中华人民共和国森林法》(简称《森林法》)将森林分为公益林和商品林，公益林实行严格保护。为体现对生态保护的重视，各地普遍尽可能多划公益林。公益林不仅范围过大，而且补偿偏低，与商品林收益相差较大。集体林地上的商品林还面临随时被划为公益林或被限伐的风险。《森林法》虽然规定商品林可自主经营，但实际上严格的采伐管理制度使经营者获得足够的采伐指标较为困难，特别是有的地方还存在为了保证完成森林覆盖率和森林积蓄量指标而人为"截留"采伐指标的情况。要完善集体林木采伐管理制度，对林业经营者实行林木采伐限额5年总额控制政策，取消人工商品林主伐年龄限制，明确人工公益林更新条件，实施林木采伐告知承诺方式审批，将林木采伐限额指标分配、林木采伐许可申请和审批及采伐监管情况纳入政府公开事项目录清单。强化对森林经营方案和告知承诺执行情况的监管，地方政府要用好用足林木采伐限额，将依法采伐的木材纳入地方政府森林资源保护发展目标责任制，满足森林经营中合理的林木采伐需求。不得以各种名义禁止或限制合法的林木采伐行为，确需禁止或限制的，应依法对权利人给予经济补偿。

三、完善国家公园体系

生态红线，就是国家生态安全的底线和生命线。要从制度上保障生态红线，把该保护的生态系统尽可能保护起来。国家公园是我国自然生态系统最重要、自然景观最独特、自然遗产最精华、生物多样性最富集的部分。设立国家公园，是以习近平同志为核心的党中央站在实现中华民族永续发展的战略高度做出的重大决策，是保护生态红线的一项重要制度。

党的十八大以来，我国全力推动以国家公园为主体的自然保护地体系建设，出台《建立国家公园体制总体方案》《关于建立以国家公园为主体的自然保护地体系的指导意见》《国家公园空间布局方案》等，2018年新组建国家林业和草原局，加挂国家公园管理局牌子，负责统一行使国家公园管理职责。同时，各地不断探索国家公园内自然资源统一执法形式，逐步形成了权责对等、职责清晰的国家公园管理体制。近年来，我国第一批国家公园正式设立，同时布局全世界最大的国家公园体系，在全国遴选出49个国家公园候选区，涉及700多个现有自然保护地。国家公园体制试点取得显著成效，国家公园内旗舰物种数量持续增加，生态系统多样性、稳定性、持续性稳步提升，实现长江、黄河、澜沧江源头整体保护，连通了13个大熊猫局域种群生态廊道，保护了70%以上的野生大熊猫栖息地。

国家公园建设是一项系统工程。要巩固提升第一批国家公园建设成果，高质量建设以国家公园为主体的自然保护地体系。

第一，健全国家公园管理体制。目前，中央直接管理、中央和省级政府共管和中央委托省级政府代管三种管理模式均面临中央与地方事权和支出责任划分不清的问题。要优化中央与地方事权和财权划分，尽快明确不同管理模式下的中央和地方事权，并建立与事权相匹配的财政体制。从长远看，国家公园内全民所有自然资源资产所有权最终应过渡到由中央政府直接行使，并建立财事匹配的国家公园中央资金保障制度，包括公园内集体土地应该采取赎买或征收方式收归国有。鼓励地方通过租赁、赎买、合作等方式妥善处置重要生态区位内的集体林，维护权利人的合法权益。同时，要明确部门间的责权边界，制定国家公园范围内国家公园管理机构和地方政府的权力清单、责任清单。

第二，加强国家公园治理和运营。要认真梳理并继续完善国家公园设立、建设、运行、管理、评估、监督等各环节，以及生态保护、自然教育、科学研究等各领域的制度办法，形成全过程闭环管理的制度体系。同时，可以充分发挥国家公园品牌价值和生态环境优势，打造环国家公园旅游、康养、研学、研发、会展、文创等绿色产业，让国家公园在保护好最珍贵自然资源资产的同时，促进地方经济可持续发展。当前，国家公园管理的主要法律依据是《国家公园管理暂行办法》。要加快立法工作，将实践证明行之有效的制度上升为国家法律，为国家公园建设、管理提供法律保障。

第三，完善多元化资金保障机制。我国国家公园建设尚缺少财政专项资金，中央的支出力度与应承担的全民公益性资源保护责任不匹配。同时，公益投入、社会资本投入机制尚不健全。要统筹各部门各层面资金，支持国家公园开展生态保护修复、生态廊道建设，以及巡护监测、科普宣教、保护设施、管护用房等基础设施建设。研究设立国家公园基金，在确保国家公园生态保护和公益属性的前提下，鼓励引导社会资本和公益组织参与国家公园建设，逐步建立多元化的投融资机制。

第二节　健全生态要素市场化配置机制

健全绿色低碳发展体制机制，促进生态文明建设，要健全生态环境治理体系，完善精准治污、科学治污、依法治污制度机制，落实以排污许可制为核心的固定污染源监管制度等。同时，要更多地从市场体系、增强内在约束激励机制上做文章，真正落实"绿水青山就是金山银山"。

一、健全生态产品价值实现机制

推动生态要素转化为生产要素、生态优势转化为经济优势，生态产品价值实现日益成为关键点和突破口。生态产品价值实现机制是指将生态产品所具有的生态价值、经济价值和社会价值，通过各种经济手段体现出来，建立利益导向机制，把生态财富转化为经济财富。党的十八大以来，我国生态产品价值实现机制建设取得积极进展，2019年国家发展改革委批准丽水市和福州市两个国家级试点，2020年以来自然资源部推出4批共43个生态产品价值实现典型案例。2021年4月，中共中央办公厅、国务院办公厅印发实施《关于建立健全生态产品价值实现机制的意见》，党的二十届三中全会提出健全生态产品价值实现机制，加快完善落实"绿水青山就是金山银山"理念的体制机制。近年来，我国持续探索生态产品价值实现路径，各地开展了各具特色的示范试点，取得了积极的成效，涌现出一批先进典型案例。

生态产品既有有形产品，也有无形产品；既有有形价值，也有无形价值；既有公共性产品，也有区域性或私人生态产品。不同生态产品的不同价值形态，实现的方式和路径也各不相同，根据目前的实践来看，大体上有以下几种路径。

第一，生态修复成本补偿机制。按照"谁保护、谁受益"原则，以生态修复成本核算生态价值。比如，溧阳市以水生态产品量化补偿方式投入3 000多万元，在苏皖交界的溧阳市大溪水库上游洙漕河流域，对郎溪县凌笪镇下吴村约3 000亩青虾养殖区实施退养，并取得退养区域20年土地使用权，从源头上断绝了天目湖上游青虾养殖尾水污染，确保洙漕河下游大溪水库生态环境获得有效改善。

第二，碳汇产品交易机制。通过碳普惠机制，鼓励碳排放企业、大型活动组织者、社会公众等通过购买碳汇履行社会责任，将碳汇产品引入地方碳普惠自愿减排量交易市场，实现生态产品的价值化。比如，2023年宜兴林场首批竹林碳汇开发的毛竹面积为5 208亩，预估产生的二氧化碳减排量为2 135.3吨/年，交易额达到85 412元。

第三，空间生态补偿机制。探索以"企业退出—生态修复—指标调剂—异地使用"为路径的土地指标异地调剂"空间补偿"机制。比如，开展沿江化工企业腾退用地资源整合利用，腾退建设用地2 300余亩，取得2 000亩"生态空间补偿"建设预支规模，其中1 000亩用于保障滨江经济开发区所需产业用地空间。

第四，"生态积分"调节机制。依据生态环境保护、碳减排等贡献程度，探索构建覆盖组织和个人的生态积分、碳积分等制度，并根据积分情况提供生态产品优惠服务和金融服务，逐步建立多层次、多形式的全民参与机制。

第五，生态产品价值（VEP）核算机制。通过测算花木企业生态产品的供给服务、生态调节服务、人居文化服务等方面价值指标，形成 VEP 核算报告。金融机构以 VEP 核算报告作为依据向企业发放信用贷款。通过建立"VEP 花木生态价值贷"发放机制，花木产品的生态价值成为抵押物，激活其金融属性，创新解决了花木企业融资难题。

总的来看，我国生态产品价值实现机制建设尚处于起步探索阶段，许多方面还不够完善。要不断加大推进力度，在具体化和可行性上下功夫，抓紧形成一批可复制、可推广的生态产品价值实现模式，充分发挥在全国生态产品价值实现机制建设中的示范带动作用。

二、完善生态产品保护补偿机制

生态补偿是生态产品价值实现的有效途径之一。生态保护补偿，是指通过财政纵向补偿、地区间横向补偿、市场机制补偿等机制，对按照规定或者约定开展生态保护的单位和个人予以补偿的激励性制度安排。2000 年以后，我国在生态补偿方面的资金投入不断增加，每年各类生态补偿政策资金超过 2 000 亿元。2019 年，国家发展改革委印发《生态综合补偿试点方案》，并在江西、福建、贵州、海南等 10 个省份各选取 5 个县（市、区）率先开展生态综合补偿试点工作。各地也在积极探索补偿资金整合使用，设立综合性生态补偿资金池。2024 年 6 月 1 日《生态保护补偿条例》开始施行。目前，我国已经建成世界上覆盖范围最广、受益人口最多、投入力度最大的生态保护补偿机制。

第一，财政纵向补偿。国家通过财政转移支付等方式，对开展重要生态环境要素保护的单位和个人，以及在依法划定的重点生态功能区、生态保护红线、自然保护地等生态功能重要区域开展生态保护工作的单位和个人，予以补偿。中央财政对森林、草原、湿地、荒漠、海洋、水流、耕地，以及法律、行政法规和国家规定的水生生物资源、陆生野生动植物资源等其他重要生态环境要素分类实施补偿，在中央财政分类补偿的基础上，按照中央与地方财政事权和支出责任划分原则，有关地方人民政府可以结合本地区实际建立分类补偿制度，对开展重要生态环境要素保护的单位和个人加大补偿力度。中央财政安排重点生态功能区转移支付，根据生态效益外溢性、生态功能重要性、生态环境敏感性和脆弱性等特点，在重点生态功能区转移支付中实施差异化补偿，加大对生态保护红线覆盖比例较高地区的支持力度。国家建立健全以国家公园为主体的自然保护地体系生态保护补偿机制。中央财政和地方财政对开展自然保护地保护的单位和个人分类分级予以补偿。

第二，地区间横向补偿。横向生态保护补偿机制是一种调节不具有行政隶属关系的地区与地区之间生态环境相关利益关系的制度安排。我国出台《关于加快建立流域上下游横向生态保护补偿机制的指导意见》，区域和流域的横向生态保护补偿机制取得了明显成效。近年来，跨省流域横向生态保护补偿机制建设明显提速，自2012年浙江与安徽签订首个跨省流域横向生态保护补偿协议以来，到2024年8月已有24个流域（河段）、23个省（区、市）签订了跨省流域横向生态保护补偿协议。截至2024年4月，安徽、浙江、江苏、宁夏等21个省份建立了20个跨省流域补偿机制，浙江、四川、山东、宁夏等20个省份实现了辖区内全流域生态保护补偿，陕西、湖南、贵州、内蒙古、黑龙江5个省份针对辖区内重点河流开展了流域生态补偿。武汉、长沙、南京、东营、六盘水等地开展了市域内生态补偿，全国多层次横向生态补偿初具规模。国家鼓励、指导、推动生态受益地区与生态保护地区人民政府通过协商等方式建立生态保护补偿机制，开展地区间横向生态保护补偿。主要涉及江河流域上下游、左右岸、干支流所在区域，重要生态环境要素所在区域以及其他生态功能重要区域，重大引调水工程水源地以及沿线保护区，其他按照协议开展生态保护补偿的区域。在确定补偿内容时，应当综合考虑生态保护现状、生态保护成本、生态保护成效以及地区经济社会发展水平、财政承受能力等因素。同时，探索多元化、可持续的补偿模式，采取对口协作、产业转移、人才培训、共建园区、购买生态产品和服务等多种方式实施补偿。

第三，市场机制补偿。国家充分发挥市场机制在生态保护补偿中的作用，推进生态保护补偿市场化发展，拓展生态产品价值实现模式。国家鼓励企业、公益组织等社会力量以及地方人民政府按照市场规则，通过购买生态产品和服务等方式进行生态保护补偿。国家建立健全碳排放权、排污权、用水权、碳汇权益等交易机制，推动交易市场建设，完善交易规则。国家鼓励、引导社会资金建立市场化运作的生态保护补偿基金，依法有序参与生态保护补偿。应积极推进生态保护补偿市场化运作，鼓励企业、公益组织等社会力量以及地方政府参与市场化补偿交易，通过购买生态产品和服务等方式开展生态保护补偿。同时，还可通过碳排放权、排污权、用水权、碳汇交易，以及建立生态保护补偿基金等方式开展生态保护补偿工作，激发社会各界的积极性。

生态补偿是以保护和可持续利用生态系统服务为目的，以经济手段为主，调节相关者利益关系，促进补偿活动、调动生态保护积极性的各种规则、激励和协调的制度安排。要实现这样的目标要求，从理论上来说，生态补偿的标准应能覆盖生态保护的成本或牺牲的发展机会成本。按照收益损失对等原则，公共性产品应由政府买单，区域性或私人性产品应由地区政府或居民个人买单。但从实践来看，目前我国的补偿主体主要是上级政府财政转移支付和专项基金，下游受益地区政府、企业和居民并未有相应付出。补偿的标准也明显偏低，难以覆盖相应成本或损失。比如，工业限制性发展补偿、矿产资源开发限制补偿等均没有涉及。如为保护水源，限制投食性网箱和库湾渔业发展，仅此库区上万名居民年损失近亿元。对水源地居民的补偿，每公顷公益林只补150元，补偿标准远低于木材经济利用价值。据林业专家估算，金寨县各类公益林如以商品林进行经营，林权所有者的年收入可达2.73亿元，但全县公益林年补偿资金只有2 600万元，远不能弥补农民的经济损失。要进一步探索建立横向的生态补偿机制，实现生态受益地区向生态受损区的合理经济补偿，建立基于自愿行为的利益均衡和激励相容机制。加大财政转移支付中生态补偿的力度，在中央和省级政府设立生态建设专项资金列入财政预算，地方财政也要加大对生态补偿和生态环境保护的支持力度。引导鼓励生态环境保护者和受益者之间通过自愿协商实现合理的生态补偿。建立和完善生态补偿机制是一项复杂的系统工程。要加快建立资源环境价值评价体系、生态环境保护标准体系，建立自然资源和生态环境统计监测指标体系以及"绿色GDP"核算体系，研究制定自然资源和生态环境价值的量化评价方法，使生态补偿机制的经济性得到显现。深化流域等重点领域生态保护补偿相关技术方法研究，完善生态产品相关指标监测、数据统计和共享机制，形成扎实的基础数据和科学的操作指南。

三、健全碳市场交易制度、温室气体自愿减排交易制度

建成更加有效、更具活力、更具国际影响力的碳市场，关键在于健全碳排放权市场交易制度。碳排放权交易是一项重要的政策工具，通过市场机制控制、减少二氧化碳等温室气体排放，助力积极稳妥推进碳达峰碳中和。我国全国碳排放权交易市场从发电行业入手，于2021年7月启动上线交易。目前市场已纳入重点排放单位2 257家，年覆盖二氧化碳排放量约51亿吨，占全国二氧化碳排放的40%以上，成为全球覆盖温室气体排放量最大的市场。我国已建立了一套较为完备的碳市场交易制度框架，2020年，生态环境部发布的《碳排放权交易管理办法（试行）》，制定了登记、交易、结算三项规则等规范性文件。2024年1月，国务院公布了《碳排放权交易管理暂行条例》。截至2024年底，全国碳排放权交易市场配额累计成交量6.3亿吨，累计成交额430.33亿元。随着第三个履约周期相关工作的持续推进，市场交易价格整体呈现稳步上扬态势。2024年全年配额成交量1.89亿吨，成交额181.14亿元，交易价格稳中有升，年底收盘价为97.49元/吨，较2023年底上涨22.75%。若企业通过碳市场交易，收回碳减排成本，且有所回报，就会更有动力推动自身的减排行动，形成良性循环。

党的二十届三中全会提出，积极应对气候变化，健全绿色低

碳发展机制。加快推进全国碳市场建设，稳步扩大行业覆盖范围，逐步推行配额有偿分配，助力实现碳达峰碳中和目标。扩大行业范围是提升全国碳市场有效性、活力和国际影响力的重要途径。迫切需要科学合理确定不同行业的纳入时间，分阶段、有步骤地积极推动碳排放权交易市场覆盖碳排放重点行业。根据《2023、2024年度全国碳排放权交易发电行业配额总量和分配方案》，纳入全国碳排放权交易市场2023年度配额管理的发电行业重点排放单位共计2 096家，年覆盖二氧化碳排放量约52亿吨。2024年，国家在电力行业基础上纳入电解铝、钢铁等行业企业。要有步骤扩大全国碳市场行业覆盖范围，逐步将建材、有色金属、钢铁、石化、化工等高排放行业纳入其中。建立碳市场的根本目标是将企业的外部推动力转变为内部驱动力。要探索碳排放总量控制，适时引入有偿分配配额，建立完善配额供给调控机制。逐步推行碳排放权配额有偿分配，不断优化和完善碳市场交易制度体系，确保碳排放权的"稀缺性"，将碳减排从软约束转向硬约束，将碳配额发放由松转紧，推动碳交易逐渐活跃，充分发挥市场调节作用。碳市场的交易标的是碳排放权，碳排放权配额分配方式应该逐渐从免费发放过渡到有偿分配，不断提高碳排放权配额分配的公平性和透明性，尽最大努力发挥碳市场效能。

2013年10月，我国的自愿减排交易信息平台上线；2015年1月，自愿减排交易注册登记系统正式上线，标志着国家核证自愿减排量（CCER）[①]进入交易阶段。2023年10月，生态环境部

[①] 根据2012年印发的《温室气体自愿减排交易管理暂行办法》，参与自愿减排的减排量，需经国家主管部门在国家自愿减排交易登记簿进行登记备案。经备案的减排量称为中国核证减排量。

会同国家市场监督管理总局发布了《温室气体自愿减排交易管理办法（试行）》，先后发布了造林碳汇、并网光热发电、并网海上风力发电、红树林营造等四项温室气体自愿减排项目方法学。2023年11月，国家应对气候变化战略研究和国际合作中心（全国温室气体自愿减排注册登记机构）发布《温室气体自愿减排注册登记规则（试行）》和《温室气体自愿减排项目设计与实施指南》。北京绿色交易所（全国温室气体自愿减排交易机构）制定并发布《温室气体自愿减排交易和结算规则（试行）》。2024年1月，全国温室气体自愿减排交易市场正式启动。2024年6月，国家认证认可监督管理委员会发布了第一批共五家第三方审定与核查机构。2024年1月22日，全国温室气体自愿减排交易市场启动以来，各类市场主体踊跃参与。截至2024年8月，注册登记系统和交易系统累计开户4 582家。从整个交易情况来看，目前中国核证自愿减排量的交易价格从2020年的每吨10元左右上涨到2024年7月的每吨77.9元。从累计成交量上来看，截至2024年7月已经达到4.7亿吨，成交量与碳排放权配额交易量相当，累计成交金额超70亿元。

加快推进温室气体自愿减排交易机制建设。温室气体自愿减排交易机制是碳排放权市场交易制度的重要补充，不仅可以通过抵消机制参与全国碳市场配额清缴履约，为重点排放单位降低配额清缴履约成本，还可以推动项目级减排活动，活跃碳市场交易，推动绿色低碳技术创新，提升交易活跃度。全国温室气体自愿减排交易市场是继全国碳排放权交易市场后又一推动实现"双碳"目标的政策工具。全国温室气体自愿减排交易市场正式启动后，自愿碳市场与强制碳市场独立运行，并通过配额清缴抵消机制相互衔接，二者共同构成全国碳市场体系。目前，全国温室气体自愿减排交易市场制度框架体系已构建完成，减排项目和自愿减排量即将进入申请登记的窗口期，鼓励更广泛的行业企业参与碳减排行动。同时，通过自愿减排交易，项目业主可以获得经济回报，更加主动自觉地参与低碳技术开发与应用。江苏省生态环境厅 2025 年 3 月 20 日发布信息，首批温室气体自愿减排项目近日完成登记，江苏项目核心指标均居全国首位。[①]

第三节　健全绿色金融发展体系

绿色金融是指为支持环境改善、应对气候变化和资源节约高效利用的经济活动，即对环保、节能、清洁能源、绿色交通、绿色建筑等领域的项目投融资、项目运营、风险管理等所提供的金融服务。常见的绿色金融产品包括绿色信贷、绿色债券、绿色保险、绿色基金、绿色租赁、绿色信托、绿色票据、碳金融产品等金融工具。发展绿色金融是建设金融强国的"五篇大文章"之一。2016 年 8 月 31 日，中国人民银行等七部委发布《关于构建绿色金融体系的指导意见》。经过几年努力，我国已初步形成支持绿色金融发展的政策体系和市场环境，绿色金融在推动经济绿

---

① 据了解，全国温室气体自愿减排交易市场首批核证自愿减排量（CCER）登记的项目共 9 个，年均减排量 358.9 万吨，10 年计入期减排量 3 588.9 万吨。其中，江苏 4 个项目入选，占比 44.4%；计入期总减排量占比 56.1%。

色转型过程中发挥着重大作用。截至 2023 年底，21 家主要银行绿色信贷余额达 27.2 万亿元，同比增长 31.7%。2021 年 11 月，中国人民银行正式推出了碳减排支持工具，激励和引导绿色低碳发展。截至 2024 年 6 月末，碳减排支持工具余额已达 5 478 亿元，累计支持金融机构发放碳减排贷款超 1.1 万亿元，覆盖 6 000 多家经营主体，带动年度碳减排量近 2 亿吨，有力推动了经济社会向低碳轨道转型。2024 年 3 月，中国人民银行等七部委联合发布了《关于进一步强化金融支持绿色低碳发展的指导意见》，2024 年 10 月，中国人民银行等四部门印发《关于发挥绿色金融作用 服务美丽中国建设的意见》，进一步完善了绿色金融政策框架和顶层设计。

一、探索绿色金融支持生态产品价值实现

绿色金融是推动生态产品价值实现必不可少的催化剂。近年来，各地积极探索绿色金融支持生态产品价值实现的路径模式，引导银行、基金、担保等多元金融机构丰富信贷抵押物种类和形式，成立绿色投资基金，完善担保体系等。

第一，创新"生态资产权益抵押+项目贷"等模式。要不断探索绿色金融产品创新，拓展权益类、增信类信贷抵押物的范围，创新生态信用贷模式，不断拓宽绿色信贷渠道。引导金融机构按市场化原则加大对林权抵押贷款的支持力度，提高林权抵押率。探索基于碳汇权益的绿色信贷产品，符合条件的可纳入碳减排支持工具范围，支持符合条件的发行人发行乡村振兴票据或以林权作为担保发行债券。支持保险机构创新开发各类林业保险产

品，鼓励地方政府将林业保险产品纳入地方优势特色农产品保险奖补政策范围。推动生态资产资本化以及生态产品资产证券化，有序推动生态资源权益交易，实现生态资源一体化管理、开发和运营。鼓励各类金融机构根据生态产品开发项目的发展需求和风险等级创新金融产品，引入证券化、股权投资、抵质押贷款、保险等。建立"资产+"绿色融资模式，推动生态资源权益及其收益权等质押融资模式创新。例如，浙江丽水创新形成"生态区块链贷"。

第二，加快实施"金融+生态"工程。制定 GEP[①] 抵（质）押贷款操作实施细则，推出 GEP 生态价值贷，探索调节服务类生态产品价值实现，鼓励金融机构开展碳排放权、碳汇收益权、公益林补偿收益权等生态资产权益抵质押融资业务。鼓励银行机构加大对生态产品经营开发主体中长期贷款支持力度。鼓励政府性融资担保机构为符合条件的生态产品经营开发主体提供融资担保服务。探索生态产品资产证券化路径和模式。例如，浙江德清 GEP 贷等绿色信贷模式。

二、加快健全碳市场金融功能

在碳市场中，碳排放权已成为一种资产，可以进行交易，激励企业减少碳排放量，提高能源利用效率，从而推动绿色发展，

---

① GEP，生态系统生产总值，也称生态产品总值，是指生态系统为人类福祉和经济社会可持续发展提供的各种最终物质产品与服务（简称"生态产品"）价值的总和，主要包括生态系统提供的物质产品、调节服务和文化服务的价值。

而金融功能应该在其中发挥关键作用。碳市场金融功能不仅体现在交易环节，还体现在风险管理、投资和融资等方面。金融机构通过提供碳金融产品，如碳债券和碳基金等，为碳减排提供融资渠道。对碳市场而言，价格发现功能至关重要。金融化的碳市场，其核心是让市场真正活跃起来，让价格发现功能真正形成。金融机构应该逐渐由代理开户、结算等中间服务，转向交易、做市等行为。碳交易品种需要由以现货为主逐渐转向现货、期货及其他金融衍生品并存的格局。通过逐渐形成金融化的碳市场，达到碳市场与金融的高度融合。

碳金融产品主要是金融机构围绕碳排放权配额履约及交易，引入融资、保理、资产管理、基金、债券等金融产品，包括但不限于碳资产质押融资、碳金融结构性存款、碳中和债券、低碳信用卡等。碳资产质押融资，是控排企业将碳排放权作为抵质押物进行融资。碳金融结构性存款，是通过金融衍生交易将产品的还本付息金额与碳排放权交易价格波动挂钩，同时引入碳配额交易作为新的支付标的，解决企业碳配额需求的理财产品。碳中和债券，是绿色债务融资工具的子品种，募集资金专项用于具有碳减排效益的绿色项目，募集资金应全部用于清洁能源、清洁交通、可持续建筑、工业低碳改造等绿色项目。环境权益融资工具企业基于合法拥有的碳排放权、排污权、用能权、水权、绿色电力证书等环境权益进行资金融通活动所使用的金融产品，主要包括环境权益直接融资工具（环境权益回购、环境权益借贷、环境权益债券等）和间接融资工具（碳配额抵质押贷款、排污权抵质押贷款等）。

三、推动金融机构绿色转型

绿色金融代表金融业发展的新方向,对我国金融机构意味着将迎来一场巨大的变革。德国是国际"绿色金融"的主要发源地之一,早在1974年,当时的联邦德国就成立了世界上第一家政策性环保银行,命名为"生态银行",专门负责为一般银行不愿接受的环境项目提供优惠贷款。2002年,世界银行下属的国际金融公司和荷兰银行,在伦敦召开的国际知名商业银行会议上提出了一项企业贷款准则,即"赤道原则"。这项准则要求金融机构在向一个项目投资时,要对该项目可能对环境和社会产生的影响进行综合评估,并利用金融杠杆促进该项目在环境保护以及周围社会发展方面发挥积极作用。"赤道原则"已经成为国际项目融资的一个新标准,全球有60多家金融机构宣布采纳"赤道原则",其项目融资额约占全球项目融资总额的85%。

目前,我国金融机构对发展"绿色金融"普遍态度积极,但在具体实践中面临着诸多障碍,如"绿色金融"业务风险较高而收益偏低、缺乏专业领域的技术识别能力、相关政策不完善、除再贷款外没有贴息政策等。特别是金融机构内部在公司治理方面还没有建立起与绿色金融配套的制度,缺乏符合绿色金融发展需要的约束激励机制,环境保护和社会责任意识还很容易被经营业绩考核冲淡,业务决策流程环境因素考量、环境风险评估和管理等诸多方面还需要探索创新。为更好地发挥金融对绿色发展的支持作用,首先要完善政策体系,出台更加系统、配套的绿色金融政策法规,为金融机构开展绿色业务提供制度保障。要加快金融机构改革,改变传统的经营理念,积极推进业务转型。要在日常经营活动中引入环境观念，加强员工环保意识和业务流程的环境评估。要进一步有针对性地提高风险管理水平和业务创新能力。要进一步放开和扩大银行业的综合经营范围，商业银行有必要把金融创新和发展绿色金融有机结合起来，创造性地通过贷款、理财、担保、租赁、信托等多种金融工具积极发展绿色金融市场。要加强能力建设，提升金融机构绿色金融专业能力，培养复合型人才，提高绿色项目识别和风险管理水平。推动金融科技在绿色金融领域的应用，提高绿色金融服务的效率和精准度。此外，要加强监管引导，将绿色发展要求纳入金融监管评价体系，引导金融机构主动服务绿色低碳发展。

第二十一章
扩大高水平对外开放

开放是中国式现代化的鲜明标识。党的二十届三中全会《决定》强调，必须坚持对外开放基本国策，坚持以开放促改革，依托我国超大规模市场优势，在扩大国际合作中提升开放能力，建设更高水平开放型经济新体制。当前，我国全面深化改革已进入深水区，无疑需要以高水平对外开放促进深层次改革，增强开放环境的稳定性和可预见性。

第一节　对标国际高标准经贸规则

制度型开放是高水平开放的重要标志。制度型开放就是以规则、规制、管理、标准为主的开放。要主动对接国际高标准经贸规则，在产权保护、产业补贴、环境标准、劳动保护、政府采购、电子商务、金融领域等实现规则、规制、管理、标准相通相容，打造透明稳定可预期的制度环境。

一、高质量实施《区域全面经济伙伴关系协定》

作为亚太区域经济一体化建设的里程碑式成果,《区域全面经济伙伴关系协定》(RCEP)于 2022 年 1 月 1 日正式生效实施。RCEP 涵盖贸易和投资自由化、便利化的各个方面,其关键内容是减免关税——区域内 90% 以上的货物贸易将逐步实现零关税。两年多来,RCEP 持续推动区域经贸合作向纵深发展,区域贸易成本大幅降低,产业链供应链联系更加紧密,为地区经济一体化和发展繁荣注入强劲动力。作为主要参与者,我国全面履行了承诺和义务,零关税比例已超过 65%,在原产地规则、海关程序、技术标准等方面也将实现统一。2023 年,中国对 RCEP 其他 14 个成员合计进出口总额达 12.6 万亿元,比 RCEP 生效前的 2021 年增长 5.3%。中国对 RCEP 其他成员的非金融类直接投资同比增长 26.0%,高于中国对全球直接投资增速 14 个百分点。特别是 2023 年,中国对东盟的投资增幅高达 44.6%,双向累计投资超过 3 800 亿美元。

2024 年 5 月 30 日,商务部办公厅印发《关于参考借鉴好经验好做法 高质量实施〈区域全面经济伙伴关系协定〉(RCEP)工作的通知》,要求出台高质量实施 RCEP 的行动计划和支持政策,指导企业用好用足原产地相关规则,加强与 RCEP 成员服务贸易合作,深入研究并积极运用 RCEP 服务贸易、数字贸易等规则利好,支持数字贸易基地和重点企业积极融入 RCEP 数字贸易市场网络,加强与 RCEP 成员在中医药领域的合作。大力拓展跨境电商新兴业态合作,积极拓展 RCEP 市场。不断完善匹配 RCEP 的金融服务体系,鼓励 RCEP 区域内贸易投资活动更多使用人民币结算等。深化与RCEP成员双向投资合作，支持RCEP区域内跨国公司在本地设立地区总部和外资研发中心，鼓励本地企业在RCEP区域内进行产业链供应链"强链、固链、补链"布局。对标RCEP等国际高标准自贸协定，加强对企业社会责任、环境问题、竞争政策、经济技术合作等领域和相关规则的研究和应用，积极探索构建与国际通行规则相衔接的制度体系和监管模式。通过向东盟单边开放，争取到2030年使我国成为东盟最大的消费品市场。

RCEP是亚太区域一体化的重要制度安排，符合亚洲国家的共同利益。2025年5月15日，《区域全面经济伙伴关系协定》联委会第九次会议在日本东京举行。15个成员国及东盟秘书处派员参会。各方围绕高质量实施协定、新成员加入工作组职责范围文件、RCEP支持机构建设等议题进行深入讨论，取得积极进展。当前，深入推进RCEP的落实仍面临多方面的挑战，主要表现在以下几个方面。第一，原产地规则利用率不高，既有生效时间不长等因素，也有某些结构性因素。需要为RCEP的运行营造有利的政策环境，提供良好的基础支撑，保证供应链产业链稳定畅通。第二，需要把RCEP的机制化建设落到实处，推动RCEP向更高水平的自由贸易协定迈进。第三，要制定RCEP应对环境、气候等新挑战的战略，扩大RCEP的覆盖范围。第四，要着手建立RCEP争议解决的相关路径，RCEP要更加注重知识产权保护，组建RCEP法律协调小组或者法律协调委员会。

二、积极加入《全面与进步跨太平洋伙伴关系协定》

《全面与进步跨太平洋伙伴关系协定》（CPTPP）为我国制度

型开放提供了标尺与参考。作为高标准自由贸易协定，CPTPP具有开放标准高、覆盖范围广、边境后议题多等特点，涉及知识产权保护、环境保护、国有企业改革、政府采购、补贴、劳工标准、监管一致性、透明度、反腐败等多个领域。我国已正式申请加入CPTPP，需相应推进国内各领域改革。

CPTPP是亚太国家组成的自由贸易区，是美国退出《跨太平洋伙伴关系协定》（TPP）后该协定的新名字。2018年3月8日，日本、加拿大、澳大利亚、智利、新西兰、新加坡、文莱、马来西亚、越南、墨西哥和秘鲁签署了CPTPP，该协定于同年12月30日正式生效。2021年9月16日，中国正式提出申请加入CPTPP。2023年7月16日，CPTPP在新西兰奥克兰召开部长级会议，正式批准英国加入。

CPTPP最鲜明的标准就是"三零"原则。一是零关税。货物贸易高度自由化，各成员平均实现零关税产品的税目数和贸易额占比约99.5%。除日本（零关税产品税目数和贸易额占比均为95%）外，其他成员零关税产品税目数和贸易额占比均在99%以上。被排除在零关税产品范围外的主要是农水产品。二是零补贴。政府对国有企业提供的非商业支持，不得损害其他成员及其产业的利益。要求各国政府在企业监管方面保持非歧视和中立性。三是零壁垒。大幅开放服务和投资市场，以负面清单方式实施市场开放，即除列入负面清单中的不符措施外，成员必须给予外国服务提供者和投资者国民待遇，取消市场准入限制。金融领域要求取消涉及机构数量、业务量、人员数量和企业形式等方面的市场准入限制。确保与互联网和数字经济有关的信息和数据的自由流动。要求各方全面开放政府采购市场。总的来看，虽然

CPTPP搁置了TPP中一些实施难度较大的争议条款,但依然是目前全球开放水平最高、规则标准最高的贸易与投资协定,代表着未来多边贸易体制发展的方向与趋势。与RCEP相比,CPTPP的开放水平和规则标准更高,CPTPP在自由贸易的深度与广度上超过RCEP。零关税、零补贴和零壁垒的"三零"原则,尤其是非关税壁垒和出口补贴的规定,将改变众多行业的游戏规则。在服务贸易和投资准入方面,RCEP采用"正面引导+负面清单"的逐步开放模式,CPTPP则直接采取负面清单模式。在谈判领域和议题方面,RCEP主要集中在传统的自由贸易领域,而CPTPP的谈判领域和议题更加广泛,尤其是增加了劳动和环境保护方面的相关要求。

我国虽然已申请加入CPTPP,并表示中方已经就协定内容进行了充分、全面和深入的研究评估。中方愿通过改革,努力全面达到CPTPP规则标准,并在市场准入领域做出超过中方现有缔约实践的高水平开放承诺,向各成员提供具有巨大商业利益的市场准入机会。[①]然而,对标CPTPP规则,我国仍面临以下挑战:需要全面实施货物贸易零关税;需要进一步开放市场准入特别是服务贸易领域;需要确保数据跨境自由流动;涉及补贴、竞争中性、国有企业、劳工标准、知识产权保护等一系列边境后规则方面的改革。从长远来看,加入CPTPP总体符合中国的发展利益,能为中国带来众多机遇。积极加入CPTPP将加速赋能我国国内

---

① 2025年4月17日,《中华人民共和国和马来西亚关于构建高水平战略性中马命运共同体的联合声明》发布,其中提及,马方欢迎中方申请加入CPTPP,重申CPTPP对能够满足"奥克兰三原则"的经济体加入保持开放。

经济体制改革，破除现有的某些僵化制度，建立与最新国际贸易格局、最高国际贸易水平相适应的经济体制。

三、推进加入《数字经济伙伴关系协定》

《数字经济伙伴关系协定》（DEPA）由新加坡、智利、新西兰三国于2020年6月12日在线上签署，旨在加强三国间的数字贸易合作并建立相关规范。2024年5月3日，韩国宣布正式加入DEPA。2021年11月1日，中国正式提出申请加入DEPA。2022年8月18日，中国加入DEPA工作组正式成立，全面推进中国加入DEPA的谈判。2024年5月7日，中国加入DEPA工作组第五次首席谈判代表会议在新西兰奥克兰举行。

DEPA以电子商务便利化、数据转移自由化、个人信息安全化为主要内容，并对加强人工智能、金融科技等领域的合作做了规定。DEPA包括16个模块：初步条款和一般定义、商业和贸易便利化、数字产品待遇和相关问题、数据问题、更广泛的信任环境、商业和消费者信任、数字身份、新兴趋势和技术、创新和数字经济、中小企业合作、数字包容性、联合委员会和联络点、透明度、争端解决、例外、最后条款。DEPA是一个比较新的协定，尽管它的体量规模较小，但它是全球第一个关于数字经济的重要规则安排。

党的十八大以来，党中央、国务院高度重视数据治理工作，相继出台《中华人民共和国网络安全法》《中华人民共和国数据安全法》《数据出境安全评估办法》《促进和规范数据跨境流动规定》等一系列法律和规定，为跨境数据流动提供了明确的法律遵循和规则指引。随着跨境数据流动的日益频繁以及各国相互联系、相互依存程度的空前加深，数据治理逐渐成为具有全球性的复杂议题，并且易与其他全球性问题相互交织。因此，我国需要积极参与跨境数据流动的全球治理，主动参与和推动相关国际准则与标准的制定，为全球数字经济的健康发展做出积极贡献。申请加入DEPA，符合中国进一步深化国内改革和扩大高水平对外开放的方向，有助于中国在新发展格局下与各成员加强数字经济领域合作，促进创新和可持续发展。

DEPA要求缔约方提供电子版本的贸易管理文件，以促进无纸化贸易，提升贸易管理程序的有效性。DEPA要求缔约方在电子发票系统内进行合作，促进DEPA协定地区跨境使用电子发票。DEPA同意促进金融科技领域公司之间的合作，促进针对商业领域的金融科技解决方案的开发。在处理数字产品方面，DEPA承诺电子传输和以电子传输的内容在协定缔约方将不会面临关税，并承诺保障数字产品的国民待遇和最惠国待遇。缔约方将建立机制，以促进各国保护个人信息法律之间的兼容性和互操作性。DEPA允许在各成员之间开展业务的企业跨边界更无缝地传输信息，并确保它们符合必要的法规。DEPA各方应努力实现政府数据的公开，从而为企业（尤其是中小企业）创造新的机会。

中国在数字贸易治理问题上更强调数字主权和国家安全。考虑到跨境数据的自由流动和计算设施的非强制本地化可能给国家安全带来的风险，中国对相关议题采取了较为严格的监管政策，与DEPA存在重要分歧。①中国一直以来都强调基于数据主权安全的数据跨境流动。2024年2月28日，国务院办公厅印发《扎实推进高水平对外开放 更大力度吸引和利用外资行动方案》，提出支持外商投资企业与总部数据流动，规范数据跨境安全管理，组织开展数据出境安全评估、规范个人信息出境标准合同备案等相关工作，促进外商投资企业研发、生产、销售等数据跨境安全有序流动。制定粤港澳大湾区跨境数据转移标准，依托横琴粤澳深度合作区、前海深港现代服务业合作区等重大合作平台，建立港澳企业数据跨境流动机制，探索建立跨境数据流动"白名单"制度，稳步推动实现粤港澳大湾区内数据便捷流动。同时，健全数据跨境流动规则，科学界定重要数据的范围。全面深入参与世界贸易组织电子商务谈判，推动加快构建全球数字贸易规则。探索与DEPA成员方开展数据跨境流动试点，加快与主要经贸伙伴国家和地区建立数据跨境流动合作机制，推动构建多层次全球数字合作伙伴关系网络。

第二节　扩大服务业领域开放

目前，我国已进入以制度型开放为主的新阶段。制造业领域开放已确定了准入清零目标，现在准入最大的难点是服务业领域。服务业领域是制度性要求最高且最为复杂，也是我国改革最

---

① 2025年3月5日，《政府工作报告》提出，积极推动加入《数字经济伙伴关系协定》进程。5月16日，商务部国际贸易谈判代表兼副部长李成钢出席中国与《数字经济伙伴关系协定》成员部级会议。

薄弱、开放最缓慢的领域。要通过扩大服务业开放，推进国内服务业领域的改革。

党的十八大以来，我国依托各类平台载体，不断推动服务业自主开放，取得了明显成效。然而，许多开放措施仍然局限于"点"上的突破，尚未形成"面"上的开放态势。具体而言，在批发与零售（分销服务）、旅游与旅行、运输等领域的开放水平相对高一些。而电信（通信服务）、金融、医疗（健康与社会服务）、教育等领域的开放水平相对较低。不过，服务业的开放比制造业更为复杂。2024年8月19日，国务院常务会议提出要进一步放宽外资准入，抓紧推进电信、教育、医疗等服务领域开放。2025年《政府工作报告》提出，推进服务业扩大开放综合试点示范，推动互联网、文化等领域有序开放，扩大电信、医疗、教育等领域开放试点。

一、扩大电信业务开放

电信业是国民经济的战略性、基础性、先导性行业，是吸引外商投资、推动高水平对外开放的重要领域。我国电信业务主要分为基础电信业务和增值电信业务两大类：基础电信业务通常指需要建设网络基础设施才能提供的业务，如固定通信、移动通信等；增值电信业务通常指利用公共网络基础设施提供附加的电信与信息服务，如电子商务、互联网数据中心等。2001年，我国加入世界贸易组织时首次对外开放电信市场，具体开放措施包括：基础电信业务开放了12项业务中的6项，外资股比不超过49%；增值电信业务开放了10项业务中的4项，外资股比不超过 50%。近年来，我国持续扩大增值电信领域对外开放，包括对港澳资本开放全部 10 项增值电信业务，在自贸试验区开放除互联网数据中心（IDC）和内容分发网络（CDN）外的 8 项增值电信业务，在全国范围开放 6 项增值电信业务，其中 4 项业务取消外资股比限制。2024 年 4 月，工业和信息化部发布《关于开展增值电信业务扩大对外开放试点工作的通告》，在北京市服务业扩大开放综合示范区、上海自由贸易试验区临港新片区及社会主义现代化建设引领区、海南自由贸易港、深圳中国特色社会主义先行示范区率先开展试点。试点内容包括取消互联网数据中心、内容分发网络、互联网接入服务（ISP）、在线数据处理与交易处理，以及信息服务中信息发布平台和递送服务（互联网新闻信息、网络出版、网络视听、互联网文化经营除外）、信息保护和处理服务业务的外资股比限制。通过试点开放互联网数据中心业务和互联网信息服务，将有利于促进我国算力基础设施发展，推动我国数字经济发展。2025 年一季度，工业和信息化部已向 13 家外资企业发放增值电信业务经营试点批复。截至 3 月底，我国已有超过 2 400 家外商投资电信企业，较去年同期增长 26.5%。下一步，要开展试点取消互联网接入服务（仅限为用户提供互联网接入服务）、信息服务（仅限于应用商店，不含禁止外商投资领域）等业务的外商投资股比限制，并向外资开放了国内互联网虚拟专用网业务，外资股比不超过 50%。鼓励发展数据标注产业，健全数据交易市场体系，支持发展"来数加工"等新业态和新模式，发展游戏出海业务。进一步提升外资准入便利化水平。在海南自贸港探索放宽基础电信业务的外资准入限制，进一步推动电信业的高水平对外开放，促进我国电信市场健康发展和国际竞争力提升。

二、扩大教育对外开放

教育对外开放是教育现代化的鲜明特征和重要推动力。党的十八大以来，我国在教育对外开放方面取得了显著成效，已成为世界上最大的国际学生生源国和亚洲最大的留学目的地国。我国通过中外合作办学，引进了一批境外优质教育资源。目前，经教育部批准和备案的各层次中外合作办学机构和项目近2 300个，其中本科以上机构和项目近1 200个。此外，国际中文教育方兴未艾，孔子学院（孔子课堂）及其在线平台为各国各界人士学习汉语、了解中国文化创造了有利条件。然而，当前教育对外开放仍面临一些问题和挑战。例如，除合作办学、管理人员国籍准入限制外，还存在学历学位不互认、学历型远程跨境教育不予承认等问题。学前教育、普通高中和高等教育机构限于中外合作办学，还须由中方主导，校长需有中国国籍。中外合作办学机构不得设立分支机构，理事会、董事会或联合管理委员会的中方组成人员不得少于1/2；外国教育机构不得独资举办职业培训机构等。党的二十届三中全会《决定》明确提出，推进高水平教育开放，鼓励国外高水平理工类大学来华合作办学。教育部等八部门联合发布了《教育部等八部门关于加快和扩大新时代教育对外开放的意见》。下一步，要着力破除体制机制障碍，加大中外合作办学改革力度，探索适当放宽合作办学主体和办学模式的限制。支持粤港澳大湾区建设国际教育示范区，支持长三角地区率先开放、先行先试，支持雄安新区打造教育开放新标杆，支持海南建设国际教育创新岛。探索取消合作办学及教学管理人员国籍限制。除义务教育和宗教教育禁止准入外，其他均可放开独资经营。在海南自贸港、粤港澳大湾区、自由贸易试验区先行先试，按照民办学校要求，放开对外资创办学前教育、普通高中和高等教育限制。加强与国际教育机构的合作，推动学历学位互认，提高国际学生的流动性和教育质量。逐步承认学历型远程跨境教育，充分利用现代信息技术，提升教育的国际化水平，吸引更多优质国际教育资源，促进教育高质量发展，为建设教育强国提供有力支撑。

三、稳步扩大健康医疗服务领域开放

近年来，医疗领域开放逐步推进。2019年2月，中共中央、国务院印发《粤港澳大湾区发展规划纲要》，支持港澳医疗卫生服务提供主体在珠三角九市以独资、合资或合作等方式设置医疗机构。2023年12月，国家发展改革委、商务部发布《关于支持横琴粤澳深度合作区放宽市场准入特别措施的意见》，提出放宽港澳医疗机构准入限制，鼓励在合作区设立港澳独资、合资医疗机构，制定支持澳门服务提供者在合作区开办诊所、门诊部等医疗机构的政策措施。同年11月底，横琴首家获批由澳门执业医生开设的诊所正式营业。2021年4月，深圳市出台《关于加快推动医疗服务跨境衔接的若干措施》，明确支持引进港澳等境外资本、境外名医名院名诊所，在深开办高水平国际化医院或名医诊疗中心。为推进两岸交流合作，2020年10月厦门市卫健委、2024年1月福州市卫健委相继出台关于实施台湾地区服务提供者在厦门、福州设立个体诊所有关措施的通知。2023年11月，国务院批复同意《支持北京深化国家服务业扩大开放综合示范区建设工作方案》，提出支持符合条件的外籍及港澳台医生在京开设诊所。2024年11月29日，国家卫生健康委、商务部、国家中医药局、国家疾控局4部门印发《独资医院领域扩大开放试点工作方案》，允许在北京、天津、上海、南京、苏州、福州、广州、深圳和海南全岛设立外商独资医院（中医类除外，不含并购公立医院）。据统计，截至2025年5月，合资、独资医疗机构有150多家，主要分布在北京、上海、天津、重庆、广州等试点城市。

尽管医疗领域开放取得了一定进展，但仍存在一些问题和挑战。目前，医疗服务领域除合资、股比、人员国籍等准入限制外，还存在执业资格不互认、非国民待遇等问题。除试点城市外，我国仅允许外资以合资形式设立医院或诊所，且不能设置分支机构，持股比例不高于70%，医生和医务人员必须为中国籍（试点城市也仅限短期执业）。在执业资格互认方面，除国内执业资格、标准体系与国外差异这一客观因素外，国内规制也存在障碍。外国医师来华短期行医实行执业注册制，长期行医须按照《中华人民共和国执业医师法》进行准入，注册执业，并参加医师定期考核。

要进一步加大医疗领域开放力度，制定健康医疗服务领域境外职业资格清单，支持符合条件的外籍及港澳台医生在京开设医疗机构；制定北京市诊所备案管理办法，支持符合条件的港澳诊所实施备案管理。探索取消合资方式及医务管理人员国籍限制。对外商独资医疗机构，可在试点基础上逐步向全国拓展，参照民营医疗机构监管方式完善相关规制。推动医师执业资格与发达国家互认，推动行业标准和资格认证国际化。在确保数据安全和患者隐私的基础上，探索健康医疗数据库的共建共享，加强临床医疗数据的标准化和院际间的共享等。

四、推进金融高水平对外开放

金融开放是我国对外开放格局的重要领域。近年来，我国推出了一系列金融对外开放政策举措，形成了多渠道、多层次的开放格局；启动了沪深港通、沪伦通、内地与香港债券通、互换通等机制，中国债券也被纳入全球三大债券指数。2024年，中国人民银行、国家外汇管理局联合发布公告，修订了《境外机构投资者境内证券期货投资资金管理规定》，进一步优化合格境外机构投资者和人民币合格境外机构投资者（QFII/RQFII）跨境资金管理。近年来，取消了合格境外机构投资者（QFII）和人民币合格境外机构投资者（RQFII）投资额度限制，取消银行、证券、基金管理、期货、人身险领域的外资持股比例限制，取消企业征信评级、信用评级、支付清算等领域的准入限制。截至2024年10月底，2024年内已有61家外资机构获批合格境外投资者资格，包括阿曼投资局、伦敦大学退休金计划、英国养老保障基金委员会等知名机构，合格境外投资者总数超850家。目前，境外24家全球系统重要性银行均在内地设有机构，境外40家最大的保险公司已有近半数进入内地。金融领域虽已取消准入限制，但仍存在外资金融机构经营范围受限、批复周期长、资本账户开放不足、对资金跨境支付和流动存在限制等问题。要加快建设上海国际金融中心，完善准入前"国民待遇+负面清单"管理模式，支持符合条件的外资机构参与金融业务试点。稳慎拓展金融市场互联互通，优化合格境外投资者制度。对标国际高标准经贸协议中金融相关规则，精简限制性措施，提升跨境投融资便利化水平。加大对跨国公司跨境投融资便利化的支持力度，依托本外币合一银行结算账户体系，便利跨境贸易和投资项下资金结算。优化升级跨国公司本外币跨境资金集中运营管理政策，进一步便利跨国公司集团资金归集使用。扩大外资金融机构营业范围。扩大期货、债券等金融衍生品市场开放，引入更多风险管理产品以满足实体经济需求，完善境外企业在境内市场发行中国存托凭证（CDR）等制度。吸引境外保险公司、主权基金、养老基金、ESG（环境、社会和治理）基金等机构为绿色项目提供投融资和技术服务。推进资本账户开放。提升资本项下跨境资金流动的便利性，支持浦东率先探索资本项目可兑换的实施路径，创新人民币国际化金融产品，扩大境外人民币返程投资金融产品范围，促进人民币资金跨境双向流动。支持重庆在中新（中国和新加坡）战略性互联互通示范项目下开展数字人民币试点，建立与新加坡金融机构协同联动、信用信息共享机制，搭建跨境征信服务平台。健全金融风险防控体系，完善风险预警机制，及时防范化解金融风险。

五、推进服务业扩大开放综合试点示范

国家服务业扩大开放综合试点示范是党中央、国务院的重大开放举措，承担着为全国服务业改革开放探索新路径的重要任务。2015年，试点工作首先在北京启动，随后历经一次升级、两次扩围，现已拓展到11个省市，包括4个直辖市、海南省和6个

副省级城市，基本形成了覆盖东南西北中的开放布局。8年来，试点示范先后推出7轮15份试点方案、1 300多项试点任务，涵盖科技、电信、文旅、金融等13个重点行业领域。根据地方实践，试点示范提炼形成190多项创新成果，并先后9次向全国推广。

2020年9月，为更好发挥北京在服务业开放中的引领作用，国家支持北京打造国家服务业扩大开放综合示范区。三年多来，北京市聚焦科技、电信、文化等现代服务业，已实施120多项试点举措。从2015年开展服务业开放试点以来，到2020年示范区建设，作为首个国家服务业扩大开放综合试点和示范区，已累计出台526项任务，形成了一系列全国首创的创新成果。北京市在服务业扩大开放、服务贸易便利化、开放型经济营商环境优化等方面先行先试，实施了近50项全国首创性政策，落地了70多个全国标志性项目，建设了90多个功能型服务性平台，形成了50多项体制机制创新，率先探索了以服务业为主导的产业开放模式。

2023年，国务院批复同意《支持北京深化建设国家服务业扩大开放综合示范区工作方案》，这是在2020年出台的示范区1.0方案基础上的迭代升级，被称为"示范区2.0方案"。这一方案更加注重探索推动制度型开放，共推出170多项新的试点举措，其中涉及对接国际高标准经贸规则方面的相关举措达到70项，占整个试点任务的40%。在海关监管、金融服务、数据跨境流动等方面，探索对接国际高标准经贸规则；适应产业基础高级化和产业链现代化的需要，为业态创新和跨界融合提出近40项试点任务。在优化贸易投资制度安排方面，提出推动贸易单证电子化传输、便利部分再制造产品进口等举措。在优化金融服务体系方面，提出探索优化资本项目下负面清单管理模式、便利企业资金跨境流动、促进金融服务绿色低碳循环经济等措施。在建设数字经济制度体系方面，提出了建立健全数据交易、数据权属登记、数据资产评估、数据开发利用等相关制度和机制，对部分业务场景开展全链条监管。在公共管理服务方面，提出了便利引进人才签证办理、建设外籍人才办事"单一窗口"，以及加强知识产权数据共享、业务协同与国际交流等举措。

北京"示范区2.0方案"是中国高水平对外开放的最新实践，将为我国积极推进加入高标准经贸协定、构建高标准服务业开放制度体系提供有力支撑。2025年4月8日，国务院批复商务部《加快推进服务业扩大开放综合试点工作方案》（国函〔2025〕39号），在已有试点地区基础上，将大连市、宁波市、厦门市、青岛市、深圳市、合肥市、福州市、西安市、苏州市等9个城市纳入试点范围。要以北京示范区以及10个试点省市实践为基础，进一步总结好经验、好做法，更好地发挥试点示范对全国服务业开放的示范引领作用，及时将相关成功经验在全国其他试点省市乃至全国复制推广。

第三节　推进开放压力梯次测试

加入CPTPP和DEPA是我国既定的战略目标。为了实现这一目标，要用好海南自由贸易港的开放标杆作用，支持具备条件的自贸试验区开展高水平开放压力测试，主动对接国际高标准经贸规则，在产权保护、产业补贴、环境标准、劳动保护、政府采购、电子商务、金融领域等实现规则、规制、管理、标准相通相容，打造透明稳定可预期的制度环境。

一、实施自由贸易试验区提升战略

建设自贸试验区，是以习近平同志为核心的党中央在新时代推进改革开放的重大战略举措。自2013年以来，已在全国部署设立22个自贸试验区，形成了覆盖东西南北中的开放格局。自贸试验区推出了一系列具有基础性和创新性的改革开放措施，如外资准入负面清单、跨境服务贸易负面清单、国际贸易"单一窗口"、"证照分离"改革等。这些措施在国家层面已复制推广了349项，地方自主推广了3 200余项创新成果，有效发挥了改革开放综合试验平台作用。

实施自贸试验区提升战略，旨在重点推进规则、规制、管理、标准等制度型开放，牵引国内相关领域改革。在先行先试改革中，一些涉及我国与CPTPP差距较大的规则，如市场准入、投资规则等条款，可以在自贸试验区内进行试验，逐步由点到面地推广。2023年，国务院印发《关于在有条件的自由贸易试验区和自由贸易港试点对接国际高标准推进制度型开放若干措施的通知》，系统对接CPTPP和DEPA中的规则条款，并开展先行先试。要把工作的着力点放在对接国际高标准经贸规则、推进制度型开放上，更好发挥自贸试验区改革开放综合实验平台作用。

第一，持续降低关税水平。我国最惠国关税税率中零关税产品的税目占比为8.42%，与CPTPP的要求相比仍有较大差距，尤其是在工业品降税方面压力较大。应积极履行RCEP等区域贸易协定的减税义务，加大关税减让力度，大幅降低工业品关税水平，提升零关税产品比例。同时，我国现行的监管制度与市场准入存在一定的差别。如我国严禁进口被列入《禁止进口的旧机电产品目录》的再制造货物。要推动货物贸易监管方式创新，取消维修产品进口限制，取消再制造产品进口关税。

第二，缩减市场准入负面清单。我国市场准入限制性措施仍然较多。《外商投资准入特别管理措施（负面清单）（2021年版）》共31项[①]，包括农业4项、第二产业4项、服务业23项，尤其是物流、医疗、教育、文化、商务、电信、数字技术和数字内容服务等领域的准入限制已经成为重中之重的问题，这些也是外资进入意愿较强的领域。从限制程度看，我国均为禁止准入或合资要求，负面清单31项措施中前者21项、后者10项。要大幅消减信息技术、交通运输、医疗、教育、文化、专业服务等领域的限制性壁垒。按照分类分步原则对行业细分并评估风险等级，风险较高的在自由贸易试验区和自由贸易港先行先试，逐步推广。探索更加灵活的管理措施，改变负面清单过多采用禁止准入和股比限制等方式。可考虑在不同的自贸试验区取消不同的限制措施，缩短试验的时间，及早释放改革开放的红利。

[①] 国家发展改革委、商务部于2024年9月8日发布第23号令，发布《外商投资准入特别管理措施（负面清单）（2024年版）》，全面取消制造业领域外资准入限制措施，全国范围的外资准入限制措施由31条减至29条，删除了"出版物印刷须由中方控股"及"禁止投资中药饮片的蒸、炒、炙、煅等炮制技术的应用及中成药保密处方产品的生产"条目，自2024年11月1日起施行。

第三，提高知识产权保护标准。我国在知识产权保护的范围和期限上与国际标准存在一定差距。如我国在知识产权诉讼中存在诉讼周期长、对侵权违法者处罚较轻等问题。CPTPP 要求成员将任何具有商业目的或对版权人商业利益产生重大损害的盗版行为规定为犯罪行为，而我国仍将"违法所得数额较大"作为入罪标准之一，以量定罪与 CPTPP 以性定罪的标准存在较大差异，难以对侵权行为形成足够的威慑。应积极调整现有知识产权保护制度逐步与 CPTPP 规则相衔接，提高知识产权管理水平和治理能力，从重从严打击侵权盗版、恶意商标注册、窃取商业机密、网络剽窃等违法行为。完善法律法规，确保知识产权保护的范围和期限符合国际标准。建立高效的知识产权诉讼机制，缩短诉讼周期，加大对侵权行为的处罚力度。

二、加快建设中国（上海）自由贸易试验区临港新片区

2019 年 7 月 27 日，《中国（上海）自由贸易试验区临港新片区总体方案》发布，临港新片区作为"特殊经济功能区"，规划目标是在更深层次、更宽领域、以更大力度推进全方位高水平开放。成立 5 年来，中国（上海）自由贸易试验区临港新片区初步建立了以投资自由、贸易自由、资金自由、运输自由、人员从业自由等为重点，推进投资贸易自由化、便利化的"五自由一便利"开放型制度体系，重点聚焦跨境数据、跨境金融、高能级航运服务等领域，开展了更高水平的开放压力测试，累计形成 70 个全国首创性制度创新案例。

2023 年 11 月 26 日，国务院印发《全面对接国际高标准经

贸规则推进中国（上海）自由贸易试验区高水平制度型开放总体方案》，支持中国（上海）自由贸易试验区（含临港新片区）全面对接国际高标准经贸规则，在上海自贸试验区规划范围内，率先构建与高标准经贸规则相衔接的制度体系和监管模式。2024年8月，上海市审议通过了《关于支持中国（上海）自由贸易试验区临港新片区进一步深化高水平改革开放激发高质量发展强劲动力的若干意见》，提出5个方面16项政策措施。下一步，要重点围绕两个方面加大压力测试。

一是开展跨境金融业务。要围绕上海国际金融中心"一城一带一湾"规划布局，聚焦跨境金融、离岸金融、国际再保险、跨境融资租赁等开放创新业态，高水平建设滴水湖金融湾。在发展跨境金融和离岸金融方面，鼓励金融机构建设离岸、跨境金融中心等业务平台，推动非居民并购贷款业务创新发展，支持金融机构在依法合规、风险可控、商业可持续的前提下，参照国际通行规则，为新片区内企业和非居民提供跨境发债、跨境投资并购和跨境资金集中运营等跨境金融服务。支持新片区内企业开展真实、合法的离岸转手买卖业务，金融机构可按照国际惯例，为新片区内企业开展离岸转手买卖业务提供高效便利的跨境金融服务。在建设国际再保险功能区方面，进一步推动再保险市场、机构、业务、人才、数据等在新片区集聚，打造对标国际的国际再保险功能区。依托再保险功能区建设，推动跨境再保险等业务入场交易，率先开展保险共同体等风险分散机制试点。聚焦再保险等应用场景研究数据跨境清单，深化跨境贸易投资高水平开放试点。

二是推动跨境数据自由流动。目前，我国在跨境数据自由流动、互联网开放及数据安全管理方面明显滞后。如互联网新闻信息、出版、视听服务及经营等领域禁止外资准入。电子签名不被承认，电子认证机构互认存在障碍。要建设全覆盖的数字治理法律法规体系，完善跨境数据自由流动、数据知识产权保护、个人隐私保护、源代码保护、网络数据安全、电子认证和电子签名等法律法规。提升科技互联网资讯开放水平，为科研院所、研发机构接入域外网站获取文献、信息和数据，进行科技交流等提供便利。加强数据分类分级管理。实行负面清单管理制度，负面清单之外的一般性商业数据遵循跨境自由流动原则。设立国家敏感数据清单目录，对涉及国家安全、公共安全、个人隐私等数据要求本地化存储。按照"负面清单＋正面指引"的形式，推进重点领域数据跨境分类分级管理，为国家推进数据安全有序跨境流动提供"临港方案"。以建设 DEPA 合作区为抓手，推进电子提单、电子发票、数字身份认证等更多场景落地。聚焦银行支付等场景制定发布数据跨境操作指引和负面清单，促进数据高效流通使用。全面推进临港国际数据经济产业园建设，在数据跨境流动、数字基础设施建设等方面加大突破力度，力争将临港国际数据经济产业园建设为上海代表国家参与国际数据合作的高水平开放平台。促进数据依法有序自由流动，会同相关部门推进自贸试验区"负面清单"制定；深化国际数据中心建设，打造国际数据合作一站式服务窗口，为上海国际数据枢纽的建设不断探索创新。

三、加快建设海南自由贸易港

海南自由贸易港，是国家在海南岛全岛设立的自由贸易港。

2018年4月，在庆祝海南建省办经济特区30周年大会上，习近平总书记宣布，党中央决定支持海南全岛建设自由贸易试验区，支持海南逐步探索、稳步推进中国特色自由贸易港建设。2020年6月1日，中共中央、国务院印发《海南自由贸易港建设总体方案》；同年6月3日，海南自由贸易港11个重点园区同步举行挂牌仪式。

经过6年的发展，海南已成为中国内地最为开放的地方。一系列关键政策相继落地生效，出台了内地最短的外商投资负面清单和首份跨境服务贸易负面清单，三张"零关税"清单、外商投资准入负面清单、跨境服务贸易负面清单等发布实施；贸易、投资、跨境资金流动、人员进出、运输来往自由便利以及数据安全有序流动的政策制度体系加快建立。2024年5月6日，海南自由贸易港多功能自由贸易账户正式上线运行。海南是中国内地税负最低的地方，一般企业所得税税率为15%，个人所得税税率最高为15%。过去6年，吸引的外商投资超过了过去30年的总和。目前海南已经形成了以"零关税、低税率、简税制"和"贸易、投资等五自由便利+一安全有序流动"为基本框架的政策制度体系。海南累计发布制度创新案例16批140项，其中11项向全国复制推广。海南计划在2025年底前适时启动全岛封关运作，并实行"一线"放开、"二线"管住、岛内自由的管理模式。海南自贸港要对标国际自由贸易港，成为内地最开放的压力测试地，使海南自贸港对外开放始终保持"全国最优"。

第一，在竞争政策规则方面，我国在市场准入等方面仍存在诸多不平等竞争，特别是在电信、电力、石油、铁路、航空等领域对外资和民营企业长期存在准入限制。国有企业享受政府的显性或隐性优惠政策、接受政府各类补贴,这与CPTPP的禁止非商业援助原则相抵触。要深化国有企业分类改革,放宽电网、电信、铁路、航空、石油、天然气等垄断行业的市场准入限制。公益类国有企业应明确其提供公共服务的特殊义务,遵照CPTPP透明度义务处理其接受非商业援助的例外豁免。对具有双重任务属性的特定功能企业,要将其承担的公共属性和商业行为进行分离,仅对满足公共需求的非商业活动成本给予补偿,使其符合CPTPP的商业考虑和非商业援助要求。要建立补贴"正面清单"制度,及时公开政策执行情况。要建立有效监督机制,对信息进行披露并动态监督,通过财务会计报告、专项报告等定期向社会公开情况。要建立产业政策财政补贴退出机制,严格清理、避免地方政府给予企业出口补贴、进口替代补贴等禁止性补贴,全面梳理产业政策不合规的补贴措施,做到应退尽退,建立与国际通行规则相衔接的补贴机制与符合国际惯例的补贴体系。

第二,在交通运输领域,我国国内水上运输公司、公共航空公司须由中方控股,且公共航空公司一家外商及关联企业投资比例不得超过25%;通用航空公司法人须由中国籍公民担任,农、林、渔业通用航空公司限于合资,其他限于中方控股;民用机场建设经营须由中方相对控股,外方不得参与建设、运营机场塔台等。要探索调整水上运输、公共航空、民用机场建设与经营等对外资企业的股比限制;取消公共航空公司和通用航空公司法人必须由中国籍公民担任的要求,面向全球招聘优秀经营管理者。

第三,在医疗教育领域,尽快将博鳌乐城国际医疗旅游先行区部分政策的实施范围扩大到全岛,并进一步拓展政策深度。在博鳌乐城作为国际化高端医疗合作中心的前提下,尽快在全岛范围内实行医疗健康产业项目下的资金、人员、技术等要素的自由流动,把海南建成全国医疗健康消费的重要承接地,由此使全岛居民与广大旅游消费者受益。加快推动教育市场开放,允许和支持社会资本与外资投资教育领域,允许境内外具备条件的研发机构、教育组织、高水平企业在海南独资创办医疗健康、旅游、文化创意等职业院校,为自贸港建设培养中高端实用型、技能型、服务型人才。鼓励高校在海南进行科研成果转化,支持国内知名高校在海南建立国际学院,鼓励海南大力发展职业教育等事项。

第四,在文化服务领域,目前保留的500项行政审批事项中涉及文化服务贸易的有29项,包括内容审查、业务审查和机构审批等。文化服务贸易涉及国家文化安全和意识形态等敏感问题,应采取分类分级管理原则。要探索开放院线服务及电影、电视节目、出版物、演出团体等内容服务提供商的外资准入,外资与内资依法平等进行内容审查。推进文化服务领域法律法规体系建设,加强事中事后监管,引导外资企业合规经营。例如,在维持现有市场准入要求的前提下,在审批程序、层级等方面对海南给予一定的优惠政策等。

第五,劳工标准方面,我国尚未批准国际劳工组织关于结社权和集体谈判权的两项核心公约,工会制度仍与国际劳工组织公约存在差别。国际劳工组织认为,工会作为工人集体组织代表雇工与资方、政府谈判,其目的在于通过集体行动的方式保护工人权益。现实中,我国一些工会组织在劳资谈判中的作用被弱化,集体合同的内容多流于形式。在实践中超时加班、无带薪年休假、工作场所未达到安全和卫生条件等违法现象仍未得到有效遏制。要立足我国基本政治制度、基本国情实际和社会经济发展阶段对法律进行调整,健全符合国际劳工条约要求的法律体系和配套制度,合理界定强迫劳动的范围,补充就业歧视行为的具体民事责任和行政责任,确定赔偿和处罚标准。针对就业歧视、进城务工人员、农村用工等重点问题加大劳工权益保护执法力度,加大惩戒和监管力度,不断提高劳工权益保护水平。

第四篇

如何保障深层次改革

第二十二章
保持宏观经济稳定

宏观经济稳定是保障深层次改革顺利推进的重要环境。当前国际国内经济形势错综复杂，为全面深化重要领域、关键环节深层次改革，必须准确把握经济走势，实行科学有效的宏观调控，保持经济稳定增长，促进市场稳定和就业增长，守住不发生系统性风险的底线。

第一节　实现经济稳定增长

高质量发展是全面建设社会主义现代化国家的首要任务，是新时代的硬道理。当前，外部环境变化带来的不利影响增多，国内有效需求不足，重点领域风险隐患仍然较多，新旧动能转换存在阵痛。要增强风险意识和底线思维，积极主动应对，因地制宜发展新质生产力，着力推动高质量发展，加大宏观调控力度，增强经济持续回升向好态势。

一、实施积极的投资政策

投资是国内需求的重要组成部分，扩大投资对优化供给结构和拉动经济增长都具有关键作用。要把实施扩大内需战略同深化供给侧结构性改革有机结合起来，充分激发社会投资动力和活力。

第一，有效发挥政府投资放大效应。政府投资在扩大内需中具有牵引意义。为提高地方政府投资能力，合理扩大地方政府专项债券支持范围，适当扩大用作资本金的领域、规模、比例，更好发挥撬动作用。同时，完善政府债务管理制度，加快地方融资平台改革转型。要用好发行的超长期特别国债，加强国家重大战略实施和重点领域安全能力建设。加大力度推动"十四五"规划后半程实施，用好"十四五"规划中期评估，适当调整部分产业布局。高质量推进川藏铁路、西部陆海新通道等重大工程建设，加快推动中西部铁路和高速铁路主通道建设，推进货运铁路建设，加强重点港口铁路专用线建设，规范有序推进城市轨道交通和市域（郊）铁路建设。扎实推进沿边、沿海、沿江等国家高速公路和国道未贯通路段及瓶颈路段建设。全面推进国家水网建设，持续推进"十四五"规划重大水利工程各项工作等。组织实施城市基础设施提升改造行动，优先推进涉及重大公共安全和重要民生保障的城市管网安全提升、老旧居住区宜居改造、城中村综合改造、城市交通设施安全改造等工程建设，有序推进老旧街区（老旧厂区）转型提质、城市公共服务功能提升等工程建设。重点支持城市燃气、排水等地下管网改造和城镇老旧小区改造等城市更新项目。加大中央预算内投资对城镇老旧小区改造、城中村改造、危旧住房改造等城市更新项目的支持力度，将老旧街区（老旧厂区）改造等有一定收益的城市更新项目纳入地方政府专项债支持范围。

第二，发挥国有企业投资带动作用。国有企业特别是中央企业要发挥扩大有效投资的引导和带头作用。持续加大战略性新兴产业投资力度，特别是关键核心技术"卡脖子"环节投资。把新一代信息技术、人工智能、航空航天、新能源、新材料、高端装备、生物医药、量子科技等领域作为投资的重点。积极安排设备更新和技术改造类投资，适度超前推进5G、数据中心、算力中心等基础设施建设。发挥重大工程和重点项目的强引擎、硬支撑作用，与产业链上下游企业加大合作力度，激发带动社会投资。加大在粮食、能源、战略性矿产方面的投入力度，推动重要能源、矿产资源国内勘探开发和增储上产，做好资源保障和民生服务保障。

第三，着力稳定和扩大民间投资。坚持致力于为非公有制经济发展营造良好环境和提供更多机会的方针政策。深化投资审批制度改革，完善激发社会资本投资活力和促进投资落地机制。完善市场准入制度，优化新业态、新领域市场准入环境。深入破除市场准入壁垒，推进基础设施竞争性领域向经营主体公平开放，完善民营企业参与国家重大项目建设长效机制。支持有能力的民营企业牵头承担国家重大技术攻关任务。实施政府和社会资本合作新机制，设立民间投资引导专项，推动更多符合条件的民间投资项目发行基础设施领域不动产投资信托基金。认真落实《中共中央办公厅 国务院办公厅关于完善市场准入制度的意见》，对不涉及国家安全、社会稳定，可以依靠市场充分竞争提升供给质量的服务业行业领域逐步取消准入限制。对涉及重要民生领域的教育、卫生、体育等行业，稳妥放宽准入限制，优化养老、托育、助残等行业准入标准。清理不合理的服务业经营主体准入限制，不得在环保、卫生、安保、质检、消防等领域违规设置准入障碍。同时，要避免政府投资的挤出效应。

第四，积极吸引和利用外资。这是我国对外开放的长期方针。《外商投资准入特别管理措施（负面清单）（2024年版）》限制措施由31条减至29条，制造业领域外资准入限制措施实现"清零"，有利于进一步引导外资投向先进制造、高新技术等领域，进一步提升营商环境的市场化、法治化、国际化水平。要确保外资准入负面清单以外的领域，按照内外资一致的原则管理，切实给予外资企业国民待遇，让更多跨国公司分享投资中国机遇，让更多外资企业安心在中国长期经营发展。

二、实施扩张性财政政策

财政政策作为需求管理的重要手段，在短期内会影响总需求，从长期来看则会影响总供给。在现代市场经济条件下，财政政策大体可分为扩张性财政政策、紧缩性财政政策和中性财政政策三种类型。我国积极的财政政策是在特定的经济社会背景下提出并实施的，既不是紧缩性或中性财政政策，也不是扩张性或刺激性的财政政策，而是一种扩大国内需求的政策选择。积极的财政政策最早的举措是，1998年增发国债用于加快基础设施建设，1999年继续实施积极的财政政策，既加强基础设施建设，又支持企业技术改造。近十多年来，我国持续实施积极的财政政策，扩大国内需求，应对经济环境的变化，促进了经济稳定发展。

从当前和今后一个时期来看，积极的财政政策要更加积极，要把经济回升和促进经济稳定增长作为稳定预期、恢复市场信心的重中之重。从中长期来看，我国增发国债仍有较大潜力，特别是中央债务负担还有进一步提升空间。面对居民不愿消费、不愿买房，企业不愿投资的局面，财政政策要加大扩张力度，明确采取扩张性财政政策，加大扩内需的力度，没必要过早地担忧通货膨胀和债务负担问题。要考虑增发新的国债，以弥补土地出让收入下降缺口、税收减收缺口以及消费投资需求缺口。

三、实施适度宽松货币政策

货币政策是指为实现宏观政策目标而采取的货币供给变化以及利率调整等措施的总称。货币政策一般分为宽松的货币政策、中性的货币政策和紧缩的货币政策三类。而我国有适度从紧的货币政策、稳健的货币政策和适度宽松的货币政策之分，并在较长时间里实行稳健的货币政策。稳健的货币政策是1998年以后逐渐形成的，含义是指既保持金融对经济发展的必要支持，保持货币供应量适度增长，又防止盲目放松银行信贷。

需要注意的是，稳健的货币政策从本质上说，不是指政策本身稳健，而是指整个经济体系的稳健。在当前新的经济形势下，稳健的含义就是，要为经济平稳发展提供适合的货币环境，但不搞"大水漫灌"，担心在目前货币传导机制还不健全的情况下，采取大规模的货币宽松政策，不仅不能满足实体经济的货币需求，反而会加大股市、楼市等的资产泡沫，冲击市场，影响稳定。可见，稳健的货币政策的主基调，是要更加注重灵活运用多种货币政策工具，保持适度的市场流动性，实现货币信贷及社会融资规模合理增长。2008年应对国际金融危机时，我国首次提出实施适度宽松的货币政策。时隔十几年后，面对外部环境变化带来的不利影响加深，我国经济运行仍面临不少困难和挑战，特别是在国内需求不足的情况，2024年底召开的中央经济工作会议再次明确提出要实施适度宽松的货币政策。当前，居民和企业消费投资意愿不强，有效信贷需求不足，实施适度宽松的货币政策，要更多地考虑价格水平回到合理水平，特别是需要加强与财政政策的配合，在利率调整受限或边际政策效果不佳的情况下，不排除尝试实行中国式量化宽松的可能性。当前，要把支持实体经济增长、支持价格温和回升作为货币政策的根本考量。2024年的居民消费价格涨幅与全年3%的预期目标存在较大差距，2025年已将预期目标调低为2%。在当前情况下，实现这一目标显然有一定困难。为了更有效地支持实体经济和物价稳定，货币政策可能需要进一步加大力度。坚持支持性货币政策，更好发挥总量政策工具作用，用好用足政策空间，适时降准降息，着力改善市场预期，尽快使物价水平回归合理区间，名义经济增速尽快回到实际增速上方，增强各市场主体的微观感受和获得感。

四、推动物价水平合理回升

市场价格水平过低，这是我国宏观经济失衡的综合反映。促进价格水平回归合理区间，符合物价企稳回升的总体趋势，并为加大宏观政策调控力度和深化价格改革留有一定余地。要通过货币政策，促进社会融资规模、货币供应量同经济增长和价格水平预期目标相匹配，扩大有效需求，推动价格回升。

扩大居民消费是推动价格回升的根本动力[①]。针对当前经济运行中的新情况新问题，重点是把促消费和惠民生结合起来，促进中低收入群体增收减负，实施提振消费专项行动。加大对特定群体的支持力度。向特困人员、孤儿等困难群众发放一次性生活补助。提高学生资助补助标准并扩大政策覆盖面，提高本专科生、研究生国家助学贷款额度，推动降低贷款利率等。大规模设备更新和消费品以旧换新工作，不仅有利于释放需求潜力，更有利于促进节能降碳、推动全面绿色转型。加大相关政策推进实施力度，推动大宗商品消费持续扩大，鼓励汽车、家电等传统消费品以旧换新，推动耐用消费品以旧换新。扩大养老、托育等服务消费。支持和规范社会力量发展养老、托育产业，抓紧完善生育支持政策体系，提高基本生育和儿童医疗公共服务水平。培育数字消费、绿色消费等新型消费业态，增强供给侧对中高端需求的适配性。

公共服务价格上涨是一个涉及民众切身利益的重要问题，通过合理的定价、服务效率的提升以及强化社会支持，公共服务能更好地服务于民众。加快推进能源价格改革，有序推进水电气热等公用事业和公共服务价格改革等。同时，根据国家要求，应提供适当的价格补贴，确保困难群众的基本生活需求。

---

① 2024年底召开的中央经济工作会议明确提出，大力提振消费、提高投资效益，全方位扩大国内需求。

第二节　保持金融市场稳定

深层次改革的顺利推进，离不开金融市场的稳定与健康发展。保持金融市场稳定，主要就是防范和化解重点领域系统性风险，促进房地产市场平稳健康发展，提升资本市场内在稳定性，守住不发生系统性风险底线。

一、促进房地产市场平稳健康发展

房地产业作为国民经济的重要行业，具有上下游产业链长、居民财富配置最为集中、可作为金融体系重要抵押物等特征，对经济金融具有系统性的重要影响。如果任由商品房价格持续下跌，会给上下游行业带来扭曲的价格信号，进一步加剧上下游行业产能过剩。房地产作为金融行业最为重要的抵押品来源，其价值的稳定对整个金融系统的稳定及系统性金融风险的防范具有重要影响。包括个人购房贷款、房产开发贷款、地产开发贷款等在内的房地产贷款余额占各项贷款的30%以上，这些贷款的抵押品都是地产或房产，一旦地产或房产的价格出现较大幅度的下跌，不仅房地产企业盈利水平及偿债能力会受到严重影响，金融机构的不良贷款率也会出现明显上升。稳定房地产对于稳定社会环境具有重要意义。"居者有其屋"和"有恒产者有恒心"等，都说明了拥有稳定的居所对于人们安家立业的重要性。楼市的波动，不仅会加大购房需求的不确定性，不利于满足住房需求，也会影响居民家庭的资产质量安全，影响居民消费投资行为。所以，稳定楼市至关重要。

房地产能不能软着陆？这是当前防范化解重点领域风险的首要问题。自2023年以来，各地房地产政策不断优化调整，为房市注入了许多新的因素。2024年4月30日，中央政治局会议提出"统筹研究消化存量房产和优化增量住房的政策措施"以来，各地即刻行动，取消限购、回购收储等政策纷纷出台。2024年7月30日，中央政治局会议提出要落实好促进房地产市场平稳健康发展的新政策，坚持消化存量和优化增量相结合，积极支持收购存量商品房用作保障性住房，进一步做好保交房工作，加快构建房地产发展新模式。截至2024年5月，除了北京、上海、广州、深圳四个一线城市，仅剩海南省、天津市仍处于部分放开限购状态，大部分都已退出。① 但房地产市场依然在调整，商品房销售仍然不振，房价仍在下跌。房地产软着陆的标志就是房价跌幅逐步收窄直至止跌，新房销售面积跌幅逐步收窄直至止跌企稳，销量止跌快于房价止跌，二手房价格止跌快于新房价格止跌。目前正处于二手房"以价换量"的调整阶段。要尽快止住房价下跌势头。此外，必须看到，购房的主体还是居民。城市政府要用好房地产调控自主权，加大政策力度，鼓励刚性和改善性购房需求，坚决取消各种行政性限制措施，出台减免契税政策，进一步减轻普通居民购房负担。要研究进一步降低首付比例、放松限购。在一定意义上，也要适当允许居民家庭资产配置性需求存在。要通过税费等手段防范投机炒作。防止保障性住房供给挤出

---

① 2024年9月26日，中央政治局会议后，相关地方已启动新一轮放松限购。

购房刚性需求，研究按揭贷款利息纳入抵扣个人所得税政策，鼓励购房需求。加大城中村改造力度，适当增加刚性住房需求。

二、促进资本市场平稳健康发展

我国资本市场经过30多年的发展，取得了举世瞩目的成就，特别是党的十八大以来，资本市场监管制度不断完善，股票发行注册制改革稳步推进，资本市场在促进资源优化配置、推动科技进步和经济发展方面发挥了积极作用。截至2025年，上海、深圳、北京三家证券交易所共有上市公司5 405家，总市值约95.84万亿元。新上市企业中科技创新类占比超过70%，高科技行业上市公司市值占比超过40%。

但必须看到，当前我国资本市场发展中面临的结构性问题突出，特别是上市公司质量不高，有的上市公司财务数据失真，内幕交易、操纵市场等违法违规行为屡禁不止，投资者保护不到位。2020年以来，主要股指较为低迷，股民获得感不强，投资、融资功能存在失衡，不仅抑制了资本市场功能的正常发挥，也影响了资本市场的健康发展。① 要进一步增强多层次市场体系的包容性，在发行上市、信息披露、板块层次等方面，进一步优化差异化的安排，促进市场资源向新产业新业态新技术领域集聚，并支持创新转型、绿色发展。进一步促进投资和融资功能相协调，改善资本市场预期，健全一、二级市场协调发展，多渠道增强战

---

① 2024年9月24日，金融三部门新闻发布会后，市场行情出现重大变化，目前仍在演变中。

略性力量储备，健全完善行之有效的稳市做法和工作机制，吸引社会资金入市，使投资者获取投资回报。要构建支持"长钱长投"的政策体系，完善有利于长期投资行为的考核评价、税收、投资账户等制度，逐项打通社保、保险、理财等资金入市卡点堵点，推动长期资金入市。进一步完善发行上市制度，深化股票发行注册制改革，健全新股发行定价机制。加强交易环节监管，严肃查处操纵市场、恶意做空等违法违规行为。加强证券基金机构监管，强化履职尽责要求。加强中介机构监管，惩治财务造假等违法违规行为。进一步规范强制退市标准，严格执行和实施退市政策，加快形成应退尽退、及时出清的常态化格局。进一步增强监管执法的有效性，严格信息披露和公司治理要求，加强减持、分红、并购重组等环节监管，强化上市公司及其股东、实际控制人、董事、高管等人员的责任。加强投资者权益保护，进一步提升证券行业违法成本，健全投资者赔偿救济机制。落实好证券纠纷特别代表人诉讼制度。进一步增强市场基础制度的适配性。坚持尊重规律、尊重规则，优化市场定价机制，评估完善交易结算制度，为市场各参与方创造更公平高效、更具吸引力和可预期的制度环境。

三、全面加强金融监管

金融监管是金融安全的第一道防线，是金融体系稳健运行的重要保障。党的十八大以来，金融监管体制机制改革持续推进，金融监管法律法规制度不断健全，市场准入、公司治理资本监管、流动性、贷款质量五级分类、信息披露等金融监管制度建立健全，金融监管能力和水平持续提升，非法金融活动受到严厉打击，金融消费者权益得到切实保护，守住了不发生系统性金融风险底线。

要坚持既管合法更管非法、管行业必须管风险，健全监管兜底机制，依法将所有金融活动纳入监管，消除监管空白和盲区，实现金融监管全覆盖。建立兜底监管机制，落实性质模糊、责任不清的金融活动的监管责任归属，确保无死角、无盲区、无例外，严禁"无照驾驶"与"有照违章"。持续推进高风险中小金融机构改革化险、完善公司治理和风险内控机制，健全可持续的银行资本补充机制。加强监管协同，健全权责一致的风险处置责任机制，完善金融风险监测预警和早期纠正机制，切实提高金融监管有效性。全面强化机构监管、行为监管、功能监管、穿透式监管、持续监管，做到"长牙带刺"、有棱有角。强化机构监管，严把市场准入关，推动金融机构健全法人治理和内部管理，严守会计准则和审慎监管要求；强化行为监管，严格规范金融机构的经营活动及交易行为，严厉整治金融机构排他性安排、恶意低价揽客、违规返费、虚假倒量、利益输送、虚假信息披露等乱象，加大金融消费者权益保护力度；强化功能监管，对同类金融业务实施一致监管标准，防止监管套利，健全跨部门市场准入协同、监管信息共享和重点工作联动机制；强化穿透式监管，穿透识别金融机构股东及其关联方、资金真实性和关联交易等隐蔽行为；强化持续监管，贯穿金融机构全周期、金融风险全过程、金融业务全链条，强化金融风险预警、纠正和处置。坚决压实监管责任，实现行政审批、非现场监管、现场检查、行政处罚等各项监管流程的严格执法。健全监督问责机制，对监管不担当不作为、推诿扯皮的，严肃问责追责。加强中央和地方监管协同，健全权责一致、激励相容的风险处置责任机制。健全金融消费者保护机制，严厉打击非法金融活动。构建产业资本和金融资本有效隔离的"防火墙"。强化跨境资本流动监管协同，健全监测预警指标体系，筑牢有效防控系统性风险的金融稳定保障体系。

第三节　促进就业稳定

就业是社会稳定的基础，也是宏观政策的硬约束。考虑到我国劳动力基数大，哪怕是细小的就业率变化，涉及的就业人口规模也不可小觑。党中央、国务院高度重视就业，特别是高校毕业生等青年就业工作，目前就业形势总体稳定。2024年，全年全国城镇新增就业1 256万人，比上年多增12万人。年末全国城镇调查失业率为5.1%。但必须看到，我国就业结构性矛盾仍很突出，特别是高校毕业生群体就业压力依然较大。要完善就业优先政策，加大各类资金资源统筹支持，更大力度稳定和扩大就业，促进充分就业、提高就业质量。

一、推动民营经济发展壮大

多年来，我国一直坚持实施就业优先战略，健全就业服务体系，促进高校毕业生、退役军人、进城务工人员等重点群体就业，并实施了促进青年就业三年行动，扩大和优化机关事业单位、国企等政策性岗位招聘（录）安排等措施增加就业。但必须看到，民营企业仍然是就业的主渠道。改革开放以来，民营经济贡献了80%以上的城镇劳动就业。2012—2023年，民营企业占全国企业总量由79.4%提高至92.3%，达5 300余万户，个体工商户由4 000余万户增加至1.24亿户。要促进就业，必须大力发展民营经济。

第一，要深入落实"两个毫不动摇"，进一步解决市场准入、要素获取、公平执法、权益保护等方面存在的突出问题，充分激发各类经营主体的内生动力和创新活力。要落实好《中华人民共和国民营经济促进法》，持续优化公平竞争的市场环境，推动各类经营主体依法平等进入负面清单之外的行业、领域、业务，清理和防范地方保护和行政垄断，进一步破除各类影响民营企业平等准入的隐形门槛和壁垒，着力扩大民营企业市场准入，确保民营企业享有平等的市场准入机会。加强对国有企业和外资企业的监管力度，防止其利用优势地位挤压民营企业的发展空间。进一步精简市场准入行政审批事项，推动市场准入负面清单"非禁即入"落地落实，实现"一单尽列、单外无单"。建立市场准入壁垒投诉和处理回应机制，切实解决经营主体的准入难题。试行"市场准营承诺即入制"改革，经营主体书面承诺其已经符合要求并提交必要材料，即可取得行政许可。完善民营企业参与重大项目建设机制，探索开展民营企业参与重大交通、水利等基础设施项目试点。建立惠企政策"免申即享"机制，从"人找政策"到"政策找人"。

第二，强化要素保障。建立健全风险分担和补偿机制，降低金融机构的风险担忧，激发其服务民营企业的积极性。将无还本续贷政策由小微企业阶段性扩大到中型企业，努力做到"应贷尽贷"。拓宽融资渠道，支持民营企业上市融资和再融资。鼓励符合条件的民营企业通过发行股票、债券等方式进行融资，拓宽资金来源。加强反垄断监管，维护市场秩序。完善中小微企业土地供应体制，探索实行产业链供地。强化人才和用工支持，加大对民营企业用工政策的激励，落实相关配套政策和激励措施。借鉴浙江省三个70%（省"4+1"专项基金投向民间投资项目比重不低于70%，统筹新增用地和存量用地支持民间投资项目比重不低于70%，每年新增能耗支持民间投资项目的比重不低于70%）的经验，明确各地产业基金投向民间投资项目比重，统筹新增用地和存量用地支持民间投资项目比重，每年新增能耗支持民间投资项目比重，推动资金、用地、能耗要素向民营企业倾斜。

第三，促进依法保护民营企业产权和企业家权益。进一步规范行政执法单位涉企行政执法行为，杜绝违规异地执法和趋利执法，更多采取包容审慎监管和柔性执法方式。建立民营企业行政处罚的"审慎监管""包容免罚"容错纠错工作机制，推行首单免罚、轻违不罚，坚决杜绝重罚轻管、以罚代管、以罚增收问题。开展涉企不当收费专项整治行动，全面规范各类收费行为，坚决查处乱收费、乱罚款、乱摊派等不当收费，切实减轻各类经营主体的不合理负担。用立法方式规范政府及政府部门行为，保护民营经济组织合法权益。建立健全企业家权益保障机制，依法保护企业家财产权、创新权益权、自主经营权等，健全冤错案件有效防范和依法甄别纠正机制，探索建立政府规划调整、政策变化造成企业合法权益受损的依法依规补偿救济机制，加大对干预企业依法自主经营活动造成重大损失事件的追责问责力度。持续开展拖欠民营企业账款行为集中治理行动，加大对拖欠中小微企业账款案件的执行力度，健全防范化解拖欠民营企业账款长效机制。推出一批民营企业产权保护典型案例，改进对中小微企业的法律服务，让企业家放心创业、安心经营、专心发展。树立优秀企业家典型，带动全社会形成尊重创业者、尊重企业家的文化氛围。

二、鼓励灵活就业、自谋职业

灵活就业是稳就业的重要抓手。灵活就业是区别于传统主流就业方式的多种就业形式的总称，主要包括自营就业、非全日制就业、临时就业、兼职就业、远程就业、独立就业等。随着信息技术的进步和经济发展的转型，我国劳动者就业结构和方式也悄然发生着变化，灵活就业正在逐步成为社会经济的重要组成部分。灵活就业是解决我国目前就业总量压力和结构性矛盾并存问题，特别是大学生就业问题的重要途径之一。国家统计局数据显示，2021年，我国灵活就业人员已达2亿人，占全国总人口的1/7；全国高等学校学生信息咨询与就业指导中心数据统计显示，2021届高校毕业生灵活就业约150万人，占当年全国高校毕业生总人数的16.25%，这表明灵活就业已经成为大学生就业选择的新趋势。

随着技术的进步和工作方式的变革，灵活就业作为一种新兴的就业模式，可能会成为更多人的选择。以网约车、外卖配送等为代表的行业，吸引了大量劳动力参与。由于在资金、技术、劳动力素质等方面的进入门槛相对较低且具有低成本优势，灵活就业赋予了弱势群体更多的可能性。大部分灵活就业劳动者从事快递、外卖配送等岗位的工作，这些岗位能够按时足额支付劳动报酬，虽然劳动时间长，但是总收入水平不低，通常都高于本地民营单位月平均工资。灵活就业岗位入职门槛较低，许多劳动者将之作为失业后的暂时性选择，起到了家庭生活保障的托底作用。

要多渠道促进灵活就业，让创业和就业有更加宽容的环境。鼓励个人利用社交软件、知识分享、音视频网站等新型平台就业创业，促进灵活就业、副业创新。对灵活就业者的社会保障问题，要给予更多包容，要完善社会保障制度和政策，适应灵活就业和新就业形态劳动者的需要，而不是简单地把灵活就业纳入现有保障体系。提高用工政策对灵活就业者的包容性和适应性。相关政策切不可削足适履，而要适应发展需要做出适应性调整，为灵活就业者未来的发展制定相关的政策。灵活就业已从过去小规模、小范围的社会现象，逐渐发展为大规模、大范围存在的重要就业形态。需持续分类完善灵活就业服务保障措施，健全政策和服务支持体系，让灵活就业群体能够享受到社会保障、安全保障、福利保障、权益保障。

三、包容"地摊经济"

所谓"地摊经济"，指的是通过摆地摊获得收入而形成的一种经济形式，故又称为"流动摊贩经济"或"街头小贩经济"。摆地摊具有门槛低、投资少，见效快、机动灵活等特点，是很多创业者的首选。"小地摊"蕴含"大民生"。要发挥"地摊经济"在促进就业、保障民生等方面的重要作用。

在我国,"地摊经济"具有悠久的历史。在唐朝,朝廷通过设立东市和西市,促进了东西方商品的交流与文化的传播,这就是为什么人们把购物称为"买东西"。在宋朝,官府大大减少对摆摊征税,"地摊经济"迎来了黄金时期。北宋时期,城市内不仅有小商贩挑着担子走街串巷当街吆喝,还有街头艺人表演、说书,甚至有罢退下来的官员通过摆地摊来出售带不走的东西。2020年以来,我国各地因地制宜为"地摊经济"松绑,中央文明办明确不将占道经营、马路市场、流动商贩列为文明城市测评考核内容,出台一系列减免租金、税收优惠政策,地摊、夜市随之再次火热。越来越多年轻人加入"练摊大军",他们不仅注重摆出新中式餐饮、手工艺品、盲盒等新颖商品,还通过个性标语、装扮彩灯等方式扮靓摊位,让地摊变得更加时尚,路边摊不再是"脏乱差"的形象。作为一种灵活的就业方式,摆地摊以其成本低、启动快的特点,吸引了不少人参与其中,已成为不少人养家糊口的生计。数据显示,2023年全国"地摊经济"从业人员达到1.2亿人,摆摊者中不乏失业人员、下岗工人、低收入人员。"小地摊"不仅能够增加商业活动,让人有更多的获得感,还能吸引大量游客和居民前来感受烟火气,逐渐成为城市经济发展的新引擎。

"地摊经济""夜经济"既创造了就业岗位,增添了城市经济活力,也是城市繁荣的标志和增加市民生活多样性的重要载体。作为满足个性化、多样化消费需求的重要途径,"夜经济"为城市发展注入了新动能。城市管理者应当积极推动"地摊经济"发展,不要毁掉了老百姓的多样民生。要包容、放开"地摊经济",把设摊经营、占道经营从"全面禁止"改为"适度放开""有序设摊",允许街道根据方便群众、布局合理、监管有序的原则划定摊贩经营场所。放开"地摊经济",并不意味着可以"放任发展"。要变被动管理为主动服务,创新"潮汐摊位",在规定区域、规定时限内允许摆摊经营,通过化堵为疏、规范经营,为摊贩和群众提供最大便利。要创新管理思路,通过人性化引导、常态化监管等举措,为"地摊经济"注入新活力。要精细化服务,定制特色移动餐车,配套建设摊位供电给水等设施,帮助摊贩文明营业。完善摊位管理,优化摊位布局、建立卫生管理制度,推动"人间烟火"与城市文明相融互促。

第二十三章
健全改革推进机制

党的二十届三中全会《决定》提出了 300 多项重要改革举措，到 2029 年中华人民共和国成立 80 周年时，要全面完成这些改革任务，特别是推进深层次改革，这是一场硬仗。要取得这场硬仗的胜利，必须健全改革推进机制，将顶层设计与基层探索结合起来，充分发挥基层首创精神，发挥经济特区和自由贸易试验区（自由贸易港）的先行先试作用，充分调动各方面积极性，全力抓好改革任务的组织实施。

第一节　加强党中央集中统一领导

党的十八大以来，党中央高度重视全面深化改革。党的十八届三中全会后，以习近平同志为核心的党中央成立了全面深化改革领导小组，党的十九届三中全会后改为中央全面深化改革委员会，自上而下建立党领导改革工作体制机制。新时代全面深化改革的一个鲜明特点是党的领导全面加强，党总揽全局、协调各方的领导核心作用得到充分发挥。

一、总揽全局

坚持党中央集中统一领导，为全面深化改革提供了根本政治保证。党的十八大以来，中央全面深化改革委员会（领导小组）召开70多次会议，锚定全面深化改革总目标进行顶层设计，审议通过600多份改革文件，指引各方面出台3 000多项改革方案，部署了一系列重大改革事项，搭建起了全面深化改革的主体框架。

当前和今后一个时期，面对纷繁复杂的国际国内形势、新一轮科技革命和产业变革以及人民群众的新期待，必须继续把改革推向前进。进一步全面深化改革，涉及经济社会发展各领域，范围广、触及利益深、攻坚难度大，涉及许多重大理论和实践问题。要正确判断改革发展形势，冲破思想观念束缚，铲除顽瘴痼疾，打破利益固化的藩篱，坚决破除妨碍中国式现代化顺利推进的思想观念和体制机制弊端，形成有利于改革的舆论氛围、政治生态和外部环境，统筹谋划改革的各个方面、各个层次、各个要素，都离不开党中央集中统一领导。

推进深层次改革，落实党的二十届三中全会《决定》部署，必须坚持党中央领导改革的总体设计、统筹协调、整体推进，完善党中央重大决策部署落实机制。加强和改进向党中央请示报告重大改革实施进展工作，确保重大改革始终在党中央集中统一领导下、按照党中央决策部署有力推进。当前改革任务重、关联度高、协同性强，特别是深层次改革都涉及利益调整，关系重大，不能单打独斗、单兵突进，也不能打乱仗、"眉毛胡子一把抓"，必须在党中央领导下有重点、有步骤、有秩序推进落实。各地区各部门要根据党中央的要求，做到既各司其职、各负其责，又服从大局、主动配合，增强改革取向的一致性，结合实际抓好改革任务实化细化、落实落地。

二、科学论证

凡涉及重大利益调整的改革，都要经过反复论证和科学评估，力求行之有效。各级党委（党组）要落实领导责任，围绕解决突出矛盾设置改革议题，优化重点改革方案生成机制，对一些利益关系复杂、协调难度大的改革，建立强有力的协调推进机制。对涉及全局性的重大改革始终盯住不放、一抓到底，形成了全链条抓落实的制度机制。

第一，科学论证是优化改革方案生成机制的核心环节。各部门要把改革方案的科学论证作为推进改革的第一步，抓紧抓实。按照国务院部门的职责分工，各业务主管部门负责与本部门相关的改革任务。这就需要在统筹设计和安排部署阶段，以敏锐的洞察力和精准的判断力，找出问题的关键，制定出科学合理、切实可行的改革方案。需要组织相关领域的专家学者，从理论和实践的角度，对改革方案进行深入分析和评估。充分考虑各种可能的影响和风险，推动各要素、各机制之间配合联动，同时处理好内部与外部、局部与整体、历史与未来的关系，协调解决好各类矛盾冲突，确保方案具有前瞻性、可行性和可持续性，让改革方案和举措尽可能周全、科学，最大限度凝聚改革共识、激发改革活力，实现各类改革目标协同推进，确保改革经得起实践、人民、历史的检验。

第二，加强重大改革的调研论证。要坚持求真务实，大兴调查研究，了解实际情况，总结基层经验，真正把情况摸清、把问题找准、把对策提实，为做出科学的改革决策创造条件、提供第一手材料。改革越向纵深推进，涉及的利益调整就越复杂，越需要摸清本地区本部门改革的着力点和突破口，摸清人民群众利益诉求和期盼愿望。做好调查研究，既可以找到改革要聚焦的真问题，也能得到破解问题的好办法。要避免不切实际、缺乏可操作性，使改革方案切实可行、改革办法精准有效、"对症下药"。要发扬民主、集思广益，形成改革共识，广泛听取群众声音、专家建言和社会各方面意见，在充分讨论的基础上形成科学决策，使出台的每一项改革决策都经过充分论证、形成广泛共识，把最大公约数找出来，这样的改革决策落实起来往往也是阻力最小的。在坚决落实党中央决策部署的前提下，使改革方案符合自身客观条件和发展基础，让改革举措更精准管用、更具可行性和可操作性。

第三，部门协调是改革方案科学论证的一个重要方面。全面深化改革会触及一些既得利益者的利益，要确保改革过程中受到影响的利益相关方能够平衡利益。要立足国家的整体利益、根本利益、长远利益进行战略部署，防止局部利益相互掣肘。落实各项改革举措总是有牵头单位、参与单位、责任事项、责任人，要逐一厘清，做到事责对应、各就其位。牵头单位应当对牵头的改革举措主动制订实施方案，精心组织、全程负责、一抓到底，不能推诿责任。参与单位应当积极参与、主动配合，帮助出点子、谋实招，认真抓好分工事项的落实，不能敷衍应付。跨领域跨部门、某一单位难以牵头落实的改革举措，增强部门协调配合的意识，建立部门间协调配合制度，加强部门间互相协调，形成工作合力；加强部门间的联系与沟通，部门在处理问题时，如涉及其他部门职责范围的事项，主动征求有关部门的意见，认真协商，积极配合；规范部门间协调配合管理，坚持一件事情原则上由一个部门负责，确需多个部门管理的事项，要明确牵头部门，分清主次责任。改革涉及多个领域的政策调整和协调，需要建立跨部门协调机制，加强政策整合，确保不同改革方案的一致性和协同性。具有协调各部门之间关系的职责，尤其是在目前部门职责分工、任务分解、各项工作分头推进的条件下，做好各部门间综合协调工作。对于牵涉利益大、复杂性强的问题，要破除部门本位主义思维，稳慎论证、统筹谋划、梯次推进。

三、督促检查

"一分部署，九分落实。"全面深化改革是涉及全领域、全方位、全过程的系统工程，需要健全上下贯通、执行有力的组织体系，完善一级抓一级、层层抓落实的工作机制，深化改革赋能基层发展，要以"钉钉子精神"抓落实，坚持一步一步往前推、一层一层往下落，实现改革举措有机衔接、有序推进。对党中央进一步全面深化改革的决策部署，要科学制定改革任务书、时间表、优先序，明确各项改革实施主体和责任，要督促部门地方抓好改革方案的出台。把重大改革落实情况纳入监督检查和巡视巡察内容，加强改革督察、评估问效、巡视巡察等工作。

第一，完善改革督办督察机制。健全重大事项定期督察制度，明确责任、限定时间、挂账整改。要建立改革落实责任制，明确改革落实的责任主体；要出台细化实施方案，着重抓好标志性、关联性作用的改革举措；要加强跟踪监测，及时发现和解决改革实施中的新情况新问题。经过这些年探索，改革督察和评价都建立了工作制度，积累了有益经验，应当在坚持中不断完善。改革推进到哪里，督察就跟进到哪里。重点瞄准对经济社会发展影响大、改革落实难度大、与人民群众切身利益关系大的问题，既开展专项督察又开展全面督察、综合督察。统筹建立改革任务"总清单"，坚持挂图作战、跑表计时、到点验收，确保党中央部署的各项改革任务精准高效落地；构建改革任务全程跟踪管理体系，强化改革落实情况"回头看"，下更大气力抓好改革督察工作，发挥好督察在打通关节、疏通堵点、提高质量中的重要作用，促进各项改革往深里走、往实里落。全面落实改革事项"项目化、清单化、责任化"管理，不断健全改革督察体系，推动改革任务全面落地落实。对各项改革项目动态管理、全程跟踪、对账销号，确保改革项目推进一项、落实一项、办成一项。采取书面督察与实地督察、面上督察与点上督察、明察与暗访相结合等方式进行，强化改革事项各个环节的督察、管理、指导，推动改革项目绩效管理。必须保持改革锐气，增强改革韧劲，以抓铁有痕、踏石留印的劲头抓好落实，推动改革落地见效。

第二，加强改革评估考核。要强化督促评估，落实督办责任制和评估机制，特别是要发挥社会舆论和第三方评估机制作用。探索设立改革督察专员、改革观察员制度，从转岗干部、"两代表一委员"、新闻媒体工作者、普通群众中遴选一批代表，加强对改革事项的跟踪督察、体验式督察。通过独立的第三方，更多倾听来自企业的呼声、群众的期盼，客观评估改革落实的实际状况。更好发挥改革联络员的探头作用，由聘请的改革联络员持续跟踪重点改革方案的实施成效，以直通车形式反馈落实中存在的问题。更好发挥多方评估的修正作用，充分利用高校、研究机构等第三方力量，根据方案设定的标准和指标，从专业角度全面系统评估改革方案的落实成效，为改革方案调整和完善提供依据。健全抓改革落实机制，要用好改革指挥棒。把重大改革落实情况纳入监督检查和巡视巡察内容，对失责行为进行问责。将日常改革督察、信息报送、经验推广、述职评议等情况纳入改革考核范围。要把重大改革落实情况纳入监督检查和巡视巡察内容，推动改革举措落地见效。

第二节　充分发挥基层首创精神

从实践中获得真知是我国改革开放的实际过程，也是推进改革的重要方法。以基层源头活水促进改革创新是中国改革最大的活力来源。全面深化改革的任务越重，就越离不开基层的探索和实践。在明确改革原则和安全底线的前提下，要充分尊重基层和群众的首创精神，建立健全改革容错纠错机制，形成允许改革有失误，但不允许不改革的鲜明导向。鼓励和支持地方基层解放思想，大胆试、大胆闯，因地制宜、主动作为，结合实际开展创新，发挥好试点对全局性改革的示范、突破和带动作用。

一、鼓励地方基层开拓创新

试点是改革的重要任务，更是改革的重要方法，鼓励支持各地开展差别化探索。党的十八大以来,以习近平同志为核心的党中央坚持加强党的领导与尊重人民首创精神相结合,坚持顶层设计和摸着石头过河相协调,坚持试点先行和全面推进相促进,部署开展了一系列重大改革试点,总结推广了一大批基层首创经验,实现了"自上而下"和"自下而上"的良性互动。实践充分证明,抓好试点对改革全局意义重大,基层探索是改革走出困局、打破僵局、拓展全局的重要一招。地方改革是全面深化改革大棋局的重要组成部分,党的二十届三中全会《决定》强调,鼓励各地区各部门结合实际开拓创新,创造可复制、可推广的新鲜经验。

全面深化改革是一项系统工程,需要党中央谋篇布局,也需要地方发力。以充分发挥地方改革能动性为抓手,配套对接党中央改革部署,全力推出一批突破性、引领性、创造性改革举措。按照中央部署,地方各级大胆先行先试、创造性地开展工作,为全局性改革提供了可复制、可推广的制度成果,充分发挥了示范、突破、带动作用。在新时代全面深化改革,必须坚持原则性与灵活性相统一、顶层设计与先行先试相协调,最大限度发挥中央和地方两个积极性。党的十九届四中全会《中共中央关于坚持和完善中国特色社会主义制度 推进国家治理体系和治理能力现代化若干重大问题的决定》提出,"赋予地方更多自主权,支持地方创造性开展工作"。支持地方创造性开展工作,就是要强化结果导向,切实为基层减负松绑,鼓励担当作为,支持地方围绕中央顶层设计进行差别化探索;要强化总结推广,及时把地方成功的改革经验和体制机制成果在面上推开。比如,在深化国资国企改革方面,可以给予地方更多改革自主权。党的二十届三中全会《决定》强调，进一步明晰不同类型国有企业功能定位，完善主责主业管理，明确国有资本重点投资领域和方向。推动国有资本向关系国家安全、国民经济命脉的重要行业和关键领域集中，向关系国计民生的公共服务、应急能力、公益性领域等集中，向前瞻性战略性新兴产业集中。地方国企在三个集中方面与中央企业可能有不同的情况，要允许地方更多地结合当地实际将国有资本向某个领域集中，积极稳妥推进股权调整、资产划转、资源整合等，推进同业重组整合，推进专业化整合步伐加快，资本布局和国有资源配置也将得到进一步优化，培育核心竞争力。

二、赋予自贸区更大改革自主权

改革越到"深水区"，越需要通过试点来探索改革实现路径和形式，为面上改革提供可复制、可推广的经验做法。作为新时代改革开放的重要"试验田"，我国自贸试验区主动承担起"为国家试制度、为地方谋发展"的使命担当。"十四五"规划纲要提出："完善自由贸易试验区布局，赋予其更大改革自主权，深化首创性、集成化、差别化改革探索，积极复制推广制度创新成果。"我国已经提出要申请加入《全面与进步跨太平洋伙伴关系协定》和《数字经济伙伴关系协定》。应该充分发挥"自贸试验区（港）"等改革开放先行试验区的作用，对标高标准国际经贸规则，按照中央深化重点领域改革的部署，率先推进改革开放，进行压力测试，及时总结经验，复制推广。

当前，国际经贸规则已从"边境规则"转向"边境后规则"，更加注重国家内部的环境保护、知识产权、竞争政策、政府采购等。虽然我国自贸试验区开展了3 500多项政策试验，但涉及"边境后规则"的制度创新成果还不够多。22个自贸试验区拥有70个片区，有的片区被划分为各自独立的若干小块。实现改革的整体谋划和系统集成，需要国家加大放权力度，有序放权；提高承接能力，将赋权和承接结合起来。率先对标我国正申请加入的《全面与进步跨太平洋伙伴关系协定》和《数字经济伙伴关系协定》相关规则条款，分阶段实施。注意将先行先试高标准经贸规则和片区定位结合起来，有选择地推动规则对接；继续用好自贸试验区这块试验田，深入对接国际高标准经贸规则，提升制度型开放水平。

当前，我国自贸试验区在部分领域的改革探索还存在约束限制，一些创新做法和改革举措在实施中存在中央事权与地方事权的脱节。要通过深化改革，赋予自贸试验区更大的自主权，让广大经营主体能够"大胆闯、大胆试、自主改"。聚焦贸易投资、政府采购、产权保护、环境、金融等重点领域，加快构建与国际高标准经贸规则相衔接的制度体系和监管模式。赋予自贸试验区更大的改革自主权，可以有针对性地解决制度创新中的堵点和难点，推动跨区域、跨部门协同制度创新，联动配合政策突破，加强重大制度创新充分联动和衔接配套，持续加码开展对外开放压力测试的过程。在更多方面开展压力测试和深入探索，推动更大范围、更宽领域、更深层次对外开放。可以推动更多领域和产业对外开放，可以在制度型开放领域开展更多探索和尝试，彰显改革开放试验田标杆示范带动引领作用。通过赋予其更大改革自主权，更好地形成和加速释放改革红利，把自由贸易试验区建设成为新时代改革开放的新高地。

三、用好自贸港法规制定权

　　海南全岛建设自由贸易试验区，要以制度创新为核心，赋予更大改革自主权，支持海南大胆试、大胆闯、自主改，加快形成法治化、国际化、便利化的营商环境和公平开放统一高效的市场环境。根据《中华人民共和国海南自由贸易港法》（2021年6月10日第十三届全国人民代表大会常务委员会第二十九次会议通过）的规定，海南拥有比内地省市更大的立法权限。其中第十条规定，海南省人民代表大会及其常务委员会可以根据本法，结合海南自由贸易港建设的具体情况和实际需要，遵循宪法规定和法律、行政法规的基本原则，就贸易、投资及相关管理活动制定法规，在海南自由贸易港范围内实施。

　　具体来看，在市场准入方面，其中第二十条规定，国家放宽海南自由贸易港市场准入。海南自由贸易港放宽市场准入特别清单（特别措施）由国务院有关部门会同海南省制定。海南自由贸易港实行以过程监管为重点的投资便利措施，逐步实施市场准入承诺即入制。具体办法由海南省会同国务院有关部门制定。在营商环境方面，其中第二十一条规定，海南自由贸易港按照便利、高效、透明的原则，简化办事程序，提高办事效率，优化政务服务，建立市场主体设立便利、经营便利、注销便利等制度，优化破产程序。具体办法由海南省人民代表大会及其常务委员会制定。在公平竞争方面，其中第二十四条规定，海南自由贸易港建立统一开放、竞争有序的市场体系，强化竞争政策的基础性地位，落实公平竞争审查制度，加强和改进反垄断和反不正当竞争执法，保护市场公平竞争。海南自由贸易港的各类市场主体，在准入许可、经营运营、要素获取、标准制定、优惠政策等方面依法享受平等待遇。具体办法由海南省人民代表大会及其常务委员会制定。在数据跨境流动方面，其中第四十二条规定，国家支持海南自由贸易港探索实施区域性国际数据跨境流动制度安排。此外，法律规定，国务院及其有关部门根据需要，依法授权或者委托海南省人民政府及其有关部门行使相关管理职权。

《中华人民共和国海南自由贸易港法》的出台实施，是在保证国家法制统一的前提下授予海南更大的立法权限，法律规定可由海南省人民代表大会及其常务委员会制定海南自由贸易港法规，这既确保了党中央集中统一领导和国家法制统一，又有利于海南进行全面深化改革开放的探索。按照其规定，海南自由贸易港可以在遵循宪法规定和法律行政法规基本原则的前提下制定海南自由贸易港法规。海南自由贸易港法规可以对法律、行政法规的一些规定，根据海南的实际需要做一定的变通。要加强谋划，用好自贸港法规制定权。根据2024年初立法计划的安排，2024年海南省人大常委会法工委及有关专工委、省政府相关部门将抓紧组织统筹自贸港破产条例、公平竞争条例、商事注销条例、征收征用条例等配套法规的起草论证审查工作，并争取尽快出台，还将会同有关部门加快对海南自由贸易港法律法规体系"四梁八柱"的研究，提出海南自贸港重要法规清单。随着海南自贸港封关运作临近，海南自贸港法规体系不断健全，一些深层次改革有望在海南进行压力测试，并提供可复制的经验、路径，推动全国相关领域改革的深化。

第三节　充分调动各方面改革积极性

无论是党中央确定的改革任务落实,还是基层首创精神的发挥,最终都离不开各方面的改革积极性。改革是利益调整,深层次改革更是大的利益关系调整。没有广大干部、企业家和群众的积极参与,顺利推进改革是不可能的。在进一步全面深化改革进程中,当遇到关系复杂、难以权衡的利益问题时,应认真考虑人民群众的实际情况、人民群众的期待以及人民群众的利益保障。提高改革的有效性,要广泛听取群众意见和建议,充分调动各方面推动改革的积极性,把人民群众的智慧和力量凝聚到改革上来。

一、充分调动广大基层干部积极性

党的目标任务确定之后,干部就是决定性因素。要完善改革激励机制,充分调动各级干部特别是主要负责同志抓改革、干改革的积极性。健全改革的正向激励体系,强化敢于担当、攻坚克难的用人导向,注重在改革一线考察识别干部,把那些想改革、谋改革、善改革的干部用起来。加强对改革典型案例和改革成效的总结推广及宣传报道,按规定给予表彰激励,为改革营造良好的舆论环境和社会氛围。

改革进入攻坚期和深水区,任务重、难度大,风险也加大。各地涌现出一批拼劲儿十足、甩开膀子干的改革促进派、改革实干家。然而也有一些干部不担当、不作为,观望多、实干少,顾虑重、动力弱的问题不容忽视。建立健全改革容错纠错机制至关重要。改革是利益和权益的调整,必然面临改革阻力,也蕴藏着风险和挑战。例如,在国有企业改革中,严防国有资产流失是一条红线,同时还有"重大决策终身责任追究制度"等,但在具体情形上,识别区分是干事创业产生的失误,还是腐败渎职产生的错误,考验着制度建设的能力和水平。因此,建立并完善容错纠错机制尤为重要。在实践中,要明确"谋取私利、明知故犯"等红线和底线,为鼓励各种改革尝试提供可操作的技术规范支撑。在划清红线、明确底线的基础之上,用容错机制宽容失误,用纠错机制降低试错成本,对于在推进改革中因缺乏经验、先行先试出现的失误、错误和无意过失等,给予免责。关键是坚持"三个区分开来",并制定具体措施予以落实,既要提高制度的容错弹性,也要听取改革对象的公众评议,还要允许干部自我证明和辩白,明确免责条件,从而准确把握干部在改革创新中出现失误错误的性质和影响,让干事者不受委屈、让改革者不背包袱,更好推动思想破冰,着力解决干部"乱作为、不作为、不敢为、不善为"的问题,激励干部担当作为,充分调动全党抓改革的积极性、主动性、创造性。此外,建立改革申诉机制和专业评判制度,对有争议的国企改革追责问题,成立由法律、财务、审计、管理等专业人士组成的专家组,依据商业原则进行评判,支持和鼓励干部在推进改革中锐意进取、敢做敢为,不断提高党对进一步全面深化改革、推进中国式现代化的领导水平。

  同时,在改革过程中,广大党员干部要讲政治、顾大局、守规矩,正确对待利益格局调整和个人进退留转。各地要打破"一亩三分地"的思维定式,着力破除各种形式的地方保护和市场分割。要把抓改革作为一项重大政治责任，增强推进改革的思想自觉和行动自觉，既当改革促进派，又当改革实干家，推动形成勇于创新、真抓实干、开拓奋进的浓厚改革氛围。

二、充分调动企业家积极性

企业家是激活市场主体活力的关键，富含企业家精神特质的优秀企业家能够为积累社会财富、创造就业岗位、促进经济社会发展、增强综合国力做出重要贡献。在创新发展方面，企业家要做探索者、组织者和引领者，勇于推动生产组织创新、技术创新和市场创新，重视技术研发和人力资本投入，有效调动员工创造力。同时，要为企业家健康成长、干事创业筑牢制度保障。

国有企业是改革的主体，企业家是改革的主角。推进国企改革发展的根本出路还在于释放人的主观能动性，调动包括国有股东、国企负责人、骨干员工等在内的积极性，形成良好的改革氛围。为此，需要完善国有企业分类考核评价体系，充分激发国有企业家干事创业潜能。

第一，对国有企业负责人需要进一步简政放权和完善政企关系，提供有益于企业家精神产生和成长的制度安排与商业环境。重点是对改革和创新行为提供制度性激励。要重视完善市场化选任机制，促进对企业家实现控制权激励。要纠正国有企业自身的机关化、官僚化倾向，避免官僚主义对企业家精神的压制。

第二，对在市场化公平竞争行业的国有企业，深入推进市场化选聘经理层改革，这是激发企业家精神、释放国有企业活力的有效途径。按照《中华人民共和国公司法》要求，赋予国有企业董事会在高管选聘、薪酬分配等方面的更完整职权。加大国有企业经营团队整体市场化选聘力度。充分发挥绩效考核激励作用，完善监管企业经营业绩考核指标及计分细则，继续实行分类考核，对不同类别企业确定差异化考核指标，最大限度调动企业积极性。

第三，完善有利于企业家发挥作用的激励机制。重点是调动企业经营管理者的积极性，特别是企业家等领军人物的积极性、创造性。建立合理的激励约束机制，加大正面激励力度，对在改革发展中做出突出贡献的企业领导人员及时表彰重用，形成改革者上、不改革者下的用人导向。要抓紧研究建立容错纠错机制，为企业家放手改革、大胆管理提供制度保证。

第四，对市场化选聘的职业经理人实行市场化薪酬分配机制，探索完善中长期激励机制。加快完善既有激励又有约束、既讲效率又讲公平的体制机制，尽快造就一大批德才兼备、善于经营、充满活力的优秀企业家。

2019年9月，国家发展和改革委员会印发《关于建立健全企业家参与涉企政策制定机制的实施意见》。该意见明确，建立政府重大经济决策主动向企业家问计求策的程序性规范，集思广益、发扬民主，推动企业家积极参与涉企政策制定，调动广大企业家积极性、主动性和创造性，更好发挥企业家作用。政府在制定重大经济决策时应建立主动向企业家问计求策的程序性规范，主动听取企业家的意见和建议，研究制定经济社会发展重大战略、重大规划、重大改革、重大政策、重大项目时，除依法需要保密和重要敏感事项外，牵头部门应通过适当形式、在一定范围听取企业家意见和建议。保持涉企政策的稳定性和连续性。支持企业家弘扬敢闯敢试、敢于承担风险的精神，营造尊重企业家价值、鼓励企业家创新、发挥企业家作用的浓厚社会氛围。深度挖掘优秀企业家精神特质和典型案例，发挥优秀企业家的示范作用。

三、充分调动广大群众积极性

依靠人民而改革，改革才有动力。改革开放是亿万人民自己的事业，全面深化改革是一场人民广泛参与的深刻变革。越是向深水区挺进，就越需要在党的领导下大胆探索，把最广大人民的智慧和力量凝聚到改革上来，紧紧依靠人民将改革推向前进。实践充分表明，改革创新的最大活力蕴藏在基层和群众之中。只有充分调动群众推进改革的积极性、主动性和创造性，全面深化改革才能拥有最坚实的依托、最强大的底气和最澎湃的动力。没有人民支持和参与，任何改革都不可能取得成功。推进任何一项重大改革，都要站在人民立场上把握和处理好涉及改革的重大问题，都要从人民利益出发谋划改革思路、制定改革举措。

要坚持问计于民、问需于民，依靠群众找到破题的思路；要尊重人民主体地位和首创精神，及时总结群众创造的新鲜经验，充分调动群众推进改革的积极性、主动性和创造性。在方案研究起草的关键环节，要广纳民意。改革关乎民众的切身利益，充分听取民众的声音和诉求，是制订科学合理、符合实际改革方案的基础。聚焦群众诉求，推出"群众、企业提诉求，党委、政府作论证"的"点菜单"式改革方案生成模式，有效将群众和企业的期盼、智慧、经验融入改革方案，提高改革方案质效，得到群众高度认可。在改革方案制订的过程中，必须更加注重通过多种渠道，如公开征求意见、基层调研、网络平台互动等，广泛收集社会各界的意见和建议,让改革方案真正反映民众的期待和需求。进一步全面深化改革,坚持老百姓关心什么、期盼什么,就重视什么、关注什么,就抓住什么、推进什么。抓住人民最关心、最直接、最现实的利益问题,推进重点领域改革,全社会形成改革创新活力竞相迸发、充分涌流的生动局面,使改革发展成果更多、更公平惠及全体人民,让人民群众有更多获得感、幸福感和安全感。

在新征程上,坚持人民有所呼、改革有所应,做到改革为了人民、改革依靠人民、改革成果由人民共享,就能充分调动各方面改革的积极性,凝聚推进改革的强大正能量,最大限度凝聚社会共识,引导社会各界理解改革、支持改革、参与改革,让群众共享看得见、摸得着、感受得到的改革红利。比如,在很多村民眼里,老宅是祖产,即使另有所居,也不愿意拆房退地。改革难度很大,如何推进?泸县的答案是,依靠群众!泸县在试点村(社区)选出村民代表成立宅基地管理委员会、纠纷调解委员会,充分了解村民对宅基地退出的意见和建议,多方式激励农民自愿有偿退出。在当前的改革深水区,要更加注重尊重人民主体地位,更加注重发挥人民的首创精神,把有利于提升群众获得感、幸福感、安全感的改革放在更加突出位置。在事关群众切身利益的领域,依靠群众,啃下一些硬骨头,拿下一些硬任务。同时,建立宣传推广机制,注重改革成效的宣传推广,不断提高改革工作的传播力和影响力。综合运用广播电视、报纸杂志、网络平台、简报内刊等渠道,通过开辟改革专栏、开设改革讲堂、开播改革节目等方式,解读改革政策,宣传改革成果,营造人人关注改革、参与改革的浓厚氛围。

后 记

本书终于要出版了,我好像有一种如释重负的感觉。2016年,在中国金融四十人论坛的推荐下,中信出版社邀我就"供给侧结构性改革"写一本书,从此我与经济改革研究结下了不解之缘,至今已过去8年了。从最初的《怎样推进供给侧结构性改革》到现在的《深层次改革》,中间虽然由于工作原因而有所停顿,但也正好能够反映这些年我对一些问题更深层次的思考。总的来讲,现在呈现给读者的书稿内容可能比8年前的研究要更深入、更系统。

当然,在本书出版之际,我依然忐忑不安。我总感到,深层次改革这个主题非常宏大,在较短的时间里,凭自己这些年来的工作经历和学习感悟,要说深说透是有难度的。在写作过程中,我明显感到自己的研究深度和广度还不够,特别是对党的二十届三中全会精神的领悟还不够深刻、不够全面,难免会有遗漏和不足,在许多具体问题的分析上可能存在不当之处。在此,衷心感谢中国金融四十人论坛同意在多年后重新启动本书的出版事宜并给予全力支持，论坛的廉薇女士在这个过程中做了大量的联络工作。感谢中信出版社为本书出版给予了大力支持，感谢出版社的编辑团队以高度的敬业精神和良好的专业素养为本书的文字修改、引文校核、数据矫正更新、图表编辑付出了巨大努力。同时，感谢清华大学经济管理学院院长、经济学讲席教授白重恩，中山大学国家发展研究院院长、中山大学岭南学院讲席教授赵昌文，对书稿提出了宝贵意见。最后，感谢我的家人在数据资料整理、图表制作、初稿审看等方面对我的大力支持和无私帮助，特别是爱人方晓菁的全力支持，使我能够全身心地投入到本书的写作中。

推进深层次改革，加快构建高水平社会主义市场经济体制，是时代赋予的重要使命。今后，我将继续关注这一领域的重要发展，不断地学习和探索研究，为推动相关改革付出自己应有的努力。我坚信，在以习近平同志为核心的党中央坚强领导下，在全社会的共同努力下，中国的改革开放事业一定能够不断取得新的伟大成就，为中国式现代化提供强大动力和制度保障。